著名税法专家、税务律师倾力打造

经典纳税实用技巧丛书

营业税改增值税后

企业所得税
政策解读与案例分析

翟继光 张晓冬 编著

立信会计出版社

LIXIN ACCOUNTING PUBLISHING HOUSE

图书在版编目（CIP）数据

营业税改增值税后企业所得税政策解读与案例分析 /
翟继光，张晓冬编著 . —上海：立信会计出版社，2018.1

ISBN 978-7-5429-5616-3

Ⅰ.①营…　Ⅱ.①翟…　②张…　Ⅲ.①企业所得税—
财政政策—研究—中国　Ⅳ.① F812.424

中国版本图书馆 CIP 数据核字（2017）第 269923 号

责任编辑　　王斯龙

营业税改增值税后企业所得税政策解读与案例分析

出版发行　立信会计出版社

地　　址	上海市中山西路 2230 号	邮政编码	200235
电　　话	（021）64411389	传　　真	（021）64411325
网　　址	www.lixinaph.com	电子邮箱	lxaph@sh163.net
网上书店	www.shlx.net	电　　话	（021）64411071
经　　销	各地新华书店		

印　　刷	北京鑫海金澳胶印有限公司
开　　本	710 毫米 × 1000 毫米　1/16
印　　张	27.5
字　　数	524 千字
版　　次	2018 年 1 月第 1 版
印　　次	2018 年 1 月第 1 次
书　　号	ISBN 978-7-5429-5616-3/F
定　　价	68.00 元

如有印订差错，请与本社联系调换

前　言
PREFACE

　　"人的一生有两件事是不可避免的，一是死亡，二是纳税。"这是在西方家喻户晓的一句名言。在现代税收国家，税是和企业以及普通老百姓形影不离的东西。我们每个人既离不开税，也逃避不了税。之所以离不开税，是因为我们所享受的一切公共物品都来自税，没有税，我们就很难看到警察和公路，也很难得到秩序和安全。之所以逃避不了税，是因为我们取得的大部分所得、拥有的大部分财产都需要纳税，一个人只要吃饭穿衣、一家企业只要生产经营就逃避不了纳税的命运。正因为国家的税收来自普通老百姓和广大企业，正因为税收和普通老百姓以及广大企业关系密切，普通老百姓与企业才非常关注税，关注国家在税收问题上的一举一动。当然，上述一切都是建立在现代民主宪政以及法治国家和税收国家基础之上的。

　　税收是文明的对价，税收的本质是政府所提供的公共物品的对价。税收奠定了人类进步的阶梯，税收创造了人类辉煌的成就。在现代社会，国家的财政收入以税收为主，因此现代国家又被称为税收国家。2016 年，我国完成税收收入 130 354 亿元，占全国财政收入的 81.7%，人均纳税 9 300 元，我国已经成为典型的税收国家。

　　从事生产经营的纳税人离不开纳税就不用说了，单就我们普通老百姓而言，我们的吃（增值税、消费税）、穿（增值税、消费税）、住（土地增值税、房产税、契税、印花税）、用（增值税、消费税）、行（车辆购置税、车船税）都已经处处有税收的影子，可以说，税收已经深入我们日常生活的各个角落，税收也逐渐成为中国人一生所不可避免的"两件事"之一。

　　为了帮助广大纳税人和税务从业者掌握基本的税收政策，学会基本的纳税方法和节税筹划方法，我们组织编写了"轻松学会纳税实用技巧丛书"。本套丛书以不具备税收知识或者仅具备初步税收知识的普通读者为对象，突出"轻松"和"实用"两大特色，让广大读者在轻松愉快的阅读中获得最实用的纳税知识和技巧。

　　本套丛书包括六本：《营业税改增值税后企业所得税政策解读与案例分析》

《营业税改增值税后税收优惠政策与疑难问题解答》《营业税改增值税后中小企业最新税收政策与纳税实用技巧》《高净值人士最新税收政策与纳税实用技巧》《企业纳税筹划实用技巧与典型案例分析》《税务律师办案实用技巧与典型案例分析》，纳税人在日常生活中所可能遇到的各类纳税和节税问题都可以在上述论著中找到答案。

本书是该套丛书中的第一本，论述了最新企业所得税法的精神与变革、最新企业所得税纳税主体与税率政策、最新企业应纳税所得额政策、最新企业资产税务处理政策、最新企业所得税应纳税额政策、最新企业所得税优惠政策、最新企业所得税特别纳税调整政策、最新企业所得税源泉扣缴政策以及最新企业所得税征收管理政策。本书以基本税收政策、实务应用指南、实务案例精解、计算举例等形式对各项税收政策进行了详细解析，让读者轻松掌握税收政策的实质与精髓。

虽然作者进行了大量的调研，搜集了大量的资料，研读了大量的法律文件和相关论著，但书中仍难免有错误和疏漏之处，恳请广大读者和学界专家批评指正，以便再版时予以修正。作者联系方式：北京市昌平区府学路 27 号中国政法大学民商经济法学院（邮编：102249），E-mail:jiguangq@cupl.edu.cn。

翟继光

2017 年 11 月

目　录
CONTENTS

第一部分　最新企业所得税法的精神与变更

2008年1月1日开始实行新企业所得税制度，您知道新企业所得税法及其实施条例的制定背景与重大变革吗？您知道新税法的主要内容与总体设想吗？您知道新税法关于纳税主体、应纳税所得额、税前扣除、税收优惠以及特别纳税调整的基本制度吗？本部分将为您回答上述问题。

第二部分　最新企业所得税纳税主体与税率政策

社会上的各类主体种类繁多，您知道哪些主体需要缴纳企业所得税吗？是否凡是企业就要缴纳企业所得税？是否只有企业才缴企业所得税？从2008年开始企业所得税的税率是多少？本部分将为您回答上述问题。

第三部分　最新企业应纳税所得额政策

计算应纳税所得额是计算企业所得税中一个非常重要的环节，您知道如何计算企业的应纳税所得额吗？企业取得的收入形式很多，是否所有的收入都要纳税？企业的各类支出纷繁复杂，是否各类支出都能在税前予以扣除？企业发生亏损以后是否可以用以后年度的盈利来弥补？本部分将为您回答上述问题。

第四部分　最新企业资产税务处理政策

您知道企业所拥有的哪些资产成本不能在当期予以扣除吗？您知道上述资产的成本采取什么方式进行税前扣除吗？您了解固定资产、无形资产、存货等资产以及长期待摊费用的最新税务处理方式吗？本部分将为您回答上述问题。

第五部分　最新企业所得税应纳税额政策

您知道企业应当缴纳的企业所得税税额是如何计算的吗？企业从境外取得所得已经缴纳的所得税税款是否可以在中国予以抵免？您了解外国税收抵免的具体方法吗？企业从境外子公司取得的股息是否可以扣除其中所包含的税款？您了解外国税收间接抵免的方法吗？本部分将为您回答上述问题。

第六部分　最新企业所得税优惠政策

您知道从 2008 年开始我国的企业可以享受哪些最新的税收优惠政策吗？您知道企业所取得的哪些收入可以不用纳税吗？您知道哪些企业可以适用比较低的税率吗？您知道我国对于企业从事国家鼓励的项目、招收国家鼓励的人员可以享受哪些税收优惠待遇吗？本部分将为您回答上述问题。

第七部分　最新企业所得税特别纳税调整政策

您知道企业从事的哪些行为会被认定为避税行为吗？您知道国家针对企业的转让定价行为采取了哪些应对制度吗？您知道税务机关在转让定价调整中享受哪些权利吗？您知道企业进行了避税行为需要承担什么法律责任吗？本部分将为您回答上述问题。

第八部分　最新企业所得税源泉扣缴政策

您知道在哪些情况下，支付款项的企业和个人具有代扣代缴税款的义务吗？您知道在哪些情况下企业会被税务机关指定作为代扣代缴义务人吗？您知道国家可以采取哪些手段来追缴那些没有在中国纳税的非居民纳税人吗？本部分将为您回答上述问题。

第九部分　最新企业所得税征收管理政策

您知道企业应当在哪里缴纳企业所得税吗？您知道企业之间是否可以合并缴纳企业所得税吗？您知道企业纳税年度的起止时间吗？您知道企业缴纳企业所得税的具体方法吗？您知道新旧企业所得税法过渡期有哪些特殊的规定吗？本部分将为您回答上述问题。

第一部分　最新企业所得税法的精神与变更

> 2008 年 1 月 1 日开始实行新企业所得税制度，您知道新企业所得税法及其实施条例的制定背景与重大变革吗？您知道新税法的主要内容与总体设想吗？您知道新税法关于纳税主体、应纳税所得额、税前扣除、税收优惠以及特别纳税调整的基本制度吗？本部分将为您回答上述问题。

一、新企业所得税法及其实施条例的制定背景与重大变革

 新企业所得税法及其实施条例的制定背景是什么？

为进一步完善社会主义市场经济体制，适应经济社会发展新形势的要求，为各类企业创造公平竞争的税收环境，根据党的十六届三中全会关于"统一各类企业税收制度"的精神，2007 年 3 月 16 日，第十届全国人民代表大会第五次会议审议通过了《企业所得税法》(以下简称新企业所得税法)，同日胡锦涛主席签署中华人民共和国主席令第 63 号，自 2008 年 1 月 1 日起施行。

新企业所得税法第五十九条规定，国务院根据本法制定实施条例。为了保障新企业所得税法的顺利实施，财政部、税务总局、国务院法制办会同有关部门根据新企业所得税法规定，认真总结实践经验，充分借鉴国际惯例，对需要在实施条例中明确的重要概念、重大税收政策以及征管问题作了深入研究论证，在此基础上起草了《中华人民共和国企业所得税法实施条例（草案）》，报送国务院审议。2007 年 11 月 28 日，国务院第 197 次常务会议审议原则通过。12 月 6 日，温家宝总理签署国务院令第 512 号，正式发布《企业所得税法实施条例》(以下简称实施条例)，自 2008 年 1 月 1 日起与新企业所得税法同步实施。

新企业所得税法及其实施条例与原税法相比的重大变化有哪些?

与外商投资企业和外国企业所得税法及其实施细则、企业所得税暂行条例相比,新企业所得税法及其实施条例的重大变化,表现在以下方面:

(1)法律层次得到提升,改变了过去内资企业所得税以暂行条例(行政法规)形式立法的做法。

(2)制度体系更加完整,在完善所得税制基本要素的基础上,充实了反避税等内容。

(3)制度规定更加科学,借鉴国际通行的所得税处理办法和国际税制改革新经验,在纳税人分类及义务的判定、税率的设置、税前扣除的规范、优惠政策的调整、反避税规则的引入等方面,体现了国际惯例和前瞻性。

(4)更加符合我国经济发展状况,根据我国经济社会发展的新要求,建立税收优惠政策新体系,实施务实的过渡优惠措施,服务我国经济社会发展。

二、新企业所得税法及其实施条例的 主要内容与总体设想

 新企业所得税法及其实施条例的主要内容有哪些?

新企业所得税法实现了五个方面的统一,并规定了两个方面的过渡政策。具体是:

(1)统一税法并适用于所有内外资企业。

(2)统一并适当降低税率。

(3)统一并规范税前扣除范围和标准。

(4)统一并规范税收优惠政策。

(5)统一并规范税收征管要求。

除了上述"五个统一"外,新企业所得税法规定了两类过渡优惠政策。一是对新税法公布前已经批准设立、享受企业所得税低税率和定期减免税优惠的老企业,给予过渡性照顾。二是对法律设置的发展对外经济合作和技术交流的特定地区内,以及国务院已规定执行上述地区特殊政策的地区内新设立的国家需要重点扶持的高新技术企业,给予过渡性税收优惠。同时,国家已确定的其他鼓励类企业,可以按照国务院规定享受减免税优惠政策。

为了保证新企业所得税法的可操作性,实施条例按照新企业所得税法的

框架，对新企业所得税法的规定逐条逐项细化，明确了重要概念、重大政策以及征管问题。主要内容包括：

（1）明确了界定新企业所得税法的若干重要概念，如实际管理机构、公益性捐赠、非营利组织、不征税收入、免税收入等。

（2）进一步明确了企业所得税重大政策，具体包括：收入、扣除的具体范围和标准，资产的税务处理，境外所得税抵免的具体办法，优惠政策的具体项目范围、优惠方式和优惠管理办法等。

（3）进一步规范了企业所得税征收管理的程序性要求，具体包括特别纳税调整中的关联交易调整、预约定价、受控外国公司、资本弱化等措施的范围、标准和具体办法，纳税地点，预缴税和汇算清缴方法，纳税申报期限，货币折算等。

 新企业所得税制度体系建设的总体设想

新企业所得税法及其实施条例出台后，对企业所得税的基本税制要素、重大政策问题以及主要的税收处理作了明确，但由于企业所得税涉及各行各业，与企业生产经营的方方面面密切相关，还无法做到对所有企业、所有经济交易事项的所得税处理逐一规定。比如实施条例中仅规定了企业重组的所得税处理原则，没有对各种形式的企业重组的所得税处理予以具体明确；居民企业汇总纳税的所得税管理也没有作具体规定。因此，针对企业所得税制度的特点，结合我国二十多年的税收立法实践，新企业所得税法及其实施条例出台后，国务院财政、税务主管部门还将根据新企业所得税法及其实施条例的规定，针对一些具体的操作性问题，研究制定部门规章和具体操作的规范性文件，作为新企业所得税法及其实施条例的配套制度。通过这样的制度安排，形成企业所得税法律、行政法规和规章及其规范性文件的三个层次的制度框架，形成一个体系完备、符合国际惯例、便于操作的企业所得税制度体系。

三、纳税主体与纳税义务

 纳税人范围是如何确定的？

考虑到实践中从事生产经营经济主体的组织形式多样，为充分体现税收公平、中性的原则，新企业所得税法及其实施条例改变过去内资企业所得税以独立核算的三个条件来判定纳税人标准的做法，将以公司制和非公司制形式存在的企业和取得收入的组织确定为企业所得税纳税人，具体包括国有企业、集体企业、私营企业、联营企业、股份制企业、中外合资经营企业、中外合作经营企业、外国企业、外资企业、事业单位、社会团体、民办非企业单位和从事经营活动的其他组织，保持与国际上大多数国家的做法协调一致。

同时考虑到个人独资企业、合伙企业属于自然人性质企业，没有法人资格，股东承担无限责任，因此，新企业所得税法及其实施条例将依照中国法律、行政法规成立的个人独资企业、合伙企业排除在企业所得税纳税人之外。

 纳税人和纳税义务是如何确定的？

税收管辖权是一国政府在税收管理方面的主权，是国家主权的重要组成部分。为了更好地有效行使我国税收管辖权，最大限度地维护我国的税收利益，新企业所得税法根据国际通行做法，选择了地域管辖权和居民管辖权相结合的双重管辖权标准，把纳税人分为居民企业和非居民企业，分别确定不同的纳税义务。居民企业承担全面纳税义务，就来源于我国境内、境外的全部所得纳税；非居民企业承担有限纳税义务，一般只就来源于我国境内的所得纳税。

新企业所得税法划分居民企业和非居民企业采用"注册地标准"和"实际管理机构标准"的双重标准。实施条例根据注册地标准，将依法在中国境内成立的企业，具体界定为依照中国法律、行政法规在中国境内成立的企业、事业单位、社会团体以及其他取得收入的组织，为居民企业。尽管登记注册地标准便于识别居民企业身份，但同时考虑到目前许多企业为规避一国税负和转移税收负担，往往在低税率地区或避税港注册登记，设立基地公司，人为选择注册地以规避税收负担，因此，新企业所得税法同时采用实际管理机构标准，规定在外国（地区）注册的企业、但实际管理机构在我国境内的，也认定为居民企业，需承担无限纳税义务。实施条例对实际管理机构的概念作了界定，即实际管理机构是指对企业的生产经营、人员、账务、财产等实施实质性全面管理和控制的机构。

四、应纳税所得额与收入的确认

 应纳税所得额计算的基本原则

实施条例规定，企业应纳税所得额的计算，以权责发生制为原则。权责发生制要求，属于当期的收入和费用，不论款项是否收付，均作为当期的收入和费用；不属于当期的收入和费用，即使款项已经在当期收付，均不作为当期的收入和费用。权责发生制从企业经济权利和经济义务是否发生作为计算应纳税所得额的依据，注重强调企业收入与费用的时间配比，要求企业收入费用的确认时间不得提前或滞后。企业在不同纳税期间享受不同的税收优惠政策时，坚持按权责发生制原则计算应纳税所得额，可以有效防止企业利用收入和支出确认时间的不同规避税收。另外，企业会计准则规定，企业要以权责发生制为原则确认当期收入或费用，计算企业生产经营成果。新企业所得税法与会计采用同一原则确认当期收入或费用，有利于减少两者的差异，减轻纳税人税收遵从成本。

但由于信用制度在商业活动中广泛采用，有些交易虽然权责已经确认，但交易时间较长，超过一个或几个纳税期间。为了保证税收收入的均衡性和防止企业避税，新企业所得税法及其实施条例中也规定了有别于权责发生制的情况，例如长期工程或劳务合同等交易事项。

 ### 确认货币性收入和非货币性收入的原则

为防止纳税人将应征税的经济利益排除在应税收入之外，新企业所得税法将企业以货币形式和非货币形式取得的收入，都作为收入总额。实施条例将企业取得收入的货币形式，界定为取得的现金、存款、应收账款、应收票据、准备持有至到期的债券投资以及债务的豁免等；企业取得收入的非货币形式，界定为固定资产、生物资产、无形资产、股权投资、存货、不准备持有至到期的债券投资、劳务以及有关权益等。由于取得收入的货币形式的金额是确定的，而取得收入的非货币形式的金额不确定，企业在计算非货币形式收入时，必须按一定标准折算为确定的金额。实施条例规定，企业以非货币形式取得的收入，按照公允价值确定收入额。公允价值是指按照市场价格确定的价值。

 ### 对于持续时间跨越纳税年度的收入的确认

企业受托加工、制造大型机械设备、船舶等，以及从事建筑、安装、装配工程业务和提供劳务，持续时间通常分属于不同的纳税年度，甚至会跨越数个纳税年度，而且涉及的金额一般比较大。为了及时反映各纳税年度的应税收入，一般情况下，不能等到合同完工时或进行结算时才确定应税收入。企业按照完工进度或者完成的工作量对跨年度的特殊劳务确认收入和扣除进行纳税，也有利于保证跨纳税年度的收入在不同纳税年度得到及时确认，保证税收收入的均衡入库。因此，实施条例对企业受托加工、制造大型机械设备、船舶等，以及从事建筑、安装、装配工程业务和提供劳务，持续时间跨越纳税年度的，应当按照纳税年度内完工进度或者完成的工作量确定收入。

除受托加工、制造大型机械设备、船舶等，以及从事建筑、安装、装配工程业务和提供劳务之外，其他跨纳税年度的经营活动，通常情况下持续时间短、金额小，按照纳税年度内完工进度或者完成的工作量确定应税收入没有实际意义。另外，这些经营活动在纳税年度末的收入和相关成本费用不易确定，相关的经济利益能否流入企业也不易判断，因此，一般不采用按照纳税年度内完工进度或者完成的工作量确定收入的办法。

 不征税收入的具体确认

考虑到我国企业所得税纳税人的组织形式多样，除企业外，有的以非政府形式（如事业单位）存在，有的以公益慈善组织形式存在，还有的以社会团体形式存在。这些组织中有些主要承担行政性或公共事务职能，不从事或很少从事营利性活动，收入来源主要靠财政拨款、行政事业性收费等，纳入预算管理，对这些收入征税没有实际意义。因此，新企业所得税法引入"不征税收入"概念。实施条例将不征税收入的财政拨款，界定为各级人民政府对纳入预算管理的事业单位、社会团体等组织拨付的财政资金，但国务院和国务院财政、税务主管部门另有规定的除外。这里包含了两层意思，一是作为不征税收入的财政拨款，原则上不包括各级人民政府对企业拨付的各种价格补贴、税收返还等财政性资金，这样有利于加强财政补贴收入和减免税的规范管理，同时与现行财务会计制度处理保持一致；二是对于一些国家重点支持的政策性补贴以及税收返还等，为了提高财政资金的使用效率，根据需要，有可能也给予不征税收入的待遇，但这种待遇应由国务院和国务院财政、税务主管部门来明确。

五、企业所得税税前扣除制度

 税前扣除的一般框架

按照企业所得税的国际惯例，一般对税前扣除进行总体上的肯定性概括处理（一般扣除规则），辅之以特定的禁止扣除的规定（禁止扣除规则），同时又规定了允许税前扣除的特别规则（特殊扣除规则）。在具体运用上，一般扣除规则服从于禁止扣除规则，同时禁止扣除规则又让位于特殊扣除规则。

例如，为获得长期利润而发生的资本性支出是企业实际发生的合理支出，原则上应允许扣除，但禁止扣除规则规定资本性资产不得"即时"扣除，同时又规定了资本性资产通过折旧摊销等方式允许在当年及以后年度分期扣除的特别规则。新企业所得税法明确对企业实际发生的与取得收入有关的、合理的支出允许税前扣除的一般规则，同时明确不得税前扣除项目的禁止扣除规则，又规定了允许扣除的特殊项目。这些一般扣除规则、禁止扣除规则和特殊扣除规则，构成了我国企业所得税制度税前扣除的一般框架。

新的企业所得税法及其实施条例中采取税前扣除一般框架的安排，可以避免将企业所有的支出项目一一列举，同时给纳税人、税务机关和司法部门提供一个合理的框架，简化了对扣除项目的定性工作。

税前扣除的相关性和合理性原则

相关性和合理性是企业所得税税前扣除的基本要求和重要条件。实施条例规定，支出税前扣除的相关性是指与取得收入直接相关的支出。对相关性的具体判断一般是从支出发生的根源和性质方面进行分析，而不是看费用支出的结果。如企业经理人员因个人原因发生的法律诉讼，虽然经理人员摆脱法律纠纷有利于其全身心投入企业的经营管理，结果可能确实对企业经营会有好处，但这些诉讼费用从性质和根源上分析属于经理人员的个人支出，因而不允许作为企业的支出在税前扣除。

同时，相关性要求为限制不征税收入用于支出在税前扣除提供了依据。实施条例规定，企业的不征税收入用于支出所形成的费用或财产，不得扣除或计算对应的折旧、摊销进行扣除。由于不征税收入是企业非营利性活动取得的收入，不属于企业所得税的应税收入，与企业的应税收入没有关联，因此，对不征税收入用于支出，不符合相关性原则，不得在税前扣除。

实施条例规定，支出税前扣除的合理性是指符合生产经营活动常规，应当计入当期损益或者有关资产成本的必要和正常的支出。合理性的具体判断，主要是发生的支出的计算和分配方法是否符合一般经营常规。例如企业发生的业务招待费与所成交的业务额或业务的利润水平是否相吻合，工资水平与社会整体或同行业工资水平是否差异过大。

工资薪金支出的税前扣除

新企业所得税法第八条规定，企业实际发生的与取得收入有关的、合理的支出，包括成本、费用、税金、损失和其他支出，准予在计算应纳税所得额时扣除。据此，实施条例规定，企业发生的合理的工资薪金支出，准予扣除。

同时将工资薪金支出进一步界定为企业每一纳税年度支付给在本企业任职或者受雇的员工的所有现金或者非现金形式的劳动报酬，包括基本工资、奖金、津贴、补贴、年终加薪、加班工资，以及与任职或者受雇有关的其他支出。

对工资支出合理性的判断，主要包括两个方面。一是雇员实际提供了服务；二是报酬总额在数量上是合理的。实际操作中主要考虑雇员的职责、过去的报酬情况，以及雇员的业务量和复杂程度等相关因素。同时，还要考虑当地同行业职工平均工资水平。

 职工福利费的税前扣除

实施条例规定，企业发生的职工福利费支出，不超过工资薪金总额14%的部分，准予扣除。目前，我国发票管理制度尚待完善、发票管理亟待加强，纳税人的税法遵从意识有待提高，对职工福利费的税前扣除实行比例限制，有利于保护税基，防止企业利用给职工搞福利为名侵蚀税基，减少税收漏洞。

《企业所得税实施条例》第四十条规定的企业职工福利费，包括以下内容：

（1）尚未实行分离办社会职能的企业，其内设福利部门所发生的设备、设施和人员费用，包括职工食堂、职工浴室、理发室、医务所、托儿所、疗养院等集体福利部门的设备、设施及维修保养费用和福利部门工作人员的工资薪金、社会保险费、住房公积金、劳务费等。

（2）为职工卫生保健、生活、住房、交通等所发放的各项补贴和非货币性福利，包括企业向职工发放的因公外地就医费用、未实行医疗统筹企业职工医疗费用、职工供养直系亲属医疗补贴、供暖费补贴、职工防暑降温费、职工困难补贴、救济费、职工食堂经费补贴、职工交通补贴等。

（3）按照其他规定发生的其他职工福利费，包括丧葬补助费、抚恤费、安家费、探亲假路费等。

企业发生的职工福利费，应该单独设置账册，进行准确核算。没有单独设置账册准确核算的，税务机关应责令企业在规定的期限内进行改正。逾期仍未改正的，税务机关可对企业发生的职工福利费进行合理的核定。

 业务招待费的税前扣除

业务招待是正常的商业做法，但商业招待又不可避免地包含个人消费的成分，在许多情况下，无法将商业招待与个人消费区分开。因此，国际上许多国家采取对企业业务招待费支出在税前"打折"扣除的做法，比如意大利，业务招待费的30%属于商业招待可在税前扣除；加拿大为80%；美国、新西兰为50%。借鉴国际做法，结合原税法按销售收入的一定比例限制扣除的经验，同时考虑到业务招待费管理难度大，坚持从严控制的要求，实施条例规定，将企业发生的与生产经营活动有关的业务招待费，按照发生额的 60% 扣除，且扣除总额全年最高不得超过当年销售（营业）收入的 5‰。

 广告费和业务宣传费的税前扣除

过去，内资企业对广告费和业务宣传费支出分别实行比例扣除的政策，外资企业则允许据实扣除。实施条例第四十四条规定，企业每一纳税年度发生的符合条件的广告费和业务宣传费支出合并计算，除国务院财政、税务主管部门另有规定外，不超过当年销售（营业）收入 15% 的部分，准予扣除；超过部分，准予在以后纳税年度结转扣除。这主要考虑：

（1）多行业反映，业务宣传费与广告费性质相似，应统一处理。

（2）广告费和业务宣传费是企业正常经营必需的营销费用，应允许在税前扣除。

（3）广告费具有一次投入大、受益期长的特点。

（4）目前我国的广告市场不规范，有的甚至以虚假广告欺骗消费者。

实行每年比例限制扣除，有利于收入与支出配比，符合广告费支出一次投入大、受益期长的特点，也有利于规范广告费和业务宣传费支出。

 公益性捐赠的税前扣除

允许公益性捐赠支出按一定比例在税前扣除，主要是为了鼓励企业支持社会公益事业，促进我国社会公益事业的发展。新企业所得税法规定，企业发生的公益性捐赠支出，在年度利润总额 12% 以内的部分，准予在计算应纳税所得额时扣除。

2017 年 2 月 24 日，第十二届全国人民代表大会常务委员会第二十六次会议通过了修改《企业所得税法》的决定。这是全国人大 2007 年通过《企业所得税法》之后进行的首次修订。修改后的《企业所得税法》第九条规定：企业发生的公益性捐赠支出，在年度利润总额 12% 以内的部分，准予在计算应纳税所得额时扣除；超过年度利润总额 12% 的部分，准予结转以后三年内在计算应纳税所得额时扣除。与原条款的主要区别在于超过当年利润总额 12% 的部分可以结转以后三年扣除。当然，未来每年实际扣除的捐赠数额也不能超过当年利润总额的 12%。由于全国人大常委会修改《企业所得税法》的决定自公布之日也就是 2017 年 2 月 24 日起施行，从理论上讲，该决定只能适用于 2017 纳税年度以及以后纳税年度，不能适用于 2016 纳税年度。也就是说，2016 纳税年度超过利润总额 12% 的公益捐赠不能结转三年扣除。但目前财政部和国家税务总局尚未就此发文，从有利于纳税人的角度出发，由于 2016 纳税年度的企业所得税尚未汇算清缴，也可以解释为自 2016 纳税年度就可以将超过利润总额 12% 的公益捐赠结转三年扣除。

实施条例将公益性捐赠界定为，企业通过公益性社会团体或者县级以上人民政府及其部门，用于《中华人民共和国公益事业捐赠法》规定的公益事业的捐赠。同时规定，将计算公益性捐赠扣除比例的基数由应纳税所得额改为企业会计利润总额，并将年度利润总额界定为企业依照国家统一会计制度的规定计算的年度会计利润。这样更方便公益性捐赠税前扣除的计算，有利于纳税人正确申报，体现了国家对发展社会公益性事业的支持。

 ### 资产税务处理的原则

考虑到过去在资产取得、持有、使用、处置等税务处理上税法与财务会计制度存在一定的差异，并且主要是时间性差异，纳税调整繁琐，税务机关税收执行成本和纳税人遵从成本都较高，实施条例在资产税务处理的规定上，对资产分类、取得计税成本等问题，尽量与财务会计制度保持一致，比如固定资产取得计税成本与会计账面价值基本保持一致、残值处理一致，只是在折旧年限上有所差异，这样可以降低纳税人纳税调整的负担。

在企业重组的所得税处理方面，考虑到目前企业重组形式多样，发展变化较快，所得税处理较为复杂，很难用几个简单条款把企业重组的所有形式都规范清楚，有些规定还需要根据实际经验作适当调整，为保持实施条例的稳定性，实施条例第七十五条只对企业重组所得税处理内容进行了原则性概括，具体规定将在部门规章中明确。

 ### 境外所得的税收抵免

为实施"走出去"战略，提高我国企业国际竞争力，新企业所得税法保留了现行对境外所得直接负担的税收采取抵免法，同时引入了股息红利负担税收的间接抵免方式。从国际惯例看，实行间接抵免一般要求以居民企业对外国公司有实质性股权参与为前提。如美国、加拿大、英国、澳大利亚、墨西哥等规定，本国公司直接或间接拥有外国公司 10% 以上有表决权的股票；日本、西班牙规定的比例为 25% 以上。新企业所得税法中首次引入间接抵免，税收征管经验相对不足，为严格税收征管，实施条例规定，居民企业直接持有或间接持有外国企业 20% 以上股份，可以实行间接抵免。

间接抵免的母子公司的层次问题，目前各国的规定有所不同，如德国、日本为两层，西班牙为三层，美国为六层，英国不限层次。考虑到我国企业的海外投资状况和我国税收的征管水平，实施条例对间接抵免的规定比较原则，具体抵免层次和计算方法等详细规定，将在部门规章或规范性文件中具体明确。

六、企业所得税税收优惠政策

 优惠政策的具体范围和方法

按照新企业所得税法有关优惠的规定，实施条例对优惠范围和方法作了进一步明确。主要内容包括：

（1）明确了免征和减半征收企业所得税的从事农、林、牧、渔业项目的所得的具体范围。

（2）明确了企业从事港口码头、机场、铁路、公路、电力、水利等基础设施项目投资经营所得，给予三免三减半的优惠。

（3）明确企业从事符合条件的环境保护、节能节水项目的所得，给予三免三减半的优惠。

（4）明确了符合国家产业政策规定的综合利用资源生产的产品所取得的收入，可以在计算应纳税所得额时，减按90%计入收入总额。

（5）明确了企业购置用于环境保护、节能节水、安全生产等专用设备的投资额的10%，可以从企业当年的应纳税额中抵免。

（6）借鉴国际通行做法，按照便于税收征管的原则，规定了小型微利企业的标准：第一，工业企业，年度应纳税所得额不超过30万元，从业人数不超过100人，资产总额不超过3 000万元；第二，其他企业，年度应纳税所得额不超过30万元，从业人数不超过80人，资产总额不超过1 000万元。

（7）明确了促进技术创新和科技进步的五个方面的优惠：第一，企业从事符合条件的技术转让所得可以免征、减半征收企业所得税。第二，国家需要重点扶持的高新技术企业，减按15%的税率征收企业所得税。第三，企业开发新技术、新产品、新工艺发生的研究开发费用，可以在计算应纳税所得额时再加计扣除50%。第四，创业投资企业采取股权投资方式投资于未上市的中小高新技术企业2年以上的，可以按照其投资额的70%在股权持有满2年的当年抵扣该创业投资企业的应纳税所得额。第五，企业的固定资产由于技术进步等原因，确需加速折旧的，可以缩短折旧年限或者采取加速折旧的方法。

（8）明确了安置残疾人员的企业支付给残疾职工的工资加计扣除100%。

农、林、牧、渔项目减税或免税规定

对农、林、牧、渔项目实行不同的税收优惠政策，可以更好地体现国家政策的引导作用，突出优惠政策的导向性。粮食、蔬菜、肉类、水果等农产品，关系到国计民生，是维持人们基本生存条件的生活必需品，应当列为税收优惠政策重点鼓励的对象。同时为生产此类产品的服务业也应同样扶持，因此，实施条例中将此类归为免税项目。花卉、饮料和香料作物，以及海水养殖、内陆养殖，一般盈利水平较高，也不是人们基本生活必需品，在优惠力度上应与基本生活需要的农产品等免税项目有所区别，因此，实行减半征收。

高新技术企业执行 15% 优惠税率的规定

与原税收优惠政策相比，新企业所得税法对高新技术企业优惠的主要变化，表现在以下方面：

（1）扩大高新技术企业的生产经营范围。实施条例将高新技术企业的界定范围，由现行按高新技术产品划分改为按高新技术领域划分，规定产品（服务）应在《国家重点支持的高新技术领域》的范围之内，以解决现行政策执行中产品列举不全、覆盖面偏窄、前瞻性欠缺等问题。

（2）明确高新技术企业的具体认定标准。实施条例将高新技术企业的认定标准原则化处理，对研究开发费用占销售收入的比例、高新技术产品（服务）收入占企业总收入的比例、科技人员占企业职工总数的比例以及其他条件等具体标准，放在由国务院科技、财政、税务主管部门会同国务院有关部门制订的认定办法中，便于今后根据发展需要适时调整。

（3）强调核心自主知识产权问题。实施条例最后采用"核心自主知识产权"作为高新技术企业的认定条件之一，相对容易操作，突出技术创新导向。

非营利组织收入的征免税

实施条例从八个方面对非营利组织作了具体规定，明确了非营利组织享受税收优惠的条件。从世界各国对非营利组织的税收优惠来看，一般区分营利性收入和非营利性收入给予不同的税收待遇。考虑到按照相关管理规定，我国的非营利组织一般不能从事营利性活动，为规范此类组织的活动，防止从事经营性活动可能带来的税收漏洞，实施条例规定，对非营利组织从事非营利性活动取得的收入给予免税，但从事营利性活动取得的收入则要征税。

居民企业之间的股息红利收入

原税法规定，内资企业之间的股息红利收入，低税率企业分配给高税率企业要补税率差。鉴于股息红利是税后利润分配形成的，对居民企业之间的股息红利收入免征企业所得税，是国际上消除法律性双重征税的通行做法，新企业所得税法也采取了这一做法。为更好体现税收优惠意图，保证企业投资充分享受到西部大开发、高新技术企业、小型微利企业等实行低税率的好处，实施条例明确不再要求补税率差。

鉴于以股票方式取得且连续持有时间较短（短于 12 个月）的投资，并不以股息、红利收入为主要目的，主要是从二级市场获得股票转让收益，而且买卖和变动频繁，税收管理难度大，因此，实施条例将持有上市公司股票的时间短于 12 个月的股息红利收入排除在免税范围之外。对来自所有非上市企业，以及持有股份 12 个月以上取得的股息红利收入，适用免税政策。

 享受税率 20% 税收优惠的小型微利企业的具体标准

实施条例采取了按照工业企业和其他企业分类划分小型微利企业的办法，兼顾行业特点和政策的操作管理。在具体标准上，实施条例借鉴国际做法，结合我国国情，把年度应纳税所得额、从业人数、资产总额作为小型微利企业的界定指标。不论工业企业还是其他企业，将年度应纳税所得额确定为 30 万元，大大高于现行标准。同时将工业企业的从业人数界定为不超过 100 人，资产总额不超过 3 000 万元；其他企业从业人数不超过 80 人，资产总额不超过 1 000 万元。

 公共基础设施的优惠

重点基础设施投资大，回收期长，关系国计民生，实施条例规定，对企业从事港口码头、机场、铁路、公路、电力、水利等项目投资经营所得，给予三免三减半的优惠。与原来的"两免三减半"相比，减免期限作了适当延长，缓解基础设施建设初期的经营困难。

原外资企业所得税法规定以获利年度为企业减免税的起始日，在实践中出现了一些企业用推迟获利年度来避税的问题，税收征管难度大。实施条例规定了从企业取得第一笔生产经营收入所属纳税年度起计算减免税起始日的新办法，可以兼顾项目投资规模大、建设周期长的情况，较原内资企业从开业之日起计算减免税优惠，更为符合实际，也促使企业缩短建设周期，尽快实现盈利，提高投资效益。

七、预提税与非居民的扣缴义务人

 汇出境外利润的预提税

改革开放初期我国资金不足，为吸引外资，原税法规定，对汇出境外的利润暂免征收预提所得税。按照国际通行做法，来源国对汇出境外的利润有优先征税权，一般征收预提所得税，税率多在 10% 以上，如越南、泰国税率为 10%，美国、匈牙利、菲律宾、哥伦比亚的税率分别为 30%、20%、15%、7%。如果税收协定规定减免的，可以按照协定规定减免，如我国与美国的协定税率为 10%、内地与香港的安排为 5%（25% 以上股权）或 10%。

新企业所得税法及其实施条例借鉴国际惯例，规定对汇出境外利润减按 10% 的税率征收企业所得税，没有给予普遍的免税政策，这样有利于通过双边互惠维护我国税收权益和"走出去"企业的利益。

 对股息、红利和利息、租金、特许权使用费征收预提税

对非居民企业在中国境内未设立机构、场所而取得的股息、红利等权益性投资收益和利息、租金、特许权使用费所得，或者是虽设立机构、场所，但取得的上述所得与其机构、场所没有实际联系，按收入全额征收预提所得税，是国际上的通行做法，在我国目前与其他国家签订的税收协定中也遵循了这种国际惯例。由于收入取得在我国境内，但在我国境内没有机构场所，无法确定应纳税所得额，实施条例参照国际通常的做法，规定对此类所得按收入全额作为计税依据，同时规定比企业营业利润适用的所得税税率稍低的税率扣缴所得税。

 指定非居民企业应纳税款的代扣代缴义务人

由于外国企业在中国境内从事工程承包和提供劳务业务具有临时性和流动性特点，税收管理难度大，税款易于流失，国际、国内税收征管实践经验表明，采取一些特殊的税收征管措施是必要的，赋予税务机关指定扣缴义务人的权限也是一个行之有效的办法。原《外商投资企业和外国企业所得税法》也有这方面的规定。为避免税务机关随意指定，特别是要防止其成为地区间争抢税源的手段，实施条例明确规定，税务机关指定非居民企业在中国境内取得工程价款或者劳务费的支付人为扣缴义务人，必须是以下几种特定情形：

（1）预计工程作业或者提供劳务期限不足一个纳税年度，且有证据表明不履行纳税义务的。

（2）没有办理税务登记或者临时税务登记，且未委托中国境内的代理人履行纳税义务的。

（3）未按照规定期限办理企业所得税纳税申报或者预缴申报的。

八、特别纳税调整制度

 规定特别纳税调整的意义

新企业所得税法及其实施条例专门规定了特别纳税调整条款，确立了我国企业所得税的反避税制度。这是在总结完善原来转让定价税制和调查实践、借鉴国际反避税立法经验、结合我国税收征管实践的基础上作出的具体规定，目的是制约和打击各种避税行为。这是我国首次较为全面的反避税立法。主要考虑如下：

（1）税收法律体系建设的需要。我国 2001 年修订的《税收征收管理法》对关联交易的处理作出原则性规定，这些原则性规定远远不能满足企业所得税实体税法的要求，还需要从实体法的角度，对关联交易的税收处理以及其他反避税措施作出规定。新企业所得税法丰富和扩展了征管法的反避税规定，增加了成本分摊协议、提供资料义务、受控外国企业、资本弱化、一般反避税条款以及加收利息等规定，是对反避税的全面规范。

（2）参照国际通行做法、维护我国税收权益的需要。随着我国对外经济开放度的不断提高，跨国经济往来愈加频繁，如果不加强对反避税的立法和管理，国家税收权益将会受到损害。近年来，各国都非常关注跨国公司避税问题，从完善反避税立法和加强管理两方面采取措施，防止本国税收转移到国外，维护本国税收权益。

 特别纳税调整的主要内容

新企业所得税法及其实施条例规定的特别纳税调整的主要内容如下：

（1）明确提出了转让定价的核心原则——"独立交易原则"，增列了成本分摊协议条款，强化了纳税人、关联方和可比企业对转让定价调查的协助义务。这些规定有利于防止跨国集团利用转让定价向国外转移利润，侵蚀我国税基。

（2）规定了受控外国企业、资本弱化、一般反避税等相关条款，对反避税制度作了进一步规范。

（3）赋予了税务机关必要的反避税处置权，规定了加收利息条款。新企业所得税法通过上述反避税措施的安排，建立了比较全面、规范、与国际惯例接轨的企业所得税反避税制度。

 独立交易原则的判断

实施条例规定，独立交易原则是指没有关联关系的交易各方之间按照公平成交价格和营业常规进行业务往来所遵循的原则。在判断关联企业与其关联方之间的业务往来是否符合独立交易原则时，强调将关联交易定价或利润水平与可比情形下没有关联关系的交易定价和利润水平进行比较，如果存在差异，就说明因为关联关系的存在而导致企业没有遵循正常市场交易原则和营业常规，从而违背了独立交易原则。

 关联方的界定

新企业所得税法明确规定，企业与其关联方之间的业务往来，不符合独立交易原则而减少企业或者其关联方应纳税收入或者所得额的，主管税务机关有权按照合理方法进行调整。实施条例在总结我国对关联方税收管理实践的基础上，借鉴国际上成熟的做法，将有下列情况之一的企业、其他组织或者个人界定为关联方，即：

（1）在资金、经营、购销等方面存在直接或者间接的控制关系。

（2）直接或者间接地同为第三者控制。

（3）在利益上具有相关联的其他关系。

 对不符合独立交易原则的合理调整方法

按照新企业所得税法的规定，在判定纳税人的关联交易不符合独立交易原则，减少了应税收入或者所得额之后，税务机关可以运用合理方法进行纳税调整。从国际上通行的转让定价调整方法看，合理方法是指符合独立交易原则的定价原则和方法，实施条例采取国际上通行的做法，规定转让定价具体调整方法包括：

（1）可比非受控法。

（2）再销售价格法。

（3）成本加成法。

（4）交易净利润法。

（5）利润分割法。

（6）其他符合独立交易原则的方法。

 **成本分摊协议**

新企业所得税法第四十二条第二款借鉴了国际通行做法，将成本分摊协议引入我国税收立法。成本分摊协议是企业间签订的一种契约性协议，签约各方约定在研发或劳务活动中共摊成本、共担风险，并按照预期收益与成本相配比的原则合理分享收益。企业与其关联方共同开发、受让无形资产，或者共同提供、接受劳务时，应预先在各参与方之间达成协议安排，采用合理方法分摊上述活动发生的成本，即必须遵循独立交易原则：在可比情形下没有关联关系的企业之间共同开发、受让无形资产，或者共同提供、接受劳务所能接受的协议分配方法分摊上述活动发生的成本。

 **反避税核定方法**

新企业所得税法增加了核定征收条款，规定企业不提供与其关联方之间业务往来资料，或者提供虚假、不完整资料，未能真实反映其关联业务往来情况的，税务机关可以核定其应纳税所得额。这是维护国家税收权益、明确纳税人履行举证责任和解决反避税调查调整日趋复杂、案件旷日持久不能结案等困难的重要规定，这也是世界上许多国家采用的通常做法。

实施条例对税务机关实施特别纳税调整采用的核定应纳税所得额的具体方法作了明确：

（1）参照同类或者类似企业的利润率水平核定。

（2）按照成本加合理的费用和利润的方法核定。

（3）按照关联企业集团整体利润的合理比例核定。

（4）按照其他合理方法核定。

受控外国企业反避税规则

为了防止企业在低税率国家或地区建立受控外国企业，将利润保留在外国企业不分配或少量分配，逃避国内纳税义务，我国参照国际上一些国家的做法，引入了受控外国公司的反避税措施，从以下三个方面进行了明确。

（1）明确了构成受控外国企业的控制关系。具体包括：①居民企业或者中国居民直接或者间接单一持有外国企业 10% 以上有表决权股份，且由其共同持有该外国企业 50% 以上股份；②居民企业，或者居民企业和中国居民持股比例没有达到前项规定的标准，但在股份、资金、经营、购销等方面对该外国企业构成实质控制。

（2）明确实际税负偏低的判定标准。即实际税负明显低于新企业所得税法第四条第一款规定税率水平，是指低于新企业所得税法第四条第一款规定税率的50%。

（3）明确中国居民的含义，即是指根据《中华人民共和国个人所得税法》的规定，其从中国境内、境外取得的所得在中国缴纳个人所得税的个人。

 资本弱化条款

企业投资方式有权益投资和债权投资。由于以下两方面原则，企业往往愿意采用债权投资，相应减少权益投资。首先，由于债务人支付给债权人的利息可以在税前抵扣，而股东获得的收益即股息却不能在税前扣除，使得选择借债的融资方式比权益的融资方式，从税收的角度来说更具有优势；其次，许多国家对非居民纳税人获得的利息征收的预提所得税税率，通常比对股息征收的企业所得税税率低，采用债权投资比采用股权投资的税收负担低。对于债务人和债权人同属于一个利益集团的跨国公司来说，就有动机通过操纵融资方式，降低集团整体的税收负担。纳税人在为投资经营而筹措资金时，常常刻意设计资金来源结构，加大借入资金比例，扩大债务与权益的比率，人为形成"资本弱化"。因此，许多国家在税法上对关联方之间的债权性投资与权益性投资比例作出限制，防范企业通过操纵各种债务形式的支付手段，增加税前扣除、降低税收负担。

实施条例对债权性投资和权益性投资作了界定，债权性投资及权益性投资的比例和标准由国务院财政、税务主管部门另行规定。

 一般反避税条款

新企业所得税法借鉴了国外立法经验，将一般反避税条款作为兜底的补充性条款，主要目的在于打击和遏制以规避税收为主要目的、其他反避税措施又无法涉及的避税行为。如果对主要目的是为了获取税收利益而并非出于正常商业目的安排不进行制约，显然对遵守税法的企业不公平，破坏公平市场环境。一般反避税条款用以弥补特别反避税条款的不足，有利于增强税法的威慑力。面对各种各样新的避税手法，必须要有相应的应对措施。

一般反避税条款规定对不具有合理商业目的的安排进行调整，是指税务机关有权对以减少、免除或者推迟缴纳税款为主要目的的安排进行调整。不具有合理商业目的的安排通常具有以下特征：

（1）必须存在一个安排，即人为规划的一个或一系列行动或交易。

（2）企业必须从该安排中获取"税收利益"，即减少企业的应纳税收入或者所得额。

（3）企业获取税收利益是其安排的主要目的。

满足以上三个特征，可推断该安排已经构成了避税事实。

 特别纳税调整的加收利息

新企业所得税法借鉴国际通行做法，增加对反避税调整补税加收利息的条款，明确规定，税务机关按照特别纳税调整的规定对纳税人作出纳税调整，需要补征税款的，除补征税款外，应当按照国务院的规定加收利息，以此加大企业避税成本，打击各种避税行为，维护国家税收权益。

鉴于反避税调查一般涉及的年份较长，调整补缴税款的性质与其他形式补缴税款有一定的差别，因此，实施条例规定加收利息按照税款所属纳税年度中国人民银行公布的与补税期间同期的人民币贷款基准利率加5个百分点计算。企业与其关联方之间的业务往来，不符合独立交易原则，或者企业实施其他不具有合理商业目的的安排的，税务机关有权在该业务发生的纳税年度起10年内，进行纳税调整。

九、过渡期与汇总纳税

 **对原税收优惠实行过渡性措施**

企业所得税法规定，对原税收法律、行政法规规定的低税率和定期减免税、特定地区和西部大开发地区，实行过渡性优惠政策。《国务院关于实施企业所得税过渡优惠政策的通知》（国发〔2007〕39号）对企业所得税优惠政策过渡问题作了具体明确。

（一）新税法公布前批准设立的企业税收优惠过渡办法

企业按照原税收法律、行政法规和具有行政法规效力文件规定享受的企业所得税优惠政策，按以下办法实施过渡：

（1）自2008年1月1日起，原享受低税率优惠政策的企业，在新税法施行后5年内逐步过渡到法定税率。其中：享受企业所得税15%税率的企业，2008年按18%税率执行，2009年按20%税率执行，2010年按22%税率执行，2011年按24%税率执行，2012年按25%税率执行；原执行24%税率的企业，2008年起按25%税率执行。

（2）自2008年1月1日起，原享受企业所得税"两免三减半""五免五减半"

等定期减免税优惠的企业，新税法施行后继续按原税收法律、行政法规及相关文件规定的优惠办法及年限享受至期满为止，但因未获利而尚未享受税收优惠的，其优惠期限从 2008 年度起计算。

（3）享受上述过渡优惠政策的企业，是指 2007 年 3 月 16 日以前经工商等登记管理机关登记设立的企业；实施过渡优惠政策的项目和范围按《实施企业所得税过渡优惠政策表》执行。

（二）继续执行西部大开发税收优惠政策

《财政部、国家税务总局、海关总署关于西部大开发税收优惠政策问题的通知》（财税〔2001〕202 号）中规定的西部大开发企业所得税优惠政策继续执行。

（三）实施企业税收过渡优惠政策的其他规定

（1）享受企业所得税过渡优惠政策的企业，应按照新税法和实施条例中有关收入和扣除的规定计算应纳税所得额，并按有关规定计算享受税收优惠。

（2）企业所得税过渡优惠政策与新税法及实施条例规定的优惠政策存在交叉的，由企业选择最优惠的政策执行，不得叠加享受，且一经选择，不得改变。

 解决跨地区汇总纳税后地区间税源转移问题

新企业所得税法规定，不具有法人资格的营业机构应实行法人汇总纳税制度，由此会出现地区间税源转移问题。经请示国务院同意，将按照"统一核算、分级管理、就地预缴、集中清算、财政调库"的原则，合理确定总、分机构所在地区的企业所得税分享比例和办法，妥善解决实施新企业所得税法后引起的税收转移问题，处理好地区间利益分配关系。

第二部分　最新企业所得税纳税主体与税率政策

社会上的各类主体种类繁多，您知道哪些主体需要缴纳企业所得税吗？是否凡是企业就要缴纳企业所得税？是否只有企业才缴纳企业所得税？从 2008 年开始企业所得税的税率是多少？本部分将为您回答上述问题。

一、企业所得税法的适用范围

 基本税收政策

在中华人民共和国境内，企业和其他取得收入的组织（以下统称企业）为企业所得税的纳税人，依照《企业所得税法》的规定缴纳企业所得税。个人独资企业、合伙企业不适用《企业所得税法》。

上述所称个人独资企业、合伙企业，是指依照中国法律、行政法规成立的个人独资企业、合伙企业。

 **税收政策详解**

《企业所得税法》第 1 条规定了企业所得税的纳税人。企业所得税的纳税人包括企业以及取得收入的其他组织，但是不包括个人独资企业和合伙企业。《企业所得税法实施条例》第 2 条对个人独资企业和合伙企业进行了界定，但实际上还是将对二者的界定留给了《中华人民共和国个人独资企业法》和《中华人民共和国合伙企业法》。

企业，是指公司（有限责任公司和股份有限公司）、具有法人资格的企业（外商投资企业等）以及不具有法人资格的企业（个人独资企业和合伙企业）。

公司，是指依照《中华人民共和国公司法》的规定，在中国境内设立的有限责任公司和股份有限公司。公司是企业法人，有独立的法人财产，享有法人财产权。公司以其全部财产对公司的债务承担责任。有限责任公司的股东以其认缴的出资额为限对公司承担责任；股份有限公司的股东以其认购的股份为限对公司承担责任。

其他组织，指的是除企业以外的经国家有关部门批准，依法注册、登记的事业单位、社会团体等组织。

个人独资企业，是指依照《中华人民共和国个人独资企业法》的规定，在中国境内设立，由一个自然人投资，财产为投资人个人所有，投资人以其个人财产对企业债务承担无限责任的经营实体。

合伙企业，是指依照《中华人民共和国合伙企业法》的规定，在中国境内设立的由各合伙人订立合伙协议，共同出资、合伙经营、共享收益、共担风险，并对合伙企业债务承担无限连带责任的营利性组织。

关于各企业主体缴纳企业所得税的情况，参见图 2-1。

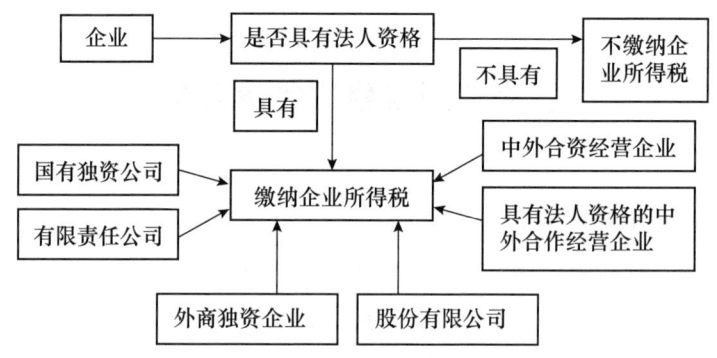

图 2-1　各企业主体缴纳企业所得税情况

 实务应用指南

《企业所得税法》第 1 条所说的"企业"，实际上是指公司或者具有法人资格的企业。不具有法人资格的企业，如个人独资企业和合伙企业，不缴纳企业所得税，但其投资者要缴纳个人所得税。在我国的法律制度中，公司就是法人，企业中的法人就是公司。但在国外，企业中的法人并不仅仅包括公司这样一种形式，还包括其他的组织形式。在有些国家，法人也并不一定独立承担民事责任。因此，在借鉴国外的企业所得税制度、公司所得税制度或者法人所得税制度时应当注意各国不同的企业法律制度，以免仅注重形式，而忽略了实质。

《企业所得税法》第 1 条规定其他组织也应当缴纳企业所得税，但并不是所有的社会组织都是企业所得税的纳税人，只有"取得收入"的组织才是企业所得税的纳税人。这里的"收入"指的是"应税收入"，即应当征收企业所得税的收入。

《企业所得税法》第1条所讲的"所得"应当是应税所得，即根据税法规定应当征税的所得。并不是所有的所得都属于应税所得。这里需要区分的几个概念是应税所得、免税所得和不征税所得。免税所得属于应税所得，只是根据税法的规定，免予征税。不征税所得不属于应税所得，这些所得本来就不符合所得税法关于"所得"的界定，因此，不予征税。

根据我国所得税法立法的体例，所得税法根据适用主体不同，分为企业所得税法和个人所得税法。任何主体，只要获得了应税所得，就应当缴纳所得税，即缴纳企业所得税，或者缴纳个人所得税。而且两个税种是互相排斥的，缴纳企业所得税的，就不需要缴纳个人所得税，缴纳个人所得税的就不需要缴纳企业所得税。不会出现某个经营主体既缴纳个人所得税又缴纳企业所得税的现象。当然，公司和股东分别缴纳企业所得税和个人所得税不在此列，因为它们是两个独立的法律主体。

根据《企业所得税法实施条例》第2条的规定，《企业所得税法》第1条所称个人独资企业、合伙企业，是指依照中国法律、行政法规成立的个人独资企业、合伙企业，根据外国的法律、行政法规规定成立的个人独资企业和合伙企业不属于税法所称的个人独资企业、合伙企业。换句话说，企业的法律性质，仅能依据中国的法律来判断，而不能依据外国的法律来判断。例如，依照美国的法律所成立的个人独资企业、合伙企业就不是这里所讲的个人独资企业、合伙企业，它们如果满足税法规定的相关要件，就有可能适用税法的相关规定。

《财政部 国家税务总局关于合伙企业合伙人所得税问题的通知》（财税〔2008〕159号）规定：合伙企业是指依照中国法律、行政法规成立的合伙企业。合伙企业以每一个合伙人为纳税义务人。合伙企业合伙人是自然人的，缴纳个人所得税；合伙人是法人和其他组织的，缴纳企业所得税。合伙企业生产经营所得和其他所得采取"先分后税"的原则。具体应纳税所得额的计算按照《财政部 国家税务总局关于个人独资企业和合伙企业投资者征收个人所得税的规定》（财税〔2000〕91号）及《财政部 国家税务总局关于调整个体工商户个人独资企业和合伙企业个人所得税税前扣除标准有关问题的通知》（财税〔2008〕65号）的有关规定执行。上述生产经营所得和其他所得，包括合伙企业分配给所有合伙人的所得和企业当年留存的所得（利润）。合伙企业的合伙人按照下列原则确定应纳税所得额：①合伙企业的合伙人以合伙企业的生产经营所得和其他所得，按照合伙协议约定的分配比例确定应纳税所得额。

②合伙协议未约定或者约定不明确的，以全部生产经营所得和其他所得，按照合伙人协商决定的分配比例确定应纳税所得额。③协商不成的，以全部生产经营所得和其他所得，按照合伙人实缴出资比例确定应纳税所得额。④无法确定出资比例的，以全部生产经营所得和其他所得，按照合伙人数量平均计算每个合伙人的应纳税所得额。合伙协议不得约定将全部利润分配给部分合伙人。合伙企业的合伙人是法人和其他组织的，合伙人在计算其缴纳企业所得税时，不得用合伙企业的亏损抵减其盈利。

 友情提示

> 根据《国务院关于个人独资企业和合伙企业征收所得税问题的通知》（国发 2000〔16〕号）的规定，为公平税负，支持和鼓励个人投资兴办企业，促进国民经济持续、快速、健康发展，自 2000 年 1 月 1 日起，对个人独资企业和合伙企业停止征收企业所得税，其投资者的生产经营所得，比照个体工商户的生产、经营所得征收个人所得税。

 实务案例精解

例 2-1 2016 年 6 月 10 日，甲、乙、丙三人签订一份合伙协议，共同投资 50 万元设立了兴旺美食餐厅，餐厅性质为合伙企业。兴旺美食餐厅设立之后，生产经营状况良好，经营规模不断扩大。2017 年 5 月 1 日，甲、乙、丙决定将兴旺美食餐厅从合伙企业变更为有限责任公司。2016 年度和 2017 年度，兴旺美食餐厅应当如何缴纳所得税？

解答： 在中华人民共和国境内，企业和其他取得收入的组织为企业所得税的纳税人，依照《企业所得税法》的规定缴纳企业所得税。个人独资企业、合伙企业不适用《企业所得税法》。也就是说，个人独资企业和合伙企业不需要缴纳企业所得税。根据《国务院关于个人独资企业和合伙企业征收所得税问题的通知》（国发〔2000〕16 号）的规定，自 2000 年 1 月 1 日起，对个人独资企业和合伙企业停止征收企业所得税，其投资者的生产经营所得，比照个体工商户的生产、经营所得征收个人所得税。

从 2016 年 6 月 10 日到 2017 年 4 月 30 日，兴旺美食餐厅的性质属于合伙企业，不需要缴纳企业所得税，但该餐厅的三位投资者从该餐厅所获得的生产经营所得，比照个体工商户的生产、经营所得缴纳个人所得税。从 2017 年 5 月 1 日到 2017 年 12 月 31 日，兴旺美食餐厅的性质属于有限责任公司，属于《企业所得税法》第 1 条所称的"企业"，因此，应当缴纳企业所得税。该餐厅的三位投资者从该餐厅的税后利润中所分配的所得应当按照"利息、股息、红利所得"缴纳个人所得税。

二、居民企业与非居民企业最新划分标准

 基本税收政策

企业分为居民企业和非居民企业。居民企业，是指依法在中国境内成立，或者依照外国（地区）法律成立但实际管理机构在中国境内的企业。非居民企业，是指依照外国（地区）法律成立且实际管理机构不在中国境内，但在中国境内设立机构、场所的，或者在中国境内未设立机构、场所，但有来源于中国境内所得的企业。

 **税收政策详解**

上述制度所称依法在中国境内成立的企业，包括依照中国法律、行政法规在中国境内成立的企业、事业单位、社会团体以及其他取得收入的组织。所称依照外国（地区）法律成立的企业，包括依照外国（地区）法律成立的企业和其他取得收入的组织。

上述制度所称实际管理机构，是指对企业的生产经营、人员、账务、财产等实施实质性全面管理和控制的机构。所称机构、场所，是指在中国境内从事生产经营活动的机构、场所，包括：

（1）管理机构、营业机构、办事机构。

（2）工厂、农场、开采自然资源的场所。

（3）提供劳务的场所。

（4）从事建筑、安装、装配、修理、勘探等工程作业的场所。

（5）其他从事生产经营活动的机构、场所。

非居民企业委托营业代理人在中国境内从事生产经营活动的，包括委托单位或者个人经常代其签订合同，或者储存、交付货物等，该营业代理人视为非居民企业在中国境内设立的机构、场所。

在香港特别行政区、澳门特别行政区和台湾地区成立的企业，参照《企业所得税法》第 2 条第 2 款、第 3 款的有关规定办理。

关于居民企业与非居民企业纳税义务的情况，参见图 2-2。

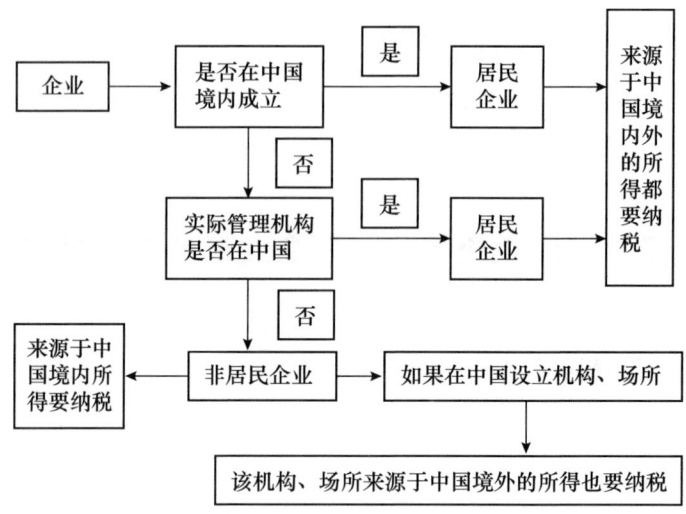

图2-2 居民企业与非居民企业纳税义务

 实务应用指南

居民企业有两类：第一类是依照中国法律在中国境内成立的企业，该类企业不论其实际管理机构是否在中国都属于居民企业，根据我国相关法律的规定，企业在中国境内依照中国法律成立，其实际管理机构一般都在中国境内，很少有将实际管理机构设在中国境外的，当然，即使企业将其实际管理中心设置在中国境外，也属于中国的居民企业；第二类是依照外国（地区）法律成立的实际管理机构在中国境内的企业，也就是该类企业的核心标准是实际管理机构在中国境内。实际管理机构是对企业的生产经营、人员、账务、财产等实施实质性全面管理和控制的机构。

根据排除法，一个企业如果不构成中国的居民企业，就应当属于中国的非居民企业。但非居民企业并不包括和中国没有任何关系的外国企业，它是对某些与中国具有联系但是又不构成居民企业的界定。根据上述定义，非居民企业一定是依照外国（地区）法律成立的，否则就属于中国企业，也就是居民企业了。同时，非居民企业的实际管理机构一定不在中国境内，否则就属于居民企业了。非居民企业实际上也可以分为两类：一类是在中国设立了机构、场所的企业，一类是在中国境内没有设立机构、场所的企业。对于前一类企业，其机构、场所必须不能构成实际管理机构，否则就是中国的居民企业了，而不问其是否有来源于中国境内的所得。对于后一类企业，其必须有来源于中国境内的所得，才能构成中国的非居民企业，否则就是一个和中国没有任何联系的外国企业。

在港澳台登记注册的企业可以享受外国企业的待遇，即如果该企业的实际管理机构位于中国（港澳台除外）境内，则仍然属于税法规定的居民企业，如果该企业的实际管理机构不位于中国（港澳台除外）境内，如位于港澳台或者其他国家和地区，则属于税法规定的非居民企业。

从大的方面来看，机构、场所可以分为两大类：一类是实体性的机构、场所，一类是虚拟的机构、场所。虚拟的机构、场所是指营业代理人，所谓营业代理人实际上就是非独立代理人，他是受被代理人约束的，在地位上具有非独立性。与非独立代理人相对的是独立代理人，他不受被代理人约束，在地位上具有独立性。外国企业通过境内的独立代理人从事销售活动，不构成在境内设立机构、场所。需要说明的是，上述机构、场所一般也构成了国际税法上的常设机构（Permanent Establishment，简称PE）。

根据我国税法规定，判断一个企业是否构成居民企业最重要的两个标准是据以成立的法律以及企业的实际管理机构所在地。据以成立的法律很容易判断，在实际操作中基本不存在问题。关键是实际管理机构所在地。实际管理机构，是指对企业的生产经营、人员、账务、财产等实施实质性全面管理和控制的机构。所谓管理和控制机构是指具有决定权和决策权的机构；所谓"实质性"，是指客观事实上的管理和控制，而非法律表面上的管理和控制；所谓"全面"，是指就企业生产经营的整个过程和各个环节的管理和控制，而不仅仅在某一个方面或者环节进行管理和控制。国际上，实际管理机构是指跨国企业的实际有效的指挥、控制和管理中心，是行使居民税收管辖权的国家判定法人居民身份的主要标准。实际管理机构所在地的认定，一般以股东大会的场所、董事会的场所以及行使指挥监督权力的场所等因素来综合判断。

对于一般的企业而言，"机构、场所"包括该企业的管理机构、营业机构和办事机构。其中，管理机构是指对企业的生产经营行使控制和管理权的机构，营业机构是具体从事生产经营的机构，办事机构是不从事生产经营，主要从事市场调研、联络客户等辅助活动的机构。管理机构和营业机构有可能合二为一，但一般办事机构不能成为管理机构和营业机构。

对于从事工农业生产的企业而言，"机构、场所"包括工厂、农场、开采自然资源的场所。其中，工厂是从事工业生产的场所，农场是从事农业生产的场所，开采自然资源的场所则包括矿山、矿井等生产场所。

对于从事建筑、安装、装配、修理、勘探等工程作业的企业而言，"机构、场所"是指企业实际从事该工程作业的场所，如建筑物所在地、安装设备所在地、修理场地、勘探场地等。

对于通过代理从事经营的企业而言，是指营业代理人。根据《民法通则》

（1986 年 4 月 12 日第六届全国人民代表大会第四次会议通过，1986 年 4 月 12 日中华人民共和国主席令第 37 号公布）第 63 条的规定，代理是指代理人以被代理人的名义，在代理权限范围内与第三人实施法律行为，其法律后果直接由被代理人承受的民事法律制度。代为他人实施民事法律行为的人称为代理人；由他人以自己的名义代为民事法律行为并承受法律后果的人，称为被代理人，又称本人。

营业代理人属于代理人的一种，具备代理人的一般特征。但同时，如果营业代理人要构成外国企业在中国从事生产经营的机构、场所，则必须符合本条所规定的条件。构成营业代理人的核心条件是受非居民企业委托在中国境内从事生产经营活动，这里所谓生产经营活动包括但不限于代其签订合同，或者储存、交付货物。需要注意的是，营业代理人包括单位和个人，包括公司、企业、其他经济组织和个人，也可以认为是具备法律行为能力的任何主体。营业代理人所从事的代理活动必须是"经常"性的，而不是偶尔代表委托人从事相关业务。至于"经常"的具体标准，则要根据各个行业的惯例来判断，如果营业代理人"随时"具备代表委托人从事相关业务的资格，并且在事实上也从事了相关代理业务，即使数量不是很多，也可以认定为"经常"代表委托人从事相关业务。

 友情提示

在实务操作中，可以从以下几个方面来判断单位或者个人是否构成了营业代理人：①经常代表委托人接洽采购业务，并签订购货合同，代为采购商品；②与委托人签订代理协议或者合同，经常储存属于委托人的产品或者商品，并代表委托人向他人交付其产品或者商品；③有权经常代表委托人签订销货合同或者接受订货；④经常代理委托人从事货物采购、销售以外的经营活动。

其他机构、场所是指除上述情形以外的，企业从事生产经营的机构、场所。这一项是兜底条款，可以解决经济发展中出现的一些新兴的机构、场所问题。例如，电子商务中企业从事生产经营的机构、场所的判断就比较困难，服务器所在地、网站注册地、仓库所在地、发货地等都有可能构成企业从事生产经营的机构、场所。

《国家税务总局关于境外注册中资控股企业依据实际管理机构标准认定为居民企业有关问题的通知》（国税发〔2009〕82 号）规定：境外注册的中资控股企业（以下称境外中资企业）是指由中国境内的企业或企业集团作为主要

控股投资者，在境外依据外国（地区）法律注册成立的企业。

境外中资企业同时符合以下条件的，根据《企业所得税法》第二条第二款和《企业所得税法实施条例》第四条的规定，应判定其为实际管理机构在中国境内的居民企业（以下称非境内注册居民企业），并实施相应的税收管理，就其来源于中国境内、境外的所得征收企业所得税。

（1）企业负责实施日常生产经营管理运作的高层管理人员及其高层管理部门履行职责的场所主要位于中国境内。

（2）企业的财务决策（如借款、放款、融资、财务风险管理等）和人事决策（如任命、解聘和薪酬等）由位于中国境内的机构或人员决定，或需要得到位于中国境内的机构或人员批准。

（3）企业的主要财产、会计账簿、公司印章、董事会和股东会议纪要档案等位于或存放于中国境内。

（4）企业1/2（含1/2）以上有投票权的董事或高层管理人员经常居住于中国境内。

对于实际管理机构的判断，应当遵循实质重于形式的原则。

非境内注册居民企业从中国境内其他居民企业取得的股息、红利等权益性投资收益，按照《企业所得税法》第二十六条和《企业所得税法实施条例》第八十三条的规定，作为其免税收入。非境内注册居民企业的投资者从该居民企业分得的股息、红利等权益性投资收益，根据《企业所得税法实施条例》第七条第（四）款的规定，属于来源于中国境内的所得，应当征收企业所得税；该权益性投资收益中符合《企业所得税法》第二十六条和《企业所得税法实施条例》第八十三条规定的部分，可作为收益人的免税收入。

非境内注册居民企业在中国境内投资设立的企业，其外商投资企业的税收法律地位不变。

境外中资企业被判定为非境内注册居民企业的，按照《企业所得税法》第四十五条以及受控外国企业管理的有关规定，不视为受控外国企业，但其所控制的其他受控外国企业仍应按照有关规定进行税务处理。

境外中资企业可向其实际管理机构所在地或中国主要投资者所在地主管税务机关提出居民企业申请，主管税务机关对其居民企业身份进行初步审核后，层报国家税务总局确认；境外中资企业未提出居民企业申请的，其中国主要投资者的主管税务机关可以根据所掌握的情况对其是否属于中国居民企业作出初步判定，层报国家税务总局确认。

境外中资企业或其中国主要投资者向税务机关提出居民企业申请时，应同时向税务机关提供如下资料：

（1）企业法律身份证明文件。

（2）企业集团组织结构说明及生产经营概况。

（3）企业最近一个年度的公证会计师审计报告。

（4）负责企业生产经营等事项的高层管理机构履行职责的场所的地址证明。

（5）企业董事及高层管理人员在中国境内居住记录。

（6）企业重大事项的董事会决议及会议记录。

（7）主管税务机关要求的其他资料。

境外中资企业被认定为中国居民企业后成为双重居民身份的，按照中国与相关国家（或地区）签署的税收协定（或安排）的规定执行。

2014年1月29日，国家税务总局发布了《关于依据实际管理机构标准实施居民企业认定有关问题的公告》（国家税务总局公告2014年第9号），作出以下规定，为完善依据实际管理机构实施居民企业的认定工作，加强企业所得税征收管理，根据《国务院关于取消和下放一批行政审批项目的决定》（国发〔2013〕44号），国家税务总局对《国家税务总局关于境外注册中资控股企业依据实际管理机构标准认定为居民企业有关问题的通知》（国税发〔2009〕82号，以下简称《通知》）有关条款进行了修订，现公告如下：

（1）符合《通知》第二条规定的居民企业认定条件的境外中资企业，须向其中国境内主要投资者登记注册地主管税务机关提出居民企业认定申请，主管税务机关对其居民企业身份进行初步判定后，层报省级税务机关确认。经省级税务机关确认后抄送其境内其他投资地相关省级税务机关。

（2）按本公告实施居民企业认定时，经省级税务机关确认后，30日内抄报国家税务总局，由国家税务总局网站统一对外公布。国家税务总局适时开展检查，对不符合条件的，责令其纠正。

（3）境外注册中资控股企业自其被认定为居民企业的年度起，从中国境内其他居民企业取得以前年度（限于2008年1月1日以后）的股息、红利等权益性投资收益，应按照《企业所得税法》第二十六条及其实施条例第十七条、第八十三条的规定处理。

（4）境外注册中资控股企业所得税征管的其他事项，仍按照《通知》的相关规定执行。

（5）本公告适用于2013年度及以后年度企业所得税申报。

《国家税务总局关于非居民企业派遣人员在中国境内提供劳务征收企业所得税有关问题的公告》（国家税务总局公告2013年第19号）规定：

非居民企业（以下统称派遣企业）派遣人员在中国境内提供劳务，如果派遣企业对被派遣人员工作结果承担部分或全部责任和风险，通常考核评估被派遣人员的工作业绩，应视为派遣企业在中国境内设立机构、场所提供劳务；如果派遣企业属于税收协定缔约对方企业，且提供劳务的机构、场所具有相对的固定性和持久性，该机构、场所构成在中国境内设立的常设机构。

在作出上述判断时，应结合下列因素予以确定：

（1）接收劳务的境内企业（以下统称"接收企业"）向派遣企业支付管理费、服务费性质的款项。

（2）接收企业向派遣企业支付的款项金额超出派遣企业代垫、代付被派遣人员的工资、薪金、社会保险费及其他费用。

（3）派遣企业并未将接收企业支付的相关费用全部发放给被派遣人员，而是保留了一定数额的款项。

（4）派遣企业负担的被派遣人员的工资、薪金未全额在中国缴纳个人所得税。

（5）派遣企业确定被派遣人员的数量、任职资格、薪酬标准及其在中国境内的工作地点。

符合上述规定的派遣企业和接收企业应按照《非居民承包工程作业和提供劳务税收管理暂行办法》（国家税务总局令第19号）规定办理税务登记和备案、税款申报及其他涉税事宜。

符合上述规定的派遣企业应依法准确计算其取得的所得并据实申报缴纳企业所得税；不能如实申报的，税务机关有权按照相关规定核定其应纳税所得额。

如果派遣企业仅为在接收企业行使股东权利、保障其合法股东权益而派遣人员在中国境内提供劳务的，包括被派遣人员为派遣企业提供对接收企业投资的有关建议、代表派遣企业参加接收企业股东大会或董事会议等活动，均不因该活动在接收企业营业场所进行而认定为派遣企业在中国境内设立机构、场所或常设机构。

主管税务机关应加强对派遣行为的税收管理，重点审核下列与派遣行为有关的资料，以及派遣安排的经济实质和执行情况，确定非居民企业所得税纳税义务：

（1）派遣企业、接收企业和被派遣人员之间的合同协议或约定。

（2）派遣企业或接收企业对被派遣人员的管理规定，包括被派遣人员的工作职责、工作内容、工作考核、风险承担等方面的具体规定。

（3）接收企业向派遣企业支付款项及相关账务处理情况，被派遣人员个人所得税申报缴纳资料。

（4）接收企业是否存在通过抵消交易、放弃债权、关联交易或其他形式隐蔽性支付与派遣行为相关费用的情形。

主管税务机关根据《企业所得税法》及本公告规定确定派遣企业纳税义务时，应与被派遣人员提供劳务涉及的个人所得税、营业税的主管税务机关加强协调沟通，交换被派遣人员提供劳务的相关信息，确保税收政策的准确执行。

各地在执行本公告规定对非居民企业派遣人员提供劳务进行税务处理时，应严格按照有关规定为派遣企业或接收企业及时办理对外支付相关手续。

 实务案例精解

例 2-2　某民办非企业单位取得了应纳税所得，但没有缴纳企业所得税。税务机关要求该单位缴纳企业所得税时，该单位会计负责人说："只有企业才需要缴纳企业所得税，我们并不是企业，为什么要缴纳企业所得税？"该单位会计负责人的上述看法是否正确？

解答：该单位会计负责人的上述看法是错误的。企业所得税并非仅对企业征收。在中华人民共和国境内，企业和其他取得收入的组织为企业所得税的纳税人，依照《企业所得税法》的规定缴纳企业所得税。除个人独资企业和合伙企业以外的公司、企业、事业单位、社会团体、民办非企业单位、基金会、外国商会、农民专业合作社以及取得收入的其他组织都是企业所得税的纳税人。

 **实务案例精解**

例 2-3　2017 年 1 月 1 日，中南联合矿业有限公司在南非注册成立，该公司主要在南非从事金钢钻石的开采、加工与销售活动。该公司的总机构设在南非金伯利（Kimberley），并在许多国家设有营业机构。该公司的大部分董事住在上海，董事会会议大多在上海举行，在上海举行的董事会会议决定除矿井作业以外的所有经营事项，如金刚石交易合同的谈判、金刚石及其他财产的处置、矿藏的开发、利润的分配及公司经理的任命等。在上海的董事也总是控制着该公司需以董事的多数票决定的经费事宜，在金伯利的董事只拥有诸如在矿山的工资、原材料等事项上，在有限数额内的决定权。该公司在中国境内外的经营实际上由上海控制、管理与指导。该企业是否是中国的居民企业？是否应当在中国缴纳企业所得税？

解答：居民企业，是指依法在中国境内成立，或者依照外国（地区）法律成立但实际管理机构在中国境内的企业。判断一个企业是否是中国的居民企业应当看两个标准：第一，该企业是否依法在中国境内成立；第二，该企业的实际管理机构是否在中国境内。两个标准满足一个就构成了中国的居民企业。关于第一个标准，中南联合矿业有限公司显然不符合，因为它是在南非注册成立的企业。从企业的国籍来看，它是南非的企业，而不是中国的企业。关于第二个标准，首先应当明确"实际管理机构"的具体含义和标准。根据条例第四条的规定，实际管理机构，是指对企业的生产经营实施实质性全面管理和控制的机构。根据本案的具体情况，该公司的大部分董事住在上海，董事会会议大多在上海举行，在上海举行的董事会会议决定除矿井作业以外的所有经营事项，该公司在中国境内外的经营实际上由上海控制、管理与指导。由此可见，该公司位于上海的机构承担了对该公司的生产经营实施实质性全面管理和控制的职责，应当认为该公司位于上海的机构构成了实际管理机构。因此，该企业应当属于中国的居民企业。

居民企业应当就其来源于中国境内、境外的所得缴纳企业所得税。因此，该公司来源于中国境内和境外的所得都应当在中国缴纳企业所得税。由于该公司在许多国家设有营业机构，该公司在这些国家所获得的所得都应当在中国缴纳企业所得税。

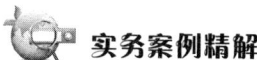 **实务案例精解**

　　例 2-4　A 公司是依照韩国法律于 2016 年在韩国注册成立的企业，该公司的实际管理机构在韩国。A 公司为销售的便利，在上海和北京设立了办事机构。A 公司是否属于中国的非居民企业？

　　解答： A 公司是依照韩国法律在韩国注册成立的企业，该公司的实际管理机构在韩国，因此 A 公司不属于中国的居民企业。由于 A 公司在上海和北京设立了办事机构，即在中国境内设立了机构、场所，A 公司属于中国的非居民企业。

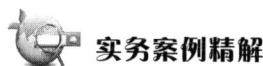 **实务案例精解**

　　例 2-5　B 公司是依照日本法律于 2016 年在日本注册成立的企业，该公司的实际管理机构在日本。B 公司为销售的便利，在北京寻找了一位营业代理人。该营业代理人可以代表 A 公司接洽采购业务，并签订购货合同，代为采购商品。B 公司是否属于中国的非居民企业？

　　解答： 由于 B 公司是依照日本法律在日本注册成立的企业，该公司的实际管理机构在日本，B 公司不属于中国的居民企业。由于 B 公司在北京寻找了一位营业代理人，该营业代理人可以代表 A 公司接洽采购业务，并签订购货合同，代为采购商品。该营业代理人构成了 B 公司在中国境内设立的机构、场所，B 公司属于中国的非居民企业。

三、无限纳税义务与有限纳税义务

 基本税收政策

居民企业应当就其来源于中国境内、境外的所得缴纳企业所得税。

非居民企业在中国境内设立机构、场所的，应当就其所设机构、场所取得的来源于中国境内的所得，以及发生在中国境外但与其所设机构、场所有实际联系的所得，缴纳企业所得税。

非居民企业在中国境内未设立机构、场所的，或者虽设立机构、场所但取得的所得与其所设机构、场所没有实际联系的，应当就其来源于中国境内的所得缴纳企业所得税。

 **税收政策详解**

上述制度所称所得，包括销售货物所得，提供劳务所得，转让财产所得，股息、红利等权益性投资所得，利息所得，租金所得，特许权使用费所得，接受捐赠所得和其他所得。

上述制度所称来源于中国境内、境外的所得，按照以下原则确定：

（1）销售货物所得，按照交易活动发生地确定。

（2）提供劳务所得，按照劳务发生地确定。

（3）转让财产所得，不动产转让所得按照不动产所在地确定，动产转让所得按照转让动产的企业或者机构、场所所在地确定，权益性投资资产转让所得按照被投资企业所在地确定。

（4）股息、红利等权益性投资所得，按照分配所得的企业所在地确定。

（5）利息所得、租金所得、特许权使用费所得，按照负担、支付所得的企业或者机构、场所所在地确定，或者按照负担、支付所得的个人的住所所在地确定。

（6）其他所得，由国务院财政、税务主管部门确定。

上述制度所称实际联系，是指非居民企业在中国境内设立的机构、场所拥有据以取得所得的股权、债权，以及拥有、管理、控制据以取得所得的财产等。

 实务应用指南

在中国境内设立机构、场所的非居民企业应当就两类所得对中国承担纳税义务，一类是其所设机构、场所取得的来源于中国境内的所得，另一类是发生在中国境外但与其所设机构、场所有实际联系的所得。对于第一类所得，只要是该机构、场所取得的来源于中国境内的所得就应当在中国纳税，而不问该所得是否与该机构、场所具有实际联系。对于第二类所得，该笔所得必须与其所设机构、场所有实际联系，否则，该笔所得不应当在中国纳税。例如，设置该机构、场所的外国企业从中国境外取得了一笔所得，该笔所得与其在中国境内设立的机构、场所没有实际联系，但是实际上是由该机构、场所获得了该笔所得，此时，该笔所得就不应当在中国纳税，因为该笔所得与该机构、场所没有实际联系，不能归结于该机构、场所。

所得的来源地划分是一个比较重要也比较复杂的制度。对于销售货物所得，按照交易活动发生地确定。交易活动发生地可以根据合同的签订地、货物的储存地、发货地等来进行判断。如果经营活动地全部在中国境内，则该销售货物的所得应当视为来自中国境内，如果经营活动地有一部分在中国境内，也有一部分在中国境外，则应当根据中国和另外一个国家所签订的双边税收协定的规定来划分所得的来源地，如果没有协定，或者协定没有明确规定，则应当认为来源于与该销售货物行为具有最密切关系的国家。

对于提供劳务所得，按照劳务发生地确定。一般而言，劳务发生地就是实际提供劳务所在地。在现代国际化和分工化日趋明显的背景下，劳务发生地也越来越复杂。如果劳务发生地全部在中国境内，则该提供劳务的所得应当视为来自中国境内，如果劳务发生地有一部分在中国境内，也有一部分在中国境外，则应当根据中国和另外一个国家所签订的双边税收协定的规定来划分所得的来源地，如果没有协定，或者协定没有明确规定，则应当认为来源于与提供劳务行为具有最密切关系的国家。

对于转让财产所得，不动产转让所得按照不动产所在地确定，动产转让所得按照转让动产的企业或者机构、场所所在地确定，权益性投资资产转让所得按照被投资企业所在地确定。不动产所在地一般来讲比较确定，不会出现一个动产位于两个国家的情况，企业所在地应当根据企业的管理机构所在地和生产经营机构所在地来确定，如果企业的管理机构所在地和生产经营机构所在地不在同一个国家，一般情况下应当按照企业的管理机构所在地来确定企业的所在地。机构、场所所在地一般就是指该机构、场所实际坐落的位置。机构、场所是最基层单位的组织，一般情况下不会出现分跨两地或者两国的情况，如果有，分跨两地或者两国的机构、场所应当被视为两个相对独立的机构、场所，而不能视为一个机构、场所。被投资企业所在地的确定同样应当考虑其管理机构所在地和生产经营机构所在地，如果企业的管理机构所在地和生产经营机构所在地不在同一个国家，一般情况下应当按照管理机构所在地来判断企业所在地。

对于股息、红利等权益性投资所得，按照分配所得的企业所在地确定。企业所在地的确定同样应当考虑其管理机构所在地和生产经营机构所在地，如果企业的管理机构所在地和生产经营机构所在地不在同一个国家，一般情况下应当按照管理机构所在地来判断企业所在地。在实务操作中，一般是按照支付股息、红利等权益性投资所得的机构所在地来确定股息、红利等权益性投资所得的来源地的，即如果该股息、红利等权益性投资所得是从中国境内支付出去的，应当认为该股息、红利等权益性投资所得是来自中国境内的，除非企业能够提出充足的证据推翻这一推定。

对于利息所得、租金所得、特许权使用费所得，按照负担、支付所得的企业或者机构、场所所在地确定，或者按照负担、支付所得的个人的住所所在地确定。如果负担利息、租金、特许权使用费的企业或者机构、场所与支付利息、租金、特许权使用费的企业或者机构、场所不是同一个，则应当按照负担利息、租金、特许权使用费的企业或机构、场所所在地来确定，但在一般情况下，支付利息、租金、特许权使用费的企业或者机构、场所应当推定为负担利息、租金、特许权使用费的企业或者机构、场所，除非企业能够提出足够的证据推翻这一推定。如果企业的管理机构所在地与实际负担利息、租金、特许权使用费的机构、场所所在地不在同一个国家，应当按照实际负担利息、租金、特许权使用费的机构、场所所在地来确定利息的来源地。个人的住所所在地应当指个人在其居民国的住所地，如果该个人分别属于两个国家的居民，在两个居民国家均有住所地，应当按照两个国家所签订的双边税收协定来判断，该利息、租金、特许权使用费的来源地，如果没有规定，从理论上讲，应当按照该个人在支付利息、租金、特许权使用费时所在的居民国的住所地来判断。

在判断企业的纳税义务时，可以分成三个步骤：

（1）判断该企业是否是居民企业，如果是居民企业，其所取得的所有所得都应当在中国缴纳企业所得税，也就是说，在这种情况下，已经没有必要探讨所得的来源问题（当然，在进行外国税收抵免时，仍有必要区分所得的来源地，但那是另外一个问题）。

（2）如果该企业不是居民企业，就进入第二步，看该企业是否在中国境内设立了机构、场所，如果没有设立机构、场所，则其仅就来源于中国境内的所得在中国缴纳企业所得税，此时区分所得是否来源于中国就显得异常重要了，因为这涉及是否在中国纳税的实体权利义务问题。

（3）如果设立了机构、场所，则进入第三步，看该企业是否在中国境外取得了与该机构、场所有实际联系的所得，如果没有取得境外所得，或者境外所得与该机构、场所没有实际联系，则该企业仍然仅就来源于中国境内的所得向中国缴纳企业所得税，如果该企业取得了来源于中国境外并且与该机构、场所有实际联系的所得，则除了其来源于中国境内的所得以外，来源于中国境外并且与该机构、场所有实际联系的所得也应当向中国缴纳企业所得税，此时，判断所得与该机构、场所是否具有实际联系就是一个非常重要的问题。

实际联系，就是指拥有据以取得所得的股权、债权，以及拥有、管理、控制据以取得所得的财产等。根据等价交换的市场经济原则，任何主体取得所得都应当有合法的依据，否则就应当认定为违法所得、非法所得或者不当得利。因此，当非居民企业在中国境内设立的机构、场所获得了一定的所得时，如果它具有获得该项所得的实质权利，就说明该项所得与该机构、场所具有实际联系，如果它不具有获得该项所得的实质权利，仅仅拥有获得该项所得的形式权利，就说明该项所得与该机构、场所没有实际联系，该机构、场所仅仅是依据其他机构的授权而代收该项所得。同样，如果该机构、场所拥有获得某项所得的实质权利，但是却将在形式上获得该所得的权利授予他人（例如，授权他人代收货款），仍然应当认为该机构、场所与该项所得具有实际联系。

 友情提示

　　企业取得所得的合法权利主要包括股权、债权和物权等。股权代表的是股东的权利，其中包括收益权、管理权和剩余索取权等。债权代表的是债权人的权利，其中包括获得利息以及索取本金的权利等。物权代表的是所有权，其中包括占有权、使用权、收益权和处分权等。股权、债权和物权都能够取得所得，都是据以取得所得的依据。对于股权和债权，企业必须属于权利的所有者才能据以取得所得。对于物权或者财产，企业可以享有拥有权，也可以享有管理权和控制权，无论是上述哪一种权利，都可以根据其所拥有、管理或者控制的财产获得所得。因此，如果某机构、场所拥有据以取得所得的股权、债权，以及拥有、管理、控制据以取得所得的财产等，就视为该项所得与该机构、场所具有实际联系。

　　2011 年 7 月 27 日，国家税务总局发布了《境外注册中资控股居民企业所得税管理办法（试行）》（国家税务总局公告 2011 年第 45 号），作出以下规定：

　　第一，为规范和加强境外注册中资控股居民企业的所得税税收管理，根据《中华人民共和国企业所得税法》（以下简称企业所得税法）及其实施条例、

《中华人民共和国税收征收管理法》（以下简称税收征管法）及其实施细则、中国政府对外签署的避免双重征税协定（含与香港、澳门特别行政区签署的税收安排，以下简称税收协定）、《国家税务总局关于境外注册中资控股企业依据实际管理机构标准认定为居民企业有关问题的通知》（国税发〔2009〕82号，以下简称《通知》）和其他有关规定，制定本办法。

第二，本办法所称境外注册中资控股企业（以下简称境外中资企业）是指由中国内地企业或者企业集团作为主要控股投资者，在中国内地以外国家或地区（含香港、澳门、台湾）注册成立的企业。

第三，本办法所称境外注册中资控股居民企业（以下简称非境内注册居民企业）是指因实际管理机构在中国境内而被认定为中国居民企业的境外注册中资控股企业。

第四，非境内注册居民企业应当按照企业所得税法及其实施条例和相关管理规定的要求，履行居民企业所得税纳税义务，并在向非居民企业支付企业所得税法第三条第三款规定的款项时，依法代扣代缴企业所得税。

第五，本办法所称主管税务机关包括：

（1）非境内注册居民企业的实际管理机构所在地与境内主要控股投资者所在地一致的，为境内主要控股投资者的企业所得税主管税务机关。

（2）非境内注册居民企业的实际管理机构所在地与境内主要控股投资者所在地不一致的，为实际管理机构所在地的国税局主管机关；经共同的上级税务机关批准，企业也可以选择境内主要控股投资者的企业所得税主管税务机关为其主管税务机关。

（3）非境内注册居民企业存在多个实际管理机构所在地的，由相关税务机关报共同的上级税务机关确定。

主管税务机关确定后，不得随意变更；确需变更的，应当层报税务总局批准。

第六，境外中资企业居民身份的认定，采用企业自行判定提请税务机关认定和税务机关调查发现予以认定两种形式。

第七，境外中资企业应当根据生产经营和管理的实际情况，自行判定实际管理机构是否设立在中国境内。如其判定符合《通知》第二条规定的居民企业条件，应当向其主管税务机关书面提出居民身份认定申请，同时提供以下资料：

（1）企业法律身份证明文件。

（2）企业集团组织结构说明及生产经营概况。

（3）企业上一个纳税年度的公证会计师审计报告。

（4）负责企业生产经营等事项的高层管理机构履行职责场所的地址证明。

（5）企业上一年度及当年度董事及高层管理人员在中国境内居住的记录。

（6）企业上一年度及当年度重大事项的董事会决议及会议记录。

（7）主管税务机关要求提供的其他资料。

第八，主管税务机关发现境外中资企业符合《通知》第二条规定但未申请成为中国居民企业的，可以对该境外中资企业的实际管理机构所在地情况进行调查，并要求境外中资企业提供本办法第七条规定的资料。调查过程中，主管税务机关有权要求该企业的境内投资者提供相关资料。

第九，主管税务机关依法对企业提供的相关资料进行审核，提出初步认定意见，将据以做出初步认定的相关事实（资料）、认定理由和结果层报税务总局确认。

税务总局认定境外中资企业居民身份的，应当将相关认定结果同时书面告知境内投资者、境内被投资者的主管税务机关。

第十，非境内注册居民企业的主管税务机关收到税务总局关于境外中资企业居民身份的认定结果后，应当在10日内向该企业下达《境外注册中资控股企业居民身份认定书》，通知其从企业居民身份确认年度开始按照我国居民企业所得税管理规定及本办法规定办理有关税收事项。

第十一，非境内注册居民企业发生下列重大变化情形之一的，应当自变化之日起15日内报告主管税务机关，主管税务机关应当按照本办法规定层报税务总局确定是否取消其居民身份。

（1）企业实际管理机构所在地变更为中国境外的。

（2）中方控股投资者转让企业股权，导致中资控股地位发生变化的。

第十二，税务总局认定终止非境内注册居民企业居民身份的，应当将相关认定结果同时书面告知境内投资者、境内被投资者的主管税务机关。企业应当自主管税务机关书面告知之日起停止履行中国居民企业的所得税纳税义务与扣缴义务，同时停止享受中国居民企业税收待遇。上述主管税务机关应当依法做好减免税款追缴等后续管理工作。

第十三，非境内注册居民企业应当自收到居民身份认定书之日起30日内向主管税务机关提供以下资料申报办理税务登记，主管税务机关核发临时税务登记证及副本：

（1）居民身份认定书。

（2）境外注册登记证件。

（3）税务机关要求提供的其他资料。

第十四，非境内注册居民企业经税务总局确认终止居民身份的，应当自收到主管税务机关书面通知之日起15日内向主管税务机关申报办理注销税务登记。

第十五，发生本办法第四条扣缴义务的非境内注册居民企业应当自扣缴义务发生之日起 30 日内，向主管税务机关申报办理扣缴税款登记。

第十六，非境内注册居民企业应当按照中国有关法律、法规和国务院财政、税务主管部门的规定，编制财务、会计报表，并在领取税务登记证件之日起 15 日内将企业的财务、会计制度或者财务会计、处理办法及有关资料报送主管税务机关备案。

第十七，非境内注册居民企业存放在中国境内的会计账簿和境内税务机关要求提供的报表等资料，应当使用中文。

第十八，发生扣缴义务的非境内注册居民企业应当设立代扣代缴税款账簿和合同资料档案，准确记录扣缴企业所得税情况。

第十九，非境内注册居民企业与境内单位或者个人发生交易的，应当按照发票管理办法规定使用发票，发票存根应当保存在中国境内，以备税务机关查验。

第二十，非境内注册居民企业按照分季预缴、年度汇算清缴方法申报缴纳所得税。

第二十一，非境内注册居民企业发生终止生产经营或者居民身份变化情形的，应当自停止生产经营之日或者税务总局取消其居民企业之日起 60 日内，向其主管税务机关办理当期企业所得税汇算清缴。

非境内注册居民企业需要申报办理注销税务登记的，应在注销税务登记前，就其清算所得向主管税务机关申报缴纳企业所得税。

第二十二，非境内注册居民企业应当以人民币计算缴纳企业所得税；所得以人民币以外的货币计算的，应当按照企业所得税法及其实施条例有关规定折合成人民币计算并缴纳企业所得税。

第二十三，对非境内注册居民企业未依法履行居民企业所得税纳税义务的，主管税务机关应依据税收征管法及其实施细则的有关规定追缴税款、加收滞纳金，并处罚款。

主管税务机关应当在非境内注册居民企业年度申报和汇算清缴结束后两个月内，判定其构成居民身份的条件是否发生实质性变化。对实际管理机构转移至境外或者企业中资控股地位发生变化的，主管税务机关应层报税务总局终止其居民身份。

对于境外中资企业频繁转换企业身份，又无正当理由的，主管税务机关应层报国家税务总局核准后追回其已按居民企业享受的股息免税待遇。

第二十四，主管税务机关应按季度核查非境内注册居民企业向非居民企业支付股息、利息、租金、特许权使用费、转让财产收入及其他收入依法扣缴企业所得税的情况，发现该企业未依法履行相关扣缴义务的，应按照税收征管法及其实施细则和企业所得税法及其实施条例等有关规定对其进行处罚，并向非居民企业追缴税款。

第二十五，非境内注册居民企业取得来源于中国境内的股息、红利等权益性投资收益和利息、租金、特许权使用费所得、转让财产所得以及其他所得，应当向相关支付方出具本企业的《境外注册中资控股企业居民身份认定书》复印件。

相关支付方凭上述复印件不予履行该所得的税款扣缴义务，并在对外支付上述外汇资金时凭该复印件向主管税务机关申请开具相关税务证明。其中涉及个人所得税、营业税等其他税种纳税事项的，仍按对外支付税务证明开具的有关规定办理。

第二十六，非居民企业转让非境内注册居民企业股权所得，属于来源于中国境内所得，被转让的非境内注册居民企业应当自股权转让协议签订之日起 30 日内，向其主管税务机关报告并提供股权转让合同及相关资料。

第二十七，非境内注册居民企业应当按照企业所得税法及其实施条例以及《特别纳税调整实施办法（试行）》（国税发〔2009〕2 号）的相关规定，履行关联申报及同期资料准备等义务。

第二十八，非境内注册居民企业同时被我国与其注册所在国家（地区）税务当局确认为税收居民的，应当按照双方签订的税收协定的有关规定确定其居民身份；如经确认为我国税收居民，可适用我国与其他国家（地区）签订的税收协定，并按照有关规定办理享受税收协定优惠待遇手续；需要证明其中国税收居民身份的，可向其主管税务机关申请开具《中国税收居民身份证明》，主管税务机关应在受理申请之日起 10 个工作日内办结。

第二十九，境外税务当局拒绝给予非境内注册居民企业税收协定待遇，或者将其认定为所在国家（地区）税收居民的，该企业可按有关规定书面申请启动税务相互协商程序。

主管税务机关受理企业提请协商的申请后，应当及时将申请及有关资料层报税务总局，由税务总局与有关国家（地区）税务当局进行协商。

第三十，主管税务机关应当做好非境内注册居民企业所得税管理情况汇总统计工作，于每年 8 月 15 日前向税务总局层报《境外注册中资控股居民企业所得税管理情况汇总表》。税务总局不定期对各地相关管理工作进行检查，并将检查情况通报各地。

第三十一，本办法由税务总局负责解释。各省、自治区、直辖市和计划单列市国家税务局、地方税务局可根据本办法制定具体操作规程。

第三十二，本办法自 2011 年 9 月 1 日起施行。此前根据《通知》规定已经被认定为非境内注册居民企业的，适用本办法相关规定处理。

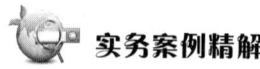 **实务案例精解**

例 2-6 A 公司在 2016 年度取得了以下所得：①销售自己生产的产品，取得收入 1 000 万元；②向其他公司提供贷款，取得利息 50 万元；③接受某公司捐赠的一台机器设备；④向其他公司投资入股，取得股息 100 万元；⑤将自己拥有的商标授予另一公司使用，取得报酬 500 万元。A 公司在 2016 年度取得的上述所得是否属于税法所规定的所得，分别属于哪些种类？

解答： A 公司在 2016 年度取得的上述所得都属于税法所规定的所得。①销售自己生产的产品，取得收入 1 000 万元，属于销售货物所得；②向其他公司提供贷款，取得利息 50 万元，属于利息所得；③接受某公司捐赠的一台机器设备，属于接受捐赠所得；④向其他公司投资入股，取得股息 100 万元，属于股息红利等权益性投资所得；⑤将自己拥有的商标授予另一公司使用，取得报酬 500 万元，属于特许权使用费所得。

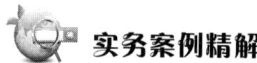 **实务案例精解**

例 2-7 A 公司是非居民企业，2016 年度，该公司取得了以下所得：①在中国境内销售一批货物，取得 100 万元；②在中国境外签订合同以 1 000 万元的价格转让一处不动产，该不动产位于中国境内；③从 B 公司取得股息 100 万元，B 公司位于日本；④许可中国境内的某公司使用其商标，取得报酬 200 万元。上述所得中哪些所得来源于中国境内？

解答： ①销售货物的所得，按交易活动发生地确定，因此，A 公司在中国境内销售一批货物，取得 100 万元，属于来源于中国境内的所得；②转让财产所得，不动产按不动产所在地确定，因此，A 公司在中国境外签订合同以 1 000 万元的价格转让一处位于中国境内的不动产，属于来源于中国境内的所得；③股息、红利等权益性投资所得，按分配所得的企业所在地确定，因此，A 公司从位于日本的 B 公司取得股息 100 万元，属于来源于中国境外的所得；④特许权使用费所得，按实际负担或支付特许权使用费的企业或机构、场所所在地确定，或者按照负担、支付所得的个人的住所所在地确定，因此，A 公司许可中国境内的某公司使用其商标，取得报酬 200 万元，属于来源于中国境内的所得。

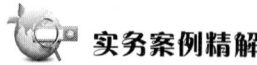 **实务案例精解**

例 2-8 甲公司是非居民企业，该公司在上海和北京均设立了一个机构。

2016 年度，设在上海的机构获得了来自日本某企业支付的利息 100 万元（该日本企业曾经向该上海的机构借款 1 000 万元）。设在北京的机构取得了来自韩国某企业支付的利息 100 万元。该韩国企业曾经向甲公司借款 1 000 万元，甲公司为了支付其设在北京机构的运转费用，和韩国企业达成协议，将该笔利息直接支付给甲公司设在北京的机构。上述两个机构是否应当就其所获得的所得向中国缴纳企业所得税？

　　解答： 只有与非居民企业设立在中国境内的机构、场所有实际联系的境外所得才需要在中国缴纳企业所得税。因此，这一问题的核心是判断上述两笔所得是否与该两个机构有实际联系。实际联系，是指拥有、管理、控制据以取得所得的股权、债权、财产等。对于上海的机构而言，由于该机构拥有对日本公司的债权，所以，其获得的日本公司的利息应当认为和该机构具有实际联系，应当在中国缴纳企业所得税。对于北京的机构而言，由于其并不拥有对韩国公司的债权，只是代替其总公司接受利息，因此，应当认为该机构与该利息没有实际联系，该利息不应当在中国缴纳企业所得税。

四、企业所得税税率的新规定

 基本税收政策

企业所得税的税率为 25%。

非居民企业在中国境内未设立机构、场所的，或者虽设立机构、场所但取得的所得与其所设机构、场所没有实际联系的，应当就其来源于中国境内的所得缴纳企业所得税。非居民企业取得上述所得，适用税率为 20%，《企业所得税法实施条例》规定，上述所得减按 10% 的税率征收企业所得税。

符合条件的小型微利企业，减按 20% 的税率征收企业所得税。国家需要重点扶持的高新技术企业，减按 15% 的税率征收企业所得税。

 **税收政策详解**

《企业所得税法》第四条规定的是企业所得税的基本税率。

该条第一款规定了企业所得税的基本税率为 25%，之所以说是基本税率，是因为在该税率之外还有一些特殊税率。从周边国家和地区的企业所得税税率来看，最高的是日本，为 37.5%，最低的是我国香港特别行政区，为 16.5%，泰国为 30%，韩国为 34%，新加坡为 27%，从发达国家的企业所得税税率来看，大部分国家在 25% ~ 35% 之间。综合考虑我国的财政负担能力以及企业的税收负担能力，学界和实务界都倾向于将企业所得税税率确定在 25% 左右。

该条第二款规定了预提所得税的税率为 20%。之所以这里规定的税率比较低，是因为非居民企业取得《企业所得税法》第三条第三款规定的所得时不进行费用的扣除，直接将其收入作为应纳税所得额，乘以税率就等于应纳税额。而一般企业所得税应纳税所得额的计算都要扣除相应的成本、费用、税金和损失。换句话说，企业所得税的应纳税所得额是纯所得，预提所得税的应纳税所得额是毛所得。关于预提所得税的税率，《外商投资企业和外国企业所得税法》规定的就是 20%。当前世界大多数国家的预提所得税税率也在 20% 左右，因此，新税法确定的 20% 的预提所得税税率还是比较适宜的。

关于各类企业的所得税税率，参见图 2-3。

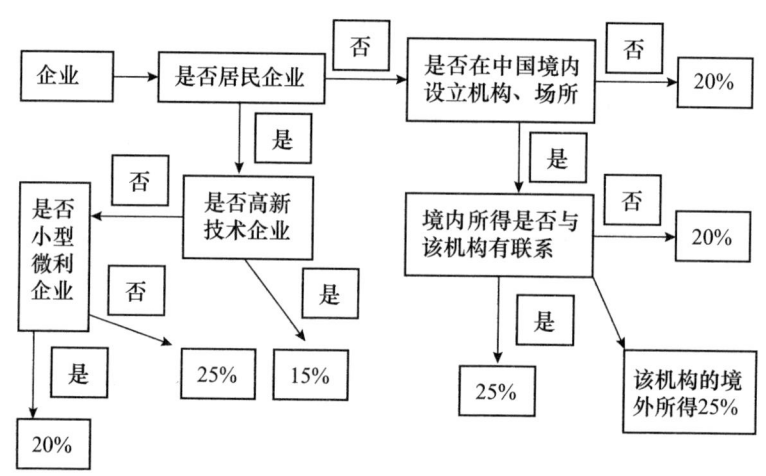

图 2-3　各类企业的所得税税率

 实务应用指南

税率，是指应纳税额与税基之间的比例。税率是计算应纳税额的尺度，反映了征税的深度。在征税对象既定的情况下，税率的高低直接影响到国家财政收入的多少和纳税人税收负担的轻重，反映了国家和各个纳税人之间的经济利益关系，同时也反映了一定时期内国家税收政策的要求。因此，税率是税法的核心要素，是衡量税收债务人税收负担是否适当的标志。税率的确定应当考虑保护人民基本财产权、人民经济活动的自由和人格发展的自由，侵犯以上人民基本权利和自由之税率是不符合现代依法治国理念的违宪税率。税率主要有比例税率、累进税率和定额税率三种基本形式。比例税率包括单一比例税率、差别比例税率和幅度比例税率。累进税率包括全额累进税率、超额累进税率、全率累进税率、超率累进税率和超倍累进税率。根据纳税人名义上所负担的税率和实际上所负担的税率的不同，税率可以分为名义税率和实际税率。

比例税率，是指对同一征税对象不管数额大小，均适用同一比例的税率。比例税率一般适用于对流转额的征税。比例税率的特点是对于具备同一征税对象的纳税人而言，其税收负担是相等的。比例税率也具有计算简便的特点，符合税收效率原则。比例税率又可以分为三类：①单一比例税率，即对同一征税对象的所有纳税人都适用相同比例的税率。②差别比例税率，即对同一征税对象的不同纳税人适用不同比例的税率。差别比例税率一般包括产品差别比例税率、行业差别比例税率和地区差别比例税率三种。③幅度比例税率，即税法只规定一个具有上下限的幅度税率，具体税率授权地方政权机关根据本地实际情况在该幅度内予以确定。

累进税率，是指随征税对象税额的增加而相应逐级递增的税率。具体而言，是把征税对象按数额的大小划分为若干个等级并相应设置每一等级的税率。累进税率一般适用于财产税和所得税。累进税率按照累进方式的不同，可以分为全额累进税率、超额累进税率、全率累进税率、超率累进税率和超倍累进税率。全额累进税率，是指对同一征税对象的全部数额都按照与之相对应的最高等级的税率计算应纳税额。超额累进税率，是指把征税对象按其数额由小到大分解为若干个等级，每个等级的征税对象分别适用该等级相对应的税率。计算应纳税额的方法为，每个等级的征税对象与该等级适用的税率相乘，得出该等级的应纳税额，然后将各等级应纳税额相加，即为该征税对象的应纳税额。全率累进税率，是指按照一定的相对量（比率）制定分级全率累进表，计税时按征税对象相对量确定适用税率，全部征税对象与适用税率的乘积，就是应纳税额。超率累进税率，是指对全部征税对象，按税率表规定的相对量级距，划分为若干段分别适用不同的税率，各段应纳税额的总和就是全部征税对象的应纳税额。超倍累进税率，是指以征税对象的数额相对于计税基础数的倍数为累进依据，按照超倍方式计算应纳税额的税率。超倍累进税率实际是超率累进税率的一种特殊形式。

定额税率，又称为固定税率，是指按单位征税对象直接规定固定的应纳税额的税率形式。定额税率是税率的一种特殊形式，它计算简便，适宜于从量计征的税种，如车船税、盐税等。定额税率一般包括单一定额税率、差别定额税率和幅度定额税率三种形式。单一定额税率是指对所有的征税对象统一适用一个税率的定额税率。差别定额税率是指对不同的征税对象适用不同税率的一种定额税率。差别定额税率包括地区差别定额税率和分类分级差别定额税率。

预提所得税，简称预提税，是指东道国支付所得的组织和个人预先扣除非居民纳税人取得的来源于东道国的所得所应当缴纳的税款。实际上是所得税的一种源泉扣缴方式，它本身并不是一个独立的税种。在有些国家和地区，对支付给任何纳税人的所得都实行预提税，如日本、英国、意大利、印度、荷兰、奥地利、秘鲁和我国的香港，在有些国家，仅对支付给非居民纳税人的所得实行预提税，如美国、法国、加拿大、巴西、泰国、澳大利亚、新加坡和中国。

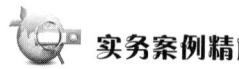 **实务案例精解**

例2-9　北京市国税局向中央电视台发出《关于对中央电视台与美国泛美卫星公司签署卫星传送服务协议所支付的费用代扣代缴预提所得税的通知》，通知认定：依据该卫星公司与中央电视台签订的《协议》，中央电视台所支付的费用属于特许权使用费，应在我国缴纳部分所得税。依照我国税法的规定，要求中央电视台履行代扣代缴预提所得税的义务。请问如何认定泛美卫星的纳税义务？

解答：在《中美双边税收协定》中，特许权使用费被解释为"使用或有权使用文学、艺术或科学著作，包括电影影片、无线电或电视广播使用的胶片、磁带的版权，专利、专有技术、商标、设计、模型、图纸、秘密配方或秘密程序所支付的作为报酬的各种款项，也包括使用或有权使用工业、商业、科学设备或有关工业、商业、科学经验的情报所支付的作为报酬的各种款项"。而泛美卫星公司提供服务的核心在于利用自己的设备将该电视台的信号传递到消费者手中，可以认为中央电视台支付的费用属于特许权使用费。

同时泛美卫星公司通过操作使用其位于外层空间卫星及美国的地面设施，为央视提供传输服务。虽然不发生任何设施的占有和使用权的转移，但"特定卫星频道"使用权发生了转让，符合租赁合同的特征，也可以认定属于租金。虽然《中美双边税收协定》并没有关于租金的明确规定，但"包括使用或有权使用工业、商业、科学设备或有关工业、商业、科学经验的情报所支付的作为报酬的各种款项"也符合对租金的定义。

　　那么泛美卫星公司是否在中国设有常设机构呢？在本案中，泛美卫星公司在中国并未拥有固定场所或设施，也不存在有营业代理人。此次其获得的款项不应当适用25%的一般税率，而应当适用预提税税率20%。根据税收协定优先，中国作为特许权使用费发生的缔约国有权按照我国的法律征税，但是税率不得超过10%。

第三部分　最新企业应纳税所得额政策

计算应纳税所得额是计算企业所得税中一个非常重要的环节，您知道如何计算企业的应纳税所得额吗？企业取得的收入形式很多，是否所有的收入都要纳税？企业的各类支出纷繁复杂，是否各类支出都能在税前予以扣除？企业发生亏损以后是否可以用以后年度的盈利来弥补？本部分将为您回答上述问题。

一、应纳税所得额的计算公式

 基本税收政策

企业每一纳税年度的收入总额，减除不征税收入、免税收入、各项扣除以及允许弥补的以前年度亏损后的余额，为应纳税所得额。

 **税收政策详解**

企业应纳税所得额的计算，以权责发生制为原则，属于当期的收入和费用，不论款项是否收付，均作为当期的收入和费用；不属于当期的收入和费用，即使款项已经在当期收付，均不作为当期的收入和费用。《企业所得税法实施条例》和国务院财政、税务主管部门另有规定的除外。

上述政策中所称亏损，是指企业依照《企业所得税法》和《企业所得税法实施条例》的规定将每一纳税年度的收入总额减除不征税收入、免税收入和各项扣除后小于零的数额。

关于收入总额的计算，参见图3-1。

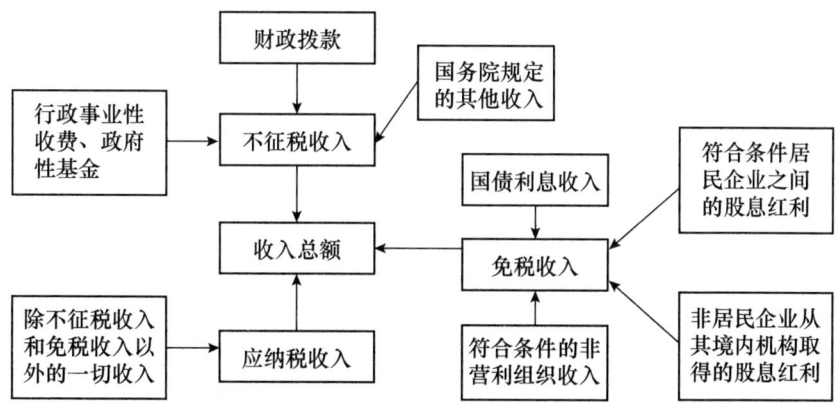

图 3-1　收入总额的计算

 实务应用指南

应纳税所得额实际上就是税基，用应纳税所得额乘以税率就得到了企业的应纳税额。需要强调的是，"应纳税所得额"与"应税所得"不是一个概念。应纳税所得额实际上就是我们通常所讲的税基或者计税依据，它是计算应纳税额的一个基数。应税所得是对所得的一种分类，所得在整体上可以分为应税所得和非应税所得。企业获得了收入以后，首先应当确认是否属于应税所得，如果不属于，则不计入应税所得之中，如果属于，就计入应税所得。应税所得减去合理的成本、费用、损失和税金以后就是应纳税所得额。

企业所发生的各项收入和支出，在具体核算时应当遵循一定的原则，企业可以在实际收到某项收入或者实际支付某项费用时确认收入和支出，也可以在享有获得某项收入的权利或者承担了支付某项费用的义务时确认收入和支出。

权责发生制是一种确认收入和支出的会计原则，其具体的含义是指当期已经实现的收入和已经发生或应当负担的费用，不论款项是否收付，均作为当期的收入和费用；不属于当期的收入和费用，即使款项已在当期收付，也不作为当期的收入和费用。这里所谓已经实现包括企业在法律上已经拥有某项收入并且已经收到该笔收入，也包括在法律上已经拥有某项收入但实际上尚未收到该笔收入。后一种情形主要是指收到了据以取得所得的相关凭证，但尚未收到现金。在这种情况下，应当将该笔收入作为当期的收入，而不能作为实际收到该笔收入时所在期间的收入。所谓已经发生或应当负担的费用包括企业已经发生或应当负担并已经实际支付的费用，也包括企业已经发生或应当负担但尚未实际支付的费用。后一种情形主要是指企业应当支付某项费用，但没有按照约定或者法定的日期支付相应费用的行为（一般而言，会构成违约）。此时，该笔费用应当作为当期支出予以确认，而不能作为实际支付该笔费用所在日期的当期费用。权责发生制原则也可以简单理解为纳税人应在费用发生时而不是实际支付时确认扣除。

 友情提示

　　与权责发生制相对应的一种会计原则是收付实现制，它是指当期已经收到的款项或者已经支付的费用，不论其是否是在当期实现的收入和发生或者应当负担的费用，均作为当期收入和费用；不在当期收到的收入和支付的费用，即使是在当期实现的和发生的或者应当负担的，也不作为当期的收入和费用。

　　在一般情况下，按照权责发生制进行核算与按照收付实现制进行核算的结果是一样的，但是在收入和费用的发生与实际收付存在时间差的情况下，按照两种不同的方法进行核算的结果是不一样的。我国的会计制度和税法制度均是按照权责发生制来进行收入和支出的核算的。

　　《企业会计准则——基本准则》第九条规定："企业应当以权责发生制为基础进行会计确认、计量和报告。"第十六条规定："企业应当按照交易或者事项的经济实质进行会计确认、计量和报告，不应仅以交易或者事项的法律形式为依据。"第十九条规定："企业对于已经发生的交易或者事项，应当及时进行会计确认、计量和报告，不得提前或者延后。"这些规定都是权责发生制会计原则的基本要求和体现。

　　根据《企业所得税税前扣除办法》（国税发〔2000〕84号）的规定，除了权责发生制以外，企业所得税税前扣除的确认一般还应遵循以下原则：

　　（1）配比原则，即纳税人发生的费用应在费用应配比或应分配的当期申报扣除，纳税人某一纳税年度应申报的可扣除费用不得提前或滞后申报扣除。

　　（2）相关性原则，即纳税人可扣除的费用从性质和根源上必须与取得应税收入相关。

　　（3）确定性原则，即纳税人可扣除的费用不论何时支付，其金额必须是确定的。

　　（4）合理性原则，即纳税人可扣除费用的计算和分配方法应符合一般的经营常规和会计惯例。

　　税法中所规定的亏损是税法上的亏损，而不是会计上的亏损。会计上的亏损是按照会计制度的规定所计算的收入总额减去各项支出后小于零的数额。由于税法制度和会计制度存在一定的差异，因此，会计上的亏损和税法上的亏损也会存在一定的差异。企业是否存在亏损以及亏损的数额是多少都应当根据税法所规定的各项制度予以计算，而不能以会计上的亏损为依据。在实务操作中，税法上的亏损一般是在会计上的亏损的基础上调整而来的。企业先按照会计制度计算亏损数额，然后在此基础上减去不征税收入、免税收入、税法允许加计扣除的支出，加上税法禁止扣除的支出以及超过税法规定扣除标准的支出。

《国家税务总局关于广西合山煤业有限责任公司取得补偿款有关所得税处理问题的批复》（国税函〔2009〕18号）规定：根据《企业所得税法》及其实施条例规定的权责发生制原则，广西合山煤业有限责任公司取得的未来煤矿开采期间因增加排水或防止浸没支出等而获得的补偿款，应确认为递延收益，按直线法在取得补偿款当年及以后的10年内分期计入应纳税所得，如实际开采年限短于10年，应在最后一个开采年度将尚未计入应纳税所得的赔偿款全部计入应纳税所得。

 **实务案例精解**

例3-1 根据合同约定，A公司2016年12月1日应当向B公司支付货款100万元，但由于A公司资金紧张，直到2017年1月2日才实际支付。根据合同约定，C公司应当在2016年12月20日向A公司支付货款200万元，但C公司直到2017年1月1日才实际支付该笔货款。除上述两笔货款外，A公司在2016年度的总收入为1 000万元，总支出为600万元。按照权责发生制原则，A公司2016年度的总收入和总支出为多少？

解答： 企业应纳税所得额的计算，以权责发生制为原则，属于当期的收入和费用，不论款项是否收付，均作为当期的收入和费用；不属于当期的收入和费用，即使款项已经在当期收付，均不作为当期的收入和费用。根据合同约定，A公司2016年12月1日应当向B公司支付货款100万元，无论A公司实际在何时支付该笔款项，都应当将该笔费用作为2016年12月1日发生的费用。根据合同约定，C公司应当在2016年12月20日向A公司支付货款200万元，无论A公司实际在何时收到该笔货款，都应当将该笔货款作为2016年12月20日的收入。因此，A公司2016年度的总收入为：1 000+200=1 200（万元）。A公司2016年度的总支出为：600+100=700（万元）。

 实务案例精解

例3-2 A公司2016年度的收入总额为1 000万元，其中不征税收入200万元，免税收入300万元，各项扣除为600万元。请计算A公司2016年度的应纳税所得额或者亏损额。

解答： 亏损等于企业根据税法及条例的规定将每一纳税年度的收入总额减除不征税收入、免税收入和各项扣除后小于零的数额。收入总额减除不征税收入、免税收入和各项扣除后小于零的数额为：1 000–200–300–600=–100（万元）。因此，A 公司 2016 年度的亏损额为 100 万元。

二、企业的收入总额

 基本税收政策

企业以货币形式和非货币形式从各种来源取得的收入，为收入总额。包括：

（1）销售货物收入。

（2）提供劳务收入。

（3）转让财产收入。

（4）股息、红利等权益性投资收益。

（5）利息收入。

（6）租金收入。

（7）特许权使用费收入。

（8）接受捐赠收入。

（9）其他收入。

 税收政策详解

上述政策所称企业取得收入的货币形式，包括现金、存款、应收账款、应收票据、准备持有至到期的债券投资以及债务的豁免等。所称企业取得收入的非货币形式，包括固定资产、生物资产、无形资产、股权投资、存货、不准备持有至到期的债券投资、劳务以及有关权益等。上述政策所称企业以非货币形式取得的收入，应当按照公允价值确定收入额。公允价值，是指按照市场价格确定的价值。

（1）销售货物收入，是指企业销售商品、产品、原材料、包装物、低值易耗品以及其他存货取得的收入。

（2）提供劳务收入，是指企业从事建筑安装、修理修配、交通运输、仓储租赁、金融保险、邮电通信、咨询经纪、文化体育、科学研究、技术服务、教育培训、餐饮住宿、中介代理、卫生保健、社区服务、旅游、娱乐、加工以及其他劳务服务活动取得的收入。

（3）转让财产收入，是指企业转让固定资产、生物资产、无形资产、股权、债权等财产取得的收入。

（4）股息、红利等权益性投资收益，是指企业因权益性投资从被投资方取得的收入。股息、红利等权益性投资收益，除国务院财政、税务主管部门另有规定外，按照被投资方作出利润分配决定的日期确认收入的实现。

（5）利息收入，是指企业将资金提供他人使用但不构成权益性投资，或者因他人占用本企业资金取得的收入，包括存款利息、贷款利息、债券利息、欠款利息等收入。利息收入，按照合同约定的债务人应付利息的日期确认收入的实现。

（6）租金收入，是指企业提供固定资产、包装物或者其他有形资产的使用权取得的收入。租金收入，按照合同约定的承租人应付租金的日期确认收入的实现。

（7）特许权使用费收入，是指企业提供专利权、非专利技术、商标权、著作权以及其他特许权的使用权取得的收入。特许权使用费收入，按照合同约定的特许权使用人应付特许权使用费的日期确认收入的实现。

（8）接受捐赠收入，是指企业接受的来自其他企业、组织或者个人无偿给予的货币性资产、非货币性资产。接受捐赠收入，按照实际收到捐赠资产的日期确认收入的实现。

（9）其他收入，是指企业取得的除上述收入外的其他收入，包括企业资产溢余收入、逾期未退包装物押金收入、确实无法偿付的应付款项、已作坏账损失处理后又收回的应收款项、债务重组收入、补贴收入、违约金收入、汇兑收益等。

企业的下列生产经营业务可以分期确认收入的实现：

（1）以分期收款方式销售货物的，按照合同约定的收款日期确认收入的实现。

（2）企业受托加工制造大型机械设备、船舶、飞机，以及从事建筑、安装、装配工程业务或者提供其他劳务等，持续时间超过12个月的，按照纳税年度内完工进度或者完成的工作量确认收入的实现。

采取产品分成方式取得收入的，按照企业分得产品的日期确认收入的实现，其收入额按照产品的公允价值确定。

 友情提示

企业发生非货币性资产交换，以及将货物、财产、劳务用于捐赠、偿债、赞助、集资、广告、样品、职工福利或者利润分配等用途的，应当视同销售货物、转让财产或者提供劳务，但国务院财政、税务主管部门另有规定的除外。

实务应用指南

根据《企业会计准则第 31 号——现金流量表》的规定，现金，是指企业库存现金以及可以随时用于支付的存款。存款是指企、事业单位存放在银行或其他金融机构中的货币资金。它是现代社会经济交往中的一种主要资金结算工具。根据国家有关规定，凡是独立核算的企业，都必须在当地银行开设账户。企业在银行开设账户后，除按银行规定的企业库存现金限额，保留一定的库存现金外，超过限额的现金都必须存入银行。企事业经济活动所发生的一切货币收支业务，除按国家《现金管理暂行条例》的有关规定，可以使用现金直接支付的款项外，其他都必须按银行结算办法的规定，通过银行账户进行转账结算。应收账款主要是指在生产经营活动中债权人因提供商品或者服务获得的要求债务人付款的权利，比如用户应当支付的电费、水费，就属于电力公司和自来水公司的应收账款。应收票据是其他企业因为欠债而签发的不能立即兑付票据，如商业汇票。

采取产品分成方式取得收入的，按照企业分得产品的日期确认收入的实现，所谓"企业分得产品的日期"是指企业在法律上拥有特定产品的时间，这里包括两个要件：第一，哪些产品属于该企业已经确定；第二，该企业在法律上已经拥有该笔产品的所有权，该企业可以随时拿走或者处理该笔产品。至于企业是否在实际上拿到了或者占有该笔产品并不是需要考虑的因素。即使企业在事实上没有拿到或者占有某一特定的产品，但该产品已经确定分配给某企业，某企业在法律上已经拥有该产品的所有权，此时，该企业也应当确认收入实现。采取产品分成方式取得收入的，其收入额按照产品的公允价值确定。公允价值，是指按照产品的市场价格、同类或类似产品市场价值基础确定的价值。

企业发生非货币性资产交换，应当视同销售货物。非货币性资产交换，是指交易双方主要以存货、固定资产、无形资产和长期股权投资等非货币性资产进行的交换。该交换不涉及或只涉及少量的货币性资产（即补价）。货币性资产，是指企业持有的货币资金和将以固定或可确定的金额收取的资产，包括现金、银行存款、应收账款和应收票据以及准备持有至到期的债券投资等。非货币性资产，是指货币性资产以外的资产。非货币性资产交换同时满足下列条件的，应当以公允价值和应支付的相关税费作为换入资产的成本，公允价值与换出资产账面价值的差额计入当期损益：

（1）该项交换具有商业实质。

（2）换入资产或换出资产的公允价值能够可靠地计量。

换入资产和换出资产公允价值均能够可靠计量的，应当以换出资产的公允价值作为确定换入资产成本的基础，但有确凿证据表明换入资产的公允价值更加可靠的除外。

满足下列条件之一的非货币性资产交换具有商业实质：

（1）换入资产的未来现金流量在风险、时间和金额方面与换出资产显著不同。

（2）换入资产与换出资产的预计未来现金流量现值不同，且其差额与换入资产和换出资产的公允价值相比是重大的。

在确定非货币性资产交换是否具有商业实质时，企业应当关注交易各方之间是否存在关联方关系。关联方关系的存在可能导致发生的非货币性资产交换不具有商业实质。未同时满足上述规定条件的非货币性资产交换，应当以换出资产的账面价值和应支付的相关税费作为换入资产的成本，不确认损益。

企业在按照公允价值和应支付的相关税费作为换入资产成本的情况下，发生补价的，应当分别下列情况处理：

（1）支付补价的，换入资产成本与换出资产账面价值加支付的补价、应支付的相关税费之和的差额，应当计入当期损益。

（2）收到补价的，换入资产成本加收到的补价之和与换出资产账面价值加应支付的相关税费之和的差额，应当计入当期损益。

企业在按照换出资产的账面价值和应支付的相关税费作为换入资产成本的情况下，发生补价的，应当分别下列情况处理：

（1）支付补价的，应当以换出资产的账面价值，加上支付的补价和应支付的相关税费，作为换入资产的成本，不确认损益。

（2）收到补价的，应当以换出资产的账面价值，减去收到的补价并加上应支付的相关税费，作为换入资产的成本，不确认损益。

非货币性资产交换同时换入多项资产的，在确定各项换入资产的成本时，应当分别下列情况处理：

（1）非货币性资产交换具有商业实质，且换入资产的公允价值能够可靠计量的，应当按照换入各项资产的公允价值占换入资产公允价值总额的比例，对换入资产的成本总额进行分配，确定各项换入资产的成本。

（2）非货币性资产交换不具有商业实质，或者虽具有商业实质但换入资产的公允价值不能可靠计量的，应当按照换入各项资产的原账面价值占换入资产原账面价值总额的比例，对换入资产的成本总额进行分配，确定各项换入资产的成本。

《财政部 国家税务总局关于执行〈企业会计准则〉有关企业所得税政策问题的通知》（财税〔2007〕80号）规定，自2007年1月1日起，企业按照国务院财政、税务主管部门有关文件规定，实际收到具有专门用途的先征后返所得税税款，按照会计准则规定应计入取得当期的利润总额，暂不计入取得当期的应纳税所得额。企业以公允价值计量的金融资产、金融负债以及投资性房地产等，持有期间公允价值的变动不计入应纳税所得额，在实际处置或结算时，处置取得的价款扣除其历史成本后的差额应计入处置或结算期间的应纳税所得额。自 2007 年 1 月 1 日起，企业对持有至到期投资、贷款等按照新会计准则规定采用实际利率法确认的利息收入，可计入当期应纳税所得额。

《国家税务总局关于企业处置资产所得税处理问题的通知》（国税函〔2008〕828 号）规定：

企业发生下列情形的处置资产，除将资产转移至境外以外，由于资产所有权属在形式和实质上均不发生改变，可作为内部处置资产，不视同销售确认收入，相关资产的计税基础延续计算。

（1）将资产用于生产、制造、加工另一产品。

（2）改变资产形状、结构或性能。

（3）改变资产用途（如，自建商品房转为自用或经营）。

（4）将资产在总机构及其分支机构之间转移。

（5）上述两种或两种以上情形的混合。

（6）其他不改变资产所有权属的用途。

企业将资产移送他人的下列情形，因资产所有权属已发生改变而不属于内部处置资产，应按规定视同销售确定收入。

（1）用于市场推广或销售。

（2）用于交际应酬。

（3）用于职工奖励或福利。

（4）用于股息分配。

（5）用于对外捐赠。

（6）其他改变资产所有权属的用途。

企业发生上述规定情形时，属于企业自制的资产，应按企业同类资产同期对外销售价格确定销售收入；属于外购的资产，可按购入时的价格确定销售收入。

《国家税务总局关于企业所得税有关问题的公告》（国家税务总局公告2016 年第 80 号）规定：企业发生《国家税务总局关于企业处置资产所得税处理问题的通知》（国税函〔2008〕828 号）第二条规定情形的，除另有规定外，应按照被移送资产的公允价值确定销售收入。

《国家税务总局关于确认企业所得税收入若干问题的通知》（国税函〔2008〕875 号）规定：

第一，除企业所得税法及实施条例另有规定外，企业销售收入的确认，必须遵循权责发生制原则和实质重于形式原则。

企业销售商品同时满足下列条件的，应确认收入的实现：

（1）商品销售合同已经签订，企业已将商品所有权相关的主要风险和报酬转移给购货方。

（2）企业对已售出的商品既没有保留通常与所有权相联系的继续管理权，也没有实施有效控制。

（3）收入的金额能够可靠地计量。

（4）已发生或将发生的销售方的成本能够可靠地核算。

符合上款收入确认条件，采取下列商品销售方式的，应按以下规定确认收入实现时间：

（1）销售商品采用托收承付方式的，在办妥托收手续时确认收入。

（2）销售商品采取预收款方式的，在发出商品时确认收入。

（3）销售商品需要安装和检验的，在购买方接受商品以及安装和检验完毕时确认收入。如果安装程序比较简单，可在发出商品时确认收入。

（4）销售商品采用支付手续费方式委托代销的，在收到代销清单时确认收入。

采用售后回购方式销售商品的，销售的商品按售价确认收入，回购的商品作为购进商品处理。有证据表明不符合销售收入确认条件的，如以销售商品方式进行融资，收到的款项应确认为负债，回购价格大于原售价的，差额应在回购期间确认为利息费用。

销售商品以旧换新的，销售商品应当按照销售商品收入确认条件确认收入，回收的商品作为购进商品处理。

企业为促进商品销售而在商品价格上给予的价格扣除属于商业折扣，商品销售涉及商业折扣的，应当按照扣除商业折扣后的金额确定销售商品收入金额。

债权人为鼓励债务人在规定的期限内付款而向债务人提供的债务扣除属于现金折扣，销售商品涉及现金折扣的，应当按扣除现金折扣前的金额确定销售商品收入金额，现金折扣在实际发生时作为财务费用扣除。

企业因售出商品的质量不合格等原因而在售价上给的减让属于销售折让；企业因售出商品质量、品种不符合要求等原因而发生的退货属于销售退回。企业已经确认销售收入的售出商品发生销售折让和销售退回，应当在发生当期冲减当期销售商品收入。

第二，企业在各个纳税期末，提供劳务交易的结果能够可靠估计的，应采用完工进度（完工百分比）法确认提供劳务收入。

提供劳务交易的结果能够可靠估计，是指同时满足下列条件：

（1）收入的金额能够可靠地计量。

（2）交易的完工进度能够可靠地确定。

（3）交易中已发生和将发生的成本能够可靠地核算。

企业提供劳务完工进度的确定，可选用下列方法：

（1）已完工作的测量。

（2）已提供劳务占劳务总量的比例。

（3）发生成本占总成本的比例。

企业应按照从接受劳务方已收或应收的合同或协议价款确定劳务收入总额，根据纳税期末提供劳务收入总额乘以完工进度扣除以前纳税年度累计已确认提供劳务收入后的金额，确认为当期劳务收入；同时，按照提供劳务估计总成本乘以完工进度扣除以前纳税期间累计已确认劳务成本后的金额，结转为当期劳务成本。

下列提供劳务满足收入确认条件的，应按规定确认收入：

（1）安装费。应根据安装完工进度确认收入。安装工作是商品销售附带条件的，安装费在确认商品销售实现时确认收入。

（2）宣传媒介的收费。应在相关的广告或商业行为出现于公众面前时确认收入。广告的制作费，应根据制作广告的完工进度确认收入。

（3）软件费。为特定客户开发软件的收费，应根据开发的完工进度确认收入。

（4）服务费。包含在商品售价内可区分的服务费，在提供服务的期间分期确认收入。

（5）艺术表演、招待宴会和其他特殊活动的收费。在相关活动发生时确认收入。收费涉及几项活动的，预收的款项应合理分配给每项活动，分别确认收入。

（6）会员费。申请入会或加入会员，只允许取得会籍，所有其他服务或商品都要另行收费的，在取得该会员费时确认收入。申请入会或加入会员后，会员在会员期内不再付费就可得到各种服务或商品，或者以低于非会员的价格销售商品或提供服务的，该会员费应在整个受益期内分期确认收入。

（7）特许权费。属于提供设备和其他有形资产的特许权费，在交付资产或转移资产所有权时确认收入；属于提供初始及后续服务的特许权费，在提供服务时确认收入。

（8）劳务费。长期为客户提供重复的劳务收取的劳务费，在相关劳务活动发生时确认收入。

第三，企业以买一赠一等方式组合销售本企业商品的，不属于捐赠，应将总的销售金额按各项商品的公允价值的比例来分摊确认各项的销售收入。

《国家税务总局关于贯彻落实企业所得税法若干税收问题的通知》（国税函〔2010〕79号）规定：

根据《企业所得税法实施条例》第十九条的规定，企业提供固定资产、包装物或者其他有形资产的使用权取得的租金收入，应按交易合同或协议规定的承租人应付租金的日期确认收入的实现。其中，如果交易合同或协议中规定租赁期限跨年度，且租金提前一次性支付的，根据《企业所得税法实施条例》第九条规定的收入与费用配比原则，出租人可对上述已确认的收入，在租赁期内，分期均匀计入相关年度收入。

出租方如为在我国境内设有机构场所、且采取据实申报缴纳企业所得的非居民企业，也按本条规定执行。

《国家税务总局关于贯彻落实企业所得税法若干税收问题的通知》（国税函〔2010〕79号）规定：企业发生债务重组，应在债务重组合同或协议生效时确认收入的实现。

《国家税务总局关于融资性售后回租业务中承租方出售资产行为有关税收问题的公告》（国家税务总局公告2010年第13号）规定：

融资性售后回租业务是指承租方以融资为目的将资产出售给经批准从事融资租赁业务的企业后，又将该项资产从该融资租赁企业租回的行为。融资性售后回租业务中承租方出售资产时，资产所有权以及与资产所有权有关的全部报酬和风险并未完全转移。

根据现行增值税和营业税有关规定，融资性售后回租业务中承租方出售资产的行为，不属于增值税和营业税征收范围，不征收增值税和营业税。

根据现行企业所得税法及有关收入确定规定，融资性售后回租业务中，承租人出售资产的行为，不确认为销售收入，对融资性租赁的资产，仍按承租人出售前原账面价值作为计税基础计提折旧。租赁期间，承租人支付的属于融资利息的部分，作为企业财务费用在税前扣除。

《国家税务总局关于企业取得财产转让等所得企业所得税处理问题的公告》（国家税务总局公告2010年第19号）规定：企业取得财产（包括各类资产、股权、债权等）转让收入、债务重组收入、接受捐赠收入、无法偿付的应付款收入等，不论是以货币形式、还是非货币形式体现，除另有规定外，均应一次性计入确认收入的年度计算缴纳企业所得税。

《国家税务总局关于金融企业贷款利息收入确认问题的公告》（国家税务总局公告2010年第23号）规定：

金融企业按规定发放的贷款，属于未逾期贷款（含展期，下同），应根据先收利息后收本金的原则，按贷款合同确认的利率和结算利息的期限计算利息，并于债务人应付利息的日期确认收入的实现；属于逾期贷款，其逾期后发生的应收利息，应于实际收到的日期，或者虽未实际收到，但会计上确认为利息收入的日期，确认收入的实现。

金融企业已确认为利息收入的应收利息，逾期90天仍未收回，且会计上已冲减了当期利息收入的，准予抵扣当期应纳税所得额。

金融企业已冲减了利息收入的应收未收利息，以后年度收回时，应计入当期应纳税所得额计算纳税。

《国家税务总局关于企业所得税应纳税所得额若干问题的公告》（国家税务总局公告2014年第29号）规定：

第一，企业接收政府划入资产的企业所得税处理：

（1）县级以上人民政府（包括政府有关部门，下同）将国有资产明确以股权投资方式投入企业，企业应作为国家资本金（包括资本公积）处理。该项资产如为非货币性资产，应按政府确定的接收价值确定计税基础。

（2）县级以上人民政府将国有资产无偿划入企业，凡指定专门用途并按《财政部 国家税务总局关于专项用途财政性资金企业所得税处理问题的通知》（财税〔2011〕70号）规定进行管理的，企业可作为不征税收入进行企业所得税处理。其中，该项资产属于非货币性资产的，应按政府确定的接收价值计算不征税收入。

县级以上人民政府将国有资产无偿划入企业，属于上述（1）（2）项以外情形的，应按政府确定的接收价值计入当期收入总额计算缴纳企业所得税。政府没有确定接收价值的，按资产的公允价值计算确定应税收入。

第二，企业接收股东划入资产的企业所得税处理：

（1）企业接收股东划入资产（包括股东赠予资产、上市公司在股权分置改革过程中接收原非流通股股东和新非流通股股东赠予的资产、股东放弃本企业的股权，下同），凡合同、协议约定作为资本金（包括资本公积）且在会计上已做实际处理的，不计入企业的收入总额，企业应按公允价值确定该项资产的计税基础。

（2）企业接收股东划入资产，凡作为收入处理的，应按公允价值计入收入总额，计算缴纳企业所得税，同时按公允价值确定该项资产的计税基础。

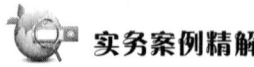 **实务案例精解**

例3-3 A公司2016年度取得如下收入：①某公司支付的100万元现金；②某企业捐赠的一台机器设备；③某公司尚未支付的购货款200万元。上述收入是否都属于《企业所得税法》第六条所规定的收入？分别属于什么形式的收入？

解答：企业以货币形式和非货币形式从各种来源取得的收入，为收入总额。因此，A公司2016年度取得的上述收入都属于《企业所得税法》第六条所规定的收入。货币形式的收入包括现金、存款、应收账款、应收票据、准备持有至到期的债券投资以及债务的豁免等。非货币形式的收入包括固定资产、生物资产、无形资产、股权投资、存货、不准备持有至到期的债券投资、劳务以及有关权益等。因此：①某公司支付的100万元现金属于货币形式的收入；②某企业捐赠的一台机器设备属于非货币形式的收入；③某公司尚未支付的购货款200万元属于货币形式的收入。

 实务案例精解

例3-4　A公司以分期付款的方式向B公司销售商品，根据销售合同的约定，B公司应当在2016年11月1日、2016年12月1日和2017年1月3日分三次支付货款，每次支付100万元。在不考虑该笔销售的前提下，A公司2016年度的收入总额为800万元。A公司2016年度的收入总额应当为多少？

解答：以分期收款方式销售货物的，应当按照合同约定的收款日期确认收入的实现。因此，A公司应当分别在2016年11月1日、2016年12月1日和2017年1月3日三次确认收入实现。因此，A公司2016年度的收入总额应当为：800+100+100=1 000（万元）。

 实务案例精解

例3-5　A公司受托加工制造某大型机械设备，持续时间为24个月。2016年度可以完成工作量的50%，该建造合同的总价款为2 000万元。A公司在2016年度应当确认多少收入？

解答：企业受托加工制造大型机械设备、船舶、飞机，以及从事建筑、安装、装配工程业务或者提供其他劳务等，持续时间超过12个月的，按照纳税年度内完工进度或者完成的工作量确认收入的实现。因此，应当按照2016年度可以完成的工作量来确认收入的实现。A公司在2016年度应当确认的收入额为：2 000×50%=1 000（万元）。

 实务案例精解

例3-6　A公司将自己生产的产品1 000件用于职工福利，每件商品的市场价格为100元。A公司没有确认该1 000件产品的收入，A公司的做法是否正确？

解答：企业发生非货币性资产交换，以及将货物、财产、劳务用于捐赠、偿债、赞助、集资、广告、样品、职工福利或者利润分配等用途的，应当视同销售货物、转让财产或者提供劳务。该 1 000 件产品应当视同销售，A 公司的做法是错误的。A 公司应当按照该产品的公允价值即市场价格来确认收入。A 公司应当确认的收入额为：1 000×100=100 000（元）。

三、不征税收入的新范围

 基本税收政策

收入总额中的下列收入为不征税收入：

（1）财政拨款。

（2）依法收取并纳入财政管理的行政事业性收费、政府性基金。

（3）国务院规定的其他不征税收入。

 税收政策详解

财政拨款，是指各级人民政府对纳入预算管理的事业单位、社会团体等组织拨付的财政资金，但国务院和国务院财政、税务主管部门另有规定的除外。

行政事业性收费，是指依照法律、法规等有关规定，按照国务院规定程序批准，在实施社会公共管理，以及在向公民、法人或者其他组织提供特定公共服务过程中，向特定对象收取并纳入财政管理的费用。

政府性基金，是指企业依照法律、行政法规等有关规定，代政府收取的具有专项用途的财政资金。

国务院规定的其他不征税收入，是指企业取得的，由国务院财政、税务主管部门规定专项用途并经国务院批准的财政性资金。

 实务应用指南

财政拨款，是指各级人民政府对纳入预算管理的事业单位、社会团体等组织拨付的财政资金，但国务院和国务院财政、税务主管部门另有规定的除外。首先，我国目前的政府包括五级：中央政府、省级政府、市级政府、县级政府和乡级政府。只有上述五级政府才有资格拨付财政资金。其次，接受财政拨款的单位必须是纳入预算管理的事业单位、社会团体等组织，一般而言，企业都是没有纳入预算管理的，因此，企业不能成为财政拨款的接受主体。

一般而言，满足上述两个条件的财政拨款就是不征税收入，但如果国务院以及国务院财政、税务主管部门另有规定，则满足上述两个条件的财政拨款也有可能不属于不征税收入，或者不满足上述两个条件的财政拨款也有可能属于不征税收入。

行政事业性收费，是指依照法律、法规等有关规定，按照国务院规定程序批准，在实施社会公共管理，以及在向公民、法人或者其他组织提供特定公共服务过程中，向特定对象收取并纳入财政管理的费用。构成行政事业性收费应当满足五个要件：第一，收费主体是企业，这里的企业应当是广义的企业，既包括狭义的企业，也包括事业单位和社会团体等组织；第二，收费依据是法律、行政法规、地方性法规等有关规定，一般而言，这里的"有关规定"应当是部门规章和地方政府规章及其以上的规范性文件，其他规定不能成为收费依据；第三，该项收费是依照国务院规定程序批准的，未经过国务院规定的程序批准的收费不是行政事业性收费；第四，该项收费是在实施社会公共管理，以及在向公民、法人或者其他组织提供特定公共服务过程中向特定服务对象收取的，向不特定对象收取的费用不是行政事业性收费，不向对方提供服务、直接向对方收取的费用也不是行政事业性收费；第五，该项收费必须纳入财政管理，尚未纳入财政管理的类似收入不是行政事业性收费。关于行政事业性收费，财政部、国家发展和改革委员会在 2004 年 12 月 30 日发布的《行政事业性收费项目审批管理暂行办法》（财综〔2004〕100 号）以及国家发展和改革委员会、财政部在 2006 年 3 月 27 日发布的《行政事业性收费标准管理暂行办法》（发改价格〔2006〕532 号）是当前规范行政事业性收费的主要规范性文件。

政府性基金，是指企业根据法律、行政法规等有关规定，代政府收取的具有专项用途的财政资金。构成企业政府性基金应当满足五个要件：第一，收费主体是企业，这里的企业同样是广义的企业，既包括狭义的企业，也包括事业单位和社会团体等组织；第二，收费的依据是法律、行政法规等有关规定，一般而言，这里的"有关规定"应当指国务院所制定的有关规定，国务院各部委以及各地方人民政府所制定的有关规定不能成为收费依据；第三，企业收费的性质属于"代收"，企业收费是代政府收取的，而不是企业自身要收取的；第四，该项收费是具有专项用途的，不具有专项用途的，如税款等就不是政府性基金；第五，所收费用属于财政资金，目前尚未有对财政资金进行界定的法律、法规，一般认为，财政资金是应当进入国库的资金，目前包括预算内资金和预算外资金，因此，政府性基金不一定要纳入预算管理。关于政府性基金的有关规定，目前存在的主要是财政部、国家发展和改革委员会发布的规范性文件，如 2004 年 12 月 31 日财政部发布的《财政部关于发布 2004 年全国政府性基金项目目录的通知》（财综〔2004〕102 号），2000 年 3 月 9 日财政部发布的《财政部关于加强政府性基金管理问题的通知》（财综字〔2000〕22 号）等。

国务院规定的其他不征税收入，是指企业取得的，由国务院财政、税务主管部门规定专项用途并经国务院批准的财政性资金。构成其他不征收收入应当满足三个要件：第一，收费主体是企业，这里的企业同样是广义的企业，既包括狭义的企业，也包括事业单位和社会团体等组织；第二，该项收费应当由国务院财政、税务主管部门规定专项用途并经国务院批准，国务院财政、税务主管部门没有规定专项用途或者没有经过国务院批准的收费不是其他不征收收入，国务院其他部门以及地方各级人民政府规定专项用途的收费也不是其他不征收收入；第三，所收取的费用属于财政性资金，财政性资金就是财政资金，也就是应当进入国库的资金，目前包括预算内资金和预算外资金。

《财政部 国家税务总局关于财政性资金 行政事业性收费 政府性基金有关企业所得税政策问题的通知》（财税〔2008〕151 号）规定：

第一，关于财政性资金。

（1）企业取得的各类财政性资金，除属于国家投资和资金使用后要求归还本金的以外，均应计入企业当年收入总额。

（2）对企业取得的由国务院财政、税务主管部门规定专项用途并经国务院批准的财政性资金，准予作为不征税收入，在计算应纳税所得额时从收入总额中减除。

（3）纳入预算管理的事业单位、社会团体等组织按照核定的预算和经费报领关系收到的由财政部门或上级单位拨入的财政补助收入，准予作为不征税收入，在计算应纳税所得额时从收入总额中减除，但国务院和国务院财政、税务主管部门另有规定的除外。

上述所称财政性资金，是指企业取得的来源于政府及其有关部门的财政补助、补贴、贷款贴息，以及其他各类财政专项资金，包括直接减免的增值税和即征即退、先征后退、先征后返的各种税收，但不包括企业按规定取得的出口退税款；所称国家投资，是指国家以投资者身份投入企业、并按有关规定相应增加企业实收资本（股本）的直接投资。

第二，关于政府性基金和行政事业性收费。

（1）企业按照规定缴纳的、由国务院或财政部批准设立的政府性基金以及由国务院和省、自治区、直辖市人民政府及其财政、价格主管部门批准设立的行政事业性收费，准予在计算应纳税所得额时扣除。企业缴纳的不符合上述审批管理权限设立的基金、收费，不得在计算应纳税所得额时扣除。

（2）企业收取的各种基金、收费，应计入企业当年收入总额。

（3）对企业依照法律、法规及国务院有关规定收取并上缴财政的政府性基金和行政事业性收费，准予作为不征税收入，于上缴财政的当年在计算应纳税所得额时从收入总额中减除；未上缴财政的部分，不得从收入总额中减除。

第三，企业的不征税收入用于支出所形成的费用，不得在计算应纳税所得额时扣除；企业的不征税收入用于支出所形成的资产，其计算的折旧、摊销不得在计算应纳税所得额时扣除。

《财政部 国家税务总局关于专项用途财政性资金企业所得税处理问题的通知》（财税〔2011〕70号）规定：

企业从县级以上各级人民政府财政部门及其他部门取得的应计入收入总额的财政性资金，凡同时符合以下条件的，可以作为不征税收入，在计算应纳税所得额时从收入总额中减除。

（1）企业能够提供规定资金专项用途的资金拨付文件。

（2）财政部门或其他拨付资金的政府部门对该资金有专门的资金管理办法或具体管理要求。

（3）企业对该资金以及以该资金发生的支出单独进行核算。

根据《企业所得税法实施条例》第二十八条的规定，上述不征税收入用于支出所形成的费用，不得在计算应纳税所得额时扣除；用于支出所形成的资产，其计算的折旧、摊销不得在计算应纳税所得额时扣除。

企业将符合上述规定条件的财政性资金作不征税收入处理后，在5年（60个月）内未发生支出且未缴回财政部门或其他拨付资金的政府部门的部分，应计入取得该资金第六年的应税收入总额；计入应税收入总额的财政性资金发生的支出，允许在计算应纳税所得额时扣除。

《国家税务总局关于企业所得税应纳税所得额若干税务处理问题的公告》（国家税务总局公告2012年第15号）规定：企业取得的不征税收入，应按照《财政部 国家税务总局关于专项用途财政性资金企业所得税处理问题的通知》（财税〔2011〕70号，以下简称《通知》）的规定进行处理。凡未按照《通知》规定进行管理的，应作为企业应税收入计入应纳税所得额，依法缴纳企业所得税。

实务案例精解

例3-7 A公司2016年度取得了以下收入：①销售商品收入1 000万元；②转让固定资产收入300万元；③取得国债利息100万元；④取得财政拨款100万元；⑤取得政府性基金200万元。A公司2016年度的应税收入是多少？

解答： 收入总额中的下列收入为不征税收入：①财政拨款；②依法收取并纳入财政管理的行政事业性收费、政府性基金；③国债利息。A公司在 2016 年度取得的上述收入中，第四项财政拨款收入和第五项政府性基金收入都是不征税收入。因此，A 公司 2016 年度的应税收入是：1 000+300= 1 300（万元）。

四、企业生产经营支出的税前扣除

 基本税收政策

企业实际发生的与取得收入有关的、合理的支出，包括成本、费用、税金、损失和其他支出，准予在计算应纳税所得额时扣除。

企业在生产经营活动中发生的合理的不需要资本化的借款费用，准予扣除。企业为购置、建造固定资产、无形资产和经过 12 个月以上的建造才能达到预定可销售状态的存货发生借款的，在有关资产购置、建造期间发生的合理的借款费用，应当作为资本性支出计入有关资产的成本，并依照《企业所得税法实施条例》的规定扣除。

企业在生产经营活动中发生的下列利息支出，准予扣除：

（1）非金融企业向金融企业借款的利息支出、金融企业的各项存款利息支出和同业拆借利息支出、企业经批准发行债券的利息支出。

（2）非金融企业向非金融企业借款的利息支出，不超过按照金融企业同期同类贷款利率计算的数额的部分。

 **税收政策详解**

上述政策中所述的有关的支出，是指与取得收入直接相关的支出。所称合理的支出，是指符合生产经营活动常规，应当计入当期损益或者有关资产成本的必要和正常的支出。

企业发生的支出应当区分收益性支出和资本性支出。收益性支出在发生当期直接扣除；资本性支出应当分期扣除或者计入有关资产成本，不得在发生当期直接扣除。企业的不征税收入用于支出所形成的费用或者财产，不得扣除或者计算对应的折旧、摊销扣除。

（1）成本，是指企业在生产经营活动中发生的销售成本、销货成本、业务支出以及其他耗费。

（2）费用，是指企业在生产经营活动中发生的销售费用、管理费用和财务费用，已经计入成本的有关费用除外。

（3）税金，是指企业发生的除企业所得税和允许抵扣的增值税以外的各项税金及其附加。

（4）损失，是指企业在生产经营活动中发生的固定资产和存货的盘亏、毁损、报废损失，转让财产损失，呆账损失，坏账损失，自然灾害等不可抗力因素造成的损失以及其他损失。企业发生的损失，减除责任人赔偿和保险赔款后的余额，依照国务院财政、税务主管部门的规定扣除。企业已经作为损失处理的资产，在以后纳税年度又全部收回或者部分收回时，应当计入当期收入。

（5）其他支出，是指除成本、费用、税金、损失外，企业在生产经营活动中发生的与生产经营活动有关的、合理的支出。

 实务应用指南

企业实际发生的与取得收入有关的支出，是指与取得收入直接相关的支出，间接相关的支出不能扣除。在实务操作中，直接相关和间接相关的区分标准很难把握。一般而言，相关税收法律、法规明确规定可以扣除的费用，就是直接相关的支出。相关法律、法规未明确禁止扣除的合理的支出也可以认为是直接相关的支出。

合理的支出，是指符合经营活动常规，应当计入当期损益或者有关资产成本的必要和正常的支出。构成合理的支出应当具备四个要件：第一，符合经营活动常规，即其他从事同类经营活动的绝大多数主体也会有此类支出；第二，应当计入当期损益或者有关资产成本，实际上就是应当予以扣除的，扣除的方式有两种，一是计入资产成本，和资产一起进行折旧扣除，二是计入当期损失，直接扣除，有些符合经营活动常规但不应当计入资产成本或当期损益的支出就不是合理的支出，例如，企业以取得的不征税收入用于支出所形成的费用或财产就不应当计入资产成本或当期损益,也就不是合理的支出；第三，是必要的支出，也就是必须进行的支出，否则就无法进行正常的生产经营；第四，是正常的支出，也就是说不能是异常的支出，一般而言，异常的支出往往是不必要的支出，但有些情况下，异常的支出也有可能是必要的支出。只有全部满足上述四个条件才能构成《企业所得税法》第八条所称合理的支出。

划分收益性支出与资本性支出原则是我国会计核算的基本原则之一。所谓收益性支出就是指与本期收益有直接因果关系的支出，即该项支出是为了取得本期收益而发生的。而资本性支出则是指不仅与本期收益有因果关系的支出，而且与以后的几个会计期间的收益也有因果关系的支出。严格区分收益性支出和资本性支出的目的是为了正确计算企业的当期收益。对于收益性支出，如企业支付的工资等，应当在本期予以扣除，对于资本性支出，例如为建造建筑物所负担的利息，应当分期扣除或者计入资产的成本进行折旧扣除。

构成成本需要具备两个要件：

（1）所耗费的成本必须是在企业生产产品及提供劳务等过程中发生的，在企业的其他活动中所耗费的成本就不是《企业所得税》法第八条所称成本，例如，在诉讼活动中的支出、在企业娱乐活动中的支出等。

（2）成本包括销售成本、销货成本、业务支出以及其他耗费等四个部分。

从企业生产经营活动的类型来看，成本是纳税人销售商品（产品、材料、下脚料、废料、废旧物资等）、提供劳务、转让固定资产、无形资产（包括技术转让）的成本。在企业所得税税前扣除的实务操作中，纳税人必须将经营活动中发生的成本合理划分为直接成本和间接成本。直接成本是可直接计入有关成本计算对象或劳务的经营成本中的直接材料、直接人工等。间接成本是指多个部门为同一成本对象提供服务的共同成本，或者同一种投入可以制造、提供两种或两种以上的产品或劳务的联合成本。直接成本可根据有关会计凭证、记录直接计入有关成本计算对象或劳务的经营成本中。间接成本必须根据与成本计算对象之间的因果关系、成本计算对象的产量等，以合理的方法分配计入有关成本计算对象中。

构成上述所称费用应当具备三个要件：

（1）该费用是企业在生产产品及提供劳务等生产经营活动中发生的，企业在其他过程中发生的费用，不属于《企业所得税法》第八条所称费用。

（2）该费用必须属于销售费用、管理费用和财务费用。

（3）已经计入成本的费用不属于《企业所得税法》第八条所称费用，属于《企业所得税法》第八条所称成本。

费用具体可以分为销售费用、管理费用和财务费用。

（1）销售费用是应由纳税人负担的为销售商品而发生的费用，包括广告费、运输费、装卸费、包装费、展览费、保险费、销售佣金（能直接认定的进口佣金调整商品进价成本）、代销手续费、经营性租赁费及销售部门发生的差旅费、工资、福利费等费用。从事商品流通业务的纳税人购入存货抵达仓库前发生的包装费、运杂费、运输存储过程中的保险费、装卸费、运输途中的合理损耗和入库前的挑选整理费用等购货费用可直接计入销售费用。如果纳税人根据会计核算的需要已将上述购货费用计入存货成本的，不得再以销售费用的名义重复申报扣除。从事房地产开发业务的纳税人的销售费用还包括开发产品销售之前的改装修复费、看护费、采暖费等。从事邮电等其他业务的纳税人发生的销售费用已计入营运成本的不得再计入销售费用重复扣除。

（2）管理费用是纳税人的行政管理部门为管理组织经营活动提供各项支援性服务而发生的费用。管理费用包括由纳税人统一负担的总部（公司）经费、研究开发费（技术开发费）、社会保障性缴款、劳动保护费、业务招待费、工会经费、职工教育经费、股东大会或董事会费、开办费摊销、无形资产摊销（含土地使用费、土地损失补偿费）、矿产资源补偿费、坏账损失、印花税等税金、消防费、排污费、绿化费、外事费和法律、财务、资料处理及会计事务方面的成本（咨询费、诉讼费、聘请中介机构费、商标注册费等），以及向总机构（指同一法人的总公司性质的总机构）支付的与本身营利活动有关的合理的管理费等。除经国家税务总局或其授权的税务机关批准外，纳税人不得列支向其关联企业支付的管理费。总部经费，又称公司经费，包括总部行政管理人员的工资薪金、福利费、差旅费、办公费、折旧费、修理费、物料消耗、低值易耗品摊销等。

（3）财务费用是纳税人筹集经营性资金而发生的费用，包括利息净支出、汇兑净损失、金融机构手续费以及其他非资本化支出。

根据我国《企业会计准则——基本准则》的规定，费用是指企业在日常活动中发生的、会导致所有者权益减少的、与向所有者分配利润无关的经济利益的总流出。费用只有在经济利益很可能流出从而导致企业资产减少或者负债增加、且经济利益的流出额能够可靠计量时才能予以确认。企业为生产产品、提供劳务等发生的可归属于产品成本、劳务成本等的费用，应当在确认产品销售收入、劳务收入等时，将已销售产品、已提供劳务的成本等计入当期损益。企业发生的支出不产生经济利益的，或者即使能够产生经济利益但不符合或者不再符合资产确认条件的，应当在发生时确认为费用，计入当期损益。企业发生的交易或者事项导致其承担了一项负债而又不确认为一项资产的，应当在发生时确认为费用，计入当期损益。符合费用定义和费用确认条件的项目，应当列入利润表。

构成上述税金应当具备三个要件：

（1）是企业实际发生的，对于企业实际上并未发生的税金不是《企业所得税法》第八条所称税金。例如，企业获得了减免税的优惠，被减免或者被退还的税金就是没有实际发生的，因此不是税金。

（2）企业所得税和允许抵扣的增值税除外，企业所得税和允许抵扣的增值税从性质上来看，也属于税金，但不属于税金，也就是不能从企业应纳税所得额中予以扣除，增值税包括允许抵扣和不允许抵扣的，允许抵扣的增值税不属于上述税金，不允许抵扣的增值税仍然属于税金。

（3）税金包括税金和附加两个部分，目前我国按照税金对待的附加主要是指教育费附加和地方教育附加。具体来讲，允许扣除的税金包括消费税、资源税、关税、城市维护建设税、教育费附加、地方教育附加、房产税、车船税、耕地占用税、印花税、城镇土地使用税、土地增值税、烟叶税、不允许抵扣的增值税。

《财政部 国家税务总局关于企业资产损失税前扣除政策的通知》(财税〔2009〕57号)规定：

第一，本通知所称资产损失，是指企业在生产经营活动中实际发生的、与取得应税收入有关的资产损失，包括现金损失，存款损失，坏账损失，贷款损失，股权投资损失，固定资产和存货的盘亏、毁损、报废、被盗损失，自然灾害等不可抗力因素造成的损失以及其他损失。

第二，企业清查出的现金短缺减除责任人赔偿后的余额，作为现金损失在计算应纳税所得额时扣除。

第三，企业将货币性资金存入法定具有吸收存款职能的机构，因该机构依法破产、清算，或者政府责令停业、关闭等原因，确实不能收回的部分，作为存款损失在计算应纳税所得额时扣除。

第四，企业除贷款类债权外的应收、预付账款符合下列条件之一的，减除可收回金额后确认的无法收回的应收、预付款项，可以作为坏账损失在计算应纳税所得额时扣除：

（1）债务人依法宣告破产、关闭、解散、被撤销，或者被依法注销、吊销营业执照，其清算财产不足清偿的。

（2）债务人死亡，或者依法被宣告失踪、死亡，其财产或者遗产不足清偿的。

（3）债务人逾期3年以上未清偿，且有确凿证据证明已无力清偿债务的。

（4）与债务人达成债务重组协议或法院批准破产重整计划后，无法追偿的。

（5）因自然灾害、战争等不可抗力导致无法收回的。

（6）国务院财政、税务主管部门规定的其他条件。

第五，企业经采取所有可能的措施和实施必要的程序之后，符合下列条件之一的贷款类债权，可以作为贷款损失在计算应纳税所得额时扣除：

（1）借款人和担保人依法宣告破产、关闭、解散、被撤销，并终止法人资格，或者已完全停止经营活动，被依法注销、吊销营业执照，对借款人和担保人进行追偿后，未能收回的债权。

（2）借款人死亡，或者依法被宣告失踪、死亡，依法对其财产或者遗产进行清偿，并对担保人进行追偿后，未能收回的债权。

（3）借款人遭受重大自然灾害或者意外事故，损失巨大且不能获得保险补偿，或者以保险赔偿后，确实无力偿还部分或者全部债务，对借款人财产进行清偿和对担保人进行追偿后，未能收回的债权。

（4）借款人触犯刑律，依法受到制裁，其财产不足归还所借债务，又无其他债务承担者，经追偿后确实无法收回的债权。

（5）由于借款人和担保人不能偿还到期债务，企业诉诸法律，经法院对借款人和担保人强制执行，借款人和担保人均无财产可执行，法院裁定执行程序终结或终止（中止）后，仍无法收回的债权。

（6）由于借款人和担保人不能偿还到期债务，企业诉诸法律后，经法院调解或经债权人会议通过，与借款人和担保人达成和解协议或重整协议，在借款人和担保人履行完还款义务后，无法追偿的剩余债权。

（7）由于上述（1）至（6）项原因借款人不能偿还到期债务，企业依法取得抵债资产，抵债金额小于贷款本息的差额，经追偿后仍无法收回的债权。

（8）开立信用证、办理承兑汇票、开具保函等发生垫款时，凡开证申请人和保证人由于上述（1）至（7）项原因，无法偿还垫款，金融企业经追偿后仍无法收回的垫款。

（9）银行卡持卡人和担保人由于上述（1）至（7）项原因，未能还清透支款项，金融企业经追偿后仍无法收回的透支款项。

（10）助学贷款逾期后，在金融企业确定的有效追索期限内，依法处置助学贷款抵押物（质押物），并向担保人追索连带责任后，仍无法收回的贷款。

（11）经国务院专案批准核销的贷款类债权。

（12）国务院财政、税务主管部门规定的其他条件。

第六，企业的股权投资符合下列条件之一的，减除可收回金额后确认的无法收回的股权投资，可以作为股权投资损失在计算应纳税所得额时扣除：

（1）被投资方依法宣告破产、关闭、解散、被撤销，或者被依法注销、吊销营业执照的。

（2）被投资方财务状况严重恶化，累计发生巨额亏损，已连续停止经营3年以上，且无重新恢复经营改组计划的。

（3）对被投资方不具有控制权，投资期限届满或者投资期限已超过10年，且被投资单位因连续3年经营亏损导致资不抵债的。

（4）被投资方财务状况严重恶化，累计发生巨额亏损，已完成清算或清算期超过3年以上的。

（5）国务院财政、税务主管部门规定的其他条件。

第七，对企业盘亏的固定资产或存货，以该固定资产的账面净值或存货的成本减除责任人赔偿后的余额，作为固定资产或存货盘亏损失在计算应纳税所得额时扣除。

第八，对企业毁损、报废的固定资产或存货，以该固定资产的账面净值或存货的成本减除残值、保险赔款和责任人赔偿后的余额，作为固定资产或存货毁损、报废损失在计算应纳税所得额时扣除。

第九，对企业被盗的固定资产或存货，以该固定资产的账面净值或存货的成本减除保险赔款和责任人赔偿后的余额，作为固定资产或存货被盗损失在计算应纳税所得额时扣除。

第十，企业因存货盘亏、毁损、报废、被盗等原因不得从增值税销项税额中抵扣的进项税额，可以与存货损失一起在计算应纳税所得额时扣除。

第十一，企业在计算应纳税所得额时已经扣除的资产损失，在以后纳税年度全部或者部分收回时，其收回部分应当作为收入计入收回当期的应纳税所得额。

第十二，企业境内、境外营业机构发生的资产损失应分开核算，对境外营业机构由于发生资产损失而产生的亏损，不得在计算境内应纳税所得额时扣除。

第十三，企业对其扣除的各项资产损失，应当提供能够证明资产损失确属已实际发生的合法证据，包括具有法律效力的外部证据、具有法定资质的中介机构的经济鉴证证明、具有法定资质的专业机构的技术鉴定证明等。

《企业资产损失所得税税前扣除管理办法》（国家税务总局公告 2011 年第25 号）规定：

第一，根据《中华人民共和国企业所得税法》（以下简称企业所得税法）及其实施条例、《中华人民共和国税收征收管理法》（以下简称征管法）及其实施细则、《财政部国家税务总局关于企业资产损失税前扣除政策的通知》（财税〔2009〕57 号）（以下简称《通知》）的规定，制定本办法。

第二，本办法所称资产是指企业拥有或者控制的、用于经营管理活动相关的资产，包括现金、银行存款、应收及预付款项（包括应收票据、各类垫款、企业之间往来款项）等货币性资产，存货、固定资产、无形资产、在建工程、生产性生物资产等非货币性资产，以及债权性投资和股权（权益）性投资。

第三，准予在企业所得税税前扣除的资产损失，是指企业在实际处置、转让上述资产过程中发生的合理损失（以下简称实际资产损失），以及企业虽未实际处置、转让上述资产，但符合《通知》和本办法规定条件计算确认的损失（以下简称法定资产损失）。

第四，企业实际资产损失，应当在其实际发生且会计上已作损失处理的年度申报扣除；法定资产损失，应当在企业向主管税务机关提供证据资料证明该项资产已符合法定资产损失确认条件，且会计上已作损失处理的年度申报扣除。

第五，企业发生的资产损失，应按规定的程序和要求向主管税务机关申报后方能在税前扣除。未经申报的损失，不得在税前扣除。

第六，企业以前年度发生的资产损失未能在当年税前扣除的，可以按照本办法的规定，向税务机关说明并进行专项申报扣除。其中，属于实际资产损失，准予追补至该项损失发生年度扣除，其追补确认期限一般不得超过五年，但因计划经济体制转轨过程中遗留的资产损失、企业重组上市过程中因权属不清出现争议而未能及时扣除的资产损失、因承担国家政策性任务而形成的资产损失以及政策定性不明确而形成资产损失等特殊原因形成的资产损失，其追补确认期限经国家税务总局批准后可适当延长。属于法定资产损失，应在申报年度扣除。

企业因以前年度实际资产损失未在税前扣除而多缴的企业所得税税款，可在追补确认年度企业所得税应纳税款中予以抵扣，不足抵扣的，向以后年度递延抵扣。

企业实际资产损失发生年度扣除追补确认的损失后出现亏损的，应先调整资产损失发生年度的亏损额，再按弥补亏损的原则计算以后年度多缴的企业所得税税款，并按前款办法进行税务处理。

第七，企业在进行企业所得税年度汇算清缴申报时，可将资产损失申报材料和纳税资料作为企业所得税年度纳税申报表的附件一并向税务机关报送。

第八，企业资产损失按其申报内容和要求的不同，分为清单申报和专项申报两种申报形式。其中，属于清单申报的资产损失，企业可按会计核算科目进行归类、汇总，然后再将汇总清单报送税务机关，有关会计核算资料和纳税资料留存备查；属于专项申报的资产损失，企业应逐项（或逐笔）报送申请报告，同时附送会计核算资料及其他相关的纳税资料。

企业在申报资产损失税前扣除过程中不符合上述要求的，税务机关应当要求其改正，企业拒绝改正的，税务机关有权不予受理。

第九，下列资产损失，应以清单申报的方式向税务机关申报扣除：

（1）企业在正常经营管理活动中，按照公允价格销售、转让、变卖非货币资产的损失。

（2）企业各项存货发生的正常损耗。

（3）企业固定资产达到或超过使用年限而正常报废清理的损失。

（4）企业生产性生物资产达到或超过使用年限而正常死亡发生的资产损失。

（5）企业按照市场公平交易原则，通过各种交易场所、市场等买卖债券、股票、期货、基金以及金融衍生产品等发生的损失。

第十，前条以外的资产损失，应以专项申报的方式向税务机关申报扣除。企业无法准确判别是否属于清单申报扣除的资产损失，可以采取专项申报的形式申报扣除。

第十一，在中国境内跨地区经营的汇总纳税企业发生的资产损失，应按以下规定申报扣除：

（1）总机构及其分支机构发生的资产损失，除应按专项申报和清单申报的有关规定，各自向当地主管税务机关申报外，各分支机构同时还应上报总机构。

（2）总机构对各分支机构上报的资产损失，除税务机关另有规定外，应以清单申报的形式向当地主管税务机关进行申报。

（3）总机构将跨地区分支机构所属资产捆绑打包转让所发生的资产损失，由总机构向当地主管税务机关进行专项申报。

第十二，企业因国务院决定事项形成的资产损失，应向国家税务总局提供有关资料。国家税务总局审核有关情况后，将损失情况通知相关税务机关。企业应按本办法的要求进行专项申报。（本条规定自 2013 年 11 月 8 日废止）

第十三，属于专项申报的资产损失，企业因特殊原因不能在规定的时限内报送相关资料的，可以向主管税务机关提出申请，经主管税务机关同意后，可适当延期申报。

第十四，企业应当建立健全资产损失内部核销管理制度，及时收集、整理、编制、审核、申报、保存资产损失税前扣除证据材料，方便税务机关检查。

第十五，税务机关应按分项建档、分级管理的原则，建立企业资产损失税前扣除管理台账和纳税档案，及时进行评估。对资产损失金额较大或经评估后发现不符合资产损失税前扣除规定、或存有疑点、异常情况的资产损失，应及时进行核查。对有证据证明申报扣除的资产损失不真实、不合法的，应依法作出税收处理。

第十六，企业资产损失相关的证据包括具有法律效力的外部证据和特定事项的企业内部证据。

第十七，具有法律效力的外部证据，是指司法机关、行政机关、专业技术鉴定部门等依法出具的与本企业资产损失相关的具有法律效力的书面文件，主要包括：

（1）司法机关的判决或者裁定。

（2）公安机关的立案结案证明、回复。

（3）工商部门出具的注销、吊销及停业证明。

（4）企业的破产清算公告或清偿文件。

（5）行政机关的公文。

（6）专业技术部门的鉴定报告。

（7）具有法定资质的中介机构的经济鉴定证明。

（8）仲裁机构的仲裁文书。

（9）保险公司对投保资产出具的出险调查单、理赔计算单等保险单据。

（10）符合法律规定的其他证据。

第十八，特定事项的企业内部证据，是指会计核算制度健全、内部控制制度完善的企业，对各项资产发生毁损、报废、盘亏、死亡、变质等内部证明或承担责任的声明，主要包括：

（1）有关会计核算资料和原始凭证。

（2）资产盘点表。

（3）相关经济行为的业务合同。

（4）企业内部技术鉴定部门的鉴定文件或资料。

（5）企业内部核批文件及有关情况说明。

（6）对责任人由于经营管理责任造成损失的责任认定及赔偿情况说明。

（7）法定代表人、企业负责人和企业财务负责人对特定事项真实性承担法律责任的声明。

第十九，企业货币资产损失包括现金损失、银行存款损失和应收及预付款项损失等。

第二十，现金损失应依据以下证据材料确认：

（1）现金保管人确认的现金盘点表（包括倒推至基准日的记录）。

（2）现金保管人对于短缺的说明及相关核准文件。

（3）对责任人由于管理责任造成损失的责任认定及赔偿情况的说明。

（4）涉及刑事犯罪的，应有司法机关出具的相关材料。

（5）金融机构出具的假币收缴证明。

第二十一，企业因金融机构清算而发生的存款类资产损失应依据以下证据材料确认：

（1）企业存款类资产的原始凭据。

（2）金融机构破产、清算的法律文件。

（3）金融机构清算后剩余资产分配情况资料。

金融机构应清算而未清算超过三年的，企业可将该款项确认为资产损失，但应有法院或破产清算管理人出具的未完成清算证明。

第二十二，企业应收及预付款项坏账损失应依据以下相关证据材料确认：

（1）相关事项合同、协议或说明。

（2）属于债务人破产清算的，应有人民法院的破产、清算公告。

（3）属于诉讼案件的，应出具人民法院的判决书或裁决书或仲裁机构的仲裁书，或者被法院裁定终（中）止执行的法律文书。

（4）属于债务人停止营业的，应有工商部门注销、吊销营业执照证明。

（5）属于债务人死亡、失踪的，应有公安机关等有关部门对债务人个人的死亡、失踪证明。

（6）属于债务重组的，应有债务重组协议及其债务人重组收益纳税情况说明。

（7）属于自然灾害、战争等不可抗力而无法收回的，应有债务人受灾情况说明以及放弃债权申明。

第二十三，企业逾期三年以上的应收款项在会计上已作为损失处理的，可以作为坏账损失，但应说明情况，并出具专项报告。

第二十四，企业逾期一年以上，单笔数额不超过五万或者不超过企业年度收入总额万分之一的应收款项，会计上已经作为损失处理的，可以作为坏账损失，但应说明情况，并出具专项报告。

第二十五，企业非货币资产损失包括存货损失、固定资产损失、无形资产损失、在建工程损失、生产性生物资产损失等。

第二十六，存货盘亏损失，为其盘亏金额扣除责任人赔偿后的余额，应依据以下证据材料确认：

（1）存货计税成本确定依据。

（2）企业内部有关责任认定、责任人赔偿说明和内部核批文件。

（3）存货盘点表。

（4）存货保管人对于盘亏的情况说明。

第二十七，存货报废、毁损或变质损失，为其计税成本扣除残值及责任人赔偿后的余额，应依据以下证据材料确认：

（1）存货计税成本的确定依据。

（2）企业内部关于存货报废、毁损、变质、残值情况说明及核销资料。

（3）涉及责任人赔偿的，应当有赔偿情况说明。

（4）该项损失数额较大的（指占企业该类资产计税成本10%以上，或减少当年应纳税所得、增加亏损10%以上，下同），应有专业技术鉴定意见或法定资质中介机构出具的专项报告等。

第二十八，存货被盗损失，为其计税成本扣除保险理赔以及责任人赔偿后的余额，应依据以下证据材料确认：

（1）存货计税成本的确定依据。

（2）向公安机关的报案记录。

（3）涉及责任人和保险公司赔偿的，应有赔偿情况说明等。

第二十九，固定资产盘亏、丢失损失，为其账面净值扣除责任人赔偿后的余额，应依据以下证据材料确认：

（1）企业内部有关责任认定和核销资料。

（2）固定资产盘点表。

（3）固定资产的计税基础相关资料。

（4）固定资产盘亏、丢失情况说明。

（5）损失金额较大的，应有专业技术鉴定报告或法定资质中介机构出具的专项报告等。

第三十，固定资产报废、毁损损失，为其账面净值扣除残值和责任人赔偿后的余额，应依据以下证据材料确认：

（1）固定资产的计税基础相关资料。

（2）企业内部有关责任认定和核销资料。

（3）企业内部有关部门出具的鉴定材料。

（4）涉及责任赔偿的，应当有赔偿情况的说明。

（5）损失金额较大的或自然灾害等不可抗力原因造成固定资产毁损、报废的，应有专业技术鉴定意见或法定资质中介机构出具的专项报告等。

第三十一，固定资产被盗损失，为其账面净值扣除责任人赔偿后的余额，应依据以下证据材料确认：

（1）固定资产计税基础相关资料。

（2）公安机关的报案记录，公安机关立案、破案和结案的证明材料。

（3）涉及责任赔偿的，应有赔偿责任的认定及赔偿情况的说明等。

第三十二，在建工程停建、报废损失，为其工程项目投资账面价值扣除残值后的余额，应依据以下证据材料确认：

（1）工程项目投资账面价值确定依据。

（2）工程项目停建原因说明及相关材料。

（3）因质量原因停建、报废的工程项目和因自然灾害和意外事故停建、报废的工程项目，应出具专业技术鉴定意见和责任认定、赔偿情况的说明等。

第三十三，工程物资发生损失，可比照本办法存货损失的规定确认。

第三十四，生产性生物资产盘亏损失，为其账面净值扣除责任人赔偿后的余额，应依据以下证据材料确认：

（1）生产性生物资产盘点表。

（2）生产性生物资产盘亏情况说明。

（3）生产性生物资产损失金额较大的，企业应有专业技术鉴定意见和责任认定、赔偿情况的说明等。

第三十五，因森林病虫害、疫情、死亡而产生的生产性生物资产损失，为其账面净值扣除残值、保险赔偿和责任人赔偿后的余额，应依据以下证据材料确认：

（1）损失情况说明。

（2）责任认定及其赔偿情况的说明。

（3）损失金额较大的，应有专业技术鉴定意见。

第三十六，对被盗伐、被盗、丢失而产生的生产性生物资产损失，为其账面净值扣除保险赔偿以及责任人赔偿后的余额，应依据以下证据材料确认：

（1）生产性生物资产被盗后，向公安机关的报案记录或公安机关立案、破案和结案的证明材料。

（2）责任认定及其赔偿情况的说明。

第三十七，企业由于未能按期赎回抵押资产，使抵押资产被拍卖或变卖，其账面净值大于变卖价值的差额，可认定为资产损失，按以下证据材料确认：

（1）抵押合同或协议书。

（2）拍卖或变卖证明、清单。

（3）会计核算资料等其他相关证据材料。

第三十八，被其他新技术所代替或已经超过法律保护期限，已经丧失使用价值和转让价值，尚未摊销的无形资产损失，应提交以下证据备案：

（1）会计核算资料。

（2）企业内部核批文件及有关情况说明。

（3）技术鉴定意见和企业法定代表人、主要负责人和财务负责人签章证实无形资产已无使用价值或转让价值的书面申明。

（4）无形资产的法律保护期限文件。

第三十九，企业投资损失包括债权性投资损失和股权（权益）性投资损失。

第四十，企业债权投资损失应依据投资的原始凭证、合同或协议、会计核算资料等相关证据材料确认。下列情况债权投资损失的，还应出具相关证据材料：

（1）债务人或担保人依法被宣告破产、关闭、被解散或撤销、被吊销营业执照、失踪者或者死亡等，应出具资产清偿证明或者遗产清偿证明。无法出具资产清偿证明或者遗产清偿证明，且上述事项超过三年以上的，或债权投资（包括信用卡透支和助学贷款）余额在三百万元以下的，应出具对应的债务人和担保人破产、关闭、解散证明、撤销文件、工商行政管理部门注销证明或查询证明以及追索记录等（包括司法追索、电话追索、信件追索和上门追索等原始记录）。

（2）债务人遭受重大自然灾害或意外事故，企业对其资产进行清偿和对担保人进行追偿后，未能收回的债权，应出具债务人遭受重大自然灾害或意外事故证明、保险赔偿证明、资产清偿证明等。

（3）债务人因承担法律责任，其资产不足归还所借债务，又无其他债务承担者的，应出具法院裁定证明和资产清偿证明。

（4）债务人和担保人不能偿还到期债务，企业提出诉讼或仲裁的，经人民法院对债务人和担保人强制执行，债务人和担保人均无资产可执行，人民法院裁定终结或终止（中止）执行的，应出具人民法院裁定文书。

（5）债务人和担保人不能偿还到期债务，企业提出诉讼后被驳回起诉的、人民法院不予受理或不予支持的，或经仲裁机构裁决免除（或部分免除）债务人责任，经追偿后无法收回的债权，应提交法院驳回起诉的证明，或法院不予受理或不予支持证明，或仲裁机构裁决免除债务人责任的文书。

（6）经国务院专案批准核销的债权，应提供国务院批准文件或经国务院同意后由国务院有关部门批准的文件。

第四十一，企业股权投资损失应依据以下相关证据材料确认：

（1）股权投资计税基础证明材料。

（2）被投资企业破产公告、破产清偿文件。

（3）工商行政管理部门注销、吊销被投资单位营业执照文件。

（4）政府有关部门对被投资单位的行政处理决定文件。

（5）被投资企业终止经营、停止交易的法律或其他证明文件。

（6）被投资企业资产处置方案、成交及入账材料。

（7）企业法定代表人、主要负责人和财务负责人签章证实有关投资（权益）性损失的书面申明。

（8）会计核算资料等其他相关证据材料。

第四十二，被投资企业依法宣告破产、关闭、解散或撤销、吊销营业执照、停止生产经营活动、失踪等，应出具资产清偿证明或者遗产清偿证明。

上述事项超过三年以上且未能完成清算的，应出具被投资企业破产、关闭、解散或撤销、吊销等的证明以及不能清算的原因说明。

第四十三，企业委托金融机构向其他单位贷款，或委托其他经营机构进行理财，到期不能收回贷款或理财款项，按照本办法第六章有关规定进行处理。

第四十四，企业对外提供与本企业生产经营活动有关的担保，因被担保人不能按期偿还债务而承担连带责任，经追索，被担保人无偿还能力，对无法追回的金额，比照本办法规定的应收款项损失进行处理。

与本企业生产经营活动有关的担保是指企业对外提供的与本企业应税收入、投资、融资、材料采购、产品销售等生产经营活动相关的担保。

第四十五，企业按独立交易原则向关联企业转让资产而发生的损失，或向关联企业提供借款、担保而形成的债权损失，准予扣除，但企业应作专项说明，同时出具中介机构出具的专项报告及其相关的证明材料。

第四十六，下列股权和债权不得作为损失在税前扣除：

（1）债务人或者担保人有经济偿还能力，未按期偿还的企业债权。

（2）违反法律、法规的规定，以各种形式、借口逃废或悬空的企业债权。

（3）行政干预逃废或悬空的企业债权。

（4）企业未向债务人和担保人追偿的债权。

（5）企业发生非经营活动的债权。

（6）其他不应当核销的企业债权和股权。

第四十七，企业将不同类别的资产捆绑（打包），以拍卖、询价、竞争性谈判、招标等市场方式出售，其出售价格低于计税成本的差额，可以作为资产损失并准予在税前申报扣除，但应出具资产处置方案、各类资产作价依据、出售过程的情况说明、出售合同或协议、成交及入账证明、资产计税基础等确定依据。

第四十八，企业正常经营业务因内部控制制度不健全而出现操作不当、不规范或因业务创新但政策不明确、不配套等原因形成的资产损失，应由企业承担的金额，可以作为资产损失并准予在税前申报扣除，但应出具损失原因证明材料或业务监管部门定性证明、损失专项说明。

第四十九，企业因刑事案件原因形成的损失，应由企业承担的金额，或经公安机关立案侦查两年以上仍未追回的金额，可以作为资产损失并准予在税前申报扣除，但应出具公安机关、人民检察院的立案侦查情况或人民法院的判决书等损失原因证明材料。

《国家税务总局关于企业股权投资损失所得税处理问题的公告》（国家税务总局公告 2010 年第 6 号）规定：

第一，企业对外进行权益性（以下简称股权）投资所发生的损失，在经确认的损失发生年度，作为企业损失在计算企业应纳税所得额时一次性扣除。

第二，本规定自 2010 年 1 月 1 日起执行。本规定发布以前，企业发生的尚未处理的股权投资损失，按照本规定，准予在 2010 年度一次性扣除。

《国家税务总局关于电网企业输电线路部分报废损失税前扣除问题的公告》（国家税务总局公告 2010 年第 30 号）规定：

第一，由于加大水电送出和增强电网抵御冰雪能力需要等原因，电网企业对原有输电线路进行改造，部分铁塔和线路拆除报废，形成部分固定资产损失。考虑到该部分资产已形成实质性损失，可以按照有关税收规定作为企业固定资产损失允许税前扣除。

第二，上述部分固定资产损失，应按照该固定资产的总计税价格，计算每基铁塔和每公里线路的计税价格后，根据报废的铁塔数量和线路长度以及已计提折旧情况确定。

第三，上述报废的部分固定资产，其中部分能够重新利用的，应合理计算价格，冲减当年度固定资产损失。

第四，新投资建设的线路和铁塔，应单独作为固定资产，在投入使用后，按照税收的规定计提折旧。

第五，本公告自 2011 年 1 月 1 日起施行。2010 年度没有处理的事项，按照本公告规定执行。

《国家税务总局关于商业零售企业存货损失税前扣除问题的公告》（国家税务总局公告 2014 年第 3 号）规定：

第一，商业零售企业存货因零星失窃、报废、废弃、过期、破损、腐败、鼠咬、顾客退换货等正常因素形成的损失，为存货正常损失，准予按会计科目进行归类、汇总，然后再将汇总数据以清单的形式进行企业所得税纳税申报，同时出具损失情况分析报告。

第二，商业零售企业存货因风、火、雷、震等自然灾害，仓储、运输失事，重大案件等非正常因素形成的损失，为存货非正常损失，应当以专项申报形式进行企业所得税纳税申报。

第三，存货单笔（单项）损失超过 500 万元的，无论何种因素形成的，均应以专项申报方式进行企业所得税纳税申报。

第四，本公告适用于 2013 年度及以后年度企业所得税纳税申报。

《国家税务总局关于企业因国务院决定事项形成的资产损失税前扣除问题的公告》（国家税务总局公告 2014 年第 18 号）规定，为贯彻落实《国务院关于取消和下放一批行政审批项目的决定》（国发〔2013〕44 号），现对企业因国务院决定事项形成的资产损失税前扣除问题公告如下：

第一，自国发〔2013〕44 号文件发布之日起，企业因国务院决定事项形成的资产损失，不再上报国家税务总局审核。国家税务总局公告 2011 年第 25 号发布的《企业资产损失所得税税前扣除管理办法》第十二条同时废止。

第二，企业因国务院决定事项形成的资产损失，应以专项申报的方式向主管税务机关申报扣除。专项申报扣除的有关事项，按照国家税务总局公告 2011 年第 25 号规定执行。

第三，本公告适用于 2013 年度及以后年度企业所得税申报。

《国家税务总局关于企业投资者投资未到位而发生的利息支出企业所得税前扣除问题的批复》（国税函〔2009〕312 号）规定：

关于企业由于投资者投资未到位而发生的利息支出扣除问题，根据《企业所得税法实施条例》第二十七条规定，凡企业投资者在规定期限内未缴足其应缴资本额的，该企业对外借款所发生的利息，相当于投资者实缴资本额与在规定期限内应缴资本额的差额应计付的利息，其不属于企业合理的支出，应由企业投资者负担，不得在计算企业应纳税所得额时扣除。

具体计算不得扣除的利息，应以企业一个年度内每一账面实收资本与借款余额保持不变的期间作为一个计算期，每一计算期内不得扣除的借款利息按该期间借款利息发生额乘以该期间企业未缴足的注册资本占借款总额的比例计算，公式为：

$$
\begin{array}{ccccc}
\text{企业每一计算期不} & & \text{该期间借} & \text{该期间未缴足} & \text{该期间} \\
\text{得扣除的借款利息} & = & \text{款利息额} \times & \text{注册资本额} \div & \text{借款额}
\end{array}
$$

企业一个年度内不得扣除的借款利息总额为该年度内每一计算期不得扣除的借款利息额之和。

《国家税务总局关于企业向自然人借款的利息支出企业所得税税前扣除问题的通知》（国税函〔2009〕777号）规定：

企业向股东或其他与企业有关联关系的自然人借款的利息支出，应根据《企业所得税法》（以下简称税法）第四十六条及《财政部 国家税务总局关于企业关联方利息支出税前扣除标准有关税收政策问题的通知》（财税〔2008〕121号）规定的条件，计算企业所得税扣除额。

企业向上述规定以外的内部职工或其他人员借款的利息支出，其借款情况同时符合以下条件的，其利息支出在不超过按照金融企业同期同类贷款利率计算的数额的部分，根据税法第八条和《企业所得税法实施条例》第二十七条规定，准予扣除。

（1）企业与个人之间的借贷是真实、合法、有效的，并且不具有非法集资目的或其他违反法律、法规的行为。

（2）企业与个人之间签订了借款合同。

《国家税务总局关于企业所得税若干问题的公告》（国家税务总局公告2011年第34号）规定：

根据《企业所得税法实施条例》第三十八条规定，非金融企业向非金融企业借款的利息支出，不超过按照金融企业同期同类贷款利率计算的数额的部分，准予税前扣除。鉴于目前我国对金融企业利率要求的具体情况，企业在按照合同要求首次支付利息并进行税前扣除时，应提供"金融企业的同期同类贷款利率情况说明"，以证明其利息支出的合理性。

"金融企业的同期同类贷款利率情况说明"中，应包括在签订该借款合同当时，本省任何一家金融企业提供同期同类贷款利率情况。该金融企业应为经政府有关部门批准成立的可以从事贷款业务的企业，包括银行、财务公司、信托公司等金融机构。"同期同类贷款利率"是指在贷款期限、贷款金额、贷款担保以及企业信誉等条件基本相同下，金融企业提供贷款的利率。既可以是金融企业公布的同期同类平均利率，也可以是金融企业对某些企业提供的实际贷款利率。

《国家税务总局关于企业所得税应纳税所得额若干税务处理问题的公告》（国家税务总局公告2012年第15号）规定：企业通过发行债券、取得贷款、吸收保户储金等方式融资而发生的合理的费用支出，符合资本化条件的，应计入相关资产成本；不符合资本化条件的，应作为财务费用，准予在企业所得税前据实扣除。

 **实务案例精解**

例 3-8　A 公司 2016 年度的总收入为 1 000 万元，总支出为 900 万元，其中包括收益性支出 600 万元和资本性支出 300 万元。该公司自己计算的应纳税所得额为 100 万元，该公司的计算是否正确？

解答： 该公司的计算是错误的。企业发生的支出应当区分收益性支出和资本性支出。收益性支出在发生当期直接扣除；资本性支出应当分期扣除或者计入有关资产成本，不得在发生当期直接扣除。A 公司 2016 年度的收益性支出 600 万元可以在 2016 年度直接扣除，而资本性支出 300 万元应当分期扣除或计入有关资产成本。

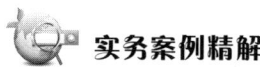 **实务案例精解**

例 3-9　B 公司 2016 年度发生以下支出：①购买材料支出 100 万元；②发生销售费用 100 万元；③支付生产车间工人工资 500 万元；④转让财产损失 100 万元；⑤缴纳各项税金 200 万元。B 公司 2016 年度所发生的成本是多少？

解答： 成本，是指企业在生产经营活动中发生的销售成本、销货成本、业务支出以及其他耗费。A 公司 2016 年度发生的上述支出中，属于成本的只有第一、第三项，因此，A 公司 2016 年度所发生的成本是：100+500=600（万元）。

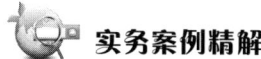 **实务案例精解**

例 3-10　C 公司 2016 年度发生以下支出：①购买材料支出 100 万元；②发生销售费用 100 万元；③支付生产车间工人工资 500 万元；④转让财产损失 100 万元；⑤发生财务费用 50 万元；⑥缴纳各项税金 200 万元。C 公司 2016 年度所发生的费用是多少？

解答： 费用，是指企业在生产经营活动中发生的销售费用、管理费用和财务费用，已经计入成本的有关费用除外。C 公司 2016 年度发生的上述支出中，属于费用的只有第二、第五项，因此，C 公司 2016 年度所发生的费用是：100+50=150（万元）。

五、工资薪金扣除的新政策

 基本税收政策

企业发生的合理的工资薪金支出，准予扣除。

除企业依照国家有关规定为特殊工种职工支付的人身安全保险费和国务院财政、税务主管部门规定可以扣除的其他商业保险费外，企业为投资者或者职工支付的商业保险费，不得扣除。

企业发生的职工福利费支出，不超过工资薪金总额14%的部分，准予扣除。企业发生的合理的劳动保护支出，准予扣除。

 **税收政策详解**

所称工资薪金，是指企业每一纳税年度支付给在本企业任职或者受雇的员工的所有现金形式或者非现金形式的劳动报酬，包括基本工资、奖金、津贴、补贴、年终加薪、加班工资，以及与员工任职或者受雇有关的其他支出。根据《企业会计准则第9号——职工薪酬》的规定，职工薪酬，是指企业为获得职工提供的服务而给予各种形式的报酬以及其他相关支出。职工薪酬包括：

（1）职工工资、奖金、津贴和补贴。

（2）职工福利费。

（3）医疗保险费、养老保险费、失业保险费、工伤保险费和生育保险费等社会保险费。

（4）住房公积金。

（5）工会经费和职工教育经费。

（6）非货币性福利。

（7）因解除与职工的劳动关系给予的补偿。

（8）其他与获得职工提供的服务相关的支出。

企业依照国务院有关主管部门或者省级人民政府规定的范围和标准为职工缴纳的基本养老保险费、基本医疗保险费、失业保险费、工伤保险费、生育保险费等基本社会保险费和住房公积金，准予扣除。企业为投资者或者职工支付的补充养老保险费、补充医疗保险费，在国务院财政、税务主管部门规定的范围和标准内，准予扣除。

企业职工福利费支出是指企业用于职工的医药费（包括企业参加职工医

疗保险缴纳的医疗保险金）、医疗机构人员的工资、医务经费、职工因公伤赴外地就医路费、职工生活困难补助、生活福利部门（包括理发、浴室、托儿所等）人员的工资以及按国家规定开支的其他职工福利支出。允许扣除的职工福利费仅限于满足职工共同需要的集体生活、文化、体育等方面的职工福利费支出。

劳动保护支出是指确因工作需要为雇员配备或提供工作服、手套、安全保护用品、防暑降温用品等所发生的支出。

 实务应用指南

根据《关于工资总额组成的规定》（1989年9月30日国务院批准，1990年1月1日国家统计局令第1号发布），工资总额是指各单位在一定时期内直接支付给本单位全部职工的劳动报酬总额。工资总额的计算应以直接支付给职工的全部劳动报酬为根据。工资总额由下列六个部分组成：

（1）计时工资。

（2）计件工资。

（3）奖金。

（4）津贴和补贴。

（5）加班加点工资。

（6）特殊情况下支付的工资。

计时工资是指按计时工资标准（包括地区生活费补贴）和工作时间支付给个人的劳动报酬。包括：

（1）对已做工作按计时工资标准支付的工资。

（2）实行结构工资制的单位支付给职工的基础工资和职务（岗位）工资。

（3）新参加工作职工的见习工资（学徒的生活费）。

（4）运动员体育津贴。

计件工资是指对已做工作按计件单价支付的劳动报酬。包括：

（1）实行超额累进计件、直接无限计件、限额计件、超定额计件等工资制，按劳动部门或主管部门批准的定额和计件单价支付给个人的工资。

（2）按工作任务包干方法支付给个人的工资。

（3）按营业额提成或利润提成办法支付给个人的工资。

奖金是指支付给职工的超额劳动报酬和增收节支的劳动报酬。包括：

（1）生产奖。

（2）节约奖。

（3）劳动竞赛奖。

（4）机关、事业单位的奖励工资。

（5）其他奖金。

津贴和补贴是指为了补偿职工特殊或额外的劳动消耗和因其他特殊原因支付给职工的津贴，以及为了保证职工工资水平不受物价影响支付给职工的物价补贴。

（1）津贴，包括补偿职工特殊或额外劳动消耗的津贴、保健性津贴、技术性津贴、年功性津贴及其他津贴。

（2）物价补贴，包括为保证职工工资水平不受物价上涨或变动影响而支付的各种补贴。加班加点工资是指按规定支付的加班工资和加点工资。

特殊情况下支付的工资。包括：

（1）根据国家法律、法规和政策规定，因病、工伤、产假、计划生育假、婚丧假、事假、探亲假、定期休假、停工学习、执行国家或社会义务等原因按计时工资标准或计时工资标准的一定比例支付的工资。

（2）附加工资、保留工资。

下列各项不列入工资总额的范围：

（1）根据国务院发布的有关规定颁发的发明创造奖、自然科学奖、科学技术进步奖和支付的合理化建议和技术改进奖以及支付给运动员、教练员的奖金。

（2）有关劳动保险和职工福利方面的各项费用。

（3）有关离休、退休、退职人员待遇的各项支出。

（4）劳动保护的各项支出。

（5）稿费、讲课费及其他专门工作报酬。

（6）出差伙食补助费、误餐补助、调动工作的旅费和安家费。

（7）对自带工具、牲畜来企业工作职工所支付的工具、牲畜等的补偿费用。

（8）实行租赁经营单位的承租人的风险性补偿收入。

（9）对购买本企业股票和债券的职工所支付的股息（包括股金分红）和利息。

（10）劳动合同制职工解除劳动合同时由企业支付的医疗补助费、生活补助费等。

（11）因录用临时工而在工资以外向提供劳动力单位支付的手续费或管理费。

（12）支付给家庭工人的加工费和按加工订货办法支付给承包单位的发包费用。

（13）支付给参加企业劳动的在校学生的补贴。

（14）计划生育独生子女补贴。

基本医疗保险制度是社会保障体系中重要的组成部分，是由政府制定，用人单位和职工共同参加的一种社会保险制度。它是按照用人单位和职工的承受能力来确定职工的基本医疗保障水平。它具有广泛性、共济性、强制性的特点。目前基本医疗保险费的缴费标准由各省级人民政府自行规定。根据《北京市基本医疗保险规定》（北京市人民政府 2001 年 2 月 20 日发布，根据 2003 年 12 月 1 日北京市人民政府第 141 号令第一次修改，根据 2005 年 6 月 6 日北京市人民政府第 158 号令第二次修改），职工按本人上一年月平均工资的 2% 缴纳基本医疗保险费。职工本人上一年月平均工资低于上一年本市职工月平均工资 60% 的，以上一年本市职工月平均工资的 60% 为缴费工资基数，缴纳基本医疗保险费。职工本人上一年月平均工资高于上一年本市职工月平均工资 300% 以上的部分，不作为缴费工资基数，不缴纳基本医疗保险费。无法确定职工本人上一年月平均工资的，以上一年本市职工月平均工资为缴费工资基数，缴纳基本医疗保险费。用人单位按全部职工缴费工资基数之和的 9% 缴纳基本医疗保险费。

基本养老保险亦称国家基本养老保险，它是按国家统一政策规定强制实施的，为保障广大离退休人员基本生活需要的一种养老保险制度。根据《国务院关于建立统一的企业职工基本养老保险制度的决定》（国发〔1997〕26 号），企业缴纳基本养老保险费（以下简称企业缴费）的比例，一般不得超过企业工资总额的 20%（包括划入个人账户的部分），具体比例由省、自治区、直辖市人民政府确定。少数省、自治区、直辖市因离退休人数较多、养老保险负担过重，确需超过企业工资总额 20% 的，应报劳动部、财政部审批。个人缴纳基本养老保险费（以下简称个人缴费）的比例，1997 年不得低于本人缴费工资的 4%，1998 年起每两年提高 1 个百分点，最终达到本人缴费工资的 8%。按本人缴费工资 11% 的数额为职工建立基本养老保险个人账户，个人缴费全部记入个人账户，其余部分从企业缴费中划入。随着个人缴费比例的提高，企业划入的部分要逐步降至 3%。根据《国务院关于完善企业职工基本养老保险制度的决定》（国发〔2005〕38 号），城镇各类企业职工、个体工商户和灵活就业人员都要参加企业职工基本养老保险。城镇个体工商户和灵活就业人员参加基本养老保险的缴费基数为当地上年度在岗职工平均工资，缴费比例为 20%，其中 8% 记入个人账户，退休后按企业职工基本养老金计发办法计发基本养老金。从 2006 年 1 月 1 日起，个人账户的规模统一由本人缴费工资的 11% 调整为 8%，全部由个人缴费形成，单位缴费不再划入个人账户。

失业保险是指国家通过立法强制实行的，由社会集中建立基金，对因失业而暂时中断生活来源的劳动者提供物质帮助的制度。它是社会保障体系的重要组成部分，是社会保险的主要项目之一。根据《失业保险条例》（国务院令第〔1999〕258 号）的规定，城镇企业事业单位、城镇企业事业单位职工依照《失业保险条例》的规定，缴纳失业保险费。城镇企业，是指国有企业、城镇集体企业、外商投资企业、城镇私营企业以及其他城镇企业。城镇企业事业单位按照本单位工资总额的 2% 缴纳失业保险费。城镇企业事业单位职工按照本人工资的 1% 缴纳失业保险费。城镇企业事业单位招用的农民合同制工人本人不缴纳失业保险费。失业保险基金在直辖市和设区的市实行全市统筹；其他地区的统筹层次由省、自治区人民政府规定。

　　工伤保险是社会保险制度中的重要组成部分，是指国家和社会为在生产、工作中遭受事故伤害和患职业性疾病的劳动及亲属提供医疗救治、生活保障、经济补偿、医疗和职业康复等物质帮助的一种社会保障制度。根据《工伤保险条例》（国务院令第〔2003〕375 号）的规定，中华人民共和国境内的各类企业、有雇工的个体工商户（以下称用人单位）应当依照《工伤保险条例》规定参加工伤保险，为本单位全部职工或者雇工（以下称职工）缴纳工伤保险费。中华人民共和国境内的各类企业的职工和个体工商户的雇工，均有依照本条例的规定享受工伤保险待遇的权利。有雇工的个体工商户参加工伤保险的具体步骤和实施办法，由省、自治区、直辖市人民政府规定。工伤保险费根据以支定收、收支平衡的原则，确定费率。国家根据不同行业的工伤风险程度确定行业的差别费率，并根据工伤保险费使用、工伤发生率等情况在每个行业内确定若干费率档次。行业差别费率及行业内费率档次由国务院劳动保障行政部门会同国务院财政部门、卫生行政部门、安全生产监督管理部门制定，报国务院批准后公布施行。统筹地区经办机构根据用人单位工伤保险费使用、工伤发生率等情况，适用所属行业内相应的费率档次确定单位缴费费率。用人单位应当按时缴纳工伤保险费。职工个人不缴纳工伤保险费。用人单位缴纳工伤保险费的数额为本单位职工工资总额乘以单位缴费费率之积。工伤保险基金在直辖市和设区的市实行全市统筹，其他地区的统筹层次由省、自治区人民政府确定。

　　生育保险是通过国家立法规定，在劳动者因生育子女而导致劳动力暂时中断时，由国家和社会及时给予物质帮助的一项社会保险制度。我国生育保险待遇主要包括两项：一是生育津贴，用于保障女职工产假期间的基本生活需要；二是生育医疗待遇，用于保障女职工怀孕、分娩期间以及职工实施节育手术时的基本医疗保健需要。根据《企业职工生育保险试行办法》（劳部发〔1994〕504 号）的规定，生育保险根据"以支定收，收支基本平衡"的原则筹集资金，由企业按照其工资总额的一定比例向社会保险经办机构缴纳生育保险费，建立生育保险基金。生育保险费的提取比例由当地人民政府根据计划内生育人数和生育津贴、生育医疗费等项费用确定，并可根据费用支出情况适时调整，但最高不得超过工资总额的 1%。企业缴纳的生育保险费作为期间费用处理，列入企业管理费用。职工个人不缴纳生育保险费。根据《北京市企业职工生育保险规定》（北京市人民政府令第〔2005〕154号）的规定，生育保险费由企业按月缴纳。职工个人不缴纳生育保险费。企业按照其缴费总基数的0.8%缴纳生育保险费。企业缴费总基数为本企业符合条件的职工缴费基数之和。职工缴费基数按照本人上一年月平均工资计算；低于上一年本市职工月平均工资60%的，按照上一年本市职工月平均工资的60%计算；高于上一年本市职工月平均工资3倍以上的，按照上一年本市职工月平均工资的3倍计算；本人上一年月平均工资无法确定的，按照上一年本市职工月平均工资计算。

住房公积金，是指国家机关、国有企业、城镇集体企业、外商投资企业、城镇私营企业及其他城镇企业、事业单位、民办非企业单位、社会团体（以下统称单位）及其在职职工缴存的长期住房储金。根据《住房公积金管理条例》（1999年4月3日国务院令第262号发布，2002年3月24日修订）的规定，职工个人缴存的住房公积金和职工所在单位为职工缴存的住房公积金，属于职工个人所有。住房公积金应当用于职工购买、建造、翻建、大修自住住房，任何单位和个人不得挪作他用。职工住房公积金的月缴存额为职工本人上一年度月平均工资乘以职工住房公积金缴存比例。单位为职工缴存的住房公积金的月缴存额为职工本人上一年度月平均工资乘以单位住房公积金缴存比例。新参加工作的职工从参加工作的第二个月开始缴存住房公积金，月缴存额为职工本人当月工资乘以职工住房公积金缴存比例。单位新调入的职工从调入单位发放工资之日起缴存住房公积金，月缴存额为职工本人当月工资乘以职工住房公积金缴存比例。职工和单位住房公积金的缴存比例均不得低于职工上一年度月平均工资的5%；有条件的城市，可以适当提高缴存比例。具体缴存比例由住房公积金管理委员会拟订，经本级人民政府审核后，报省、自治区、直辖市人民政府批准。职工个人缴存的住房公积金，由所在单位每月从其工资中代扣代缴。单位应当于每月发放职工工资之日起5日内将单位缴存的和为职工代缴的住房公积金汇缴到住房公积金专户内，由受委托银行计入职工住房公积金账户。

根据我国《企业会计准则第9号——职工薪酬》的规定，企业为职工缴纳的医疗保险费、养老保险费、失业保险费、工伤保险费、生育保险费等社会保险费和住房公积金，应当在职工为其提供服务的会计期间，根据工资总额的一定比例计算，分别下列情况处理：①应由生产产品、提供劳务负担的职工薪酬，计入产品成本或劳务成本；②应由在建工程、无形资产负担的职工薪酬，计入建造固定资产或无形资产成本；③上述①和②之外的其他职工薪酬，计入当期损益。

 **友情提示**

在实务操作中，对于企业提取的年金，可以在国务院财政、税务主管部门规定的标准范围内，准予扣除。企业年金，是指企业及其职工在依法参加基本养老保险的基础上，自愿建立的补充养老保险制度。

根据《企业年金试行办法》（劳动和社会保障部令第〔2004〕20号）的规定，符合下列条件的企业，可以建立企业年金：

（1）依法参加基本养老保险并履行缴费义务。

（2）具有相应的经济负担能力。

（3）已建立集体协商机制。

企业年金方案应当包括以下内容：

（1）参加人员范围。

（2）资金筹集方式。

（3）职工企业年金个人账户管理方式。

（4）基金管理方式。

（5）计发办法和支付方式。

（6）支付企业年金待遇的条件。

（7）组织管理和监督方式。

（8）中止缴费的条件。

（9）双方约定的其他事项。

企业年金所需费用由企业和职工个人共同缴纳。企业缴费的列支渠道按国家有关规定执行；职工个人缴费可以由企业从职工个人工资中代扣。企业缴费每年不超过本企业上年度职工工资总额的十二分之一。企业和职工个人缴费合计一般不超过本企业上年度职工工资总额的六分之一。企业缴费应当按照企业年金方案规定比例计算的数额计入职工企业年金个人账户；职工个人缴费额计入本人企业年金个人账户。

企业按国家规定为特殊工种职工支付的法定人身安全保险费，主要是企业为从事有毒有害工种、高温、井下作业等特殊工种而支付的法定人身安全保险。如我国《建筑法》第四十八条规定："建筑施工企业必须为从事危险作业的职工办理意外伤害保险，支付保险费。"建筑职工的意外伤害保险费就是企业按国家规定为特殊工种职工支付的法定人身安全保险费，可以在税前扣除。

现实生活中，企业职工福利费的使用范围一般如下：

（1）职工困难补助费。

（2）职工及其供养的直系亲属的医药费，本单位医疗部门的全体医务工作人员工资和医务经费，职工因工负伤就医路费等。

（3）本单位职工食堂、浴室工作人员的工资和食堂炊事用具的购买、修理费用等。

（4）本单位托儿所、幼儿园工作人员的工资、费用，以及托儿所、幼儿园设备的购置和修理等费用。

（5）企业自办农副业生产的开办费和亏损补贴。

（6）结余的职工福利基金可用于维修宿舍（包括集体宿舍和家属宿舍）。

（7）按照国家规定由职工福利基金开支的其他支出。

在实务操作中，按有关规定发放的劳动保护支出不作为工资薪金支出，超标准发放的劳动保护支出应并入工资薪金支出进行调整。根据财政部《关于企业女职工妇科检查费用列支问题的批复》（财工字〔1997〕469号）文件规定，企业女职工妇科疾病检查应视同企业职工一般的体检，检查费用由企业职工福利费开支，不得列入劳动保护费用。另外，很多地方还出台了更加具体的标准。如在江苏省，对属于职工劳动保护费范围的清凉饮料费支出，在税前列支的标准仍为：高温作业工人每人每月55元，非高温作业职工每人每月45元，全年按四个月计发，并随工资列支渠道在有关成本、费用中列支。对属于职工劳动保护费范围的服装支出，在税前列支的标准为：在职允许着装职工人均每年最高限额1 000元，超过部分应进行纳税调整。发放现金的不得在税前列支。

《国家税务总局关于企业工资薪金及职工福利费扣除问题的通知》（国税函〔2009〕3号）规定：

《企业所得税法实施条例》第三十四条所称的"合理工资薪金"，是指企业按照股东大会、董事会、薪酬委员会或相关管理机构制订的工资薪金制度规定实际发放给员工的工资薪金。税务机关在对工资薪金进行合理性确认时，可按以下原则掌握。

（1）企业制订了较为规范的员工工资薪金制度。

（2）企业所制订的工资薪金制度符合行业及地区水平。

（3）企业在一定时期所发放的工资薪金是相对固定的，工资薪金的调整是有序进行的。

（4）企业对实际发放的工资薪金,已依法履行了代扣代缴个人所得税义务。

（5）有关工资薪金的安排，不以减少或逃避税款为目的。

《企业所得税法实施条例》第四十、第四十一、第四十二条所称的"工资薪金总额"，是指企业按照上述规定实际发放的工资薪金总和，不包括企业的职工福利费、职工教育经费、工会经费以及养老保险费、医疗保险费、失业保险费、工伤保险费、生育保险费等社会保险费和住房公积金。属于国有性质的企业，其工资薪金，不得超过政府有关部门给予的限定数额；超过部分，不得计入企业工资薪金总额，也不得在计算企业应纳税所得额时扣除。

《企业所得税实施条例》第四十条规定的企业职工福利费，包括以下内容：

（1）尚未实行分离办社会职能的企业，其内设福利部门所发生的设备、设施和人员费用，包括职工食堂、职工浴室、理发室、医务所、托儿所、疗养院等集体福利部门的设备、设施及维修保养费用和福利部门工作人员的工资薪金、社会保险费、住房公积金、劳务费等。

（2）为职工卫生保健、生活、住房、交通等所发放的各项补贴和非货币性福利，包括企业向职工发放的因公外地就医费用、未实行医疗统筹企业职工医疗费用、职工供养直系亲属医疗补贴、供暖费补贴、职工防暑降温费、职工困难补贴、救济费、职工食堂经费补贴、职工交通补贴等。

（3）按照其他规定发生的其他职工福利费，包括丧葬补助费、抚恤费、安家费、探亲假路费等。

企业发生的职工福利费，应该单独设置账册，进行准确核算。没有单独设置账册准确核算的，税务机关应责令企业在规定的期限内进行改正。逾期仍未改正的，税务机关可对企业发生的职工福利费进行合理的核定。

《国家税务总局关于企业工资薪金和职工福利费等支出税前扣除问题的公告》（国家税务总局公告2015年第34号）规定：

第一，列入企业员工工资薪金制度、固定与工资薪金一起发放的福利性补贴，符合《国家税务总局关于企业工资薪金及职工福利费扣除问题的通知》（国税函〔2009〕3号）第一条规定的，可作为企业发生的工资薪金支出，按规定在税前扣除。不能同时符合上述条件的福利性补贴，应作为国税函〔2009〕3号文件第三条规定的职工福利费，按规定计算限额税前扣除。

第二，企业在年度汇算清缴结束前向员工实际支付的已预提汇缴年度工资薪金，准予在汇缴年度按规定扣除。

第三，企业接受外部劳务派遣用工所实际发生的费用，应分两种情况按规定在税前扣除：按照协议（合同）约定直接支付给劳务派遣公司的费用，应作为劳务费支出；直接支付给员工个人的费用，应作为工资薪金支出和职工福利费支出。其中属于工资薪金支出的费用，准予计入企业工资薪金总额的基数，作为计算其他各项相关费用扣除的依据。

第四，本公告适用于2014年度及以后年度企业所得税汇算清缴。本公告施行前尚未进行税务处理的事项，符合本公告规定的可按本公告执行。《国家税务总局关于企业所得税应纳税所得额若干税务处理问题的公告》（税务总局公告2012年第15号）第一条有关企业接受外部劳务派遣用工的相关规定同时废止。

《财政部 国家税务总局关于补充养老保险费 补充医疗保险费有关企业所得税政策问题的通知》（财税〔2009〕27号）规定：自2008年1月1日起，企业根据国家有关政策规定，为在本企业任职或者受雇的全体员工支付的补充养老保险费、补充医疗保险费，分别在不超过职工工资总额5%标准内的部分，在计算应纳税所得额时准予扣除；超过的部分，不予扣除。

《国家税务总局关于企业所得税应纳税所得额若干税务处理问题的公告》（国家税务总局公告2012年第15号）规定：企业因雇用季节工、临时工、实习生、返聘离退休人员以及接受外部劳务派遣用工所实际发生的费用，应区分为工资薪金支出和职工福利费支出，并按《企业所得税法》规定在企业所得税前扣除。其中属于工资薪金支出的，准予计入企业工资薪金总额的基数，作为计算其他各项相关费用扣除的依据。

《国家税务总局关于我国居民企业实行股权激励计划有关企业所得税处理问题的公告》（国家税务总局公告2012年第18号）规定：为推进我国资本市场改革，促进企业建立健全激励与约束机制，根据国务院证券管理委员会发布的《上市公司股权激励管理办法（试行）》（证监公司字〔2005〕151号，以下简称《管理办法》）的规定，一些在我国境内上市的居民企业（以下简称上市公司），为其职工建立了股权激励计划。

股权激励，是指《管理办法》中规定的上市公司以本公司股票为标的，对其董事、监事、高级管理人员及其他员工（以下简称激励对象）进行的长期性激励。股权激励实行方式包括授予限制性股票、股票期权以及其他法律法规规定的方式。限制性股票，是指《管理办法》中规定的激励对象按照股权激励计划规定的条件，从上市公司获得的一定数量的本公司股票。股票期权，是指《管理办法》中规定的上市公司按照股权激励计划授予激励对象在未来一定期限内，以预先确定的价格和条件购买本公司一定数量股票的权利。

上市公司依照《管理办法》要求建立职工股权激励计划，并按我国企业会计准则的有关规定，在股权激励计划授予激励对象时，按照该股票的公允价格及数量，计算确定作为上市公司相关年度的成本或费用，作为换取激励对象提供服务的对价。上述企业建立的职工股权激励计划，其企业所得税的处理，按以下规定执行：

（1）对股权激励计划实行后立即可以行权的，上市公司可以根据实际行权时该股票的公允价格与激励对象实际行权支付价格的差额和数量，计算确定作为当年上市公司工资薪金支出，依照税法规定进行税前扣除。

（2）对股权激励计划实行后，需待一定服务年限或者达到规定业绩条件（以下简称等待期）方可行权的。上市公司等待期内会计上计算确认的相关成本费用,不得在对应年度计算缴纳企业所得税时扣除。在股权激励计划可行权后,上市公司方可根据该股票实际行权时的公允价格与当年激励对象实际行权支付价格的差额及数量,计算确定作为当年上市公司工资薪金支出,依照税法规定进行税前扣除。

(3)股票实际行权时的公允价格,以实际行权日该股票的收盘价格确定。

在我国境外上市的居民企业和非上市公司,凡比照《管理办法》的规定建立职工股权激励计划,且在企业会计处理上,也按我国会计准则的有关规定处理的,其股权激励计划有关企业所得税处理问题,可以按照上述规定执行。

《国家税务总局关于企业所得税执行中若干税务处理问题的通知》(国税函〔2009〕202号)规定:软件生产企业发生的职工教育经费中的职工培训费用,根据《财政部 国家税务总局关于企业所得税若干优惠政策的通知》(财税〔2008〕1号)规定,可以全额在企业所得税前扣除。软件生产企业应准确划分职工教育经费中的职工培训费支出,对于不能准确划分的,以及准确划分后职工教育经费中扣除职工培训费用的余额,一律按照《企业所得税法实施条例》第四十二条规定的比例扣除。

 **实务案例精解**

例3-11 A公司2016年度发生以下支出:①工人工资100万元;②年终奖金50万元;③劳动补贴20万元;④广告费200万元;⑤加班工资30万元;⑥财务费用100万元。A公司2016年度发生的允许税前扣除的工资薪金支出总额是多少?

解答:企业实际发生的与取得收入有关的、合理的支出,包括成本、费用、税金、损失和其他支出,准予在计算应纳税所得额时扣除。企业发生的合理的工资薪金支出,准予扣除。工资薪金,是指企业每一纳税年度支付给在本企业任职或者受雇的员工的所有现金形式或者非现金形式的劳动报酬,包括基本工资、奖金、津贴、补贴、年终加薪、加班工资,以及与员工任职或者受雇有关的其他支出。A公司2016年度发生的上述支出中,属于工资薪金支出的包括第一、第二、第三、第五项。因此,A公司2016年度发生的允许税前扣除的工资薪金支出总额是:100+50+20+30=200(万元)。

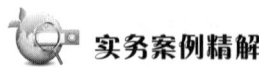 **实务案例精解**

例3-12 B公司2016年度发生以下支出:①工资300万元;②缴纳基本医疗保险费、基本养老保险费、失业保险费、工伤保险费、生育保险费

等基本社会保险费和住房公积金 60 万元；③提取企业年金 50 万元。A 公司 2016 年度上述支出中允许税前扣除的支出数额是多少？

　　解答：企业实际发生的与取得收入有关的、合理的支出，包括成本、费用、税金、损失和其他支出，准予在计算应纳税所得额时扣除。企业发生的合理的工资薪金支出，准予扣除。A 公司 2016 年度发放的工资 300 万元可以税前扣除。企业按照国务院有关主管部门或省级人民政府规定的范围和标准为职工缴纳的基本医疗保险费、基本养老保险费、失业保险费、工伤保险费、生育保险费等基本社会保险费和住房公积金，准予税前扣除。企业提取的年金，在国务院财政、税务主管部门规定的标准范围内，准予扣除。A 公司 2016 年度缴纳基本医疗保险费、基本养老保险费、失业保险费、工伤保险费、生育保险费等基本社会保险费和住房公积金 60 万元以及提取的年金 50 万元均可以在税前扣除。因此，A 公司 2016 年度上述支出中允许税前扣除的支出数额是：300+60+50=410（万元）。

六、广告费、业务宣传费扣除的新政策

 基本税收政策

　　企业发生的符合条件的广告费和业务宣传费支出，除国务院财政、税务主管部门另有规定外，不超过当年销售（营业）收入 15% 的部分，准予扣除；超过部分，准予在以后纳税年度结转扣除。

 **税收政策详解**

　　广告费是企业为了扩大声誉或促进销售业务而通过一定的媒体传播向公众介绍商品、劳务和企业信息等发生的相关费用。业务宣传费是企业开展业务宣传活动所支付的费用，主要是指未通过媒体的广告性支出，包括企业发放的印有企业标志的礼品、纪念品等。

　　广告，是指商品经营者或者服务提供者承担费用，通过一定媒介和形式直接或者间接地介绍自己所推销的商品或者所提供的服务的商业广告。广告收费应当合理、公开，收费标准和收费办法应当向物价和工商行政管理部门备案。广告经营者、广告发布者应当公布其收费标准和收费办法。广告收费标准，由广告经营者制订，报当地工商行政管理机关和物价管理机关备案。

 **实务应用指南**

在实务操作中，纳税人申报扣除的广告费支出，必须符合下列条件：

（1）广告是通过经工商部门批准的专门机构制作的。

（2）已实际支付费用，并已取得相应发票。

（3）通过一定的媒体传播。

根据《关于执行〈企业会计制度〉和相关会计准则有关问题解答》（财政部 2002 年 10 月 21 日发布）的规定，广告费应于相关广告见诸媒体时，作为期间费用，直接计入当期营业费用，不得预提和待摊。但是如果有确凿的证据表明（按照合同或协议约定等）企业实际支付的广告费，其相对应的有关广告服务将在未来几个会计年度内获得，则本期实际支付的广告费可作为预付账款，在接受广告服务的各会计年度内，按照双方合同或协议约定的各期接受广告服务的比例分期计入损益。如果没有确凿的证据表明当期发生的广告费是为了在以后会计年度取得有关广告服务，则应将广告费于相关广告见诸媒体时即计入当期损益。

《财政部 国家税务总局关于企业手续费及佣金支出税前扣除政策的通知》（财税〔2009〕29 号）规定：

企业发生与生产经营有关的手续费及佣金支出，不超过以下规定计算限额以内的部分，准予扣除；超过部分，不得扣除。

（1）保险企业：财产保险企业按当年全部保费收入扣除退保金等后余额的 15%（含本数，下同）计算限额；人身保险企业按当年全部保费收入扣除退保金等后余额的 10% 计算限额。

（2）其他企业：按与具有合法经营资格中介服务机构或个人（不含交易双方及其雇员、代理人和代表人等）所签订服务协议或合同确认的收入金额的 5% 计算限额。

企业应与具有合法经营资格中介服务企业或个人签订代办协议或合同，并按国家有关规定支付手续费及佣金。除委托个人代理外，企业以现金等非转账方式支付的手续费及佣金不得在税前扣除。企业为发行权益性证券支付给有关证券承销机构的手续费及佣金不得在税前扣除。

企业不得将手续费及佣金支出计入回扣、业务提成、返利、进场费等费用。

企业已计入固定资产、无形资产等相关资产的手续费及佣金支出，应当通过折旧、摊销等方式分期扣除，不得在发生当期直接扣除。

企业支付的手续费及佣金不得直接冲减服务协议或合同金额，并如实入账。

企业应当如实向当地主管税务机关提供当年手续费及佣金计算分配表和其他相关资料，并依法取得合法真实凭证。

《国家税务总局关于企业所得税执行中若干税务处理问题的通知》（国税函〔2009〕202号）规定：企业在计算业务招待费、广告费和业务宣传费等费用扣除限额时，其销售（营业）收入额应包括《企业所得税法实施条例》第二十五条规定的视同销售（营业）收入额。

《财政部 国家税务总局关于广告费和业务宣传费支出税前扣除政策的通知》（财税〔2017〕41号）规定：对化妆品制造或销售、医药制造和饮料制造（不含酒类制造）企业发生的广告费和业务宣传费支出，不超过当年销售（营业）收入30%的部分，准予扣除；超过部分，准予在以后纳税年度结转扣除。对签订广告费和业务宣传费分摊协议（以下简称分摊协议）的关联企业，其中一方发生的不超过当年销售（营业）收入税前扣除限额比例内的广告费和业务宣传费支出可以在本企业扣除，也可以将其中的部分或全部按照分摊协议归集至另一方扣除。另一方在计算本企业广告费和业务宣传费支出企业所得税税前扣除限额时，可将按照上述办法归集至本企业的广告费和业务宣传费不计算在内。烟草企业的烟草广告费和业务宣传费支出，一律不得在计算应纳税所得额时扣除。本通知自2016年1月1日起至2020年12月31日止执行。

 友情提示

　　纳税人申报扣除的业务招待费，主管税务机关要求提供证明资料的，应提供能证明真实性的足够的有效凭证或资料。不能提供的，不得在税前扣除。

 实务案例精解

　　例3-13　A公司2016年度的销售收入为1 000万元，实际发生的符合条件的广告支出和业务宣传费支出为200万元，该公司按照200万元予以税前扣除。A公司的税务处理是否正确？

　　解答：A公司的税务处理是错误的。企业实际发生的与取得收入有关的、合理的支出，包括成本、费用、税金、损失和其他支出，准予在计算应纳税所得额时扣除。企业发生的符合条件的广告费和业务宣传费支出，除国务院财政、税务主管部门另有规定外，不超过当年销售（营业）收入15%的部分，准予扣除；超过部分，准予在以后纳税年度结转扣除。A公司2016年度的销售收入为1 000万元，当年广告和业务宣传费支出扣除限额为：1 000×15%=150（万元）。A公司2016年度实际发生的符合条件的广告和业务宣传费支出为 200 万元，其中 150 万元可以在 2016 年度扣除，剩余的 50 万元可以在 2017 年度予以扣除。

七、业务招待费扣除的新政策

 基本税收政策

企业发生的与生产经营活动有关的业务招待费支出，按照发生额的 60% 扣除，但最高不得超过当年销售（营业）收入的 5‰。

 税收政策详解

旧税法对内、外资企业业务招待费支出实行按销售收入的一定比例限额扣除。考虑到商业招待和个人消费之间难以区分，为加强管理，同时借鉴国际经验，实施条例规定，企业发生的与生产经营活动有关的业务招待费支出，按照发生额的 60% 扣除，但最高不得超过当年销售（营业）收入的 5‰。

 实务应用指南

业务招待费是指纳税人为业务、经营的合理需要而支付的应酬费用。根据《行政事业单位业务招待费列支管理规定》（财预字〔1998〕159 号）的规定，业务招待费，是指行政事业单位为执行公务或开展业务活动需要合理开支的接待费用。包括：在接待地发生的交通费、用餐费和住宿费。这一规定不能直接适用于企业，但可以作为参考。在实务操作中，税务机关通常将业务招待费的支付范围界定为餐饮、住宿费（员工外出开会、出差，发生的住宿费为"差旅费"）、香烟、食品、茶叶、礼品、正常的娱乐活动、安排客户旅游产生的费用等其他支出。

纳税人申报扣除的业务招待费，主管税务机关要求提供证明资料的，应提供能证明真实性的足够的有效凭证或资料。不能提供的，不得在税前扣除。

《国家税务总局关于贯彻落实企业所得税法若干税收问题的通知》（国税函〔2010〕79 号）规定：对从事股权投资业务的企业（包括集团公司总部、创业投资企业等），其从被投资企业所分配的股息、红利以及股权转让收入，可以按规定的比例计算业务招待费扣除限额。

《国家税务总局关于企业所得税应纳税所得额若干税务处理问题的公告》（国家税务总局公告 2012 年第 15 号）规定：

电信企业在发展客户、拓展业务等过程中（如委托销售电话入网卡、电话充值卡等），需向经纪人、代办商支付手续费及佣金的，其实际发生的相关手续费及佣金支出，不超过企业当年收入总额5%的部分，准予在企业所得税前据实扣除。

企业在筹建期间，发生的与筹办活动有关的业务招待费支出，可按实际发生额的60%计入企业筹办费，并按有关规定在税前扣除；发生的广告费和业务宣传费，可按实际发生额计入企业筹办费，并按有关规定在税前扣除。

 实务案例精解

例3-14 A公司2016年度实际发生的与经营活动有关的业务招待费为100万元，该公司按照100万元予以税前扣除。该公司2016年度的销售收入为4 000万元。A公司的税务处理是否正确？

解答： A公司的税务处理是错误的。企业实际发生的与取得收入有关的、合理的支出，包括成本、费用、税金、损失和其他支出，准予在计算应纳税所得额时扣除。企业发生的与生产经营活动有关的业务招待费支出，按照发生额的60%扣除，但最高不得超过当年销售（营业）收入的5‰。A公司2016年度实际发生的与经营活动有关的业务招待费为100万元，按照发生额的60%扣除，只能税前扣除60万元，按照当年销售（营业）收入的5‰计算，只能扣除20万元。因此，A公司2016年度只能税前扣除20万元的业务招待费。

八、公益性捐赠支出的税前扣除

 基本税收政策

企业发生的公益性捐赠支出，在年度利润总额12%以内的部分，准予在计算应纳税所得额时扣除；超过年度利润总额12%的部分，准予结转以后三年内在计算应纳税所得额时扣除。

 **税收政策详解**

公益性捐赠，是指企业通过公益性社会团体或者县级以上人民政府及其部门，用于《中华人民共和国公益事业捐赠法》规定的公益事业的捐赠。

公益性社会团体，是指同时符合下列条件的基金会、慈善组织等社会团体：
（1）依法登记，具有法人资格。

（2）以发展公益事业为宗旨，且不以营利为目的。

（3）全部资产及其增值为该法人所有。

（4）收益和营运结余主要用于符合该法人设立目的的事业。

（5）终止后的剩余财产不归属任何个人或者营利组织。

（6）不经营与其设立目的无关的业务。

（7）有健全的财务会计制度。

（8）捐赠者不以任何形式参与社会团体财产的分配。

（9）国务院财政、税务主管部门会同国务院民政部门等登记管理部门规定的其他条件。

企业发生的公益性捐赠支出，不超过年度利润总额12%的部分，准予扣除。年度利润总额，是指企业依照国家统一会计制度的规定计算的年度会计利润。

 实务应用指南

在实务操作中，经民政部门批准成立的非营利的公益性社会团体和基金会，凡符合有关规定条件，并经财政税务部门确认后，纳税人通过其用于公益救济性的捐赠，可按现行税收法律、法规及相关政策规定，准予在计算缴纳企业所得税时在所得税税前扣除。

《财政部 国家税务总局、民政部关于公益性捐赠税前扣除有关问题的通知》（财税〔2008〕160号）规定：

企业通过公益性社会团体或者县级以上人民政府及其部门，用于公益事业的捐赠支出，在年度利润总额12%以内的部分，准予在计算应纳税所得额时扣除。年度利润总额，是指企业依照国家统一会计制度的规定计算的大于零的数额。

个人通过社会团体、国家机关向公益事业的捐赠支出，按照现行税收法律、行政法规及相关政策规定准予在所得税税前扣除。

上述所称的用于公益事业的捐赠支出，是指《公益事业捐赠法》规定的向公益事业的捐赠支出，具体范围包括：

（1）救助灾害、救济贫困、扶助残疾人等困难的社会群体和个人的活动。

（2）教育、科学、文化、卫生、体育事业。

（3）环境保护、社会公共设施建设。

（4）促进社会发展和进步的其他社会公共和福利事业。

上述公益性社会团体和社会团体均指依据国务院发布的《基金会管理条例》和《社会团体登记管理条例》的规定，经民政部门依法登记、符合以下条件的基金会、慈善组织等公益性社会团体：

（1）符合《企业所得税法实施条例》第五十二条第（一）项到第（八）项规定的条件。

（2）申请前3年内未受到行政处罚。

（3）基金会在民政部门依法登记3年以上（含3年）的，应当在申请前连续2年年度检查合格，或最近1年年度检查合格且社会组织评估等级在3A以上（含3A），登记3年以下1年以上（含1年）的，应当在申请前1年年度检查合格或社会组织评估等级在3A以上（含3A），登记1年以下的基金会具备上述第（1）项、第（2）项规定的条件。

（4）公益性社会团体（不含基金会）在民政部门依法登记3年以上，净资产不低于登记的活动资金数额，申请前连续2年年度检查合格，或最近1年年度检查合格且社会组织评估等级在3A以上（含3A），申请前连续3年每年用于公益活动的支出不低于上年总收入的70%（含70%），同时需达到当年总支出的50%以上（含50%）。

年度检查合格是指民政部门对基金会、公益性社会团体（不含基金会）进行年度检查，作出年度检查合格的结论；社会组织评估等级在3A以上（含3A）是指社会组织在民政部门主导的社会组织评估中被评为3A、4A、5A级别，且评估结果在有效期内。

县级以上人民政府及其部门和第二条所称的国家机关均指县级（含县级，下同）以上人民政府及其组成部门和直属机构。

符合上述规定的基金会、慈善组织等公益性社会团体，可按程序申请公益性捐赠税前扣除资格。

（1）经民政部批准成立的公益性社会团体，可分别向财政部、国家税务总局、民政部提出申请。

（2）经省级民政部门批准成立的基金会，可分别向省级财政、税务（国、地税，下同）、民政部门提出申请。经地方县级以上人民政府民政部门批准成立的公益性社会团体（不含基金会），可分别向省、自治区、直辖市和计划单列市财政、税务、民政部门提出申请。

（3）民政部门负责对公益性社会团体的资格进行初步审核，财政、税务部门会同民政部门对公益性社会团体的捐赠税前扣除资格联合进行审核确认。

（4）对符合条件的公益性社会团体，按照上述管理权限，由财政部、国家税务总局和民政部及省、自治区、直辖市和计划单列市财政、税务和民政部门分别定期予以公布。

申请捐赠税前扣除资格的公益性社会团体，需报送以下材料：

（1）申请报告。

（2）民政部或地方县级以上人民政府民政部门颁发的登记证书复印件。

（3）组织章程。

（4）申请前相应年度的资金来源、使用情况，财务报告，公益活动的明细，注册会计师的审计报告。

（5）民政部门出具的申请前相应年度的年度检查结论、社会组织评估结论。

公益性社会团体和县级以上人民政府及其组成部门和直属机构在接受捐赠时，应按照行政管理级次分别使用由财政部或省、自治区、直辖市财政部门印制的公益性捐赠票据，并加盖本单位的印章；对个人索取捐赠票据的，应予以开具。新设立的基金会在申请获得捐赠税前扣除资格后，原始基金的捐赠人可凭捐赠票据依法享受税前扣除。

公益性社会团体和县级以上人民政府及其组成部门和直属机构在接受捐赠时，捐赠资产的价值，按以下原则确认：

（1）接受捐赠的货币性资产，应当按照实际收到的金额计算。

（2）接受捐赠的非货币性资产，应当以其公允价值计算。捐赠方在向公益性社会团体和县级以上人民政府及其组成部门和直属机构捐赠时，应当提供注明捐赠非货币性资产公允价值的证明，如果不能提供上述证明，公益性社会团体和县级以上人民政府及其组成部门和直属机构不得向其开具公益性捐赠票据。

存在以下情形之一的公益性社会团体，应取消公益性捐赠税前扣除资格：

（1）年度检查不合格或最近一次社会组织评估等级低于3A的。

（2）在申请公益性捐赠税前扣除资格时有弄虚作假行为的。

（3）存在偷税行为或为他人偷税提供便利的。

（4）存在违反该组织章程的活动，或者接受的捐赠款项用于组织章程规定用途之外的支出等情况的。

（5）受到行政处罚的。

被取消公益性捐赠税前扣除资格的公益性社会团体，存在第（1）项情形的，1年内不得重新申请公益性捐赠税前扣除资格，存在第（2）项、第（3）项、第（4）项、第（5）项情形的，3年内不得重新申请公益性捐赠税前扣除资格。

对第（3）项、第（4）项情形，应对其接受捐赠收入和其他各项收入依法补征企业所得税。

《财政部 国家税务总局 民政部关于公益性捐赠税前扣除资格确认审批有关调整事项的通知》（财税〔2015〕141号）规定，按照《国务院关于取消非行政许可审批事项的决定》（国发〔2015〕27号）精神，"公益性捐赠税前扣除资格确认"作为非行政许可审批事项予以取消。为做好公益性捐赠税前扣除资格后续管理工作，现将有关调整事项通知如下：

第一，为简化工作程序、减轻社会组织负担，合理调整公益性社会团体捐赠税前扣除资格确认程序，对社会组织报送捐赠税前扣除资格申请报告和相关材料的环节予以取消，即《财政部 国家税务总局 民政部关于公益性捐赠税前扣除有关问题的通知》（财税〔2008〕160号）第六条、第七条停止执行，改由财政、税务、民政等部门结合社会组织登记注册、公益活动情况联合确认公益性捐赠税前扣除资格，并以公告形式发布名单。

第二，公益性社会团体捐赠税前扣除资格确认程序按以下规定执行：

（1）对在民政部登记设立的社会组织，由民政部在登记注册环节会同财政部、国家税务总局对其公益性进行联合确认，对符合公益性社会团体条件的社会组织，财政部、国家税务总局、民政部联合发布公告，明确其公益性捐赠税前扣除资格。

（2）对在民政部登记注册且已经运行的社会组织，由财政部、国家税务总局和民政部结合社会组织公益活动情况和年度检查、评估等情况，对符合公益性社会团体条件的社会组织联合发布公告，明确其公益性捐赠税前扣除资格。

（3）在省级和省级以下民政部门登记注册的社会组织，由省级相关部门参照本条第一项、第二项执行。

第三，按照"放管结合"的要求，财政、税务、民政等部门要加强公益性社会团体的后续管理，建立信息公开制度，加大对公益性社会团体的监督检查及违规处罚的力度。在社会组织监督检查或税务检查中，发现不符合条件的公益性社会团体，取消其公益性捐赠税前扣除资格，并向社会公告；建立公益性社会团体信息公开制度，公益性社会团体必须及时公开接受捐赠收入和支出情况，加强社会监督。

第四，各级财政、税务、民政部门应加强沟通合作，建立部门会商、协调机制，切实将取消公益性捐赠税前扣除资格确认审批事项落实到位。

《财政部 国家税务总局关于通过公益性群众团体的公益性捐赠税前扣除有关问题的通知》（财税〔2009〕124号）规定：

企业通过公益性群众团体用于公益事业的捐赠支出，在年度利润总额12%以内的部分，准予在计算应纳税所得额时扣除。年度利润总额，是指企业依照国家统一会计制度的规定计算的大于零的数额。

个人通过公益性群众团体向公益事业的捐赠支出，按照现行税收法律、行政法规及相关政策规定准予在所得税税前扣除。

上述公益事业，是指《公益事业捐赠法》规定的下列事项：

（1）救助灾害、救济贫困、扶助残疾人等困难的社会群体和个人的活动。

（2）教育、科学、文化、卫生、体育事业。

（3）环境保护、社会公共设施建设。

（4）促进社会发展和进步的其他社会公共和福利事业。

上述所称的公益性群众团体，是指同时符合以下条件的群众团体：

（1）符合《企业所得税法实施条例》第五十二条第（一）项至第（八）项规定的条件。

（2）县级以上各级机构编制部门直接管理其机构编制。

（3）对接受捐赠的收入以及用捐赠收入进行的支出单独进行核算，且申请前连续3年接受捐赠的总收入中用于公益事业的支出比例不低于70%。

符合上述规定的公益性群众团体，可按程序申请公益性捐赠税前扣除资格。

（1）由中央机构编制部门直接管理其机构编制的群众团体，向财政部、国家税务总局提出申请。

（2）由县级以上地方各级机构编制部门直接管理其机构编制的群众团体，向省、自治区、直辖市和计划单列市财政、税务部门提出申请。

（3）对符合条件的公益性群众团体，按照上述管理权限，由财政部、国家税务总局和省、自治区、直辖市、计划单列市财政、税务部门分别每年联合公布名单。名单应当包括继续获得公益性捐赠税前扣除资格和新获得公益性捐赠税前扣除资格的群众团体，企业和个人在名单所属年度内向名单内的群众团体进行的公益性捐赠支出，可以按规定进行税前扣除。

申请公益性捐赠税前扣除资格的群众团体，需报送以下材料：

（1）申请报告。

（2）县级以上各级党委、政府或机构编制部门印发的"三定"规定。

（3）组织章程。

（4）申请前相应年度的受赠资金来源、使用情况，财务报告，公益活动的明细，注册会计师的审计报告或注册税务师的鉴证报告。

公益性群众团体在接受捐赠时，应按照行政管理级次分别使用由财政部或省、自治区、直辖市财政部门印制的公益性捐赠票据或者《非税收入一般缴款书》收据联，并加盖本单位的印章；对个人索取捐赠票据的，应予以开具。

公益性群众团体接受捐赠的资产价值，按以下原则确认：

（1）接受捐赠的货币性资产，应当按照实际收到的金额计算。

（2）接受捐赠的非货币性资产，应当以其公允价值计算。捐赠方在向公益性群众团体捐赠时，应当提供注明捐赠非货币性资产公允价值的证明，如果不能提供上述证明，公益性群众团体不得向其开具公益性捐赠票据或者《非税收入一般缴款书》收据联。

对存在以下情形之一的公益性群众团体，应取消其公益性捐赠税前扣除资格：

（1）前 3 年接受捐赠的总收入中用于公益事业的支出比例低于 70% 的。

（2）在申请公益性捐赠税前扣除资格时有弄虚作假行为的。

（3）存在逃避缴纳税款行为或为他人逃避缴纳税款提供便利的。

（4）存在违反该组织章程的活动，或者接受的捐赠款项用于组织章程规定用途之外的支出等情况的。

（5）受到行政处罚的。

被取消公益性捐赠税前扣除资格的公益性群众团体，存在第（2）项、第（3）项、第（4）项、第（5）项情形的，3 年内不得重新申请公益性捐赠税前扣除资格。

对存在第（3）项、第（4）项情形的公益性群众团体，应对其接受捐赠收入和其他各项收入依法补征企业所得税。

对于通过公益性群众团体发生的公益性捐赠支出，主管税务机关应对照财政、税务部门联合发布的名单，接受捐赠的群众团体位于名单内，则企业或个人在名单所属年度发生的公益性捐赠支出可按规定进行税前扣除；接受捐赠的群众团体不在名单内，或虽在名单内但企业或个人发生的公益性捐赠支出不属于名单所属年度的，不得扣除。

获得公益性捐赠税前扣除资格的公益性群众团体，应自不符合上述规定条件之一或存在上述规定情形之一之日起 15 日内向主管税务机关报告，主管税务机关可暂时明确其获得资格的次年内企业向该群众团体的公益性捐赠支出，不得税前扣除，同时提请财政部、国家税务总局或省级财政、税务部门明确其获得资格的次年不具有公益性捐赠税前扣除资格。

《财政部 国家税务总局 民政部关于公益性捐赠税前扣除有关问题的补充通知》（财税〔2010〕45 号）规定：

企业或个人通过获得公益性捐赠税前扣除资格的公益性社会团体或县级以上人民政府及其组成部门和直属机构，用于公益事业的捐赠支出，可以按规定进行所得税税前扣除。县级以上人民政府及其组成部门和直属机构的公益性捐赠税前扣除资格不需要认定。

在财税〔2008〕160 号文件下发之前已经获得公益性捐赠税前扣除资格的公益性社会团体，必须按规定的条件和程序重新提出申请，通过认定后才能获得公益性捐赠税前扣除资格。

符合财税〔2008〕160 号文件规定的基金会、慈善组织等公益性社会团体，应同时向财政、税务、民政部门提出申请，并分别报送财税〔2008〕160 号文件规定的材料。

民政部门负责对公益性社会团体资格进行初步审查，财政、税务部门会同民政部门对公益性捐赠税前扣除资格联合进行审核确认。

对获得公益性捐赠税前扣除资格的公益性社会团体，由财政部、国家税务总局和民政部以及省、自治区、直辖市、计划单列市财政、税务和民政部门每年分别联合公布名单。名单应当包括当年继续获得公益性捐赠税前扣除资格和新获得公益性捐赠税前扣除资格的公益性社会团体。

企业或个人在名单所属年度内向名单内的公益性社会团体进行的公益性捐赠支出，可按规定进行税前扣除。

2008 年 1 月 1 日以后成立的基金会，在首次获得公益性捐赠税前扣除资格后，原始基金的捐赠人在基金会首次获得公益性捐赠税前扣除资格的当年进行所得税汇算清缴时，可按规定进行税前扣除。

对于通过公益性社会团体发生的公益性捐赠支出，企业或个人应提供省级以上（含省级）财政部门印制并加盖接受捐赠单位印章的公益性捐赠票据，或加盖接受捐赠单位印章的《非税收入一般缴款书》收据联，方可按规定进行税前扣除。

对于通过公益性社会团体发生的公益性捐赠支出，主管税务机关应对照财政、税务、民政部门联合公布的名单予以办理，即接受捐赠的公益性社会团体位于名单内的，企业或个人在名单所属年度向名单内的公益性社会团体进行的公益性捐赠支出可按规定进行税前扣除；接受捐赠的公益性社会团体不在名单内，或虽在名单内但企业或个人发生的公益性捐赠支出不属于名单所属年度的，不得扣除。

对已经获得公益性捐赠税前扣除资格的公益性社会团体，其年度检查连续两年基本合格视同为财税〔2008〕160 号文件规定的年度检查不合格，应取消公益性捐赠税前扣除资格。

获得公益性捐赠税前扣除资格的公益性社会团体，发现其不再符合财税〔2008〕160 号文件规定条件之一，或存在财税〔2008〕160 号文件规定情形之一的，应自发现之日起 15 日内向主管税务机关报告，主管税务机关可暂时明确其获得资格的次年内企业或个人向该公益性社会团体的公益性捐赠支出，不得税前扣除。同时，提请审核确认其公益性捐赠税前扣除资格的财政、税务、民政部门明确其获得资格的次年不具有公益性捐赠税前扣除资格。

税务机关在日常管理过程中，发现公益性社会团体不再符合财税〔2008〕160 号文件规定条件之一，或存在财税〔2008〕160 号文件规定情形之一的，也按上述规定处理。

《财政部 国家税务总局关于公益股权捐赠企业所得税政策问题的通知》（财税〔2016〕45 号）规定：

第一，企业向公益性社会团体实施的股权捐赠，应按规定视同转让股权，股权转让收入额以企业所捐赠股权取得时的历史成本确定。

前款所称的股权，是指企业持有的其他企业的股权、上市公司股票等。

第二，企业实施股权捐赠后，以其股权历史成本为依据确定捐赠额，并依此按照企业所得税法有关规定在所得税前予以扣除。公益性社会团体接受股权捐赠后，应按照捐赠企业提供的股权历史成本开具捐赠票据。

第三，本通知所称公益性社会团体，是指注册在中华人民共和国境内，以发展公益事业为宗旨、且不以营利为目的，并经确定为具有接受捐赠税前扣除资格的基金会、慈善组织等公益性社会团体。

第四，本通知所称股权捐赠行为，是指企业向中华人民共和国境内公益性社会团体实施的股权捐赠行为。企业向中华人民共和国境外的社会组织或团体实施的股权捐赠行为不适用本通知规定。

第五，本通知自 2016 年 1 月 1 日起执行。本通知发布前企业尚未进行税收处理的股权捐赠行为，符合本通知规定条件的可比照本通知执行，已经进行相关税收处理的不再进行税收调整。

根据《中华人民共和国公益事业捐赠法》（1999 年 6 月 28 日第九届全国人民代表大会常务委员会第十次会议通过）第 3 条的规定，公益事业主要包括四个方面：

（1）救助灾害、救济贫困、扶助残疾人等困难的社会群体和个人的活动。

（2）教育、科学、文化、卫生、体育事业。

（3）环境保护、社会公共设施建设。

（4）促进社会发展和进步的其他社会公共和福利事业。

同时，捐赠应当是自愿和无偿的，禁止强行摊派或者变相摊派，不得以捐赠为名从事营利活动。捐赠财产的使用应当尊重捐赠人的意愿，符合公益目的，不得将捐赠财产挪作他用。捐赠应当遵守法律、法规，不得违背社会公德，不得损害公共利益和其他公民的合法权益。

 **实务案例精解**

例 3-15 A 公司在 2016 年度进行了以下两项捐赠：①通过某乡政府，向该乡的一所小学捐赠 50 万元；②通过某县民政局向当地贫困人口捐赠 100 万元。A 公司在 2016 年度所进行的捐赠中属于《企业所得税法》所称公益性捐赠的数额是多少？

解答：公益性捐赠，是指企业通过公益性社会团体或者县级以上人民政府及其部门，用于《公益事业捐赠法》规定的公益事业的捐赠。A 公司通过某乡政府，向该乡的一所小学捐赠 50 万元不满足公益性捐赠的捐赠中介条件，不属于公益性捐赠。A 公司通过某县民政局向当地贫困人口捐赠 100 万元属于公益性捐赠。因此，A 公司在 2016 年度所进行的捐赠中属于《企业所得税法》第九条所称公益性捐赠的数额是 100 万元。

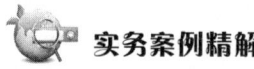 **实务案例精解**

例 3-16 B 公司 2016 年度的会计利润为 1 000 万元，公司自己计算的应纳税所得额为 1 100 万元（已经将公益性捐赠全部扣除），该公司在 2016 年度通过某县民政局向贫困地区捐赠了 200 万元。B 公司 2016 年度的应纳税所得额是多少？

解答： 企业发生的公益性捐赠支出，在年度利润总额 12% 以内的部分，准予在计算应纳税所得额时扣除。B 公司 2016 年度的会计利润为 1 000 万元，捐赠扣除限额为：1 000×12%=120（万元）。该公司的公益性捐赠超过了捐赠扣除限额，2016 年度只能扣除 120 万元。因此，B 公司 2016 年度的应纳税所得额是：1 100+200-120=1 180（万元）。

九、禁止税前扣除的项目

 基本税收政策

在计算应纳税所得额时，下列支出不得扣除：
（1）向投资者支付的股息、红利等权益性投资收益款项。
（2）企业所得税税款。
（3）税收滞纳金。
（4）罚金、罚款和被没收财物的损失。
（5）《企业所得税法》第九条规定以外的捐赠支出。
（6）赞助支出。
（7）未经核定的准备金支出。
（8）与取得收入无关的其他支出。

 税收政策详解

上述政策所称赞助支出，是指企业发生的与生产经营活动无关的各种非广告性质支出。

上述政策所称未经核定的准备金支出，是指不符合国务院财政、税务主管部门规定的各项资产减值准备、风险准备等准备金支出。

关于企业所得税禁止税前扣除的项目，参见图 3-2。

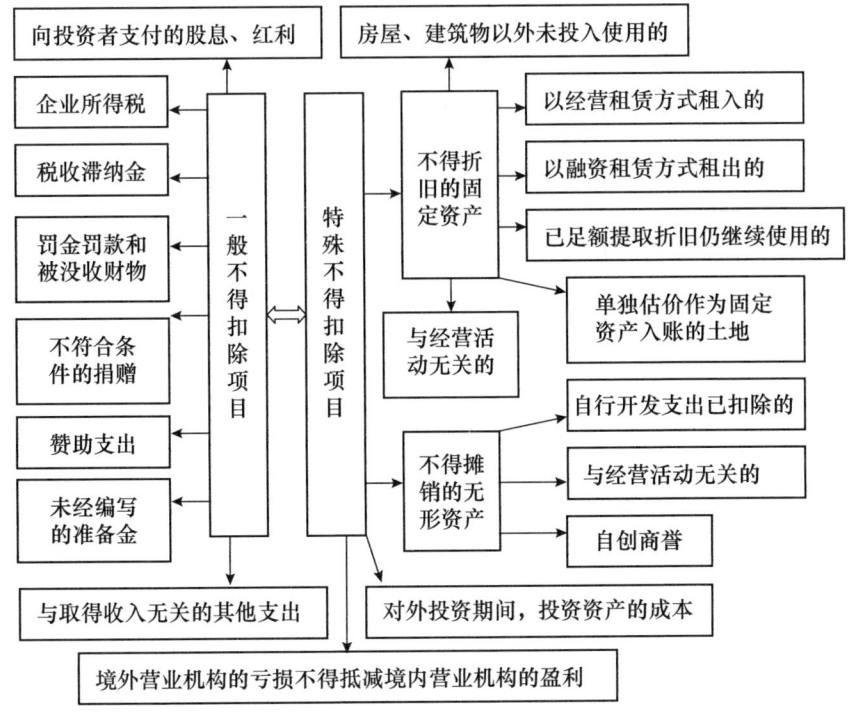

图 3-2　禁止税前扣除的项目

 实务应用指南

向投资者支付的股息、红利等权益性投资收益款项不能扣除。由于企业和股东是两个互相独立的法律主体，企业应当独立承担纳税义务。企业承担纳税义务以后的收入才能成为可供分配的利润。同样，当股东从企业取得股息、红利时，仍然应当按照税法的规定纳税。股息、红利与利息的处理方式是不同的，利息是企业生产经营的正常费用，应当在计算应纳税所得额时予以扣除，而股息、红利则是企业支付给股东的投资报酬，必须在缴纳了企业所得税以后才能进行。作出这一规定也是为了防止企业以支付股息、红利为名规避企业所得税，试想，如果股息、红利可以在计算企业所得税时予以扣除，还有几个企业会缴纳企业所得税？大多数股东都会在缴纳企业所得税之前将利润全部作为股息、红利予以分配，这显然是国家所不愿意看到的。

在现实生活中，赞助支出的范围比较难界定。从字面上理解，赞助支出是纳税人自愿的支出，但在现实生活中有许多支出不是出于纳税人的自愿，而是政府或部门的摊派。由于赞助的范围很难界定，因此，税法规定赞助支出不允许税前扣除。纳税人向经过工商部门批准专门从事广告业的部门赞助的广告性支出可以作为生产、经营的费用允许在税前扣除。赞助费之所以不允许扣除的主要原因在于其不规范性，赞助费类似于不符合条件的捐赠支出，这是不能扣除的，有时候赞助费是一种广告宣传性质的支出，但必须采取规范的广告费的形式，否则也是不能扣除的。

准备金是纳税人为将来可能发生的事项提前准备应对的资金。纳税人经常发生的准备金包括坏账准备金、存货削价准备金、短期投资跌价准备金、长期投资减值准备金、风险准备基金等。这些准备金必须经过税务机关的核准才能予以扣除，否则不能扣除。这一规定主要是为了防止企业通过提取各种准备金的形式获得延迟纳税的利益。因为这些提取的准备金可以从当期的应纳税所得额中扣除，也就是说暂时不用纳税，等到各项损失实际发生时再扣除准备金，此时并不减少损失发生时的应纳税所得额。如果不允许事先提取准备金，就相当于企业要先纳税，以后发生损失时再减少纳税。允许企业提取准备金实际上是允许企业的部分所得可以延期纳税，因此，提取的比例应当有所控制，否则，企业可以将全部利润作为准备金，这样在当前的纳税年度就不用纳税了，这就是典型的避税行为。

 友情提示

> 我国现行会计准则允许企业提取的准备金主要包括存货跌价准备金、投资性房地产减值准备金、固定资产减值准备金、生物资产跌价准备金或减值准备金、无形资产减值准备金、债权减值准备金、金融资产减值准备金、未探明矿区权益减值准备金。

根据《企业会计准则第1号——存货》的规定，资产负债表日，存货应当按照成本与可变现净值孰低计量。存货成本高于其可变现净值的，应当计提存货跌价准备，计入当期损益。可变现净值，是指在日常活动中，存货的估计售价减去至完工时估计将要发生的成本、估计的销售费用以及相关税费后的金额。企业通常应当按照单个存货项目计提存货跌价准备。对于数量繁多、单价较低的存货，可以按照存货类别计提存货跌价准备。与在同一地区生产和销售的产品系列相关、具有相同或类似最终用途或目的，且难以与其他项目分开计量的存货，可以合并计提存货跌价准备。资产负债表日，企业应当确定存货的可变现净值。以前减记存货价值的影响因素已经消失的，减记的金额应当予以恢复，并在原已计提的存货跌价准备金额内转回，转回的金额计入当期损益。企业发生的存货毁损，应当将处置收入扣除账面价值和相关税费后的金额计入当期损益。存货的账面价值是存货成本扣减累计跌价准备后的金额。存货盘亏造成的损失，应当计入当期损益。

根据《企业会计准则第3号——投资性房地产》的规定，企业应当在附注中披露与投资性房地产有关的下列信息：采用成本模式的，投资性房地产的折旧或摊销，以及减值准备的计提情况。

根据《企业会计准则第4号——固定资产》的规定，企业应当对所有固定资产计提折旧。但是，已提足折旧仍继续使用的固定资产和单独计价入账的土地除外。折旧，是指在固定资产使用寿命内，按照确定的方法对应计折旧额进行系统分摊。应计折旧额，是指应当计提折旧的固定资产的原价扣除其预计净残值后的金额。已计提减值准备的固定资产，还应当扣除已计提的固定资产减值准备累计金额。企业出售、转让、报废固定资产或发生固定资产毁损，应当将处置收入扣除账面价值和相关税费后的金额计入当期损益。固定资产的账面价值是固定资产成本扣减累计折旧和累计减值准备后的金额。企业应当在附注中披露与固定资产有关的下列信息：各类固定资产的期初和期末原价、累计折旧额及固定资产减值准备累计金额。

根据《企业会计准则第5号——生物资产》的规定，企业至少应当于每年年度终了对消耗性生物资产和生产性生物资产进行检查，有确凿证据表明由于遭受自然灾害、病虫害、动物疫病侵袭或市场需求变化等原因，使消耗性生物资产的可变现净值或生产性生物资产的可收回金额低于其账面价值的，应当按照可变现净值或可收回金额低于账面价值的差额，计提生物资产跌价准备或减值准备，并计入当期损益。消耗性生物资产减值的影响因素已经消失的，减记金额应当予以恢复，并在原已计提的跌价准备金额内转回，转回的金额计入当期损益。生产性生物资产减值准备一经计提，不得转回。公益性生物资产不计提减值准备。企业应当在附注中披露与生物资产有关的下列信息：各类消耗性生物资产的跌价准备累计金额，以及各类生产性生物资产的使用寿命、预计净残值、折旧方法、累计折旧和减值准备累计金额。

根据《企业会计准则第6号——无形资产》的规定，无形资产的应摊销金额为其成本扣除预计残值后的金额。已计提减值准备的无形资产，还应扣除已计提的无形资产减值准备累计金额。企业应当按照无形资产的类别在附注中披露与无形资产有关的下列信息：无形资产的期初和期末账面余额、累计摊销额及减值准备累计金额。

根据《企业会计准则第8号——资产减值》的规定，可收回金额的计量结果表明，资产的可收回金额低于其账面价值的，应当将资产的账面价值减记至可收回金额，减记的金额确认为资产减值损失，计入当期损益，同时计提相应的资产减值准备。企业应当在附注中披露与资产减值有关的下列信息：计提的各项资产减值准备累计金额。

根据《企业会计准则第 12 号——债务重组》的规定，以现金清偿债务的，债权人应当将重组债权的账面余额与收到的现金之间的差额，计入当期损益。债权人已对债权计提减值准备的，应当先将该差额冲减减值准备，减值准备不足以冲减的部分，计入当期损益。

根据《企业会计准则第 22 号——金融工具确认和计量》的规定，企业应当在资产负债表日对以公允价值计量且其变动计入当期损益的金融资产以外的金融资产的账面价值进行检查，有客观证据表明该金融资产发生减值的，应当计提减值准备。对以摊余成本计量的金融资产确认减值损失后，如有客观证据表明该金融资产价值已恢复，且客观上与确认该损失后发生的事项有关（如债务人的信用评级已提高等），原确认的减值损失应当予以转回，计入当期损益。但是，该转回后的账面价值不应当超过假定不计提减值准备情况下该金融资产在转回日的摊余成本。

根据《企业会计准则第 27 号——石油天然气开采》的规定，转让单独计提减值准备的全部未探明矿区权益的，转让所得与未探明矿区权益账面价值的差额，计入当期损益。转让单独计提减值准备的部分未探明矿区权益的，如果转让所得大于矿区权益账面价值，将其差额计入当期损益；如果转让所得小于矿区权益账面价值，以转让所得冲减矿区权益账面价值，不确认损益。转让以矿区组为基础计提减值准备的未探明矿区权益的，如果转让所得大于矿区权益账面原值，将其差额计入当期损益；如果转让所得小于矿区权益账面原值，以转让所得冲减矿区权益账面原值，不确认损益。企业应当在附注中披露与石油天然气开采活动有关的下列信息：探明矿区权益、井及相关设施的账面原值，累计折耗和减值准备累计金额及其计提方法；与油气开采活动相关的辅助设备及设施的账面原价，累计折旧和减值准备累计金额及其计提方法。

《国家税务总局关于母子公司间提供服务支付费用有关企业所得税处理问题的通知》（国税发〔2008〕86 号）规定：

母公司为其子公司（以下简称子公司）提供各种服务而发生的费用，应按照独立企业之间公平交易原则确定服务的价格，作为企业正常的劳务费用进行税务处理。母子公司未按照独立企业之间的业务往来收取价款的，税务机关有权予以调整。

母公司向其子公司提供各项服务，双方应签订服务合同或协议，明确规定提供服务的内容、收费标准及金额等，凡按上述合同或协议规定所发生的服务费，母公司应作为营业收入申报纳税；子公司作为成本费用在税前扣除。

母公司向其多个子公司提供同类项服务，其收取的服务费可以采取分项签订合同或协议收取；也可以采取服务分摊协议的方式，即，由母公司与各子公司签订服务费用分摊合同或协议，以母公司为其子公司提供服务所发生的实际费用并附加一定比例利润作为向子公司收取的总服务费，在各服务受益子公司（包括盈利企业、亏损企业和享受减免税企业）之间按《企业所得税法》第四十一条第二款规定合理分摊。

母公司以管理费形式向子公司提取费用，子公司因此支付给母公司的管理费，不得在税前扣除。

子公司申报税前扣除向母公司支付的服务费用，应向主管税务机关提供与母公司签订的服务合同或者协议等与税前扣除该项费用相关的材料。不能提供相关材料的，支付的服务费用不得税前扣除。

《财政部 国家税务总局关于金融企业涉农贷款和中小企业贷款损失准备金税前扣除有关问题的通知》（财税〔2015〕3号），规定：

自2014年1月1日起至2018年12月31日，金融企业根据《贷款风险分类指导原则》（银发〔2001〕416号），对其涉农贷款和中小企业贷款进行风险分类后，按照以下比例计提的贷款损失准备金，准予在计算应纳税所得额时扣除：

（1）关注类贷款，计提比例为2%。

（2）次级类贷款，计提比例为25%。

（3）可疑类贷款，计提比例为50%。

（4）损失类贷款，计提比例为100%。

涉农贷款，是指《涉农贷款专项统计制度》（银发〔2007〕246号）统计的以下贷款：

（1）农户贷款。

（2）农村企业及各类组织贷款。

农户贷款，是指金融企业发放给农户的所有贷款。农户贷款的判定应以贷款发放时的承贷主体是否属于农户为准。农户，是指长期（一年以上）居住在乡镇（不包括城关镇）行政管理区域内的住户，还包括长期居住在城关镇所辖行政村范围内的住户和户口不在本地而在本地居住一年以上的住户，国有农场的职工和农村个体工商户。位于乡镇（不包括城关镇）行政管理区域内和在城关镇所辖行政村范围内的国有经济的机关、团体、学校、企事业单位的集体户；有本地户口，但举家外出谋生一年以上的住户，无论是否保留承包耕地均不属于农户。农户以户为统计单位，既可以从事农业生产经营，也可以从事非农业生产经营。

农村企业及各类组织贷款，是指金融企业发放给注册地位于农村区域的企业及各类组织的所有贷款。农村区域，是指除地级及以上城市的城市行政区及其市辖建制镇之外的区域。

中小企业贷款，是指金融企业对年销售额和资产总额均不超过2亿元的企业的贷款。

金融企业发生的符合条件的涉农贷款和中小企业贷款损失，应先冲减已在税前扣除的贷款损失准备金，不足冲减部分可据实在计算应纳税所得额时扣除。

《财政部 国家税务总局关于金融企业贷款损失准备金企业所得税税前扣除有关政策的通知》（财税〔2015〕9号）规定：

自2014年1月1日起至2018年12月31日止，准予税前提取贷款损失准备金的贷款资产范围包括：

（1）贷款（含抵押、质押、担保等贷款）。

（2）银行卡透支、贴现、信用垫款（含银行承兑汇票垫款、信用证垫款、担保垫款等）、进出口押汇、同业拆出、应收融资租赁款等各项具有贷款特征的风险资产。

（3）由金融企业转贷并承担对外还款责任的国外贷款，包括国际金融组织贷款、外国买方信贷、外国政府贷款、日本国际协力银行不附条件贷款和外国政府混合贷款等资产。

金融企业准予当年税前扣除的贷款损失准备金计算公式如下：

$$\begin{array}{l}准予当年税前扣除\\的贷款损失准备金\end{array} = \begin{array}{l}本年末准予提取贷款损失\\准备金的贷款资产余额\end{array} \times 1\%$$
$$- \begin{array}{l}截至上年末已在税前扣除\\的贷款损失准备金的余额\end{array}$$

金融企业按上述公式计算的数额如为负数，应当相应调增当年应纳税所得额。

金融企业的委托贷款、代理贷款、国债投资、应收股利、上交央行准备金以及金融企业剥离的债权和股权、应收财政贴息、央行款项等不承担风险和损失的资产，不得提取贷款损失准备金在税前扣除。

金融企业发生的符合条件的贷款损失，应先冲减已在税前扣除的贷款损失准备金，不足冲减部分可据实在计算当年应纳税所得额时扣除。

金融企业涉农贷款和中小企业贷款损失准备金的税前扣除政策，凡按照《财政部 国家税务总局关于金融企业涉农贷款和中小企业贷款损失准备金税前扣除有关问题的通知》（财税〔2015〕3号）的规定执行的，不再适用上述规定。

《财政部 国家税务总局关于保险公司准备金支出企业所得税税前扣除有

关政策问题的通知》（财税〔2016〕114号）规定：

第一，保险公司按下列规定缴纳的保险保障基金，准予据实税前扣除。

（1）非投资型财产保险业务，不得超过保费收入的0.8%；投资型财产保险业务，有保证收益的，不得超过业务收入的0.08%，无保证收益的，不得超过业务收入的0.05%。

（2）有保证收益的人寿保险业务，不得超过业务收入的0.15%；无保证收益的人寿保险业务，不得超过业务收入的0.05%。

（3）短期健康保险业务，不得超过保费收入的0.8%；长期健康保险业务，不得超过保费收入的0.15%。

（4）非投资型意外伤害保险业务，不得超过保费收入的0.8%；投资型意外伤害保险业务，有保证收益的，不得超过业务收入的0.08%，无保证收益的，不得超过业务收入的0.05%。

保险保障基金，是指按照《中华人民共和国保险法》和《保险保障基金管理办法》规定缴纳形成的，在规定情形下用于救助保单持有人、保单受让公司或者处置保险业风险的非政府性行业风险救助基金。

保费收入，是指投保人按照保险合同约定，向保险公司支付的保险费。

业务收入，是指投保人按照保险合同约定，为购买相应的保险产品支付给保险公司的全部金额。

非投资型财产保险业务，是指仅具有保险保障功能而不具有投资理财功能的财产保险业务。

投资型财产保险业务，是指兼具有保险保障与投资理财功能的财产保险业务。

有保证收益，是指保险产品在投资收益方面提供固定收益或最低收益保障。

无保证收益，是指保险产品在投资收益方面不提供收益保证，投保人承担全部投资风险。

第二，保险公司有下列情形之一的，其缴纳的保险保障基金不得在税前扣除。

（1）财产保险公司的保险保障基金余额达到公司总资产6%的。

（2）人身保险公司的保险保障基金余额达到公司总资产1%的。

第三，保险公司按国务院财政部门的相关规定提取的未到期责任准备金、寿险责任准备金、长期健康险责任准备金、已发生已报案未决赔款准备金和已发生未报案未决赔款准备金，准予在税前扣除。

（1）未到期责任准备金、寿险责任准备金、长期健康险责任准备金依据经中国保监会核准任职资格的精算师或出具专项审计报告的中介机构确定的金额提取。

未到期责任准备金，是指保险人为尚未终止的非寿险保险责任提取的准备金。

寿险责任准备金，是指保险人为尚未终止的人寿保险责任提取的准备金。

长期健康险责任准备金，是指保险人为尚未终止的长期健康保险责任提取的准备金。

（2）已发生已报案未决赔款准备金，按最高不超过当期已经提出的保险赔款或者给付金额的100%提取；已发生未报案未决赔款准备金按不超过当年实际赔款支出额的8%提取。

已发生已报案未决赔款准备金，是指保险人为非寿险保险事故已经发生并已向保险人提出索赔、尚未结案的赔案提取的准备金。

已发生未报案未决赔款准备金，是指保险人为非寿险保险事故已经发生、尚未向保险人提出索赔的赔案提取的准备金。

第四，保险公司经营财政给予保费补贴的农业保险，按不超过财政部门规定的农业保险大灾风险准备金（简称大灾准备金）计提比例，计提的大灾准备金，准予在企业所得税前据实扣除。具体计算公式如下：

$$
\text{本年度扣除的大灾准备金} = \text{本年度保费收入} \times \text{规定比例} - \text{上年度已在税前扣除的大灾准备金结存余额}
$$

按上述公式计算的数额如为负数，应调增当年应纳税所得额。

财政给予保费补贴的农业保险，是指各级财政按照中央财政农业保险保费补贴政策规定给予保费补贴的种植业、养殖业、林业等农业保险。

规定比例，是指按照《财政部关于印发〈农业保险大灾风险准备金管理办法〉的通知》（财金〔2013〕129号）确定的计提比例。

第五，保险公司实际发生的各种保险赔款、给付，应首先冲抵按规定提取的准备金，不足冲抵部分，准予在当年税前扣除。

第六，本通知自2016年1月1日至2020年12月31日执行。

《财政部 国家税务总局关于中小企业融资（信用）担保机构有关准备金企业所得税税前扣除政策的通知》（财税〔2017〕22号）规定，根据《企业所得税法》和《企业所得税法实施条例》的有关规定，现就中小企业融资（信用）担保机构有关准备金企业所得税税前扣除政策问题通知如下：

第一，符合条件的中小企业融资（信用）担保机构按照不超过当年年末担保责任余额1%的比例计提的担保赔偿准备，允许在企业所得税税前扣除，同时将上年度计提的担保赔偿准备余额转为当期收入。

第二，符合条件的中小企业融资（信用）担保机构按照不超过当年担保费收入 50% 的比例计提的未到期责任准备，允许在企业所得税税前扣除，同时将上年度计提的未到期责任准备余额转为当期收入。

第三，中小企业融资（信用）担保机构实际发生的代偿损失，符合税收法律法规关于资产损失税前扣除政策规定的，应冲减已在税前扣除的担保赔偿准备，不足冲减部分据实在企业所得税税前扣除。

第四、本通知所称符合条件的中小企业融资（信用）担保机构，必须同时满足以下条件：

（1）符合《融资性担保公司管理暂行办法》（银监会等七部委令 2010 年第 3 号）相关规定，并具有融资性担保机构监管部门颁发的经营许可证。

（2）以中小企业为主要服务对象，当年中小企业信用担保业务和再担保业务发生额占当年信用担保业务发生总额的 70% 以上（上述收入不包括信用评级、咨询、培训等收入）。

（3）中小企业融资担保业务的平均年担保费率不超过银行同期贷款基准利率的 50%。

（4）财政、税务部门规定的其他条件。

第五，申请享受本通知规定的准备金税前扣除政策的中小企业融资（信用）担保机构，在汇算清缴时，需报送法人执照副本复印件、融资性担保机构监管部门颁发的经营许可证复印件、年度会计报表和担保业务情况（包括担保业务明细和风险准备金提取等），以及财政、税务部门要求提供的其他材料。

第六，本通知自 2016 年 1 月 1 日起至 2020 年 12 月 31 日止执行。《财政部 国家税务总局关于中小企业信用担保机构有关准备金企业所得税税前扣除政策的通知》（财税〔2012〕25 号）同时废止。

《财政部 国家税务总局关于证券行业准备金支出企业所得税税前扣除有关政策问题的通知》（财税〔2017〕23 号）规定，根据《企业所得税法》和《企业所得税法实施条例》的有关规定，现就证券行业准备金支出企业所得税税前扣除有关政策问题明确如下：

第一，证券类准备金。

（1）证券交易所风险基金。上海、深圳证券交易所依据《证券交易所风险基金管理暂行办法》（证监发〔2000〕22 号）的有关规定，按证券交易所交易收取经手费的 20%、会员年费的 10% 提取的证券交易所风险基金，在各基金净资产不超过 10 亿元的额度内，准予在企业所得税税前扣除。

（2）证券结算风险基金。①中国证券登记结算公司所属上海分公司、深圳分公司依据《证券结算风险基金管理办法》（证监发〔2006〕65 号）的有关规定，按证券登记结算公司业务收入的 20% 提取的证券结算风险基金，在各基金净资产不超过 30 亿元的额度内，准予在企业所得税税前扣除。②证券公司依据《证券结算风险基金管理办法》（证监发〔2006〕65 号）的有关规定，作为结算会员按人民币普通股和基金成交金额的十万分之三、国债现货成交金额的十万分之一、1 天期国债回购成交额的千万分之五、2 天期国债回购成交额的千万分之十、3 天期国债回购成交额的千万分之十五、4 天期国债回购成交额的千万分之二十、7 天期国债回购成交额的千万分之五十、14 天期国债回购成交额的十万分之一、28 天期国债回购成交额的十万分之二、91 天期国债回购成交额的十万分之六、182 天期国债回购成交额的十万分之十二逐日交纳的证券结算风险基金，准予在企业所得税税前扣除。

（3）证券投资者保护基金。①上海、深圳证券交易所依据《证券投资者保护基金管理办法》（证监会令第 27 号、第 124 号）的有关规定，在风险基金分别达到规定的上限后，按交易经手费的 20% 缴纳的证券投资者保护基金，准予在企业所得税税前扣除。②证券公司依据《证券投资者保护基金管理办法》（证监会令第 27 号、第 124 号）的有关规定，按其营业收入 0.5%~5% 缴纳的证券投资者保护基金，准予在企业所得税税前扣除。

第二，期货类准备金。

（1）期货交易所风险准备金。大连商品交易所、郑州商品交易所和中国金融期货交易所依据《期货交易管理条例》（国务院令第 489 号）、《期货交易所管理办法》（证监会令第 42 号）和《商品期货交易财务管理暂行规定》（财商字〔1997〕44 号）的有关规定，上海期货交易所依据《期货交易管理条例》（国务院令第 489 号）、《期货交易所管理办法》（证监会令第 42 号）和《关于调整上海期货交易所风险准备金规模的批复》（证监函〔2009〕407 号）的有关规定，分别按向会员收取手续费收入的 20% 计提的风险准备金，在风险准备金余额达到有关规定的额度内，准予在企业所得税税前扣除。

（2）期货公司风险准备金。期货公司依据《期货公司管理办法》（证监会令第 43 号）和《商品期货交易财务管理暂行规定》（财商字〔1997〕44 号）的有关规定，从其收取的交易手续费收入减去应付期货交易所手续费后的净收入的 5% 提取的期货公司风险准备金，准予在企业所得税税前扣除。

（3）期货投资者保障基金。①海期货交易所、大连商品交易所、郑州商品交易所和中国金融期货交易所依据《期货投资者保障基金管理办法》（证监会令第 38 号、第 129 号）和《关于明确期货投资者保障基金缴纳比例有关事项的规定》（证监会 财政部公告〔2016〕26 号）的有关规定，按其向期货公司会员收取的交易手续费的 2%（2016 年 12 月 8 日前按 3%）缴纳的期货投资者保障基金，在基金总额达到有关规定的额度内，准予在企业所得税税前扣除。②期货公司依据《期货投资者保障基金管理办法》（证监会令第 38 号、第 129 号）和《关于明确期货投资者保障基金缴纳比例有关事项的规定》（证监会 财政部公告〔2016〕26 号）的有关规定，从其收取的交易手续费中按照代理交易额的亿分之五至亿分之十的比例（2016 年 12 月 8 日前按千万分之五至千万分之十的比例）缴纳的期货投资者保障基金，在基金总额达到有关规定的额度内，准予在企业所得税税前扣除。

第三，上述准备金如发生清算、退还，应按规定补征企业所得税。

第四，本通知自 2016 年 1 月 1 日起至 2020 年 12 月 31 日止执行。《财政部 国家税务总局关于证券行业准备金支出企业所得税税前扣除有关政策问题的通知》（财税〔2012〕11 号）同时废止。

《国家税务总局关于保险公司再保险业务赔款支出税前扣除问题的通知》（国税函〔2009〕313 号）规定：根据《企业所得税法实施条例》第九条的规定，从事再保险业务的保险公司（以下称再保险公司）发生的再保险业务赔款支出，按照权责发生制的原则，应在收到从事直保业务公司（以下称直保公司）再保险业务赔款账单时，作为企业当期成本费用扣除。为便于再保险公司再保险业务的核算，凡在次年企业所得税汇算清缴前，再保险公司收到直保公司再保险业务赔款账单中属于上年度的赔款，准予调整作为上年度的成本费用扣除，同时调整已计提的未决赔款准备金；次年汇算清缴后收到直保公司再保险业务赔款账单的，按该赔款账单上发生的赔款支出，在收单年度作为成本费用扣除。

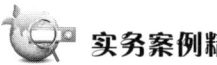 **实务案例精解**

例 3-17　A 公司 2016 年度的销售收入为 1 000 万元，实际发生的符合条件的广告支出为 200 万元，各种非广告性质的赞助支出为 100 万元。A 公司 2016 年度的上述支出中不能扣除的数额是多少？

解答：企业实际发生的与取得收入有关的、合理的支出，包括成本、费用、税金、损失和其他支出，准予在计算应纳税所得额时扣除。企业发生的符合条件的广告费和业务宣传费支出，除国务院财政、税务主管部门另有规定外，不超过当年销售（营业）收入 15% 的部分，准予扣除；超过部分，准予在以后纳税年度结转扣除。A 公司 2016 年度的销售收入为 1 000 万元，当年广告支出扣除限额为：1 000×15%=150（万元）。A 公司 2016 年度实际发生的符合条件的广告支出为 200 万元，其中 150 万元可以在 2016 年度扣除，剩余的 50 万元可以在 2017 年度予以扣除。在计算应纳税所得额时，赞助支出不得扣除。A 公司 2016 年度各种非广告性质的赞助支出 100 万元不能在 2016 年度扣除，也不能在以后年度扣除。

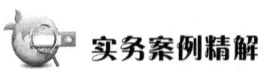 **实务案例精解**

例3-18 B公司2016年度未经国务院财政、税务主管部门核定而提取各项资产减值准备金100万元、风险准备金100万元，并进行了税前扣除，该公司的税务处理是否正确？

解答： 该公司的税务处理是错误的。在计算应纳税所得额时，未经核定的准备金支出不得扣除。未经核定的准备金支出，是指不符合国务院财政、税务主管部门规定的各项资产减值准备、风险准备等准备金支出。B公司2016年度未经国务院财政、税务主管部门核定而提取各项资产减值准备金100万元以及风险准备金100万元均不能在税前扣除。

十、境外机构亏损的税务处理

 基本税收政策

企业在汇总计算缴纳企业所得税时，其境外营业机构的亏损不得抵减境内营业机构的盈利。

 **税收政策详解**

企业的分支机构不具有独立的法人资格，应当和企业一起合并缴纳企业所得税，分支机构的亏损可以用总机构的盈利来弥补，总机构的亏损也可以用分支机构的盈利来弥补，这是一般的原则。但是在涉及境外分支机构时，国家一般会作出一些变通的规定。《企业所得税法》第十七条即规定境外营业机构的亏损不得抵减境内营业机构的盈利，也就是说，境内营业机构和境外营业机构应当分别计算自己的应纳税所得额，并分别计算自己的应纳税额。所谓汇总缴纳企业所得税，仅仅是指在最后缴纳时汇总在一起，但在之前的计算中都是分开的。

这种规定主要是考虑到境外的经营机构属于外国的常设机构，该常设机构应当和当地的独立纳税人一样核算收入和支出，并且按照当地税法的规定承担纳税义务。如果允许境内营业机构的盈利弥补境外营业机构的亏损，就会减少我国本来应当征收的税款，也就相当于我国用税款去弥补境内企业的境外亏损。但是根据常设机构的规则，外国一般不会允许用常设机构的盈利来弥补其总机构的亏损，从对等性原则出发，总机构所在国也不应当允许用总机构的盈利来弥补境外营业机构的亏损。

 实务应用指南

《企业所得税暂行条例》没有关于如何处理境外营业机构的亏损的规定。《企业所得税暂行条例实施细则》第四十六条仅规定："对境外投资所得可在年终汇算清缴。"至于境外营业机构的损失如何处理并无规定。《外商投资企业和外国企业所得税法》没有关于如何处理境外营业机构的亏损的规定。《外商投资企业和外国企业所得税法实施细则》仅在第五条规定："外商投资企业在中国境内或者境外分支机构的生产、经营所得和其他所得，由总机构汇总缴纳所得税。"至于境外营业机构的损失如何处理并无规定。《企业所得税法》弥补了《企业所得税暂行条例》及其实施细则以及《外商投资企业和外国企业所得税法》及其实施细则的缺陷。

 实务案例精解

例 3-19 某企业 2016 年的总收入为 1 000 万元，企业按照税法规定计算的成本为 400 万元，费用为 200 万元，损失为 50 万元，税金为 100 万元。另外，该企业在 A 国设立的一家分支机构 2016 年度亏损 50 万元，在 B 国设立的一家分支机构 2016 年度亏损 80 万元。请计算该企业 2016 纳税年度的应纳税所得额为多少？

解答： 企业在汇总计算缴纳企业所得税时，其境外营业机构的亏损不得抵减境内营业机构的盈利。因此，该企业在 A 国和 B 国设立的两个分支机构的亏损不得抵减境内营业机构的盈利。该企业 2016 纳税年度的应纳税所得额 =1 000-400-200-50-100=250（万元）。

十一、亏损弥补制度

 基本税收政策

企业纳税年度发生的亏损，准予向以后年度结转，用以后年度的所得弥补，但结转年限最长不得超过五年。

 **税收政策详解**

亏损结转是指缴纳企业所得税的纳税人在某一纳税年度发生经营亏损，

准予在其他纳税年度盈利中予以抵补的一种制度。企业所得税实行年度结算税款的方式，但企业往往并不是在每个年度都盈利，企业的发展规划往往也不是以年度为单位，以年度为单位有时候难以真正衡量企业的纳税能力。针对年度纳税的弊端，企业所得税法设计了亏损结转制度。企业当年的盈利可以首先弥补以前 5 个年度内的亏损，弥补亏损以后如果还有剩余，剩余的部分再按照税法的规定计算应纳税额。这样，实际上就相当于以 6 个年度为单位进行纳税。企业以前年度的亏损应当直接抵减企业当前年度的应纳税所得额。需要说明的是，亏损结转一般包括向后结转和向前结转两种方式，我国采取的是向后结转，这种方式的优点是不需要对以前年度的应纳税额进行调整。如果采取向前结转的方法，以前年度的应纳税额需要重新计算，在操作中相对复杂一些。

《企业所得税法》第十八条规定的弥补亏损期限，是指纳税人某一纳税年度发生亏损，准予用以后年度的应纳税所得弥补；一年弥补不足的，可以逐年延续弥补；弥补期最长不得超过 5 年，5 年内不论是盈利或亏损，都作为实际弥补年限计算。

 实务应用指南

《国家税务总局关于贯彻落实企业所得税法若干税收问题的通知》（国税函〔2010〕79 号）规定：企业自开始生产经营的年度，为开始计算企业损益的年度。企业从事生产经营之前进行筹办活动期间发生筹办费用支出，不得计算为当期的亏损，应按照《国家税务总局关于企业所得税若干税务事项衔接问题的通知》（国税函〔2009〕98 号）规定执行。

《国家税务总局关于取消合并纳税后以前年度尚未弥补亏损有关企业所得税问题的公告》（国家税务总局公告 2010 年第 20 号）规定：

根据《财政部 国家税务总局关于试点企业集团缴纳企业所得税有关问题的通知》（财税〔2008〕119 号）规定，自 2009 年度开始，一些企业集团取消了合并申报缴纳企业所得税。企业集团取消了合并申报缴纳企业所得税后，截至 2008 年底，企业集团合并计算的累计亏损，属于符合《企业所得税法》第十八条规定 5 年结转期限内的，可分配给其合并成员企业（包括企业集团总部）在剩余结转期限内，结转弥补。

企业集团应根据各成员企业截至 2008 年底的年度所得税申报表中的盈亏情况，凡单独计算是亏损的各成员企业，参与分配上述所指的可继续弥补的亏损；盈利企业不参与分配。具体分配公式如下：

$$\frac{成员企业分}{配的亏损额} = \frac{某成员企业单独计算盈亏尚未弥补的亏损额}{各成员企业单独计算盈亏尚未弥补的亏损额之和}$$

$$\times \frac{集团公司合并计算累计}{可继续弥补的亏损额}$$

企业集团在按照上述规定的方法分配亏损时，应根据集团每年汇总计算中这些亏损发生的实际所属年度，确定各成员企业所分配的亏损额中具体所属年度及剩余结转期限。

企业集团按照上述方法分配各成员企业亏损额后，应填写《企业集团公司累计亏损分配表》并下发给各成员企业，同时抄送企业集团主管税务机关。

《国家税务总局关于查增应纳税所得额弥补以前年度亏损处理问题的公告》（国家税务总局公告 2010 年第 20 号）规定：税务机关对企业以前年度纳税情况进行检查时调增的应纳税所得额，凡企业以前年度发生亏损，且该亏损属于企业所得税法规定允许弥补的，应允许调增的应纳税所得额弥补该亏损。弥补该亏损后仍有余额的，按照企业所得税法规定计算缴纳企业所得税。对检查调增的应纳税所得额应根据其情节，依照《税收征收管理法》有关规定进行处理或处罚。

 **实务案例精解**

例 3-20　某企业从 2008 年到 2016 年，各年度弥补亏损前的应纳税所得额如表 3-1 所示。（单位：万元）

表 3-1　各年度应纳税所得额

年度	2008	2009	2010	2011	2012	2013	2014	2015	2016
应纳税所得额	-80	-60	-40	-20	0	10	30	40	100

请计算从 2013 年起各年度弥补以前年度亏损以后的该企业的应纳税所得额。

解答： 企业纳税年度发生的亏损，准予向以后年度结转，用以后年度的所得弥补，但结转年限最长不得超过 5 年。因此，企业在计算当年度的应纳税所得额时，如果以前 5 个纳税年度有亏损，应当用该年度的应纳税所得额减去该亏损的数额，如果仍有余额才需要缴纳企业所得税。2013 年，该企业弥补亏损前的应纳税所得额为 10 万元，但其前 5 年有亏损，2013 年的所得首先用于弥补 2008 年的亏损，弥补以后，该企业 2013 年度应纳税所得额为 0。2014 年，该企业弥补亏损前的应纳税所得额为 30 万元，该应纳税所得额最多可以弥补 2009 年的亏损，弥补亏损以后，2014 年度的应纳税所得额为 0。2015 年，该企业弥补亏损前的应纳税所得额为 40 万元，该应纳税所得额最多可以弥补 2010 年的亏损，弥补亏损以后，2015 年度的应纳税所得额为 0。2016 年，该企业弥补亏损前的应纳税所得额为 100 万元，该应纳税所得额最多可以弥补 2011 年度的亏损，弥补亏损以后，2016 年度的应纳税所得额为 80 万元。

十二、非居民企业应纳税所得额的计算

 基本税收政策

非居民企业在中国境内未设立机构、场所的，或者虽设立机构、场所但取得的所得与其所设机构、场所没有实际联系的，应当就其来源于中国境内的所得缴纳企业所得税。

非居民企业取得上述所得，按照下列方法计算其应纳税所得额：

（1）股息、红利等权益性投资收益和利息、租金、特许权使用费所得，以收入全额为应纳税所得额。

（2）转让财产所得，以收入全额减除财产净值后的余额为应纳税所得额。

（3）其他所得，参照前两项规定的方法计算应纳税所得额。

 税收政策详解

上述政策中所称财产净值，是指有关财产的计税基础减除已经按照规定扣除的折旧、折耗、摊销、准备金等后的余额。

 实务应用指南

《企业所得税法》第五条规定的计算应纳税所得额的方法只适用于居民企业或者在中国境内设立了机构、场所的非居民企业应纳税所得额的计算。对于在中国境内没有设立机构、场所的非居民纳税人取得来源于中国境内的所得无法采取上述方法进行计算，因此，必须采取变通的计算方法。至于为什么不能采取《企业所得税法》第五条规定的方法，原因就是国外企业来源于中国境内的所得，其成本、费用、损失和税金等都是与该企业的整个经营状况相关的，难以清晰地划分哪些成本、费用、损失和税金属于来源于中国的所得。而且，即使能够让企业通过会计等方法来划分，其成本也是可想而知的，不符合效率原则。因此，各国对于这种所得一般都不按照纯所得征税，而是按照毛所得征税，即不进行成本、费用、损失和税金的扣除。同时，各国一般也采取相对比较低的税率来征税，这样可以平衡对该笔所得不进行任何扣除给纳税人额外造成的税收负担。

上述政策第（1）项规定了消极投资所得以及财产租赁、特许权使用费所得计算应纳税所得额的方法。这些所得不进行任何扣除，收入全额就是应纳税所得额。在国家看来，获得这些收入不需要成本，或者所付出的成本可以忽略不计。

上述政策第（2）项规定了转让财产所得计算应纳税所得额的方法。转让财产所得的应纳税所得额等于收入全额，也就是转让财产所取得的转让收入，减去财产净值。财产净值，是指有关资产、财产的计税基础减除已经按照规定扣除的折旧、折耗、摊销、准备金等后的余额。至于在财产转让中所发生的合理费用是否应当予以扣除，这里没有明确规定。

上述政策第（3）项规定了其他所得计算应纳税所得额的方法。这里采取了"参照"的原则规定。在中国境内没有设立机构、场所的非居民纳税人取得来源于中国境内的所得一般就是第（1）项和第（2）项所规定的所得，其他形式的所得比较少，因此，第（3）项实质上是一个兜底性的规定，是为了保证法律条文在逻辑上的严密性而设计的。

《国家税务总局关于营业税改征增值税试点中非居民企业缴纳企业所得税有关问题的公告》（国家税务总局公告 2013 年第 9 号）规定：营业税改征增值税试点中的非居民企业，取得《企业所得税法》第三条第三款规定的所得，在计算缴纳企业所得税时，应以不含增值税的收入全额作为应纳税所得额。

《国家税务总局关于非居民企业船舶、航空运输收入计算征收企业所得税有关问题的通知》（国税函〔2008〕952 号）规定：

非居民企业在我国境内从事船舶、航空等国际运输业务的，以其在中国境内起运客货收入总额的 5% 为应纳税所得额。

纳税人的应纳税额，按照每次从中国境内起运旅客、货物出境取得的收入总额，依照 1.25% 的计征率计算征收企业所得税。调整后的综合计征率为 4.25%，其中营业税为 3%，企业所得税为 1.25%。

《国家税务总局关于境外分行取得来源于境内利息所得扣缴企业所得税问题的通知》（国税函〔2010〕266 号）规定：

税收协定列名的免税外国金融机构设在第三国的非法人分支机构与其总机构属于同一法人，除税收协定中明确规定只有列名金融机构的总机构可以享受免税待遇情况外，该分支机构取得的利息可以享受中国与其总机构所在国签订的税收协定中规定的免税待遇。在执行上述规定时，应严格按《国家税务总局关于印发〈非居民享受税收协定待遇管理办法（试行）〉的通知》（国税发〔2009〕124 号）有关规定办理审批手续。

属于中国居民企业的银行在境外设立的非法人分支机构同样是中国的居民，该分支机构取得的来源于中国的利息，不论是由中国居民还是外国居民设在中国的常设机构支付，均不适用我国与该分支机构所在国签订的税收协定，应适用我国国内法的相关规定，即按照《国家税务总局关于加强非居民企业来源于我国利息所得扣缴企业所得税工作的通知》（国税函〔2008〕955号）文件办理。

《国家税务总局关于非居民企业所得税管理若干问题的公告》（国家税务总局公告2011年第24号）规定：

第一，关于到期应支付而未支付的所得扣缴企业所得税问题。

中国境内企业（以下称为企业）和非居民企业签订与利息、租金、特许权使用费等所得有关的合同或协议，如果未按照合同或协议约定的日期支付上述所得款项，或者变更或修改合同或协议延期支付，但已计入企业当期成本、费用，并在企业所得税年度纳税申报中作税前扣除的，应在企业所得税年度纳税申报时按照企业所得税法有关规定代扣代缴企业所得税。

如果企业上述到期未支付的所得款项，不是一次性计入当期成本、费用，而是计入相应资产原价或企业筹办费，在该类资产投入使用或开始生产经营后分期摊入成本、费用，分年度在企业所得税前扣除的，应在企业计入相关资产的年度纳税申报时就上述所得全额代扣代缴企业所得税。

如果企业在合同或协议约定的支付日期之前支付上述所得款项的，应在实际支付时按照企业所得税法有关规定代扣代缴企业所得税。

第二，关于担保费税务处理问题。

非居民企业取得来源于中国境内的担保费，应按照企业所得税法对利息所得规定的税率计算缴纳企业所得税。上述来源于中国境内的担保费，是指中国境内企业、机构或个人在借贷、买卖、货物运输、加工承揽、租赁、工程承包等经济活动中，接受非居民企业提供的担保所支付或负担的担保费或相同性质的费用。

第三，关于土地使用权转让所得征税问题。

非居民企业在中国境内未设立机构、场所而转让中国境内土地使用权，或者虽设立机构、场所但取得的土地使用权转让所得与其所设机构、场所没有实际联系的，应以其取得的土地使用权转让收入总额减除计税基础后的余额作为土地使用权转让所得计算缴纳企业所得税，并由扣缴义务人在支付时代扣代缴。

第四，关于融资租赁和出租不动产的租金所得税务处理问题。

（1）在中国境内未设立机构、场所的非居民企业，以融资租赁方式将设备、物件等租给中国境内企业使用，租赁期满后设备、物件所有权归中国境内企业（包括租赁期满后作价转让给中国境内企业），非居民企业按照合同约定的期限收取租金，应以租赁费（包括租赁期满后作价转让给中国境内企业的价款）扣除设备、物件价款后的余额，作为贷款利息所得计算缴纳企业所得税，由中国境内企业在支付时代扣代缴。

（2）非居民企业出租位于中国境内的房屋、建筑物等不动产，对未在中国境内设立机构、场所进行日常管理的，以其取得的租金收入全额计算缴纳企业所得税，由中国境内的承租人在每次支付或到期应支付时代扣代缴。

如果非居民企业委派人员在中国境内或者委托中国境内其他单位或个人对上述不动产进行日常管理的，应视为其在中国境内设立机构、场所，非居民企业应在税法规定的期限内自行申报缴纳企业所得税。

第五，关于股息、红利等权益性投资收益扣缴企业所得税处理问题。

中国境内居民企业向未在中国境内设立机构、场所的非居民企业分配股息、红利等权益性投资收益，应在作出利润分配决定的日期代扣代缴企业所得税。如实际支付时间先于利润分配决定日期的，应在实际支付时代扣代缴企业所得税。

《国家税务总局关于加强非居民企业股权转让所得企业所得税管理的通知》（国税函〔2009〕698号）规定：

股权转让所得是指非居民企业转让中国居民企业的股权（不包括在公开的证券市场上买入并卖出中国居民企业的股票）所取得的所得。

扣缴义务人未依法扣缴或者无法履行扣缴义务的，非居民企业应自合同、协议约定的股权转让之日（如果转让方提前取得股权转让收入的，应自实际取得股权转让收入之日）起7日内，到被转让股权的中国居民企业所在地主管税务机关（负责该居民企业所得税征管的税务机关）申报缴纳企业所得税。非居民企业未按期如实申报的，依照《税收征收管理法》有关规定处理。

股权转让所得是指股权转让价减除股权成本价后的差额。股权转让价是指股权转让人就转让的股权所收取的包括现金、非货币资产或者权益等形式的金额。如被持股企业有未分配利润或税后提存的各项基金等，股权转让人随股权一并转让该股东留存收益权的金额，不得从股权转让价中扣除。股权成本价是指股权转让人投资入股时向中国居民企业实际交付的出资金额，或购买该项股权时向该股权的原转让人实际支付的股权转让金额。

在计算股权转让所得时，以非居民企业向被转让股权的中国居民企业投资时或向原投资方购买该股权时的币种计算股权转让价和股权成本价。如果同一非居民企业存在多次投资的，以首次投入资本时的币种计算股权转让价和股权成本价，以加权平均法计算股权成本价；多次投资时币种不一致的，则应按照每次投入资本当日的汇率换算成首次投资时的币种。

非居民企业向其关联方转让中国居民企业股权,其转让价格不符合独立交易原则而减少应纳税所得额的,税务机关有权按照合理方法进行调整。

境外投资方(实际控制方)同时转让境内或境外多个控股公司股权的,被转让股权的中国居民企业应将整体转让合同和涉及本企业的分部合同提供给主管税务机关。如果没有分部合同的,被转让股权的中国居民企业应向主管税务机关提供被整体转让的各个控股公司的详细资料,准确划分境内被转让企业的转让价格。如果不能准确划分的,主管税务机关有权选择合理的方法对转让价格进行调整。

《国家税务总局关于非居民企业间接转让财产企业所得税若干问题的公告》(国家税务总局公告2015年第7号)规定:

第一,非居民企业通过实施不具有合理商业目的的安排,间接转让中国居民企业股权等财产,规避企业所得税纳税义务的,应按照《企业所得税法》第四十七条的规定,重新定性该间接转让交易,确认为直接转让中国居民企业股权等财产。

本公告所称中国居民企业股权等财产,是指非居民企业直接持有,且转让取得的所得按照中国税法规定,应在中国缴纳企业所得税的中国境内机构、场所财产,中国境内不动产,在中国居民企业的权益性投资资产等(以下称中国应税财产)。

间接转让中国应税财产,是指非居民企业通过转让直接或间接持有中国应税财产的境外企业(不含境外注册中国居民企业,以下称境外企业)股权及其他类似权益(以下称股权),产生与直接转让中国应税财产相同或相近实质结果的交易,包括非居民企业重组引起境外企业股东发生变化的情形。间接转让中国应税财产的非居民企业称股权转让方。

第二,适用上述规定的股权转让方取得的转让境外企业股权所得归属于中国应税财产的数额(以下称间接转让中国应税财产所得),应按以下顺序进行税务处理。

(1)对归属于境外企业及直接或间接持有中国应税财产的下属企业在中国境内所设机构、场所财产的数额(以下称间接转让机构、场所财产所得),应作为与所设机构、场所有实际联系的所得,按照《企业所得税法》第三条第二款规定征税。

(2)除适用第(1)项规定情形外,对归属于中国境内不动产的数额(以下称间接转让不动产所得),应作为来源于中国境内的不动产转让所得,按照《企业所得税法》第三条第三款规定征税。

(3)除适用第(1)项或第(2)项规定情形外,对归属于在中国居民企业的权益性投资资产的数额(以下称间接转让股权所得),应作为来源于中境内的权益性投资资产转让所得，按照《企业所得税法》第三条第三款规定征税。

第三，判断合理商业目的，应整体考虑与间接转让中国应税财产交易相关的所有安排，结合实际情况综合分析以下相关因素。

（1）境外企业股权主要价值是否直接或间接来自于中国应税财产。

（2）境外企业资产是否主要由直接或间接在中国境内的投资构成，或其取得的收入是否主要直接或间接来源于中国境内。

（3）境外企业及直接或间接持有中国应税财产的下属企业实际履行的功能和承担的风险是否能够证实企业架构具有经济实质。

（4）境外企业股东、业务模式及相关组织架构的存续时间。

（5）间接转让中国应税财产交易在境外应缴纳所得税情况。

（6）股权转让方间接投资、间接转让中国应税财产交易与直接投资、直接转让中国应税财产交易的可替代性。

（7）间接转让中国应税财产所得在中国可适用的税收协定或安排情况。

（8）其他相关因素。

第四，除第五条和第六条规定情形外，与间接转让中国应税财产相关的整体安排同时符合以下情形的，无需按上述规定进行分析和判断，应直接认定为不具有合理商业目的。

（1）境外企业股权75%以上价值直接或间接来自于中国应税财产。

（2）间接转让中国应税财产交易发生前一年内任一时点，境外企业资产总额（不含现金）的90%以上直接或间接由在中国境内的投资构成，或间接转让中国应税财产交易发生前一年内，境外企业取得收入的90%以上直接或间接来源于中国境内。

（3）境外企业及直接或间接持有中国应税财产的下属企业虽在所在国家（地区）登记注册，以满足法律所要求的组织形式，但实际履行的功能及承担的风险有限，不足以证实其具有经济实质。

（4）间接转让中国应税财产交易在境外应缴所得税税负低于直接转让中国应税财产交易在中国的可能税负。

第五，与间接转让中国应税财产相关的整体安排符合以下情形之一的，不适用第一条的规定。

（1）非居民企业在公开市场买入并卖出同一上市境外企业股权取得间接转让中国应税财产所得。

（2）在非居民企业直接持有并转让中国应税财产的情况下，按照可适用的税收协定或安排的规定，该项财产转让所得在中国可以免予缴纳企业所得税。

第六，间接转让中国应税财产同时符合以下条件的，应认定为具有合理商业目的。

（1）交易双方的股权关系具有下列情形之一：①股权转让方直接或间接拥有股权受让方80%以上的股权；②股权受让方直接或间接拥有股权转让方80%以上的股权；③股权转让方和股权受让方被同一方直接或间接拥有80%以上的股权。

境外企业股权50%以上（不含50%）价值直接或间接来自于中国境内不动产的，第（1）项第①②③目的持股比例应为100%。

上述间接拥有的股权按照持股链中各企业的持股比例乘积计算。

（2）本次间接转让交易后可能再次发生的间接转让交易相比在未发生本次间接转让交易情况下的相同或类似间接转让交易，其中国所得税负担不会减少。

（3）股权受让方全部以本企业或与其具有控股关系的企业的股权（不含上市企业股权）支付股权交易对价。

第七，间接转让机构、场所财产所得按照本公告规定应缴纳企业所得税的，应计入纳税义务发生之日所属纳税年度该机构、场所的所得，按照有关规定申报缴纳企业所得税。

第八，间接转让不动产所得或间接转让股权所得按照本公告规定应缴纳企业所得税的，依照有关法律规定或者合同约定对股权转让方直接负有支付相关款项义务的单位或者个人为扣缴义务人。

扣缴义务人未扣缴或未足额扣缴应纳税款的，股权转让方应自纳税义务发生之日起7日内向主管税务机关申报缴纳税款，并提供与计算股权转让收益和税款相关的资料。主管税务机关应在税款入库后30日内层报税务总局备案。

扣缴义务人未扣缴，且股权转让方未缴纳应纳税款的，主管税务机关可以按照税收征管法及其实施细则相关规定追究扣缴义务人责任；但扣缴义务人已在签订股权转让合同或协议之日起30日内按本公告第九条规定提交资料的，可以减轻或免除责任。

第九，间接转让中国应税财产的交易双方及被间接转让股权的中国居民企业可以向主管税务机关报告股权转让事项，并提交以下资料。

（1）股权转让合同或协议（为外文文本的需同时附送中文译本，下同）。

（2）股权转让前后的企业股权架构图。

（3）境外企业及直接或间接持有中国应税财产的下属企业上两个年度财务、会计报表。

（4）间接转让中国应税财产交易不适用本公告第一条的理由。

第十，间接转让中国应税财产的交易双方和筹划方，以及被间接转让股权的中国居民企业，应按照主管税务机关要求提供以下资料。

（1）本公告第九条规定的资料（已提交的除外）。

（2）有关间接转让中国应税财产交易整体安排的决策或执行过程信息。

（3）境外企业及直接或间接持有中国应税财产的下属企业在生产经营、人员、账务、财产等方面的信息，以及内外部审计情况。

（4）用以确定境外股权转让价款的资产评估报告及其他作价依据。

（5）间接转让中国应税财产交易在境外应缴纳所得税情况。

（6）与适用公告第五条和第六条有关的证据信息。

（7）其他相关资料。

第十一，主管税务机关需对间接转让中国应税财产交易进行立案调查及调整的，应按照一般反避税的相关规定执行。

第十二，股权转让方通过直接转让同一境外企业股权导致间接转让两项以上中国应税财产，按照本公告的规定应予征税，涉及两个以上主管税务机关的，股权转让方应分别到各所涉主管税务机关申报缴纳企业所得税。

各主管税务机关应相互告知税款计算方法，取得一致意见后组织税款入库；如不能取得一致意见的，应报其共同上一级税务机关协调。

第十三，股权转让方未按期或未足额申报缴纳间接转让中国应税财产所得应纳税款，扣缴义务人也未扣缴税款的，除追缴应纳税款外，还应按照《企业所得税法实施条例》第一百二十一、第一百二十二条规定对股权转让方按日加收利息。

股权转让方自签订境外企业股权转让合同或协议之日起30日内提供本公告第九条规定的资料或按照本公告第七条、第八条的规定申报缴纳税款的，按《企业所得税法实施条例》第一百二十二条规定的基准利率计算利息；未按规定提供资料或申报缴纳税款的，按基准利率加5个百分点计算利息。

第十四，本公告适用于在中国境内未设立机构、场所的非居民企业取得的间接转让中国应税财产所得，以及非居民企业虽设立机构、场所但取得与其所设机构、场所没有实际联系的间接转让中国应税财产所得。

股权转让方转让境外企业股权取得的所得（含间接转让中国应税财产所得）与其所设境内机构、场所有实际联系的，无须适用本公告规定，应直接按照企业所得税法第三条第二款规定征税。

第十五，本公告所称纳税义务发生之日是指股权转让合同或协议生效，且境外企业完成股权变更之日。

第十六，本公告所称的主管税务机关，是指在中国应税财产被非居民企业直接持有并转让的情况下，财产转让所得应纳企业所得税税款的主管税务机关，应分别按照本公告第二条规定的三种情形确定。

第十七，本公告所称"以上"除有特别标明外均含本数。

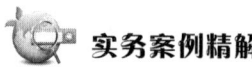 **实务案例精解**

例3-21 A国的某企业在中国境内未设立机构、场所，但在2016年度从中国境内取得了下列所得：股息20万元、利息30万元、特许权使用费50万元，同时，该企业转让了其在中国境内的财产，转让收入为100万元，该财产的净值为80万元。请计算该企业在2016年度来源于中国境内的应纳税所得额是多少？

解答： 非居民企业取得《企业所得税法》第三条第三款规定的所得，股息、红利等权益性投资收益和利息、租金、特许权使用费所得，以收入全额为应纳税所得额；转让财产所得，以收入全额减除财产净值后的余额为应纳税所得额。因此，取得股息、利息和特许权使用费的应纳税所得额为：20+30+50=100（万元），取得财产转让所得的应纳税所得额为：100-80=20（万元）。该企业在2016年度来源于中国境内的应纳税所得额为：100+20=120（万元）。

第四部分　最新企业资产税务处理政策

> 您知道企业所拥有的哪些资产成本不能在当期予以扣除吗？您知道上述资产的成本采取什么方式进行税前扣除吗？您了解固定资产、无形资产、存货等资产以及长期待摊费用的最新税务处理方式吗？本部分将为您回答上述问题。

一、固定资产的税务处理

 基本税收政策

企业的各项资产，包括固定资产、生物资产、无形资产、长期待摊费用、投资资产、存货等，以历史成本为计税基础。所称历史成本，是指企业取得该项资产时实际发生的支出。企业持有各项资产期间资产增值或者减值，除国务院财政、税务主管部门规定可以确认损益外，不得调整该资产的计税基础。

在计算应纳税所得额时，企业按照规定计算的固定资产折旧，准予扣除。下列固定资产不得计算折旧扣除：

（1）房屋、建筑物以外未投入使用的固定资产。

（2）以经营租赁方式租入的固定资产。

（3）以融资租赁方式租出的固定资产。

（4）已足额提取折旧仍继续使用的固定资产。

（5）与经营活动无关的固定资产。

（6）单独估价作为固定资产入账的土地。

（7）其他不得计算折旧扣除的固定资产。

 **税收政策详解**

固定资产，是指企业为生产产品、提供劳务、出租或者经营管理而持有的、使用时间超过 12 个月的非货币性资产，包括房屋、建筑物、机器、机械、运

输工具以及其他与生产经营活动有关的设备、器具、工具等。

固定资产按照以下方法确定计税基础:

(1) 外购的固定资产,以购买价款和支付的相关税费以及直接归属于使该资产达到预定用途发生的其他支出为计税基础。

(2) 自行建造的固定资产,以竣工结算前发生的支出为计税基础。

(3) 融资租入的固定资产,以租赁合同约定的付款总额和承租人在签订租赁合同过程中发生的相关费用为计税基础,租赁合同未约定付款总额的,以该资产的公允价值和承租人在签订租赁合同过程中发生的相关费用为计税基础。

(4) 盘盈的固定资产,以同类固定资产的重置完全价值为计税基础。

(5) 通过捐赠、投资、非货币性资产交换、债务重组等方式取得的固定资产,以该资产的公允价值和支付的相关税费为计税基础。

(6) 改建的固定资产,除《企业所得税法》第十三条第(一)项和第(二)项规定的支出外,以改建过程中发生的改建支出增加计税基础。

固定资产按照直线法计算的折旧,准予扣除。企业应当自固定资产投入使用月份的次月起计算折旧;停止使用的固定资产,应当自停止使用月份的次月起停止计算折旧。企业应当根据固定资产的性质和使用情况,合理确定固定资产的预计净残值。固定资产的预计净残值一经确定,不得变更。

除国务院财政、税务主管部门另有规定外,固定资产计算折旧的最低年限如下:

(1) 房屋、建筑物,为20年。

(2) 飞机、火车、轮船、机器、机械和其他生产设备,为10年。

(3) 与生产经营活动有关的器具、工具、家具等,为5年。

(4) 飞机、火车、轮船以外的运输工具,为4年。

(5) 电子设备,为3年。

从事开采石油、天然气等矿产资源的企业,在开始商业性生产前发生的费用和有关固定资产的折耗、折旧方法,由国务院财政、税务主管部门另行规定。

生产性生物资产按照以下方法确定计税基础:

(1) 外购的生产性生物资产,以购买价款和支付的相关税费为计税基础。

(2) 通过捐赠、投资、非货币性资产交换、债务重组等方式取得的生产性生物资产,以该资产的公允价值和支付的相关税费为计税基础。

生产性生物资产,是指企业为生产农产品、提供劳务或者出租等而持有的生物资产,包括经济林、薪炭林、产畜和役畜等。

生产性生物资产按照直线法计算的折旧,准予扣除。企业应当自生产性生物资产投入使用月份的次月起计算折旧；停止使用的生产性生物资产，应当自停止使用月份的次月起停止计算折旧。企业应当根据生产性生物资产的性质和使用情况，合理确定生产性生物资产的预计净残值。生产性生物资产的预计净残值一经确定，不得变更。

生产性生物资产计算折旧的最低年限如下：

（1）林木类生产性生物资产，为 10 年。

（2）畜类生产性生物资产，为 3 年。

 实务应用指南

根据《企业会计准则——基本准则》的规定，资产是指企业过去的交易或者事项形成的、由企业拥有或者控制的、预期会给企业带来经济利益的资源。企业过去的交易或者事项包括购买、生产、建造行为或其他交易或者事项。预期在未来发生的交易或者事项不形成资产。由企业拥有或者控制，是指企业享有某项资源的所有权，或者虽然不享有某项资源的所有权，但该资源能被企业所控制。预期会给企业带来经济利益，是指直接或者间接导致现金和现金等价物流入企业的潜力。符合资产定义的资源，在同时满足以下条件时，确认为资产：

（1）与该资源有关的经济利益很可能流入企业。

（2）该资源的成本或者价值能够可靠地计量。

符合资产定义和资产确认条件的项目，应当列入资产负债表；符合资产定义、但不符合资产确认条件的项目，不应当列入资产负债表。

 友情提示

在历史成本计量下，资产按照购置时支付的现金或者现金等价物的金额，或者按照购置资产时所付出的对价的公允价值计量。负债按照因承担现时义务而实际收到的款项或者资产的金额，或者承担现时义务的合同金额，或者按照日常活动中为偿还负债预期需要支付的现金或者现金等价物的金额计量。

根据《企业会计准则第 4 号——固定资产》的规定，固定资产是指同时具有下列特征的有形资产：

（1）为生产商品、提供劳务、出租或经营管理而持有的。

（2）使用寿命超过一个会计年度。使用寿命，是指企业使用固定资产的预计期间，或者该固定资产所能生产产品或提供劳务的数量。

固定资产同时满足下列条件的，才能予以确认：

（1）与该固定资产有关的经济利益很可能流入企业。

（2）该固定资产的成本能够可靠地计量。固定资产的各组成部分具有不同使用寿命或者以不同方式为企业提供经济利益，适用不同折旧率或折旧方法的，应当分别将各组成部分确认为单项固定资产。与固定资产有关的后续支出，符合上述确认条件的，应当计入固定资产成本；不符合上述确认条件的，应当在发生时计入当期损益。企业会计制度确认固定资产的标准和新税法确认固定资产的标准是一致的。

根据《企业会计准则第4号——固定资产》的规定，固定资产应当按照成本进行初始计量。外购固定资产的成本，包括购买价款、相关税费、使固定资产达到预定可使用状态前所发生的可归属于该项资产的运输费、装卸费、安装费和专业人员服务费等。不以一笔款项购入多项没有单独标价的固定资产，应当按照各项固定资产公允价值比例对总成本进行分配，分别确定各项固定资产的成本。购买固定资产的价款超过正常信用条件延期支付，实质上具有融资性质的，固定资产的成本以购买价款的现值为基础确定。实际支付的价款与购买价款的现值之间的差额，除按照《企业会计准则第17号——借款费用》应予资本化的以外，应当在信用期间内计入当期损益。自行建造固定资产的成本，由建造该项资产达到预定可使用状态前所发生的必要支出构成。应计入固定资产成本的借款费用，按照《企业会计准则第17号——借款费用》处理。投资者投入固定资产的成本，应当按照投资合同或协议约定的价值确定，但合同或协议约定价值不公允的除外。非货币性资产交换、债务重组、企业合并和融资租赁取得的固定资产的成本，应当分别按照《企业会计准则第7号——非货币性资产交换》《企业会计准则第12号——债务重组》《企业会计准则第20号——企业合并》和《企业会计准则第21号——租赁》确定。确定固定资产成本时，应当考虑预计弃置费用因素。

折旧，是指将固定资产的价值在其预计使用年限中平均分配的金额。固定资产折旧的方法很多，固定资产按照直线法计算的折旧，准予扣除。直线折旧法具体包括工作量法和年限平均法。工作量法是根据实际工作量计提固定资产折旧额的一种方法。年限平均法是根据固定资产的使用年限平均计提固定资产折旧额的一种方法。除了直线法以外，固定资产折旧的方法还包括加速折旧法，具体包括双倍余额递减法和年数总和法。双倍余额递减法属于加速折旧法或递减折旧法，其特点是在固定资产有效使用年限的前期多提折旧，后期少提折旧，从而相对加快折旧的速度，以使固定资产成本在有效使用年限中加快得到补偿。双倍余额递减法是在不考虑固定资产残值的情况下，根据每期期初固定资产账面余额和双倍的直线法折旧率计算固定资产折旧的一种方法。使用这种方法应注意不能使固定资产的账面折余价值降低到预期残值以下，因此，应当在固定资产折旧年限到期以前两年内，将固定资产净值扣除预计净残值后的余额平均摊销。年数总和法也属于加速折旧方法，也称为合计年限法，是将固定资产的原值减去净残值后的净额乘以一个逐年递减的分数计算每年的折旧额，这个分数的分子代表固定资产尚可使用的年数，分母代表使用年数的逐年数字总和。

根据《企业会计准则第4号——固定资产》的规定，企业应当对所有固定资产计提折旧。但是，已提足折旧仍继续使用的固定资产和单独计价入账的土地除外。折旧，是指在固定资产使用寿命内，按照确定的方法对应计折旧额进行系统分摊。应计折旧额，是指应当计提折旧的固定资产的原价扣除其预计净残值后的金额。已计提减值准备的固定资产，还应当扣除已计提的固定资产减值准备累计金额。预计净残值，是指假定固定资产预计使用寿命已满并处于使用寿命终了时的预期状态，企业目前从该项资产处置中获得的扣除预计处置费用后的金额。企业应当根据固定资产的性质和使用情况，合理确定固定资产的使用寿命和预计净残值。固定资产的使用寿命、预计净残值一经确定，不得随意变更。但是，符合本准则第十九条规定的除外。企业确定固定资产使用寿命，应当考虑下列因素：

（1）预计生产能力或实物产量。

（2）预计有形损耗和无形损耗。

（3）法律或者类似规定对资产使用的限制。

企业应当根据与固定资产有关的经济利益的预期实现方式，合理选择固定资产折旧方法。可选用的折旧方法包括年限平均法、工作量法、双倍余额递减法和年数总和法等。固定资产的折旧方法一经确定，不得随意变更。固定资产应当按月计提折旧，并根据用途计入相关资产的成本或者当期损益。企业至少应当于每年年度终了，对固定资产的使用寿命、预计净残值和折旧方法进行复核。使用寿命预计数与原先估计数有差异的，应当调整固定资产使用寿命。预计净残值预计数与原先估计数有差异的，应当调整预计净残值。与固定资产有关的经济利益预期实现方式有重大改变的，应当改变固定资产折旧方法。固定资产使用寿命、预计净残值和折旧方法的改变应当作为会计估计变更。固定资产的减值，应当按照《企业会计准则第8号——资产减值》处理。

根据《企业会计准则第5号——生物资产》的规定，生物资产，是指有生命的动物和植物。生物资产分为消耗性生物资产、生产性生物资产和公益性生物资产。消耗性生物资产，是指为出售而持有的，或在将来收获为农产品的生物资产，包括生长中的大田作物、蔬菜、用材林以及存栏待售的牲畜等。

生产性生物资产，是指为产出农产品、提供劳务或出租等目的而持有的生物资产，包括经济林、薪炭林、产畜和役畜等。公益性生物资产，是指以防护、环境保护为主要目的的生物资产，包括防风固沙林、水土保持林和水源涵养林等。

生物资产同时满足下列条件的，才能予以确认：

（1）企业因过去的交易或者事项而拥有或者控制该生物资产。

（2）与该生物资产有关的经济利益或服务潜能很可能流入企业。

（3）该生物资产的成本能够可靠地计量。生物资产应当按照成本进行初始计量。

外购生物资产的成本，包括购买价款、相关税费、运输费、保险费以及可直接归属于购买该资产的其他支出。自行栽培、营造、繁殖或养殖的消耗性生物资产的成本，应当按照下列规定确定：

（1）自行栽培的大田作物和蔬菜的成本，包括在收获前耗用的种子、肥料、农药等材料费、人工费和应分摊的间接费用等必要支出。

（2）自行营造的林木类消耗性生物资产的成本，包括郁闭前发生的造林费、抚育费、营林设施费、良种试验费、调查设计费和应分摊的间接费用等必要支出。

（3）自行繁殖的育肥畜的成本，包括出售前发生的饲料费、人工费和应分摊的间接费用等必要支出。

（4）水产养殖的动物和植物的成本，包括在出售或入库前耗用的苗种、饲料、肥料等材料费、人工费和应分摊的间接费用等必要支出。

自行营造或繁殖的生产性生物资产的成本，应当按照下列规定确定：

（1）自行营造的林木类生产性生物资产的成本，包括达到预定生产经营目的前发生的造林费、抚育费、营林设施费、良种试验费、调查设计费和应分摊的间接费用等必要支出。

（2）自行繁殖的产畜和役畜的成本，包括达到预定生产经营目的（成龄）前发生的饲料费、人工费和应分摊的间接费用等必要支出。

达到预定生产经营目的，是指生产性生物资产进入正常生产期，可以多年连续稳定产出农产品、提供劳务或出租。自行营造的公益性生物资产的成本，应当按照郁闭前发生的造林费、抚育费、森林保护费、营林设施费、良种试验费、调查设计费和应分摊的间接费用等必要支出确定。应计入生物资产成本的借款费用，按照《企业会计准则第17号——借款费用》处理。消耗性林木类生物资产发生的借款费用，应当在郁闭时停止资本化。投资者投入生物资产的成本，应当按照投资合同或协议约定的价值确定，但合同或协议约定价值不公允的除外。天然起源的生物资产的成本，应当按照名义金额确定。非货币性资产交换、债务重组和企业合并取得的生物资产的成本，应当分别按照《企业会计准则第 7 号——非货币性资产交换》《企业会计准则第 12 号——债务重组》和《企业会计准则第 20 号——企业合并》确定。因择伐、间伐或抚育更新性质采伐而补植林木类生物资产发生的后续支出，应当计入林木类生物资产的成本。生物资产在郁闭或达到预定生产经营目的后发生的管护、饲养费用等后续支出，应当计入当期损益。

对于消耗性生物资产，应当在收获或出售时，按照其账面价值结转成本。结转成本的方法包括加权平均法、个别计价法、蓄积量比例法、轮伐期年限法等。生产性生物资产收获的农产品成本，按照产出或采收过程中发生的材料费、人工费和应分摊的间接费用等必要支出计算确定，并采用加权平均法、个别计价法、蓄积量比例法、轮伐期年限法等方法，将其账面价值结转为农产品成本。收获之后的农产品，应当按照《企业会计准则第 1 号——存货》处理。生物资产改变用途后的成本，应当按照改变用途时的账面价值确定。生物资产出售、盘亏或死亡、毁损时，应当将处置收入扣除其账面价值和相关税费后的余额计入当期损益。

《国家税务总局关于贯彻落实企业所得税法若干税收问题的通知》（国税函〔2010〕79 号）规定：企业固定资产投入使用后，由于工程款项尚未结清未取得全额发票的，可暂按合同规定的金额计入固定资产计税基础计提折旧，待发票取得后进行调整。但该项调整应在固定资产投入使用后 12 个月内进行。

《国家税务总局关于企业所得税若干问题的公告》（国家税务总局公告 2011 年第 34 号）规定：企业对房屋、建筑物固定资产在未足额提取折旧前进行改扩建的，如属于推倒重置的，该资产原值减除提取折旧后的净值，应并入重置后的固定资产计税成本，并在该固定资产投入使用后的次月起，按照税法规定的折旧年限，一并计提折旧；如属于提升功能、增加面积的，该固定资产的改扩建支出，并入该固定资产计税基础，并从改扩建完工投入使用后的次月起，重新按税法规定的该固定资产折旧年限计提折旧，如该改扩建后的固定资产尚可使用的年限低于税法规定的最低年限的，可以按尚可使用的年限计提折旧。

《国家税务总局关于企业所得税应纳税所得额若干问题的公告》（国家税务总局公告 2014 年第 29 号）规定：

（1）企业固定资产会计折旧年限如果短于税法规定的最低折旧年限，其按会计折旧年限计提的折旧高于按税法规定的最低折旧年限计提的折旧部分，应调增当期应纳税所得额；企业固定资产会计折旧年限已期满且会计折旧已提足，但税法规定的最低折旧年限尚未到期且税收折旧尚未足额扣除，其未足额扣除的部分准予在剩余的税收折旧年限继续按规定扣除。

（2）企业固定资产会计折旧年限如果长于税法规定的最低折旧年限，其折旧应按会计折旧年限计算扣除，税法另有规定除外。

（3）企业按会计规定提取的固定资产减值准备，不得税前扣除，其折旧仍按税法确定的固定资产计税基础计算扣除。

（4）企业按税法规定实行加速折旧的，其按加速折旧办法计算的折旧额可全额在税前扣除。

（5）石油天然气开采企业在计提油气资产折耗（折旧）时，由于会计与税法规定计算方法不同导致的折耗（折旧）差异，应按税法规定进行纳税调整。

 **实务案例精解**

例 4-1 某公司建造一栋房屋，2017 年 3 月 10 日完工，4 月 1 日投入使用，建造成本为 800 万元。该房屋预计可以使用 20 年，预计残值为 50 万元。该公司每月应当就该房屋提取多少折旧？从哪个月开始提取折旧？

解答： 固定资产按照直线法计算的折旧，准予扣除。企业应当自固定资产投入使用月份的次月起计算折旧；停止使用的固定资产，应当自停止使用月份的次月起停止计算折旧。企业应当根据固定资产的性质和使用情况，合理确定固定资产的预计净残值。固定资产的预计净残值一经确定，不得变更。公司每月应当就该房屋提取折旧额为：（800-50）÷20÷12=3.125（万元）。应当从 2017 年 5 月开始提取折旧。

 实务案例精解

例 4-2 某公司外购一台机器，支付价款和相关税费合计 900 万元，预计使用期限为 9 年，该公司每年提取折旧 100 万元。该公司的税务处理方式是否正确？（暂不考虑残值）

解答： 该公司的税务处理方式是错误的。机器的最低折旧年限是 10 年，因此，该公司应当按照 10 年期限提取折旧，每年提取折旧 90 万元。

 实务案例精解

例 4-3 某公司为产出农产品、提供劳务或出租而持有经济林、薪炭林和役畜。该企业获得上述资产的购买价格分别为 100 万元、150 万元和 50 万元，支付的相关税费分别为 10 万元、20 万元和 5 万元。该公司上述资产的计税价格分别是多少？

解答： 生产性生物资产，是指企业为生产农产品、提供劳务或者出租等而持有的生物资产，包括经济林、薪炭林、产畜和役畜等。该公司持有的上述资产显然属于生产性生物资产。外购生产性生物资产，以购买价款和支付的相关税费为计税基础。因此，该公司上述资产的计税价格分别是 110 万元、170 万元和 55 万元。

二、无形资产的税务处理

 基本税收政策

在计算应纳税所得额时，企业按照规定计算的无形资产摊销费用，准予扣除。下列无形资产不得计算摊销费用扣除：

（1）自行开发的支出已在计算应纳税所得额时扣除的无形资产。

（2）自创商誉。

（3）与经营活动无关的无形资产。

（4）其他不得计算摊销费用扣除的无形资产。

 **税收政策详解**

无形资产，是指企业为生产产品、提供劳务、出租或者经营管理而持有的、没有实物形态的非货币性长期资产，包括专利权、商标权、著作权、土地使用权、非专利技术、商誉等。专利权，是指专利权人对其发明、实用新型和外观设计在一定期间内所享有的人身权和财产权；商标权，是指自然人、法人或者其他组织对其依法申请注册的商标所享有的人身权和财产权；著作权，是指著作权人对其作品所享有的人身权和财产权，著作权人包括：作者以及其他依照本法享有著作权的公民、法人或者其他组织，著作权的内容包括发表权、署名权、修改权、保护作品完整权、复制权、发行权、出租权、展览权、表演权、放映权、广播权、信息网络传播权、摄制权、改编权、翻译权、汇编权以及应当由著作权人享有的其他权利；土地使用权，是指自然人、法人或者其他组织在使用期限内转让、出租、抵押土地或者将土地用于其他经济活动的权利；非专利技术，是指未申请专利的技术成果、未授予专利权的技术成果以及专利法规定不授予专利权的技术成果，非专利技术成果应具备下列条件：包括技术知识、经验和信息的技术方案或技术诀窍；处于秘密状态，即不能从公共渠道直接获得；有实用价值，即能使所有人获得经济利益或竞争优势；拥有者采取了适当保密措施，并且未曾在没有约定保密义务的前提下将其提供给他人；商誉，是指企业凭借主客观因素创造的良好的声誉和社会知名度，商誉具有可长期使用性、收益不确定性、无实物形态性以及垄断性等特征。

无形资产按照以下方法确定计税基础：

（1）外购的无形资产，以购买价款和支付的相关税费以及直接归属于使该资产达到预定用途发生的其他支出为计税基础。

（2）自行开发的无形资产，以开发过程中该资产符合资本化条件后至达到预定用途前发生的支出为计税基础。

（3）通过捐赠、投资、非货币性资产交换、债务重组等方式取得的无形资产，以该资产的公允价值和支付的相关税费为计税基础。

无形资产按照直线法计算的摊销费用，准予扣除。无形资产的摊销年限不得低于10年。作为投资或者受让的无形资产，有关法律规定或者合同约定了使用年限的，可以按照规定或者约定的使用年限分期摊销。外购商誉的支出，在企业整体转让或者清算时，准予扣除。

 实务应用指南

根据《企业会计准则第6号——无形资产》的规定，无形资产，是指企业拥有或者控制的没有实物形态的可辨认非货币性资产。资产满足下列条件之一的，符合无形资产定义中的可辨认性标准：

（1）能够从企业中分离或者划分出来，并能单独或者与相关合同、资产或负债一起，用于出售、转移、授予许可、租赁或者交换。

（2）源自合同性权利或其他法定权利，无论这些权利是否可以从企业或其他权利和义务中转移或者分离。

无形资产同时满足下列条件的，才能予以确认：

（1）与该无形资产有关的经济利益很可能流入企业。

（2）该无形资产的成本能够可靠地计量。

企业在判断无形资产产生的经济利益是否很可能流入时，应当对无形资产在预计使用寿命内可能存在的各种经济因素作出合理估计，并且应当有明确证据支持。企业无形项目的支出，除下列情形外，均应于发生时计入当期损益：

（1）符合本准则规定的确认条件、构成无形资产成本的部分。

（2）非同一控制下企业合并中取得的、不能单独确认为无形资产、构成购买日确认的商誉的部分。

企业内部研究开发项目的支出，应当区分研究阶段支出与开发阶段支出。研究是指为获取并理解新的科学或技术知识而进行的独创性的有计划调查。开发是指在进行商业性生产或使用前，将研究成果或其他知识应用于某项计划或设计，以生产出新的或具有实质性改进的材料、装置、产品等。企业内部研究开发项目研究阶段的支出，应当于发生时计入当期损益。

企业内部研究开发项目开发阶段的支出，同时满足下列条件的，才能确认为无形资产：

（1）完成该无形资产以使其能够使用或出售在技术上具有可行性。

（2）具有完成该无形资产并使用或出售的意图。

（3）无形资产产生经济利益的方式，包括能够证明运用该无形资产生产的产品存在市场或无形资产自身存在市场，无形资产将在内部使用的，应当证明其有用性。

（4）有足够的技术、财务资源和其他资源支持，以完成该无形资产的开发，并有能力使用或出售该无形资产。

（5）归属于该无形资产开发阶段的支出能够可靠地计量。

企业取得的已作为无形资产确认的正在进行中的研究开发项目，在取得后发生的支出应当按照该准则第 7 条至第 9 条的规定处理。企业自创商誉以及内部产生的品牌、报刊名等，不应确认为无形资产。

根据《企业会计准则第 6 号——无形资产》的规定，无形资产应当按照成本进行初始计量。外购无形资产的成本，包括购买价款、相关税费以及直接归属于使该项资产达到预定用途所发生的其他支出。购买无形资产的价款超过正常信用条件延期支付，实质上具有融资性质的，无形资产的成本以购买价款的现值为基础确定。实际支付的价款与购买价款的现值之间的差额，除按照《企业会计准则第 17 号——借款费用》应予资本化的以外，应当在信用期间内计入当期损益。自行开发的无形资产，其成本包括自满足本准则第四条和第九条规定后至达到预定用途前所发生的支出总额，但是对于以前期间已经费用化的支出不再调整。投资者投入无形资产的成本，应当按照投资合同或协议约定的价值确定，但合同或协议约定价值不公允的除外。非货币性资产交换、债务重组、政府补助和企业合并取得的无形资产的成本，应当分别按照《企业会计准则第 7 号——非货币性资产交换》《企业会计准则第 12 号——债务重组》《企业会计准则第 16 号——政府补助》和《企业会计准则第 20 号——企业合并》确定。

根据《企业会计准则第 17 号——借款费用》的规定，企业发生的借款费用，可直接归属于符合资本化条件的资产的购建或者生产的，应当予以资本化，计入相关资产成本；其他借款费用，应当在发生时根据其发生额确认为费用，计入当期损益。符合资本化条件的资产，是指需要经过相当长时间的购建或者生产活动才能达到预定可使用或者可销售状态的固定资产、投资性房地产和存货等资产。借款费用同时满足下列条件的，才能开始资本化：

（1）资产支出已经发生，资产支出包括为购建或者生产符合资本化条件的资产而以支付现金、转移非现金资产或者承担带息债务形式发生的支出。

（2）借款费用已经发生。

（3）为使资产达到预定可使用或者可销售状态所必要的购建或者生产活动已经开始。

根据《企业会计准则第 7 号——非货币性资产交换》的规定，非货币性资产交换同时满足下列条件的，应当以公允价值和应支付的相关税费作为换入资产的成本，公允价值与换出资产账面价值的差额计入当期损益：

（1）该项交换具有商业实质。

（2）换入资产或换出资产的公允价值能够可靠地计量。

换入资产和换出资产公允价值均能够可靠计量的，应当以换出资产的公允价值作为确定换入资产成本的基础，但有确凿证据表明换入资产的公允价值更加可靠的除外。满足下列条件之一的非货币性资产交换具有商业实质：

（1）换入资产的未来现金流量在风险、时间和金额方面与换出资产显著不同。

（2）换入资产与换出资产的预计未来现金流量现值不同，且其差额与换入资产和换出资产的公允价值相比是重大的。

在确定非货币性资产交换是否具有商业实质时，企业应当关注交易各方之间是否存在关联方关系。关联方关系的存在可能导致发生的非货币性资产交换不具有商业实质。未同时满足上述条件的非货币性资产交换，应当以换出资产的账面价值和应支付的相关税费作为换入资产的成本，不确认损益。企业在按照公允价值和应支付的相关税费作为换入资产成本的情况下，发生补价的，应当分别下列情况处理：

（1）支付补价的，换入资产成本与换出资产账面价值加支付的补价、应支付的相关税费之和的差额，应当计入当期损益。

（2）收到补价的，换入资产成本加收到的补价之和与换出资产账面价值加应支付的相关税费之和的差额，应当计入当期损益。

企业在按照换出资产的账面价值和应支付的相关税费作为换入资产成本的情况下，发生补价的，应当分别下列情况处理：

（1）支付补价的，应当以换出资产的账面价值，加上支付的补价和应支付的相关税费，作为换入资产的成本，不确认损益。

（2）收到补价的，应当以换出资产的账面价值，减去收到的补价并加上应支付的相关税费，作为换入资产的成本，不确认损益。

非货币性资产交换同时换入多项资产的，在确定各项换入资产的成本时，应当分别下列情况处理：

（1）非货币性资产交换具有商业实质，且换入资产的公允价值能够可靠计量的，应当按照换入各项资产的公允价值占换入资产公允价值总额的比例，对换入资产的成本总额进行分配，确定各项换入资产的成本。

（2）非货币性资产交换不具有商业实质，或者虽具有商业实质但换入资产的公允价值不能可靠计量的，应当按照换入各项资产的原账面价值占换入资产原账面价值总额的比例，对换入资产的成本总额进行分配，确定各项换入资产的成本。

 友情提示

> 根据《企业会计准则第12号——债务重组》的规定，以非现金资产清偿债务的，债权人应当对受让的非现金资产按其公允价值入账，重组债权的账面余额与受让的非现金资产的公允价值之间的差额，计入当期损益。债权人已对债权计提减值准备的，应当先将该差额冲减减值准备，减值准备不足以冲减的部分，计入当期损益。

根据《企业会计准则第16号——政府补助》的规定，政府补助同时满足下列条件的，才能予以确认：

（1）企业能够满足政府补助所附条件。

（2）企业能够收到政府补助。

政府补助为非货币性资产的，应当按照公允价值计量；公允价值不能可靠取得的，按照名义金额计量。

根据《企业会计准则第20号——企业合并》的规定，同一控制下的企业合并，合并方在企业合并中取得的资产和负债，应当按照合并日在被合并方的账面价值计量。合并方取得的净资产账面价值与支付的合并对价账面价值（或发行股份面值总额）的差额，应当调整资本公积；资本公积不足冲减的，调整留存收益。非同一控制下的企业合并，购买方应当区别下列情况确定合并成本：

（1）一次交换交易实现的企业合并，合并成本为购买方在购买日为取得对被购买方的控制权而付出的资产、发生或承担的负债以及发行的权益性证券的公允价值。

（2）通过多次交换交易分步实现的企业合并，合并成本为每一单项交易成本之和。

（3）购买方为进行企业合并发生的各项直接相关费用也应当计入企业合并成本。

（4）在合并合同或协议中对可能影响合并成本的未来事项作出约定的，购买日如果估计未来事项很可能发生并且对合并成本的影响金额能够可靠计量的，购买方应当将其计入合并成本。

实务案例精解

例4-4 某企业外购一专利权，支付专利费100万元，支付相关税费10万元，为了将该专利权投入生产流程花费10万元。同年，该企业还自行开发一个商标并进行了注册，花费成本80万元。该企业的专利权和商标权的计税基础分别是多少？

解答： 无形资产，是指企业为生产产品、提供劳务、出租或者经营管理而持有的、没有实物形态的非货币性长期资产，包括专利权、商标权、著作权、土地使用权、非专利技术、商誉等。该企业所持有的专利权和商标权属于无形资产。外购的无形资产，以购买价款和支付的相关税费以及直接归属于使该资产达到预定用途发生的其他支出为计税基础。自行开发的无形资产，以开发过程中该资产符合资本化条件后至达到预定用途前发生的支出为计税基础。因此，该企业获得该专利权的计税基础为：100+10+10=120（万元）。该企业获得该商标权的计税基础为80万元。

 实务案例精解

例4-5 某公司外购一专利权，使用期限为6年，该公司为此支付价款和税费600万元。同时，该公司自行开发一商标权，开发费用为500万元。关于该专利权和商标权所支出的费用，该公司应当每年摊销多少费用？

解答： 无形资产按照直线法计算的摊销费用，准予扣除。无形资产的摊销年限不得低于10年。作为投资或者受让的无形资产，有关法律规定或者合同约定了使用年限的，可以按照规定或者约定的使用年限分期摊销。因此，该专利权所支付的费用应当在6年内采取直线法摊销。该公司应当每年摊销的费用为：600÷6=100（万元）。该商标权所支付的费用应当在10年内采取直线法摊销。该公司应当每年摊销的费用为：500÷10=50（万元）。

三、长期待摊费用的税务处理

 基本税收政策

在计算应纳税所得额时，企业发生的下列支出作为长期待摊费用，按照规定摊销的，准予扣除：

（1）已足额提取折旧的固定资产的改建支出。

（2）租入固定资产的改建支出。

（3）固定资产的大修理支出。

（4）其他应当作为长期待摊费用的支出。

 **税收政策详解**

固定资产的改建支出，是指改变房屋或者建筑物结构、延长使用年限等发生的支出。已足额提取折旧的固定资产的改建支出，按照固定资产预计尚可使用年限分期摊销；租入固定资产的改建支出，按照合同约定的剩余租赁期限分期摊销。改建的固定资产延长使用年限的，除作为长期待摊费用处理的以外，应当适当延长折旧年限。

固定资产的大修理支出，是指同时符合下列条件的支出：

（1）修理支出达到取得固定资产时的计税基础 50% 以上。

（2）修理后固定资产的使用年限延长 2 年以上。

固定资产的大修理支出，按照固定资产尚可使用年限分期摊销。

 友情提示

其他应当作为长期待摊费用的支出，自支出发生月份的次月起，分期摊销，摊销年限不得低于 3 年。

 实务应用指南

长期待摊费用是指已经支出，但根据权责发生制的原则，应由本期和以后各期分别负担的分摊期限在 1 年以上（不含 1 年）的各项费用，主要包括摊销期限在 1 年以上的固定资产修理支出、租入固定资产改良支出以及其他待摊费用。应由本期负担的借款利息、租金等，不应计入"长期待摊费用"科目。长期待摊费用应在受益期内按期平均摊销，计入损益。长期待摊费用也是企业在生产经营过程中所发生的合理的费用，也应当予以扣除，但不能在当期一次全部扣除，而应当根据其受益期限分别予以摊销。其处理方式类似固定资产和无形资产的处理方式。

《企业所得税暂行条例》及其实施细则都没有提到"长期待摊费用"，《外商投资企业和外国企业所得税法》及其实施细则也都没有提到"长期待摊费用"。目前关于"长期待摊费用"的相关制度都是通过财政部和国家税务总局的部门规章和其他规范性文件来规定的，这样的立法层次比较低。国家税务总局印发的《外商投资企业和外国企业所得税申报表》（国税函〔2004〕54号）中的:《无形资产、长期待摊费用、其他长期摊销资产表》，长期待摊费用分为四类：

（1）筹办费。

（2）固定资产大修理支出。

（3）租入固定资产改良支出。

（4）其他。

这里的分类相对而言比较完善。

《财政部 国家税务总局关于开采油（气）资源企业费用和有关固定资产折耗摊销 折旧税务处理问题的通知》（财税〔2009〕49号）规定，从事开采石油、天然气（包括煤层气，下同）的矿产资源油气企业（以下简称油气企业）在开始商业性生产前发生的费用和有关固定资产的折耗、摊销、折旧方法如下：

第一，上述所称费用和有关固定资产，是指油气企业在开始商业性生产前取得矿区权益和勘探、开发的支出所形成的费用和固定资产。上述所称商业性生产，是指油（气）田（井）经过勘探、开发、稳定生产并商业销售石油、天然气的阶段。

第二，关于矿区权益支出的折耗：①矿区权益支出，是指油气企业为了取得在矿区内的探矿权、采矿权、土地或海域使用权等所发生的各项支出，包括有偿取得各类矿区权益的使用费、相关中介费或其他可直接归属于矿区权益的合理支出。②油气企业在开始商业性生产前发生的矿区权益支出，可在发生的当期，从本企业其他油（气）田收入中扣除；或者自对应的油（气）田开始商业性生产月份的次月起，分3年按直线法计提的折耗准予扣除。③油气企业对其发生的矿区权益支出未选择在发生的当期扣除的，由于未发现商业性油（气）构造而终止作业，其尚未计提折耗的剩余部分，可在终止作业的当年作为损失扣除。

第三，关于勘探支出的摊销：①勘探支出，是指油气企业为了识别勘探区域或探明油气储量而进行的地质调查、地球物理勘探、钻井勘探活动以及其他相关活动所发生的各项支出。②油气企业在开始商业性生产前发生的勘探支出（不包括预计可形成资产的钻井勘探支出），可在发生的当期，从本企业其他油（气）田收入中扣除；或者自对应的油（气）田开始商业性生产月份的次月起，分3年按直线法计提的摊销准予扣除。③油气企业对其发生的勘探支出未选择在发生的当期扣除的，由于未发现商业性油（气）构造而终止作业，其尚未摊销的剩余部分，可在终止作业的当年作为损失扣除。④油气企业的钻井勘探支出，凡确定该井可作商业性生产，且该钻井勘探支出形成的资产符合《实施条例》第五十七条规定条件的，应当将该钻井勘探支出结转为开发资产的成本，按照本通知第四条的规定计提折旧。

第四，关于开发资产的折旧：①开发支出，是指油气企业为了取得已探明矿区中的油气而建造或更新井及相关设施活动所发生的各项支出。②油气企业在开始商业性生产之前发生的开发支出，可不分用途，全部累计作为开发资产的成本，自对应的油（气）田开始商业性生产月份的次月起，可不留残值，按直线法计提的折旧准予扣除，其最低折旧年限为8年。③油气企业终止本油（气）田生产的，其开发资产尚未计提折旧的剩余部分可在该油（气）田终止生产的当年作为损失扣除。

第五，油气企业应按照本通知规定选择有关费用和资产的折耗、摊销、折旧方法和年限，一经确定，不得变更。

第六，油气企业在本油（气）田进入商业性生产之后对本油（气）田新发生的矿区权益、勘探支出、开发支出，按照上述规定处理。

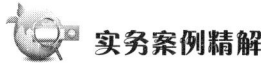 **实务案例精解**

例4-6 某企业改变房屋结构、延长使用年限而发生费用100万元，延长房屋使用寿命5年，原房屋的计税基础为800万元，预计使用20年，预计残值为50万元，已经提取折旧10年。该笔费用应当如何进行税务处理？

解答： 由于该房屋的计税基础为800万元，预计使用20年，预计残值为50万元，因此，每年提取折旧额为：（800–50）÷20=37.5（万元）。该房屋已经提取折旧额为：37.5×10=375（万元）。该房屋当前的账面价值为：800–375=425（万元）。经过改建，该房屋的账面价值变为：425+100=525（万元）。该房屋的剩余使用年限是15年，残值是50万元。因此，该房屋以后年度应当每年提取的折旧额为：（525–50）÷15≈31.67（万元）。

 **实务案例精解**

例4-7 2017年3月15日，某公司对其所拥有某固定资产进行修理。该固定资产的计税基础为1 000万元，发生的修理支出为500万元，修理以后，该固定资产的使用寿命延长了3年，发生修理后的固定资产及其生产的产品性能得到实质性改进，能够为企业带来经济利益的增加。对于该笔费用，该公司应当如何进行税务处理？

解答： 固定资产的大修理支出，是指同时符合下列条件的支出：①修理支出达到取得固定资产时的计税基础 50% 以上；②修理后固定资产的使用年限延长 2 年以上。固定资产的大修理支出，按照固定资产尚可使用年限分期摊销。该公司对其所拥有的固定资产所进行的修理全部满足上述条件，因此，属于固定资产的大修理支出。在计算应纳税所得额时，企业发生的固定资产的大修理支出作为长期待摊费用，按照规定摊销的，准予扣除。因此，该公司的上述 500 万元费用应当作为长期待摊费用，按照相应规定摊销，并可以在计算应纳税所得额时予以扣除。该项固定资产的大修理支出，按照固定资产尚可使用年限分期摊销。

四、对外投资的税务处理

基本税收政策

企业对外投资期间，投资资产的成本在计算应纳税所得额时不得扣除。

税收政策详解

上述政策中所称投资资产，是指企业对外进行权益性投资和债权性投资形成的资产。企业在转让或者处置投资资产时，投资资产的成本，准予扣除。

投资资产按照以下方法确定成本：

（1）通过支付现金方式取得的投资资产，以购买价款为成本。

（2）通过支付现金以外的方式取得的投资资产，以该资产的公允价值和支付的相关税费为成本。

实务应用指南

我国现行会计准则仅对长期股权投资的成本确定方法进行了明确规定，根据《企业会计准则第 2 号——长期股权投资》的规定，企业合并形成的长期股权投资，应当按照下列规定确定其初始投资成本：

（1）同一控制下的企业合并，合并方以支付现金、转让非现金资产或承担债务方式作为合并对价的，应当在合并日按照取得被合并方所有者权益账面价值的份额作为长期股权投资的初始投资成本。长期股权投资初始投资成本与支付的现金、转让的非现金资产以及所承担债务账面价值之间的差额，应当调整资本公积；资本公积不足冲减的，调整留存收益。合并方以发行权益性证券作为合并对价的，应当在合并日按照取得被合并方所有者权益账面价值的份额作为长期股权投资的初始投资成本。按照发行股份的面值总额作为股本，长期股权投资初始投资成本与所发行股份面值总额之间的差额，应当调整资本公积；资本公积不足冲减的，调整留存收益。

（2）非同一控制下的企业合并，购买方在购买日应当按照《企业会计准则第 20 号——企业合并》确定的合并成本作为长期股权投资的初始投资成本。

除企业合并形成的长期股权投资以外，其他方式取得的长期股权投资，应当按照下列规定确定其初始投资成本：

（1）以支付现金取得的长期股权投资，应当按照实际支付的购买价款作为初始投资成本。初始投资成本包括与取得长期股权投资直接相关的费用、税金及其他必要支出。

（2）以发行权益性证券取得的长期股权投资，应当按照发行权益性证券的公允价值作为初始投资成本。

（3）投资者投入的长期股权投资，应当按照投资合同或协议约定的价值作为初始投资成本，但合同或协议约定价值不公允的除外。

（4）通过非货币性资产交换取得的长期股权投资，其初始投资成本应当按照《企业会计准则第 7 号——非货币性资产交换》确定。

（5）通过债务重组取得的长期股权投资，其初始投资成本应当按照《企业会计准则第 12 号——债务重组》确定。

根据《企业会计准则第 12 号——债务重组》的规定，以现金清偿债务的，债权人应当将重组债权的账面余额与收到的现金之间的差额，计入当期损益。债权人已对债权计提减值准备的，应当先将该差额冲减减值准备，减值准备不足以冲减的部分，计入当期损益。以非现金资产清偿债务的，债权人应当对受让的非现金资产按其公允价值入账，重组债权的账面余额与受让的非现金资产的公允价值之间的差额，比照前述规定处理。将债务转为资本的，债权人应当将享有股份的公允价值确认为对债务人的投资，重组债权的账面余额与股份的公允价值之间的差额，比照前述规定处理。修改其他债务条件的，债权人应当将修改其他债务条件后的债权的公允价值作为重组后债权的账面价值，重组债权的账面余额与重组后债权的账面价值之间的差额，比照前述规定处理。修改后的债务条款中涉及或有应收金额的，债权人不应当确认或有应收金额，不得将其计入重组后债权的账面价值。或有应收金额，是指需要根据未来某种事项出现而发生的应收金额，而且该未来事项的出现具有不确定性。债务重组采用以现金清偿债务、非现金资产清偿债务、债务转为资本、修改其他债务条件等方式的组合进行的，债权人应当依次以收到的现金、接受的非现金资产公允价值、债权人享有股份的公允价值冲减重组债权的账面余额，再按照前述规定处理。

 **友情提示**

> 企业对外投资期间，投资资产的成本在计算应纳税所得额时不得扣除。这一规定并不等于说企业投资资产的成本永远不能扣除，只是强调企业对外投资的成本在对外转让或处置前不得扣除。企业的对外投资在转让、处置时，投资的成本可从转让该资产的收入中扣除，据以计算财产转让所得或损失。

根据《企业会计准则第 2 号——长期股权投资》的规定，处置长期股权投资，其账面价值与实际取得价款的差额，应当计入当期损益。采用权益法核算的长期股权投资，因被投资单位除净损益以外所有者权益的其他变动而计入所有者权益的，处置该项投资时应当将原计入所有者权益的部分按相应比例转入当期损益。

《财政部 国家税务总局关于非货币性资产投资企业所得税政策问题的通知》（财税〔2014〕116 号）规定：

第一，居民企业（以下简称企业）以非货币性资产对外投资确认的非货币性资产转让所得，可在不超过 5 年期限内，分期均匀计入相应年度的应纳税所得额，按规定计算缴纳企业所得税。

第二，企业以非货币性资产对外投资，应对非货币性资产进行评估并按评估后的公允价值扣除计税基础后的余额，计算确认非货币性资产转让所得。

企业以非货币性资产对外投资，应于投资协议生效并办理股权登记手续时，确认非货币性资产转让收入的实现。

第三，企业以非货币性资产对外投资而取得被投资企业的股权，应以非货币性资产的原计税成本为计税基础，加上每年确认的非货币性资产转让所得，逐年进行调整。

被投资企业取得非货币性资产的计税基础，应按非货币性资产的公允价值确定。

第四，企业在对外投资 5 年内转让上述股权或投资收回的，应停止执行递延纳税政策，并就递延期内尚未确认的非货币性资产转让所得，在转让股权或投资收回当年的企业所得税年度汇算清缴时,一次性计算缴纳企业所得税;企业在计算股权转让所得时,可按本通知第三条第一款规定将股权的计税基础一次调整到位。

企业在对外投资 5 年内注销的,应停止执行递延纳税政策,并就递延期内尚未确认的非货币性资产转让所得,在注销当年的企业所得税年度汇算清缴时,一次性计算缴纳企业所得税。

第五,本通知所称非货币性资产,是指现金、银行存款、应收账款、应收票据以及准备持有至到期的债券投资等货币性资产以外的资产。

本通知所称非货币性资产投资,限于以非货币性资产出资设立新的居民企业,或将非货币性资产注入现存的居民企业。

第六,企业发生非货币性资产投资,符合《财政部 国家税务总局关于企业重组业务企业所得税处理若干问题的通知》(财税〔2009〕59 号)等文件规定的特殊性税务处理条件的,也可选择按特殊性税务处理规定执行。

《财政部 国家税务总局关于完善股权激励和技术入股有关所得税政策的通知》(财税〔2016〕101 号)规定:

企业或个人以技术成果投资入股到境内居民企业,被投资企业支付的对价全部为股票(权)的,企业或个人可选择继续按现行有关税收政策执行,也可选择适用递延纳税优惠政策。

选择技术成果投资入股递延纳税政策的,经向主管税务机关备案,投资入股当期可暂不纳税,允许递延至转让股权时,按股权转让收入减去技术成果原值和合理税费后的差额计算缴纳所得税。

企业或个人选择适用上述任一项政策,均允许被投资企业按技术成果投资入股时的评估值入账并在企业所得税前摊销扣除。

技术成果是指专利技术(含国防专利)、计算机软件著作权、集成电路布图设计专有权、植物新品种权、生物医药新品种,以及科技部、财政部、国家税务总局确定的其他技术成果。

技术成果投资入股,是指纳税人将技术成果所有权让渡给被投资企业、取得该企业股票(权)的行为。

持有递延纳税的股权期间,因该股权产生的转增股本收入,以及以该递延纳税的股权再进行非货币性资产投资的,应在当期缴纳税款。

《国家税务总局关于股权激励和技术入股所得税征管问题的公告》(国家税务总局公告 2016 年第 62 号)规定:

选择适用《财政部 国家税务总局关于完善股权激励和技术入股有关所得税政策的通知》(财税〔2016〕101 号)中递延纳税政策的,应当为实行查账征收的居民企业以技术成果所有权投资。

企业适用递延纳税政策的，应在投资完成后首次预缴申报时，将相关内容填入《技术成果投资入股企业所得税递延纳税备案表》。

企业接受技术成果投资入股，技术成果评估值明显不合理的，主管税务机关有权进行调整。

 实务案例精解

例4-8 某企业2016年度取得总收入为1 000万元，企业按照税法规定自己计算的成本为400万元，费用为200万元，损失为50万元，税金为100万元。在这些成本中包括企业2016年3月份对另外一家企业投资资产的成本，该项投资是以现金的形式进行的，投资额为100万元。请计算该企业2016纳税年度的应纳税所得额为多少？

解答： 企业对外投资期间，投资资产的成本在计算应纳税所得额时不得扣除。投资资产，是指企业对外进行权益性投资和债权性投资形成的资产。企业在转让或者处置投资资产时，投资资产的成本，准予扣除。投资资产按照以下方法确定成本：①通过支付现金方式取得的投资资产，以购买价款为成本；②通过支付现金以外的方式取得的投资资产，以该资产的公允价值和支付的相关税费为成本。因此，该企业2016年3月份对另外一家企业投资资产的成本100万元不能在计算应纳税所得额时扣除。该企业2016纳税年度的应纳税所得额为：1 000-400-200-50-100+100=350（万元）。

 实务案例精解

例4-9 某公司2016年2月1日以现金100万元向某企业进行投资，获得该企业10%的股权。2016年10月9日，该公司将该股权转让给另外一家公司，获得转让费150万元。该公司的该项股权转让的所得是多少？

解答： 企业在转让或者处置投资资产时，投资资产的成本，准予扣除。因此，该公司的该项股权转让的所得是：150-100=50（万元）。

五、存货的税务处理

 基本税收政策

企业使用或者销售存货，按照规定计算的存货成本，准予在计算应纳税所得额时扣除。

 **税收政策详解**

存货，是指企业持有以备出售的产品或者商品、处在生产过程中的在产品、在生产或者提供劳务过程中耗用的材料和物料等。

存货按照以下方法确定成本：

（1）通过支付现金方式取得的存货，以购买价款和支付的相关税费为成本。

（2）通过支付现金以外的方式取得的存货，以该存货的公允价值和支付的相关税费为成本。

（3）生产性生物资产收获的农产品，以产出或者采收过程中发生的材料费、人工费和分摊的间接费用等必要支出为成本。

企业使用或者销售的存货的成本计算方法，可以在先进先出法、加权平均法、个别计价法中选用一种。计价方法一经选用，不得随意变更。

 实务应用指南

根据《企业会计准则第1号——存货》的规定，存货，是指企业在日常活动中持有以备出售的产成品或商品、处在生产过程中的在产品、在生产过程或提供劳务过程中耗用的材料和物料等。存货同时满足下列条件的，才能予以确认：

（1）与该存货有关的经济利益很可能流入企业。

（2）该存货的成本能够可靠地计量。

根据《企业会计准则第1号——存货》的规定，存货应当按照成本进行初始计量。存货成本包括采购成本、加工成本和其他成本。存货的采购成本，包括购买价款、相关税费、运输费、装卸费、保险费以及其他可归属于存货采购成本的费用。存货的加工成本，包括直接人工以及按照一定方法分配的制造费用。制造费用，是指企业为生产产品和提供劳务而发生的各项间接费用。企业应当根据制造费用的性质，合理地选择制造费用分配方法。在同一生产过程中，同时生产两种或两种以上的产品，并且每种产品的加工成本不能直接区分的，其加工成本应当按照合理的方法在各种产品之间进行分配。存货的其他成本，是指除采购成本、加工成本以外的，使存货达到目前场所和状态所发生的其他支出。下列费用应当在发生时确认为当期损益，不计入存货成本：

（1）非正常消耗的直接材料、直接人工和制造费用。

（2）仓储费用（不包括在生产过程中为达到下一个生产阶段所必需的费用）。

（3）不能归属于使存货达到目前场所和状态的其他支出。

应计入存货成本的借款费用，按照《企业会计准则第17号——借款费用》处理。投资者投入存货的成本，应当按照投资合同或协议约定的价值确定，但合同或协议约定价值不公允的除外。收获时农产品的成本、非货币性资产交换、债务重组和企业合并取得的存货的成本，应当分别按照《企业会计准则第5号——生物资产》《企业会计准则第7号——非货币性资产交换》《企业会计准则第12号——债务重组》和《企业会计准则第20号——企业合并》确定。企业提供劳务的，所发生的从事劳务提供人员的直接人工和其他直接费用以及可归属的间接费用，计入存货成本。

根据《企业会计准则第17号——借款费用》的规定，企业发生的借款费用，可直接归属于符合资本化条件的资产的购建或者生产的，应当予以资本化，计入相关资产成本；其他借款费用，应当在发生时根据其发生额确认为费用，计入当期损益。符合资本化条件的资产，是指需要经过相当长时间的购建或者生产活动才能达到预定可使用或者可销售状态的固定资产、投资性房地产和存货等资产。借款费用同时满足下列条件的，才能开始资本化：

（1）资产支出已经发生，资产支出包括为购建或者生产符合资本化条件的资产而以支付现金、转移非现金资产或者承担带息债务形式发生的支出。

（2）借款费用已经发生。

（3）为使资产达到预定可使用或者可销售状态所必要的购建或者生产活动已经开始。

根据《企业会计准则第1号——存货》的规定，企业应当采用先进先出法、加权平均法或者个别计价法确定发出存货的实际成本。对于性质和用途相似的存货，应当采用相同的成本计算方法确定发出存货的成本。对于不能替代使用的存货、为特定项目专门购入或制造的存货以及提供劳务的成本，通常采用个别计价法确定发出存货的成本。对于已售存货，应当将其成本结转为当期损益，相应的存货跌价准备也应当予以结转。资产负债表日，存货应当按照成本与可变现净值孰低计量。存货成本高于其可变现净值的，应当计提存货跌价准备，计入当期损益。可变现净值，是指在日常活动中，存货的估计售价减去至完工时估计将要发生的成本、估计的销售费用以及相关税费后的金额。企业确定存货的可变现净值，应当以取得的确凿证据为基础，并且考虑持有存货的目的、资产负债表日后事项的影响等因素。为生产而持有的材料等，用其生产的产成品的可变现净值高于成本的，该材料仍然应当按照成本计量；材料价格的下降表明产成品的可变现净值低于成本的，该材料应当按照可变现净值计量。为执行销售合同或者劳务合同而持有的存货，其可变现净值应当以合同价格为基础计算。企业持有存货的数量多于销售合同订购数量的，超出部分的存货的可变现净值应当以一般销售价格为基础计算。企业通常应当按照单个存货项目计提存货跌价准备。对于数量繁多、单价较低的存货，可以按照存货类别计提存货跌价准备。与在同一地区生产和销售的产品系列相关、具有相同或类似最终用途或目的，且难以与其他项目分开计量的存货，可以合并计提存货跌价准备。资产负债表日，企业应当确定存货的可变现净值。以前减记存货价值的影响因素已经消失的，减记的金额应当予以恢复，并在原已计提的存货跌价准备金额内转回，转回的金额计入当期损益。企业应当采用一次转销法或者五五摊销法对低值易耗品和包装物进行摊销，计入相关资产的成本或者当期损益。企业发生的存货毁损，应当将处置收入扣除账面价值和相关税费后的金额计入当期损益。存货的账面价值是存货成本扣减累计跌价准备后的金额。存货盘亏造成的损失，应当计入当期损益。

 实务案例精解

例 4-10 某企业 2016 年的购货和销货记录如表 4-1 所示（金额单位：元）：

表 4-1 2016 年购货销货记录

购 货			销 货		
日期	数量（件）	单价	日期	数量（件）	单价
1 月 1 日	100	20	2 月 2 日	80	20
3 月 1 日	40	25	12 月 28 日	100	60
9 月 1 日	50	30			
12 月 25 日	40	35			

假设企业销售货物的费用为 1 000 元，请分别用个别计价法、先进先出法、加权平均法计算该企业的销售收入、销售成本、销售毛利、期末存货成本以及企业销售收入应纳所得税额。

解答： 企业使用或者销售的存货的成本计算方法，可以在先进先出法、加权平均法、个别计价法中选用一种。计价方法一经选用，不得随意变更。

1. 个别计价法

该企业在 2 月 2 日确认其所发出的数量为 80 件的货物所属的购货批次，由此，2 月 2 日发出存货的单位成本应当为 20 元。其发货成本为 $80 \times 20 = 1\ 600$（元）。

在 12 月 28 日发出数量为 100 件的存货时，也需要具体确认其中所属的购货批次，假设其中有 10 件是 1 月 1 日购进的，有 20 件是 3 月 1 日购进的，有 40 件是 9 月 1 日购进的，有 30 件是 12 月 25 日购进的，那么，12 月 28 日发出货物的成本应当等于 $10 \times 20 + 20 \times 25 + 40 \times 30 + 30 \times 35 = 2\ 950$（元）。

根据这种方法所确定的下列指标分别计算如下：

销售收入 = 80×20+100×60=7 600（元）

销售成本 = 1 600+2 950=4 550（元）

销售毛利 = 7 600-4 550=3 050（元）

期末存货成本 =（100×20+40×25+50×30+40×35）-

（1 600+2 950）= 1 350（元）

企业销售货物的费用为 1 000 元。

企业销售收入应纳所得税额 =（3 050-1 000）×25%=512.5（元）

个别计价法适用于一般不能替代使用的存货以及为特定项目专门购入或制造的存货，如珠宝、名画等贵重物品。

2. 先进先出法

表 4-2 可以表示采用先进先出法计价时，货物的流转情况（金额单位：元）。

表 4-2 货物流转情况表

日期	购　货			销　货			存　货		
	数量（件）	单价	金额	数量（件）	单价	金额	数量（件）	单价	金额
1月1日	100	20	2 000				100	20	2 000
2月2日				80	20	1 600	20	20	400
3月1日	40	25	1 000				20	20	400
							40	25	1 000
9月1日	50	30	1 500				20	20	400
							40	25	1 000
							50	30	1 500
12月25日	40	35	1 400				20	20	400
							40	25	1 000
							50	30	1 500
							40	35	1 400
12月28日				20	20	400	10	30	300
				40	25	1 000	40	35	1 400
				40	30	1 200			

根据这种方法所确定的下列指标分别计算如下：

销售收入 = 80×20+100×60=7 600（元）

销售成本 = 1 600+400+1 000+1 200=4 200（元）

销售毛利 = 7 600-4 200=3 400（元）

期末存货成本 = 300+1 400= 1 700（元）

企业销售货物的费用为 1 000 元。

　　企业销售收入应纳所得税额 =（3 400–1 000）×25%=600（元）

　　采用先进先出法，存货成本按照最近购货确定，期末存货价值比较接近现行市场价值，优点是使企业不能随意挑选存货计价以调整当期利润，缺点是工作量比较繁琐，特别对于存货进出频繁的企业尤其如此。而且，当物价上涨时，会高估企业当期利润和库存存货价值；反之，会低估企业存货价值和当期利润。

　　3.加权平均法

　　　　加权平均单价 =（2 000+3 900）÷（100+130）≈25.65（元）

　　　　销售收入 = 80×20+100×60=7 600（元）

　　　　销货成本 =（80+100）×25.65=4 617（元）

　　　　销售毛利 = 7 600–4 617=2 983（元）

　　　　存货成本 = 50×25.65=1282.5（元）

　　企业销售货物的费用为 1 000 元。

　　企业销售收入应纳所得税额 =（2 983–1 000）×25%=495.75（元）

　　采用加权平均法，只在月末计算一次加权平均单价，比较简单，而且在市场价格上涨或者下跌时所计算出来的单位成本平均化，对存货成本的分摊较为折中。但是,这种方法平时无法从账上提供发出和结存存货的单价和金额，不利于加强对存货的管理。

六、转让资产的税务处理

 基本税收政策

　　企业转让资产，该项资产的净值，准予在计算应纳税所得额时扣除。

 **税收政策详解**

　　上述政策中所称资产的净值，是指有关资产的计税基础减除已经按照规定扣除的折旧、折耗、摊销、准备金等后的余额。

　　除国务院财政、税务主管部门另有规定外，企业在重组过程中，应当在交易发生时确认有关资产的转让所得或者损失，相关资产应当按照交易价格重新确定计税基础。

实务应用指南

企业转让资产，获得的是转让财产所得。由于企业所得税原则上仅针对纯收入征税，因此，转让财产所得应当是转让收入减去财产净值后的余额。财产净值，是指有关资产、财产的计税基础减除已经按照规定扣除的折旧、折耗、摊销、准备金等后的余额。

《国家税务总局关于股权分置改革中上市公司取得资产及债务豁免对价收入征免所得税问题的批复》（国税函〔2009〕375号）规定：股权分置改革中，上市公司因股权分置改革而接受的非流通股股东作为对价注入资产和被非流通股股东豁免债务，上市公司应增加注册资本或资本公积，不征收企业所得税。

《财政部 国家税务总局关于企业重组业务企业所得税处理若干问题的通知》（财税〔2009〕59号）规定：

第一，本通知所称企业重组，是指企业在日常经营活动以外发生的法律结构或经济结构重大改变的交易，包括企业法律形式改变、债务重组、股权收购、资产收购、合并、分立等。

（1）企业法律形式改变，是指企业注册名称、住所以及企业组织形式等的简单改变，但符合本通知规定其他重组的类型除外。

（2）债务重组，是指在债务人发生财务困难的情况下，债权人按照其与债务人达成的书面协议或者法院裁定书，就其债务人的债务作出让步的事项。

（3）股权收购，是指一家企业（以下称为收购企业）购买另一家企业（以下称为被收购企业）的股权，以实现对被收购企业控制的交易。收购企业支付对价的形式包括股权支付、非股权支付或两者的组合。

（4）资产收购，是指一家企业（以下称为受让企业）购买另一家企业（以下称为转让企业）实质经营性资产的交易。受让企业支付对价的形式包括股权支付、非股权支付或两者的组合。

（5）合并，是指一家或多家企业（以下称为被合并企业）将其全部资产和负债转让给另一家现存或新设企业（以下称为合并企业），被合并企业股东换取合并企业的股权或非股权支付，实现两个或两个以上企业的依法合并。

（6）分立，是指一家企业（以下称为被分立企业）将部分或全部资产分离转让给现存或新设的企业（以下称为分立企业），被分立企业股东换取分立企业的股权或非股权支付，实现企业的依法分立。

第二，本通知所称股权支付，是指企业重组中购买、换取资产的一方支付的对价中，以本企业或其控股企业的股权、股份作为支付的形式；所称非股权支付，是指以本企业的现金、银行存款、应收款项、本企业或其控股企业股权和股份以外的有价证券、存货、固定资产、其他资产以及承担债务等作为支付的形式。

第三，企业重组的税务处理区分不同条件分别适用一般性税务处理规定和特殊性税务处理规定。

第四，企业重组，除符合本通知规定适用特殊性税务处理规定的外，按以下规定进行税务处理：

（1）企业由法人转变为个人独资企业、合伙企业等非法人组织，或将登记注册地转移至中华人民共和国境外（包括港澳台地区），应视同企业进行清算、分配，股东重新投资成立新企业。企业的全部资产以及股东投资的计税基础均应以公允价值为基础确定。企业发生其他法律形式简单改变的，可直接变更税务登记，除另有规定外，有关企业所得税纳税事项（包括亏损结转、税收优惠等权益和义务）由变更后企业承继，但因住所发生变化而不符合税收优惠条件的除外。

（2）企业债务重组，相关交易应按以下规定处理：①以非货币资产清偿债务，应当分解为转让相关非货币性资产、按非货币性资产公允价值清偿债务两项业务，确认相关资产的所得或损失。②发生债权转股权的，应当分解为债务清偿和股权投资两项业务，确认有关债务清偿所得或损失。③债务人应当按照支付的债务清偿额低于债务计税基础的差额，确认债务重组所得；债权人应当按照收到的债务清偿额低于债权计税基础的差额，确认债务重组损失。④债务人的相关所得税纳税事项原则上保持不变。

（3）企业股权收购、资产收购重组交易，相关交易应按以下规定处理：①被收购方应确认股权、资产转让所得或损失。②收购方取得股权或资产的计税基础应以公允价值为基础确定。③被收购企业的相关所得税事项原则上保持不变。

（4）企业合并，当事各方应按下列规定处理：①合并企业应按公允价值确定接受被合并企业各项资产和负债的计税基础。②被合并企业及其股东都应按清算进行所得税处理。③被合并企业的亏损不得在合并企业结转弥补。

（5）企业分立，当事各方应按下列规定处理：①被分立企业对分立出去资产应按公允价值确认资产转让所得或损失。②分立企业应按公允价值确认接受资产的计税基础。③被分立企业继续存在时，其股东取得的对价应视同被分立企业分配进行处理。④被分立企业不再继续存在时，被分立企业及其股东都应按清算进行所得税处理。⑤企业分立相关企业的亏损不得相互结转弥补。

第五，企业重组同时符合下列条件的，适用特殊性税务处理规定：

（1）具有合理的商业目的，且不以减少、免除或者推迟缴纳税款为主要目的。

（2）被收购、合并或分立部分的资产或股权比例符合本通知规定的比例。

（3）企业重组后的连续 12 个月内不改变重组资产原来的实质性经营活动。

（4）重组交易对价中涉及股权支付金额符合本通知规定比例。

（5）企业重组中取得股权支付的原主要股东，在重组后连续 12 个月内，不得转让所取得的股权。

第六，企业重组符合本通知第五条规定条件的，交易各方对其交易中的股权支付部分，可以按以下规定进行特殊性税务处理：

（1）企业债务重组确认的应纳税所得额占该企业当年应纳税所得额 50% 以上，可以在 5 个纳税年度的期间内，均匀计入各年度的应纳税所得额。

企业发生债权转股权业务，对债务清偿和股权投资两项业务暂不确认有关债务清偿所得或损失，股权投资的计税基础以原债权的计税基础确定。企业的其他相关所得税事项保持不变。

（2）股权收购，收购企业购买的股权不低于被收购企业全部股权的 75%，且收购企业在该股权收购发生时的股权支付金额不低于其交易支付总额的 85%，可以选择按以下规定处理（本条中的"75%"自 2014 年 1 月 1 日起修改为"50%"）：①被收购企业的股东取得收购企业股权的计税基础，以被收购股权的原有计税基础确定。②收购企业取得被收购企业股权的计税基础，以被收购股权的原有计税基础确定。③收购企业、被收购企业的原有各项资产和负债的计税基础和其他相关所得税事项保持不变。

（3）资产收购，受让企业收购的资产不低于转让企业全部资产的 75%，且受让企业在该资产收购发生时的股权支付金额不低于其交易支付总额的 85%，可以选择按以下规定处理（本条中的"75%"自 2014 年 1 月 1 日起修改为"50%"）：①转让企业取得受让企业股权的计税基础，以被转让资产的原有计税基础确定。②受让企业取得转让企业资产的计税基础，以被转让资产的原有计税基础确定。

（4）企业合并，企业股东在该企业合并发生时取得的股权支付金额不低于其交易支付总额的 85%，以及同一控制下且不需要支付对价的企业合并，可以选择按以下规定处理：①合并企业接受被合并企业资产和负债的计税基础，以被合并企业的原有计税基础确定。②被合并企业合并前的相关所得税事项由合并企业承继。③可由合并企业弥补的被合并企业亏损的限额 = 被合并企业净资产公允价值 × 截至合并业务发生当年年末国家发行的最长期限的国债利率。④被合并企业股东取得合并企业股权的计税基础，以其原持有的被合并企业股权的计税基础确定。

（5）企业分立，被分立企业所有股东按原持股比例取得分立企业的股权，分立企业和被分立企业均不改变原来的实质经营活动，且被分立企业股东在该企业分立发生时取得的股权支付金额不低于其交易支付总额的85%，可以选择按以下规定处理：①分立企业接受被分立企业资产和负债的计税基础，以被分立企业的原有计税基础确定。②被分立企业已分立出去资产相应的所得税事项由分立企业承继。③被分立企业未超过法定弥补期限的亏损额可按分立资产占全部资产的比例进行分配，由分立企业继续弥补。④被分立企业的股东取得分立企业的股权（以下简称新股），如需部分或全部放弃原持有的被分立企业的股权（以下简称旧股），"新股"的计税基础应以放弃"旧股"的计税基础确定。如不需放弃"旧股"，则其取得"新股"的计税基础可从以下两种方法中选择确定：直接将"新股"的计税基础确定为零；或者以被分立企业分立出去的净资产占被分立企业全部净资产的比例先调减原持有的"旧股"的计税基础，再将调减的计税基础平均分配到"新股"上。

（6）重组交易各方按本条（1）至（5）项规定对交易中股权支付暂不确认有关资产的转让所得或损失的，其非股权支付仍应在交易当期确认相应的资产转让所得或损失，并调整相应资产的计税基础。

$$\binom{\text{非股权支付对应的}}{\text{资产转让所得或损失}} = \binom{\text{被转让资产}}{\text{的公允价值}} - \binom{\text{被转让资产}}{\text{的计税基础}} \times \binom{\text{非股权支}}{\text{付金额}} \div \binom{\text{被转让资产}}{\text{的公允价值}}$$

第七，企业发生涉及中国境内与境外之间（包括港澳台地区）的股权和资产收购交易，除应符合本通知第五条规定的条件外，还应同时符合下列条件，才可选择适用特殊性税务处理规定：

（1）非居民企业向其100%直接控股的另一非居民企业转让其拥有的居民企业股权，没有因此造成以后该项股权转让所得预提税负担变化，且转让方非居民企业向主管税务机关书面承诺在3年（含3年）内不转让其拥有受让方非居民企业的股权。

（2）非居民企业向与其具有100%直接控股关系的居民企业转让其拥有的另一居民企业股权。

（3）居民企业以其拥有的资产或股权向其100%直接控股的非居民企业进行投资。

（4）财政部、国家税务总局核准的其他情形。

第八，本通知第七条第（3）项所指的居民企业以其拥有的资产或股权向其100%直接控股关系的非居民企业进行投资，其资产或股权转让收益如选择特殊性税务处理，可以在10个纳税年度内均匀计入各年度应纳税所得额。

第九，在企业吸收合并中，合并后的存续企业性质及适用税收优惠的条件未发生改变的，可以继续享受合并前该企业剩余期限的税收优惠，其优惠金额按存续企业合并前一年的应纳税所得额（亏损计为零）计算。

在企业存续分立中，分立后的存续企业性质及适用税收优惠的条件未发生改变的，可以继续享受分立前该企业剩余期限的税收优惠，其优惠金额按该企业分立前一年的应纳税所得额（亏损计为零）乘以分立后存续企业资产占分立前该企业全部资产的比例计算。

第十，企业在重组发生前后连续 12 个月内分步对其资产、股权进行交易，应根据实质重于形式原则将上述交易作为一项企业重组交易进行处理。

第十一，企业发生符合本通知规定的特殊性重组条件并选择特殊性税务处理的，当事各方应在该重组业务完成当年企业所得税年度申报时，向主管税务机关提交书面备案资料，证明其符合各类特殊性重组规定的条件。企业未按规定书面备案的，一律不得按特殊重组业务进行税务处理。

第十二，对企业在重组过程中涉及的需要特别处理的企业所得税事项，由国务院财政、税务主管部门另行规定。

《企业重组业务企业所得税管理办法》（国家税务总局公告 2010 年第 4 号）规定：

第一，为规范和加强对企业重组业务的企业所得税管理，根据《中华人民共和国企业所得税法》（以下简称《税法》）及其实施条例（以下简称《实施条例》）、《中华人民共和国税收征收管理法》及其实施细则（以下简称《征管法》）、《财政部 国家税务总局关于企业重组业务企业所得税处理若干问题的通知》（财税〔2009〕59 号）（以下简称《通知》）等有关规定，制定本办法。

第二，本办法所称企业重组业务，是指《通知》第一条所规定的企业法律形式改变、债务重组、股权收购、资产收购、合并、分立等各类重组。

第三，企业发生各类重组业务，其当事各方，按重组类型，分别指以下企业：

（1）债务重组中当事各方，指债务人及债权人。

（2）股权收购中当事各方，指收购方、转让方及被收购企业。

（3）资产收购中当事各方，指转让方、受让方。

（4）合并中当事各方，指合并企业、被合并企业及各方股东。

（5）分立中当事各方，指分立企业、被分立企业及各方股东。

第四，同一重组业务的当事各方应采取一致税务处理原则，即统一按一般性或特殊性税务处理。

第五，《通知》第一条第（4）项所称实质经营性资产，是指企业用于从事生产经营活动、与产生经营收入直接相关的资产，包括经营所用各类资产、企业拥有的商业信息和技术、经营活动产生的应收款项、投资资产等。

第六，《通知》第二条所称控股企业，是指由本企业直接持有股份的企业。

第七，《通知》中规定的企业重组，其重组日的确定，按以下规定处理：

（1）债务重组，以债务重组合同或协议生效日为重组日。

（2）股权收购，以转让协议生效且完成股权变更手续日为重组日。

（3）资产收购，以转让协议生效且完成资产实际交割日为重组日。

（4）企业合并，以合并企业取得被合并企业资产所有权并完成工商登记变更日期为重组日。

（5）企业分立，以分立企业取得被分立企业资产所有权并完成工商登记变更日期为重组日。

第八，重组业务完成年度的确定，可以按各当事方适用的会计准则确定，具体参照各当事方经审计的年度财务报告。由于当事方适用的会计准则不同导致重组业务完成年度的判定有差异时，各当事方应协商一致，确定同一个纳税年度作为重组业务完成年度。

第九，本办法所称评估机构，是指具有合法资质的中国资产评估机构。

第十，企业发生《通知》第四条第（1）项规定的由法人转变为个人独资企业、合伙企业等非法人组织，或将登记注册地转移至中华人民共和国境外（包括港澳台地区），应按照《财政部 国家税务总局关于企业清算业务企业所得税处理若干问题的通知》（财税〔2009〕60号）规定进行清算。企业在报送《企业清算所得纳税申报表》时，应附送以下资料：

（1）企业改变法律形式的工商部门或其他政府部门的批准文件。

（2）企业全部资产的计税基础以及评估机构出具的资产评估报告。

（3）企业债权、债务处理或归属情况说明。

（4）主管税务机关要求提供的其他资料证明。

第十一，企业发生《通知》第四条第（2）项规定的债务重组，应准备以下相关资料，以备税务机关检查。

（1）以非货币资产清偿债务的，应保留当事各方签订的清偿债务的协议或合同，以及非货币资产公允价格确认的合法证据等。

（2）债权转股权的，应保留当事各方签订的债权转股权协议或合同。

第十二，企业发生《通知》第四条第（3）项规定的股权收购、资产收购重组业务，应准备以下相关资料，以备税务机关检查。

（1）当事各方所签订的股权收购、资产收购业务合同或协议。

（2）相关股权、资产公允价值的合法证据。

第十三，企业发生《通知》第四条第（4）项规定的合并，应按照财税

〔2009〕60号文件规定进行清算。

被合并企业在报送《企业清算所得纳税申报表》时，应附送以下资料：

（1）企业合并的工商部门或其他政府部门的批准文件。

（2）企业全部资产和负债的计税基础以及评估机构出具的资产评估报告。

（3）企业债务处理或归属情况说明。

（4）主管税务机关要求提供的其他资料证明。

第十四，企业发生《通知》第四条第（5）项规定的分立，被分立企业不再继续存在，应按照财税〔2009〕60号文件规定进行清算。

被分立企业在报送《企业清算所得纳税申报表》时，应附送以下资料：

（1）企业分立的工商部门或其他政府部门的批准文件。

（2）被分立企业全部资产的计税基础以及评估机构出具的资产评估报告。

（3）企业债务处理或归属情况说明。

（4）主管税务机关要求提供的其他资料证明。

第十五，企业合并或分立，合并各方企业或分立企业涉及享受《税法》第五十七条规定中就企业整体（即全部生产经营所得）享受的税收优惠过渡政策尚未期满的，仅就存续企业未享受完的税收优惠，按照《通知》第九条的规定执行；注销的被合并或被分立企业未享受完的税收优惠，不再由存续企业承继；合并或分立而新设的企业不得再承继或重新享受上述优惠。合并或分立各方企业按照《税法》的税收优惠规定和税收优惠过渡政策中就企业有关生产经营项目的所得享受的税收优惠承继问题，按照《实施条例》第八十九条规定执行。

第十六，企业重组业务，符合《通知》规定条件并选择特殊性税务处理的，应按照《通知》第十一条规定进行备案；如企业重组各方需要税务机关确认，可以选择由重组主导方向主管税务机关提出申请，层报省税务机关给予确认。

采取申请确认的，主导方和其他当事方不在同一省（自治区、市）的，主导方省税务机关应将确认文件抄送其他当事方所在地省税务机关。

省税务机关在收到确认申请时，原则上应在当年度企业所得税汇算清缴前完成确认。特殊情况，需要延长的，应将延长理由告知主导方。

第十七，企业重组主导方，按以下原则确定：

（1）债务重组为债务人。

（2）股权收购为股权转让方。

（3）资产收购为资产转让方。

（4）吸收合并为合并后拟存续的企业，新设合并为合并前资产较大的企业。

（5）分立为被分立的企业或存续企业。

第十八，企业发生重组业务，按照《通知》第五条第（1）项要求，企业在备案或提交确认申请时，应从以下方面说明企业重组具有合理的商业目的：

（1）重组活动的交易方式。即重组活动采取的具体形式、交易背景、交易时间、在交易之前和之后的运作方式和有关的商业常规。

（2）该项交易的形式及实质。即形式上交易所产生的法律权利和责任，也是该项交易的法律后果。另外，交易实际上或商业上产生的最终结果。

（3）重组活动给交易各方税务状况带来的可能变化。

（4）重组各方从交易中获得的财务状况变化。

（5）重组活动是否给交易各方带来了在市场原则下不会产生的异常经济利益或潜在义务。

（6）非居民企业参与重组活动的情况。

第十九，《通知》第五条第（3）和第（5）项所称"企业重组后的连续12个月内"，是指自重组日起计算的连续12个月内。

第二十，《通知》第五条第（5）项规定的原主要股东，是指原持有转让企业或被收购企业20%以上股权的股东。

第二十一，《通知》第六条第（4）项规定的同一控制，是指参与合并的企业在合并前后均受同一方或相同的多方最终控制，且该控制并非暂时性的。能够对参与合并的企业在合并前后均实施最终控制权的相同多方，是指根据合同或协议的约定，对参与合并企业的财务和经营政策拥有决定控制权的投资者群体。在企业合并前，参与合并各方受最终控制方的控制在12个月以上，企业合并后所形成的主体在最终控制方的控制时间也应达到连续12个月。

第二十二，企业发生《通知》第六条第（1）项规定的债务重组，根据不同情形，应准备以下资料：

（1）发生债务重组所产生的应纳税所得额占该企业当年应纳税所得额50%以上的，债务重组所得要求在5个纳税年度的期间内，均匀计入各年度应纳税所得额的，应准备以下资料：①当事方的债务重组的总体情况说明（如果采取申请确认的，应为企业的申请，下同），情况说明中应包括债务重组的商业目的；②当事各方所签订的债务重组合同或协议；③债务重组所产生的应纳税所得额、企业当年应纳税所得额情况说明；④税务机关要求提供的其他资料证明。

（2）发生债权转股权业务，债务人对债务清偿业务暂不确认所得或损失，债权人对股权投资的计税基础以原债权的计税基础确定，应准备以下资料：①当事方的债务重组的总体情况说明。情况说明中应包括债务重组的商业目的；②双方所签订的债转股合同或协议；③企业所转换的股权公允价格证明；④工商部门及有关部门核准相关企业股权变更事项证明材料；⑤税务机关要求提供的其他资料证明。

第二十三，企业发生《通知》第六条第（2）项规定的股权收购业务，应准备以下资料：

（1）当事方的股权收购业务总体情况说明，情况说明中应包括股权收购的商业目的。

（2）双方或多方所签订的股权收购业务合同或协议。

（3）由评估机构出具的所转让及支付的股权公允价值。

（4）证明重组符合特殊性税务处理条件的资料，包括股权比例，支付对价情况，以及12个月内不改变资产原来的实质性经营活动和原主要股东不转让所取得股权的承诺书等。

（5）工商等相关部门核准相关企业股权变更事项证明材料。

（6）税务机关要求的其他材料。

第二十四，企业发生《通知》第六条第（3）项规定的资产收购业务，应准备以下资料：

（1）当事方的资产收购业务总体情况说明，情况说明中应包括资产收购的商业目的。

（2）当事各方所签订的资产收购业务合同或协议。

（3）评估机构出具的资产收购所体现的资产评估报告。

（4）受让企业股权的计税基础的有效凭证。

（5）证明重组符合特殊性税务处理条件的资料，包括资产收购比例，支付对价情况，以及12个月内不改变资产原来的实质性经营活动、原主要股东不转让所取得股权的承诺书等。

（6）工商部门核准相关企业股权变更事项证明材料。

（7）税务机关要求提供的其他材料证明。

第二十五，企业发生《通知》第六条第（4）项规定的合并，应准备以下资料：

（1）当事方企业合并的总体情况说明。情况说明中应包括企业合并的商业目的。

（2）企业合并的政府主管部门的批准文件。

（3）企业合并各方当事人的股权关系说明。

（4）被合并企业的净资产、各单项资产和负债及其账面价值和计税基础等相关资料。

（5）证明重组符合特殊性税务处理条件的资料，包括合并前企业各股东取得股权支付比例情况、以及 12 个月内不改变资产原来的实质性经营活动、原主要股东不转让所取得股权的承诺书等。

（6）工商部门核准相关企业股权变更事项证明材料。

（7）主管税务机关要求提供的其他资料证明。

第二十六，《通知》第六条第（4）项所规定的可由合并企业弥补的被合并企业亏损的限额，是指按《税法》规定的剩余结转年限内，每年可由合并企业弥补的被合并企业亏损的限额。

第二十七，企业发生《通知》第六条第（5）项规定的分立，应准备以下资料：

（1）当事方企业分立的总体情况说明。情况说明中应包括企业分立的商业目的。

（2）企业分立的政府主管部门的批准文件。

（3）被分立企业的净资产、各单项资产和负债账面价值和计税基础等相关资料。

（4）证明重组符合特殊性税务处理条件的资料，包括分立后企业各股东取得股权支付比例情况、以及 12 个月内不改变资产原来的实质性经营活动、原主要股东不转让所取得股权的承诺书等。

（5）工商部门认定的分立和被分立企业股东股权比例证明材料；分立后，分立和被分立企业工商营业执照复印件；分立和被分立企业分立业务账务处理复印件。

（6）税务机关要求提供的其他资料证明。

第二十八，根据《通知》第六条第（4）项第 2 目规定，被合并企业合并前的相关所得税事项由合并企业承继，以及根据《通知》第六条第（5）项第 2 目规定，企业分立，已分立资产相应的所得税事项由分立企业承继，这些事项包括尚未确认的资产损失、分期确认收入的处理以及尚未享受期满的税收优惠政策承继处理问题等。其中，对税收优惠政策承继处理问题，凡属于依照《税法》第五十七条规定中就企业整体（即全部生产经营所得）享受税收优惠过渡政策的，合并或分立后的企业性质及适用税收优惠条件未发生改变的，可以继续享受合并前各企业或分立前被分立企业剩余期限的税收优惠。合并前各企业剩余的税收优惠年限不一致的，合并后企业每年度的应纳税所得额，应统一按合并日各合并前企业资产占合并后企业总资产的比例进行划分，再分别按相应的剩余优惠计算应纳税额。合并前各企业或分立前被分立企业按照《税法》的税收优惠规定以及税收优惠过渡政策中就有关生产经营项目所得享受的税收优惠承继处理问题，按照《实施条例》第八十九条规定执行。

第二十九，适用《通知》第五条第（3）项和第（5）项的当事各方应在完成重组业务后的下一年度的企业所得税年度申报时，向主管税务机关提交书面情况说明，以证明企业在重组后的连续 12 个月内，有关符合特殊性税务处理的条件未发生改变。

第三十，当事方的其中一方在规定时间内发生生产经营业务、公司性质、资产或股权结构等情况变化，致使重组业务不再符合特殊性税务处理条件的，发生变化的当事方应在情况发生变化的 30 天内书面通知其他所有当事方。主导方在接到通知后 30 日内将有关变化通知其主管税务机关。

上款所述情况发生变化后 60 日内，应按照《通知》第四条的规定调整重组业务的税务处理。原交易各方应各自按原交易完成时资产和负债的公允价值计算重组业务的收益或损失，调整交易完成纳税年度的应纳税所得额及相应的资产和负债的计税基础，并向各自主管税务机关申请调整交易完成纳税年度的企业所得税年度申报表。逾期不调整申报的，按照《征管法》的相关规定处理。

第三十一，各当事方的主管税务机关应当对企业申报或确认适用特殊性税务处理的重组业务进行跟踪监管，了解重组企业的动态变化情况。发现问题，应及时与其他当事方主管税务机关沟通联系，并按照规定给予调整。

第三十二，根据《通知》第十条规定，若同一项重组业务涉及在连续 12 个月内分步交易，且跨两个纳税年度，当事各方在第一步交易完成时预计整个交易可以符合特殊性税务处理条件，可以协商一致选择特殊性税务处理的，可在第一步交易完成后，适用特殊性税务处理。主管税务机关在审核有关资料后，符合条件的，可以暂认可适用特殊性税务处理。第二年进行下一步交易后，应按本办法要求，准备相关资料确认适用特殊性税务处理。

第三十三，上述跨年度分步交易，若当事方在首个纳税年度不能预计整个交易是否符合特殊性税务处理条件，应适用一般性税务处理。在下一纳税年度全部交易完成后，适用特殊性税务处理的，可以调整上一纳税年度的企业所得税年度申报表，涉及多缴税款的，各主管税务机关应退税，或抵缴当年应纳税款。

第三十四，企业重组的当事各方应该取得并保管与该重组有关的凭证、资料，保管期限按照《征管法》的有关规定执行。

第三十五，发生《通知》第七条规定的重组，凡适用特殊性税务处理规定的，应按照本办法第三章相关规定执行。

第三十六，发生《通知》第七条第（1）、（2）项规定的重组，适用特殊税务处理的，应按照《国家税务总局关于印发〈非居民企业所得税源泉扣缴管理暂行办法〉的通知》（国税发〔2009〕3 号）和《国家税务总局关于加强非居民企业股权转让所得企业所得税管理的通知》（国税函〔2009〕698号）要求，准备资料。

第三十七，发生《通知》第七条第（3）项规定的重组，居民企业应向其所在地主管税务机关报送以下资料：①当事方的重组情况说明，申请文件中应说明股权转让的商业目的；②双方所签订的股权转让协议；③双方控股情况说明；④由评估机构出具的资产或股权评估报告。报告中应分别列示涉及的各单项被转让资产和负债的公允价值；⑤证明重组符合特殊性税务处理条件的资料，包括股权或资产转让比例，支付对价情况，以及12个月内不改变资产原来的实质性经营活动、不转让所取得股权的承诺书等；⑥税务机关要求的其他材料。

《国家税务总局关于非居民企业股权转让适用特殊性税务处理有关问题的公告》（国家税务总局公告2013年第72号）规定，为规范和加强非居民企业股权转让适用特殊性税务处理的管理，根据《企业所得税法》及其实施条例《财政部 国家税务总局关于企业重组业务企业所得税处理若干问题的通知》（财税〔2009〕59号，以下简称《通知》）的有关规定，现就有关问题公告如下：

第一，本公告所称股权转让是指非居民企业发生《通知》第七条第（1）（2）项规定的情形；其中《通知》第七条第（1）项规定的情形包括因境外企业分立、合并导致中国居民企业股权被转让的情形。

第二，非居民企业股权转让选择特殊性税务处理的，应于股权转让合同或协议生效且完成工商变更登记手续30日内进行备案。属于《通知》第七条第（1）项情形的，由转让方向被转让企业所在地所得税主管税务机关备案；属于《通知》第七条第（2）项情形的，由受让方向其所在地所得税主管税务机关备案。

股权转让方或受让方可以委托代理人办理备案事项；代理人在代为办理备案事项时，应向主管税务机关出具备案人的书面授权委托书。

第三，股权转让方、受让方或其授权代理人（以下简称备案人）办理备案时应填报以下资料：

（1）《非居民企业股权转让适用特殊性税务处理备案表》。

（2）股权转让业务总体情况说明，应包括股权转让的商业目的、证明股权转让符合特殊性税务处理条件、股权转让前后的公司股权架构图等资料。

（3）股权转让业务合同或协议（外文文本的同时附送中文译本）。

（4）工商等相关部门核准企业股权变更事项证明资料。

（5）截至股权转让时，被转让企业历年的未分配利润资料。

（6）税务机关要求的其他材料。

以上资料已经向主管税务机关报送的，备案人可不再重复报送。其中以复印件向税务机关提交的资料，备案人应在复印件上注明"本复印件与原件一致"字样，并签字后加盖备案人印章；报送中文译本的，应在中文译本上注明"本译文与原文表述内容一致"字样，并签字后加盖备案人印章。

第四，主管税务机关应当按规定受理备案，资料齐全的，应当场在《非居民企业股权转让适用特殊性税务处理备案表》上签字盖章，并退1份给备案人；资料不齐全的，不予受理，并告知备案人各应补正事项。

第五，非居民企业发生股权转让属于《通知》第七条第（1）项情形的，主管税务机关应当自受理之日起30个工作日内就备案事项进行调查核实、提出处理意见，并将全部备案资料以及处理意见层报省（含自治区、直辖市和计划单列市，下同）税务机关。

税务机关在调查核实时，如发现此种股权转让情形造成以后该项股权转让所得预提税负担变化，包括转让方把股权由应征税的国家或地区转让到不征税或低税率的国家或地区，应不予适用特殊性税务处理。

第六，非居民企业发生股权转让属于《通知》第七条第（2）项情形的，应区分以下两种情形予以处理：

（1）受让方和被转让企业在同一省且同属国税机关或地税机关管辖的，按照本公告第五条规定执行。

（2）受让方和被转让企业不在同一省或分别由国税机关和地税机关管辖的，受让方所在地省税务机关收到主管税务机关意见后30日内，应向被转让企业所在地省税务机关发出《非居民企业股权转让适用特殊性税务处理告知函》。

第七，非居民企业股权转让未进行特殊性税务处理备案或备案后经调查核实不符合条件的，适用一般性税务处理规定，应按照有关规定缴纳企业所得税。

第八，非居民企业发生股权转让属于《通知》第七条第（1）项情形且选择特殊性税务处理的，转让方和受让方不在同一国家或地区的，若被转让企业股权转让前的未分配利润在转让后分配给受让方的，不享受受让方所在国家（地区）与中国签订的税收协定（含税收安排）的股息减税优惠待遇，并由被转让企业按税法相关规定代扣代缴企业所得税，到其所在地所得税主管税务机关申报缴纳。

第九，省税务机关应做好辖区内非居民企业股权转让适用特殊性税务处理的管理工作，于年度终了后30日内向国家税务总局报送《非居民企业股权转让适用特殊性税务处理情况统计表》。

第十，本公告自发布之日起施行。本公告实施之前发生的非居民企业股权转让适用特殊性税务处理事项尚未处理的，可依据本公告规定办理。《国家税务总局关于加强非居民企业股权转让所得企业所得税管理的通知》（国税函〔2009〕698号）第九条同时废止。

《财政部 国家税务总局关于促进企业重组有关企业所得税处理问题的通知》（财税〔2014〕109号）规定：

第一，关于股权收购。将《财政部 国家税务总局关于企业重组业务企业所得税处理若干问题的通知》（财税〔2009〕59号）第六条第（2）项中有关"股权收购，收购企业购买的股权不低于被收购企业全部股权的75%"的规定调整为"股权收购，收购企业购买的股权不低于被收购企业全部股权的50%"。

第二，关于资产收购。将财税〔2009〕59号文件第六条第（3）项中有关"资产收购，受让企业收购的资产不低于转让企业全部资产的75%"的规定调整为"资产收购，受让企业收购的资产不低于转让企业全部资产的50%"。

第三，关于股权、资产划转。对100%直接控制的居民企业之间，以及受同一或相同多家居民企业100%直接控制的居民企业之间按账面净值划转股权或资产，凡具有合理商业目的、不以减少、免除或者推迟缴纳税款为主要目的，股权或资产划转后连续12个月内不改变被划转股权或资产原来实质性经营活动，且划出方企业和划入方企业均未在会计上确认损益的，可以选择按以下规定进行特殊性税务处理：

（1）划出方企业和划入方企业均不确认所得。

（2）划入方企业取得被划转股权或资产的计税基础，以被划转股权或资产的原账面净值确定。

（3）划入方企业取得的被划转资产，应按其原账面净值计算折旧扣除。

第四，本通知自2014年1月1日起执行。本通知发布前尚未处理的企业重组，符合本通知规定的可按本通知执行。

《国家税务总局关于资产（股权）划转企业所得税征管问题的公告》（国家税务总局公告2015年第40号）规定，《国务院关于进一步优化企业兼并重组市场环境的意见》（国发〔2014〕14号）和《财政部 国家税务总局关于促进企业重组有关企业所得税处理问题的通知》（财税〔2014〕109号，以下简称《通知》）下发后，各地陆续反映在企业重组所得税政策执行过程中有些征管问题亟需明确。经研究，现就股权或资产划转企业所得税征管问题公告如下：

第一，《通知》第三条所称"100%直接控制的居民企业之间，以及受同一或相同多家居民企业100%直接控制的居民企业之间按账面净值划转股权或资产"，限于以下情形：

（1）100%直接控制的母子公司之间，母公司向子公司按账面净值划转其持有的股权或资产，母公司获得子公司100%的股权支付。母公司按增加长期股权投资处理，子公司按接受投资（包括资本公积，下同）处理。母公司获得子公司股权的计税基础以划转股权或资产的原计税基础确定。

（2）100%直接控制的母子公司之间，母公司向子公司按账面净值划转其持有的股权或资产，母公司没有获得任何股权或非股权支付。母公司按冲减实收资本（包括资本公积，下同）处理，子公司按接受投资处理。

（3）100%直接控制的母子公司之间，子公司向母公司按账面净值划转其持有的股权或资产，子公司没有获得任何股权或非股权支付。母公司按收回投资处理，或按接受投资处理，子公司按冲减实收资本处理。母公司应按被划转股权或资产的原计税基础，相应调减持有子公司股权的计税基础。

（4）受同一或相同多家母公司100%直接控制的子公司之间，在母公司主导下，一家子公司向另一家子公司按账面净值划转其持有的股权或资产，划出方没有获得任何股权或非股权支付。划出方按冲减所有者权益处理，划入方按接受投资处理。

第二，《通知》第三条所称"股权或资产划转后连续12个月内不改变被划转股权或资产原来实质性经营活动"，是指自股权或资产划转完成日起连续12个月内不改变被划转股权或资产原来实质性经营活动。

股权或资产划转完成日，是指股权或资产划转合同（协议）或批复生效，且交易双方已进行会计处理的日期。

第三，《通知》第三条所称"划入方企业取得被划转股权或资产的计税基础，以被划转股权或资产的原账面净值确定"，是指划入方企业取得被划转股权或资产的计税基础，以被划转股权或资产的原计税基础确定。

《通知》第三条所称"划入方企业取得的被划转资产，应按其原账面净值计算折旧扣除"，是指划入方企业取得的被划转资产，应按被划转资产的原计税基础计算折旧扣除或摊销。

第四，按照《通知》第三条规定进行特殊性税务处理的股权或资产划转，交易双方应在协商一致的基础上，采取一致处理原则统一进行特殊性税务处理。

第五，交易双方应在企业所得税年度汇算清缴时，分别向各自主管税务机关报送《居民企业资产（股权）划转特殊性税务处理申报表》和相关资料（一式两份）。相关资料包括：

（1）股权或资产划转总体情况说明，包括基本情况、划转方案等，并详细说明划转的商业目的。

（2）交易双方或多方签订的股权或资产划转合同（协议），需有权部门（包括内部和外部）批准的，应提供批准文件。

（3）被划转股权或资产账面净值和计税基础说明。

（4）交易双方按账面净值划转股权或资产的说明（需附会计处理资料）。

（5）交易双方均未在会计上确认损益的说明（需附会计处理资料）。

（6）12个月内不改变被划转股权或资产原来实质性经营活动的承诺书。

第六，交易双方应在股权或资产划转完成后的下一年度的企业所得税年度申报时，各自向主管税务机关提交书面情况说明，以证明被划转股权或资产自划转完成日后连续12个月内，没有改变原来的实质性经营活动。

第七，交易一方在股权或资产划转完成日后连续12个月内发生生产经营业务、公司性质、资产或股权结构等情况变化，致使股权或资产划转不再符合特殊性税务处理条件的，发生变化的交易一方应在情况发生变化的30日内报告其主管税务机关，同时书面通知另一方。另一方应在接到通知后30日内将有关变化报告其主管税务机关。

第八，本公告第七条所述情况发生变化后60日内，原交易双方应按以下规定进行税务处理：

（1）属于本公告第一条第（1）项规定情形的，母公司应按原划转完成时股权或资产的公允价值视同销售处理，并按公允价值确认取得长期股权投资的计税基础；子公司按公允价值确认划入股权或资产的计税基础。

属于本公告第一条第（2）项规定情形的，母公司应按原划转完成时股权或资产的公允价值视同销售处理；子公司按公允价值确认划入股权或资产的计税基础。

属于本公告第一条第（3）项规定情形的，子公司应按原划转完成时股权或资产的公允价值视同销售处理；母公司应按撤回或减少投资进行处理。

属于本公告第一条第（4）项规定情形的，划出方应按原划转完成时股权或资产的公允价值视同销售处理；母公司根据交易情形和会计处理对划出方按分回股息进行处理，或者按撤回或减少投资进行处理，对划入方按以股权或资产的公允价值进行投资处理；划入方按接受母公司投资处理，以公允价值确认划入股权或资产的计税基础。

（2）交易双方应调整划转完成纳税年度的应纳税所得额及相应股权或资产的计税基础，向各自主管税务机关申请调整划转完成纳税年度的企业所得税年度申报表，依法计算缴纳企业所得税。

第九，交易双方的主管税务机关应对企业申报适用特殊性税务处理的股权或资产划转加强后续管理。

第十，本公告适用 2014 年度及以后年度企业所得税汇算清缴。此前尚未进行税务处理的股权、资产划转，符合《通知》第三条和本公告规定的可按本公告执行。

《国家税务总局关于企业重组业务企业所得税征收管理若干问题的公告》（国家税务总局公告 2015 年第 48 号）规定：

第一，按照重组类型，企业重组的当事各方是指：

（1）债务重组中当事各方，指债务人、债权人。

（2）股权收购中当事各方，指收购方、转让方及被收购企业。

（3）资产收购中当事各方，指收购方、转让方。

（4）合并中当事各方，指合并企业、被合并企业及被合并企业股东。

（5）分立中当事各方，指分立企业、被分立企业及被分立企业股东。

上述重组交易中，股权收购中转让方、合并中被合并企业股东和分立中被分立企业股东，可以是自然人。

当事各方中的自然人应按个人所得税的相关规定进行税务处理。

第二，重组当事各方企业适用特殊性税务处理的（指重组业务符合财税〔2009〕59 号文件和财税〔2014〕109 号文件第一条、第二条规定条件并选择特殊性税务处理的，下同），应按如下规定确定重组主导方：

（1）债务重组，主导方为债务人。

（2）股权收购，主导方为股权转让方，涉及两个或两个以上股权转让方，由转让被收购企业股权比例最大的一方作为主导方（转让股权比例相同的可协商确定主导方）。

（3）资产收购，主导方为资产转让方。

（4）合并，主导方为被合并企业，涉及同一控制下多家被合并企业的，以净资产最大的一方为主导方。

（5）分立，主导方为被分立企业。

第三，财税〔2009〕59 号文件第十一条所称重组业务完成当年，是指重组日所属的企业所得税纳税年度。

企业重组日的确定，按以下规定处理：

（1）债务重组，以债务重组合同（协议）或法院裁定书生效日为重组日。

（2）股权收购，以转让合同（协议）生效且完成股权变更手续日为重组日。关联企业之间发生股权收购，转让合同（协议）生效后 12 个月内尚未完成股权变更手续的，应以转让合同（协议）生效日为重组日。

（3）资产收购，以转让合同（协议）生效且当事各方已进行会计处理的日期为重组日。

（4）合并，以合并合同（协议）生效、当事各方已进行会计处理且完成工商新设登记或变更登记日为重组日。按规定不需要办理工商新设或变更登记的合并，以合并合同（协议）生效且当事各方已进行会计处理的日期为重组日。

（5）分立，以分立合同（协议）生效、当事各方已进行会计处理且完成工商新设登记或变更登记日为重组日。

第四，企业重组业务适用特殊性税务处理的，除财税〔2009〕59号文件第四条第（一）项所称企业发生其他法律形式简单改变情形外，重组各方应在该重组业务完成当年，办理企业所得税年度申报时，分别向各自主管税务机关报送《企业重组所得税特殊性税务处理报告表及附表》和申报资料。合并、分立中重组一方涉及注销的，应在尚未办理注销税务登记手续前进行申报。

重组主导方申报后，其他当事方向其主管税务机关办理纳税申报。申报时还应附送重组主导方经主管税务机关受理的《企业重组所得税特殊性税务处理报告表及附表》（复印件）。

第五，企业重组业务适用特殊性税务处理的，申报时，应从以下方面逐条说明企业重组具有合理的商业目的：

（1）重组交易的方式。

（2）重组交易的实质结果。

（3）重组各方涉及的税务状况变化。

（4）重组各方涉及的财务状况变化。

（5）非居民企业参与重组活动的情况。

第六，企业重组业务适用特殊性税务处理的，申报时，当事各方还应向主管税务机关提交重组前连续12个月内有无与该重组相关的其他股权、资产交易情况的说明，并说明这些交易与该重组是否构成分步交易，是否作为一项企业重组业务进行处理。

第七，根据财税〔2009〕59号文件第十条规定，若同一项重组业务涉及在连续12个月内分步交易，且跨两个纳税年度，当事各方在首个纳税年度交易完成时预计整个交易符合特殊性税务处理条件，经协商一致选择特殊性税务处理的，可以暂时适用特殊性税务处理，并在当年企业所得税年度申报时提交书面申报资料。

在下一纳税年度全部交易完成后，企业应判断是否适用特殊性税务处理。如适用特殊性税务处理的，当事各方应按本公告要求申报相关资料；如适用一般性税务处理的，应调整相应纳税年度的企业所得税年度申报表，计算缴纳企业所得税。

第八，企业发生财税〔2009〕59号文件第六条第（1）项规定的债务重组，应准确记录应予确认的债务重组所得，并在相应年度的企业所得税汇算清缴时对当年确认额及分年结转额的情况作出说明。

主管税务机关应建立台账，对企业每年申报的债务重组所得与台账进行比对分析，加强后续管理。

第九，企业发生财税〔2009〕59 号文件第七条第（3）项规定的重组，居民企业应准确记录应予确认的资产或股权转让收益总额，并在相应年度的企业所得税汇算清缴时对当年确认额及分年结转额的情况作出说明。

主管税务机关应建立台账，对居民企业取得股权的计税基础和每年确认的资产或股权转让收益进行比对分析，加强后续管理。

第十，适用特殊性税务处理的企业，在以后年度转让或处置重组资产（股权）时，应在年度纳税申报时对资产（股权）转让所得或损失情况进行专项说明，包括特殊性税务处理时确定的重组资产（股权）计税基础与转让或处置时的计税基础的比对情况，以及递延所得税负债的处理情况等。

适用特殊性税务处理的企业，在以后年度转让或处置重组资产（股权）时，主管税务机关应加强评估和检查，将企业特殊性税务处理时确定的重组资产（股权）计税基础与转让或处置时的计税基础及相关的年度纳税申报表比对，发现问题的，应依法进行调整。

第十一，税务机关应对适用特殊性税务处理的企业重组做好统计和相关资料的归档工作。各省、自治区、直辖市和计划单列市国家税务局、地方税务局应于每年 8 月底前将《企业重组所得税特殊性税务处理统计表》（详见附件 3）上报税务总局（所得税司）。

第十二，本公告适用于 2015 年度及以后年度企业所得税汇算清缴。《国家税务总局关于发布〈企业重组业务企业所得税管理办法〉的公告》（国家税务总局公告 2010 年第 4 号）第三条、第七条、第八条、第十六条、第十七条、第十八条、第二十二条、第二十三条、第二十四条、第二十五条、第二十七条、第三十二条同时废止。本公告施行时企业已经签订重组协议，但尚未完成重组的，按本公告执行。

《国家税务总局关于贯彻落实企业所得税法若干税收问题的通知》（国税函〔2010〕79 号）规定：

企业权益性投资取得股息、红利等收入，应以被投资企业股东会或股东大会作出利润分配或转股决定的日期，确定收入的实现。

被投资企业将股权（票）溢价所形成的资本公积转为股本的，不作为投资方企业的股息、红利收入，投资方企业也不得增加该项长期投资的计税基础。

《国家税务总局关于企业所得税若干问题的公告》（国家税务总局公告

2011 年第 34 号）规定：

投资企业从被投资企业撤回或减少投资，其取得的资产中，相当于初始出资的部分，应确认为投资收回；相当于被投资企业累计未分配利润和累计盈余公积按减少实收资本比例计算的部分，应确认为股息所得；其余部分确认为投资资产转让所得。

被投资企业发生的经营亏损，由被投资企业按规定结转弥补；投资企业不得调整减低其投资成本，也不得将其确认为投资损失。

《国家税务总局关于企业国债投资业务企业所得税处理问题的公告》（国家税务总局公告 2011 年第 36 号）规定：

第一，国债利息收入时间确认。

（1）根据《企业所得税法实施条例》第十八条的规定，企业投资国债从国务院财政部门（以下简称发行者）取得的国债利息收入，应以国债发行时约定应付利息的日期，确认利息收入的实现。

（2）企业转让国债，应在国债转让收入确认时确认利息收入的实现。

第二，国债利息收入计算。

企业到期前转让国债，或者从非发行者投资购买的国债，其持有期间尚未兑付的国债利息收入，按以下公式计算确定：

$$国债利息收入 = 国债金额 \times （适用年利率 \div 365） \times 持有天数$$

上述公式中的"国债金额"，按国债发行面值或发行价格确定；"适用年利率"按国债票面年利率或折合年收益率确定；如企业不同时间多次购买同一品种国债的，"持有天数"可按平均持有天数计算确定。

第三，国债利息收入免税问题。

根据《企业所得税法》第二十六条的规定，企业取得的国债利息收入，免征企业所得税。具体按以下规定执行：

（1）企业从发行者直接投资购买的国债持有至到期，其从发行者取得的国债利息收入，全额免征企业所得税。

（2）企业到期前转让国债，或者从非发行者投资购买的国债，其按上述计算的国债利息收入，免征企业所得税。

第四，国债转让收入时间确认。

（1）企业转让国债应在转让国债合同、协议生效的日期，或者国债移交时确认转让收入的实现。

（2）企业投资购买国债，到期兑付的，应在国债发行时约定的应付利息的日期，确认国债转让收入的实现。

第五，国债转让收益（损失）计算。

企业转让或到期兑付国债取得的价款，减除其购买国债成本，并扣除其持有期间按照上述规定计算的国债利息收入以及交易过程中相关税费后的余额，为企业转让国债收益（损失）。

第六，国债转让收益（损失）征税问题。

根据《企业所得税法实施条例》第十六条规定，企业转让国债，应作为转让财产，其取得的收益（损失）应作为企业应纳税所得额计算纳税。

第七，关于国债成本确定问题。

（1）通过支付现金方式取得的国债，以买入价和支付的相关税费为成本。

（2）通过支付现金以外的方式取得的国债，以该资产的公允价值和支付的相关税费为成本。

第八，关于国债成本计算方法问题。

企业在不同时间购买同一品种国债的，其转让时的成本计算方法，可在先进先出法、加权平均法、个别计价法中选用一种。计价方法一经选用，不得随意改变。

《国家税务总局关于企业混合性投资业务企业所得税处理问题的公告》（国家税务总局公告 2013 年第 41 号）规定：

第一，企业混合性投资业务，是指兼具权益和债权双重特性的投资业务。同时符合下列条件的混合性投资业务，按本公告进行企业所得税处理。

（1）被投资企业接受投资后，需要按投资合同或协议约定的利率定期支付利息（或定期支付保底利息、固定利润、固定股息，下同）。

（2）有明确的投资期限或特定的投资条件，并在投资期满或者满足特定投资条件后，被投资企业需要赎回投资或偿还本金。

（3）投资企业对被投资企业净资产不拥有所有权。

（4）投资企业不具有选举权和被选举权。

（5）投资企业不参与被投资企业日常生产经营活动。

第二，符合第一条规定的混合性投资业务，按下列规定进行企业所得税处理：

（1）对于被投资企业支付的利息，投资企业应于被投资企业应付利息的日期，确认收入的实现并计入当期应纳税所得额；被投资企业应于应付利息的日期，确认利息支出，并按税法和《国家税务总局关于企业所得税若干问题的公告》（2011 年第 34 号）第一条的规定，进行税前扣除。

（2）对于被投资企业赎回的投资，投资双方应于赎回时将赎价与投资成本之间的差额确认为债务重组损益，分别计入当期应纳税所得额。

《国家税务总局关于贯彻落实企业所得税法若干税收问题的通知》（国税函〔2010〕79 号）规定：企业转让股权收入，应于转让协议生效，且完成股权变更手续时，确认收入的实现。转让股权收入扣除为取得该股权所发生的成本后，为股权转让所得。企业在计算股权转让所得时，不得扣除被投资企业未分配利润等股东留存收益中按该项股权所可能分配的金额。

《国家税务总局关于企业转让上市公司限售股有关所得税问题的公告》（国家税务总局公告 2011 年第 39 号）规定：

第一，纳税义务人的范围界定问题。根据《企业所得税法》第一条及其实施条例第三条的规定，转让上市公司限售股（以下简称限售股）取得收入的企业（包括事业单位、社会团体、民办非企业单位等），为企业所得税的纳税义务人。

第二，企业转让代个人持有的限售股征税问题。因股权分置改革造成原由个人出资而由企业代持的限售股，企业在转让时按以下规定处理：

（1）企业转让上述限售股取得的收入，应作为企业应税收入计算纳税。上述限售股转让收入扣除限售股原值和合理税费后的余额为该限售股转让所得。企业未能提供完整、真实的限售股原值凭证，不能准确计算该限售股原值的，主管税务机关一律按该限售股转让收入的 15%，核定为该限售股原值和合理税费。依照上述规定完成纳税义务后的限售股转让收入余额转付给实际所有人时不再纳税。

（2）依法院判决、裁定等原因，通过证券登记结算公司，企业将其代持的个人限售股直接变更到实际所有人名下的，不视同转让限售股。

第三，企业在限售股解禁前转让限售股征税问题。企业在限售股解禁前将其持有的限售股转让给其他企业或个人（以下简称受让方），其企业所得税问题按以下规定处理：

（1）企业应按减持在证券登记结算机构登记的限售股取得的全部收入，计入企业当年度应税收入计算纳税。

（2）企业持有的限售股在解禁前已签订协议转让给受让方，但未变更股权登记、仍由企业持有的，企业实际减持该限售股取得的收入，依照上述规定纳税后，其余额转付给受让方的，受让方不再纳税。

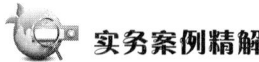 **实务案例精解**

例 4-11 某企业转让一台机器设备，该机器设备的计税基础为 100 万元，已经提取折旧 50 万元，该机器设备的转让价格为 60 万元。该企业转让该机器设备的应纳税所得额是多少？

解答： 企业转让资产，该项资产的净值，准予在计算应纳税所得额时扣除。资产的净值，是指有关资产、财产的计税基础减除已经按照规定扣除的折旧、折耗、摊销、准备金等后的余额。因此，该机器设备的净值为：100-50=50（万元）。该企业转让该机器设备的应纳税所得额是：60-50=10（万元）。

关于企业应纳税所得额的计算过程，参见图4-1。

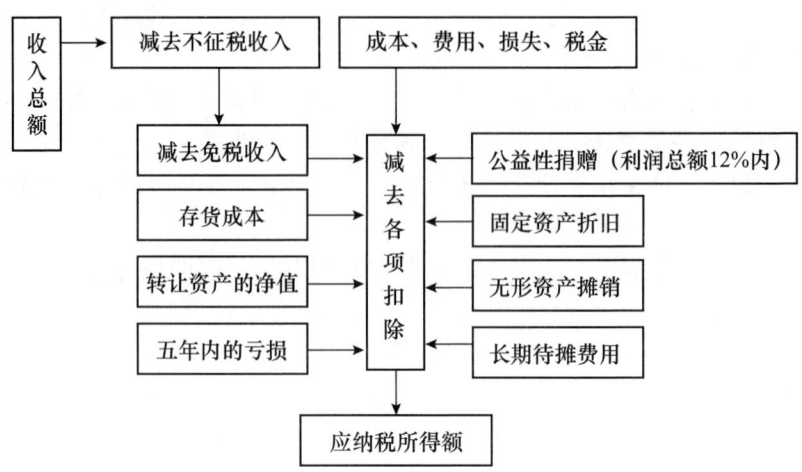

图4-1　企业应纳税所得额的计算过程

第五部分　最新企业所得税应纳税额政策

> 您知道企业应当缴纳的企业所得税数额是如何计算的吗？企业从境外取得所得已经缴纳的所得税税款是否可以在中国予以抵免？您了解外国税收抵免的具体方法吗？企业从境外子公司取得的股息是否可以扣除其中所包含的税款？您了解外国税收间接抵免的方法吗？本部分将为您回答上述问题。

一、企业应纳税额的计算公式

 基本税收政策

企业的应纳税所得额乘以适用税率，减除依照本法关于税收优惠的规定减免和抵免的税额后的余额，为应纳税额。

 **税收政策详解**

应纳税额的计算公式为：

应纳税额＝应纳税所得额 × 适用税率 − 减免税额 − 抵免税额

公式中的减免税额和抵免税额，是指依照企业所得税法和国务院的税收优惠规定减征、免征和抵免的应纳税额。

关于企业应纳税额的计算过程，参见图 5-1。

 实务应用指南

这里有必要明确三个基本概念的含义：

（1）应纳税额，是应当缴纳的税款数额的简称，是指纳税人根据税法的规定应当缴纳的税款的数额，应纳税额一般用税基（也称为计税依据）乘以税率，如果法律有特别规定，也会减去一些应当扣除的税额。

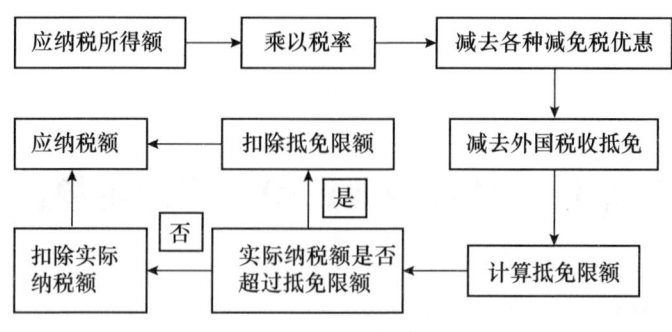

图 5-1　企业应纳税额的计算过程

（2）税基，是据以计算应纳税额的基数，即用税基乘以税率就等于应纳税额，在企业所得税法中，税基就是应纳税所得额。

（3）税源，是指税收的最终经济来源，有些税种的征税对象与税源是一致的，如各种所得税，其征税对象和税源都是纳税人取得的所得或纯收入，有些税种的征税对象和税源并不相同，如各种财产税，征税对象是应税财产，税源却是财产带来的收益。

公式中的应纳税额和应纳税所得额均为大于或等于零的数额。也就是说，当企业所得税的应纳税所得额为负数时，不能使用这个公式来计算。同时，应纳税额最小等于零，不能小于零，也就是说，国家不可能根据这个公式向企业退税。公式中的减免税额和抵免税额，是指依照企业所得税法和国务院的税收优惠规定减征、免征和抵免的应纳税额。换句话说，财政部、国家税务总局等国务院的组成部门以及各省级人民政府没有权力规定减征、免征和抵免应纳税额的税收优惠制度。企业享受企业所得税税收优惠的政策只能根据税法以及国务院的相关规定，包括《企业所得税法实施条例》以及以后发布的各种规定。

 实务案例精解

例 5-1　某公司 2016 年度的应纳税所得额为 1 000 万元，可以享受的减免税额为 100 万元，可以享受的抵免税额为 100 万元，该公司 2008 年度的应纳税额是多少？

解答：根据《企业所得税法》第二十二条的规定，企业的应纳税所得额乘以适用税率，减除依照税法关于税收优惠的规定减免和抵免的税额后的余额，为应纳税额。根据条例第七十六条的规定，应纳税额 = 应纳税所得额 × 适用税率 – 减免税额 – 抵免税额。因此，该公司 2008 年度的应纳税额是：1 000 × 25%–100–100=50（万元）。

二、外国税收直接抵免

 基本税收政策

企业取得的下列所得已在境外缴纳的所得税税额，可以从其当期应纳税额中抵免，抵免限额为该项所得依照本法规定计算的应纳税额；超过抵免限额的部分，可以在以后五个年度内，用每年度抵免限额抵免当年应抵税额后的余额进行抵补：

（1）居民企业来源于中国境外的应税所得；

（2）非居民企业在中国境内设立机构、场所，取得发生在中国境外但与该机构、场所有实际联系的应税所得。

 **税收政策详解**

已在境外缴纳的所得税税额，是指企业来源于中国境外的所得依照中国境外税收法律以及相关规定应当缴纳并已经实际缴纳的企业所得税性质的税款。

抵免限额，是指企业来源于中国境外的所得，依照企业所得税法及其实施条例的规定计算的应纳税额。除国务院财政、税务主管部门另有规定外，该抵免限额应当分国（地区）不分项计算，计算公式如下：

$$抵免限额 = \frac{中国境内、境外所得依照}{\substack{企业所得税法和条例的\\规定计算的应纳税总额}} \times 来源于某国（地区）的应纳税所得额 \div 中国境内、境外应纳税所得总额$$

5个年度，是指从企业取得的来源于中国境外的所得，已经在中国境外缴纳的企业所得税性质的税额超过抵免限额的当年的次年起连续5个纳税年度。

 友情提示

企业依照《企业所得税法》的规定抵免企业所得税税额时，应当提供中国境外税务机关出具的税款所属年度的有关纳税凭证。

 实务应用指南

外国税收抵免，是指对于本国居民或者在本国的常设机构来源于境外的并且已经缴纳了税款的所得，在对该所得征税时允许从应纳税额中扣除在国外缴纳的税款数额的一种制度。

由于大多数国家均实行居民税收管辖权和来源地税收管辖权，即既对自己的居民纳税人的全球所得征税，又对非居民纳税人来源于本国境内的所得征税，这样，如果某纳税人从国外取得了所得，一方面，来源地所在国将对该笔所得实行来源地税收管辖权，对该笔所得征税；另一方面，纳税人所在国要行使居民税收管辖权，对该笔所得同样要征税，这样就产生了双重征税。这种双重征税是法律性的，对于企业的跨国投资非常不利，因此，很多国家都采取相关制度来解决这种双重征税，其中一个重要的国内法制度就是外国税收抵免制度。

 友情提示

> 需要强调的是，纳税人在计算应纳税所得额时，来源于境外的所得也应当包括在内，而且不能扣除已经在国外缴纳的税款。在国外已经缴纳的税款应当从纳税人的应纳税额中予以扣除。另外，如果纳税人某年度在境外缴纳的税款数额小于抵免上限，则应当看其前 5 年是否有尚未抵扣的在境外缴纳的税款数额，如果有，则应当在不超过本年度境外缴纳的税款数额与抵免上限之间的差额的前提下进行抵扣。

已在境外缴纳的所得税税额，是指企业来源于中国境外的所得依照中国境外税收法律以及相关规定应当缴纳并已经实际缴纳的企业所得税性质的税款。理解这一规定需要注意四点：

第一，该税款是企业来源于中国境外的所得所承担的纳税义务，企业来源于境内的所得所缴纳的任何税款都不符合这里所规定的条件。一般情况下，企业来源于中国境内的所得应当在中国纳税，同时，如果该企业不是中国的居民企业，该企业在其居民国还要就来自中国境内的所得缴纳所得税，非居民企业就来源于中国境内的所得向外国政府缴纳的所得税不属于《企业所得税法》第二十三条所称已在境外缴纳的所得税税额。还有一种情况，如果企业的某笔所得根据中国税法规定，属于来源于中国境内的所得，但根据某外国的税法规定，该笔所得也被视为来源于该国的所得，此时，该企业就该笔所得向该外国政府缴纳的所得税税款同样不属于《企业所得税法》第二十三条所称已在境外缴纳的所得税税额。

第二，《企业所得税法》第二十三条所称已在境外缴纳的所得税税额是指按照中国境外税收法律及相关规定应该缴纳的税款。如果按照境外税收法律及相关规定，不应该缴纳该笔税款，但企业错误缴纳了或者外国的税务机关错误征收了该笔税款，该笔税款同样不属于《企业所得税法》第二十三条所称已在境外缴纳的所得税税额。当然，在实务操作中，中国税务机关不会去判断按照境外税收法律及相关规定，企业是否应该缴纳该笔税款，只要企业能够取得境外税务机关开具的相关纳税凭证，就可以抵免其所缴纳的税款。但如果根据常识就能判断企业按照境外税收法律及相关规定不应该缴纳所得税，或者中国税务机关有确切的证据证明按照境外税收法律及相关规定不应该缴纳所得税时，企业所缴纳的税款同样不属于《企业所得税法》第二十三条所称已在境外缴纳的所得税税额。

第三，《企业所得税法》第二十三条所称已在境外缴纳的所得税税额是指企业已经实际缴纳的税款。按照境外税收法律及相关规定应该缴纳，但企业并未实际缴纳的税款不属于《企业所得税法》第二十三条所称已在境外缴纳的所得税税额。例如，如果该企业享受了特定的税收优惠，享受优惠部分的税款应当视为没有实际缴纳的税款，因此不属于《企业所得税法》第二十三条所称已在境外缴纳的所得税税额。在实务操作中，企业有义务证明自己实际缴纳了相应税款，否则，中国税务机关不应当允许企业抵免相应税款。

第四，《企业所得税法》第二十三条所称已在境外缴纳的所得税税额是指具有企业所得税性质的税款。企业来源于境外的所得一般只需缴纳企业所得税，但如果还缴纳了具有其他税种性质的税款，如营业税、增值税等，则这些不具有企业所得税性质的税款就不属于《企业所得税法》第二十三条所称已在境外缴纳的所得税税额。境外税款的性质，一般情况下可以从该笔税款的名称上判断出来，世界各国的企业所得税一般都称"所得税"，包括企业所得税、法人所得税、公司所得税、居民所得税、组织所得税等不同的名称。

只有满足上述四个条件的税款才属于《企业所得税法》第二十三条所称已在境外缴纳的所得税税额，才能按照该条规定抵免相应税款。

《财政部 国家税务总局关于企业境外所得税收抵免有关问题的通知》（财税〔2009〕125号）规定：

第一，居民企业以及非居民企业在中国境内设立的机构、场所（以下统称企业）依照《企业所得税法》第二十三条、第二十四条的有关规定，应在其应纳税额中抵免在境外缴纳的所得税额的，适用本通知。

第二，企业应按照《企业所得税法》及其实施条例、税收协定以及本通知的规定，准确计算下列当期与抵免境外所得税有关的项目后，确定当期实际可抵免分国（地区）别的境外所得税税额和抵免限额：

（1）境内所得的应纳税所得额（以下称境内应纳税所得额）和分国（地区）别的境外所得的应纳税所得额（以下称境外应纳税所得额）；

（2）分国（地区）别的可抵免境外所得税税额；

（3）分国（地区）别的境外所得税的抵免限额。

企业不能准确计算上述项目实际可抵免分国（地区）别的境外所得税税额的，在相应国家（地区）缴纳的税收均不得在该企业当期应纳税额中抵免，也不得结转以后年度抵免。

第三，企业应就其按照《企业所得税法实施条例》第七条规定确定的中国境外所得（境外税前所得），按以下规定计算《企业所得税法实施条例》第七十八条规定的境外应纳税所得额：

（1）居民企业在境外投资设立不具有独立纳税地位的分支机构，其来源于境外的所得，以境外收入总额扣除与取得境外收入有关的各项合理支出后的余额为应纳税所得额。各项收入、支出按《企业所得税法》及实施条例的有关规定确定。居民企业在境外设立不具有独立纳税地位的分支机构取得的各项境外所得，无论是否汇回中国境内，均应计入该企业所属纳税年度的境外应纳税所得额。

（2）居民企业应就其来源于境外的股息、红利等权益性投资收益，以及利息、租金、特许权使用费、转让财产等收入，扣除按照企业所得税法及实施条例等规定计算的与取得该项收入有关的各项合理支出后的余额为应纳税所得额。来源于境外的股息、红利等权益性投资收益，应按被投资方作出利润分配决定的日期确认收入实现；来源于境外的利息、租金、特许权使用费、转让财产等收入，应按有关合同约定应付交易对价款的日期确认收入实现。

（3）非居民企业在境内设立机构、场所的，应就其发生在境外但与境内所设机构、场所有实际联系的各项应税所得，比照本条第（2）项的规定计算相应的应纳税所得额。

（4）在计算境外应纳税所得额时，企业为取得境内、外所得而在境内、境外发生的共同支出，与取得境外应税所得有关的、合理的部分，应在境内、境外（分国（地区）别，下同）应税所得之间，按照合理比例进行分摊后扣除。

（5）在汇总计算境外应纳税所得额时，企业在境外同一国家（地区）设立不具有独立纳税地位的分支机构，按照《企业所得税法》及实施条例的有关规定计算的亏损，不得抵减其境内或他国（地区）的应纳税所得额，但可以用同一国家（地区）其他项目或以后年度的所得按规定弥补。

第四，可抵免境外所得税税额，是指企业来源于中国境外的所得依照中国境外税收法律以及相关规定应当缴纳并已实际缴纳的企业所得税性质的税款。但不包括：

（1）按照境外所得税法律及相关规定属于错缴或错征的境外所得税税款。

（2）按照税收协定规定不应征收的境外所得税税款。

（3）因少缴或迟缴境外所得税而追加的利息、滞纳金或罚款。

（4）境外所得税纳税人或者其利害关系人从境外征税主体得到实际返还或补偿的境外所得税税款。

（5）按照我国《企业所得税法》及其实施条例规定，已经免征我国企业所得税的境外所得负担的境外所得税税款。

（6）按照国务院财政、税务主管部门有关规定已经从企业境外应纳税所得额中扣除的境外所得税税款。

第五，居民企业在按照《企业所得税法》第二十四条规定用境外所得间接负担的税额进行税收抵免时，其取得的境外投资收益实际间接负担的税额，是指根据直接或者间接持股方式合计持股 20% 以上（含 20%，下同）的规定层级的外国企业股份，由此应分得的股息、红利等权益性投资收益中，从最低一层外国企业起逐层计算的属于由上一层企业负担的税额，其计算公式如下：

$$\begin{array}{l}\text{本层企业所纳税额} \\ \text{属于由一家上一层} \\ \text{企业负担的税额}\end{array} = \left(\begin{array}{l}\text{本层企业就利润和投资} \\ \text{收益所实际缴纳的税额}\end{array} + \begin{array}{l}\text{符合本通知规定的由本} \\ \text{层企业间接负担的税额}\end{array}\right)$$

$$\times \begin{array}{l}\text{本层企业向一家上一层} \\ \text{企业分配的股息（红利）}\end{array} \div \begin{array}{l}\text{本层企业所得} \\ \text{税后利润额}\end{array}$$

第六，除国务院财政、税务主管部门另有规定外，按照《企业所得税法实施条例》第八十条规定由居民企业直接或者间接持有 20% 以上股份的外国企业，限于符合以下持股方式的三层外国企业：

第一层，单一居民企业直接持有 20% 以上股份的外国企业。

第二层，单一第一层外国企业直接持有 20% 以上股份，且由单一居民企业直接持有或通过一个或多个符合本条规定持股条件的外国企业间接持有总和达到 20% 以上股份的外国企业。

第三层，单一第二层外国企业直接持有 20% 以上股份，且由单一居民企业直接持有或通过一个或多个符合本条规定持股条件的外国企业间接持有总和达到 20% 以上股份的外国企业。

第七，居民企业从与我国政府订立税收协定（或安排）的国家（地区）取得的所得，按照该国（地区）税收法律享受了免税或减税待遇，且该免税或减税的数额按照税收协定规定应视同已缴税额在中国的应纳税额中抵免的，该免税或减税数额可作为企业实际缴纳的境外所得税额用于办理税收抵免。

第八，企业应按照企业所得税法及其实施条例和本通知的有关规定分国（地区）别计算境外税额的抵免限额。

$$某国（地区）所得税抵免限额 = 中国境内、境外所得依照企业所得税法及实施条例的规定计算的应纳税总额 \times \frac{来源于某国（地区）的应纳税所得额}{中国境内、境外应纳税所得总额}$$

据以计算上述公式中"中国境内、境外所得依照企业所得税法及实施条例的规定计算的应纳税总额"的税率，除国务院财政、税务主管部门另有规定外，应为《企业所得税法》第四条第一款规定的税率。

企业按照《企业所得税法》及其实施条例和本通知的有关规定计算的当期境内、境外应纳税所得总额小于零的，应以零计算当期境内、境外应纳税所得总额，其当期境外所得税的抵免限额也为零。

第九，在计算实际应抵免的境外已缴纳和间接负担的所得税税额时，企业在境外一国（地区）当年缴纳和间接负担的符合规定的所得税税额低于所计算的该国（地区）抵免限额的，应以该项税额作为境外所得税抵免额从企业应纳税总额中据实抵免；超过抵免限额的，当年应以抵免限额作为境外所得税抵免额进行抵免，超过抵免限额的余额允许从次年起在连续五个纳税年度内，用每年度抵免限额抵免当年应抵税额后的余额进行抵补。

第十，属于下列情形的，经企业申请，主管税务机关核准，可以采取简易办法对境外所得已纳税额计算抵免：

（1）企业从境外取得营业利润所得以及符合境外税额间接抵免条件的股息所得，虽有所得来源国（地区）政府机关核发的具有纳税性质的凭证或证明，但因客观原因无法真实、准确地确认应当缴纳并已经实际缴纳的境外所得税税额的，除就该所得直接缴纳及间接负担的税额在所得来源国（地区）的实际有效税率低于我国《企业所得税法》第四条第一款规定税率50%以上的外，可按境外应纳税所得额的12.5%作为抵免限额，企业按该国（地区）税务机关或政府机关核发具有纳税性质凭证或证明的金额，其不超过抵免限额的部分，准予抵免；超过的部分不得抵免。

属于本款规定以外的股息、利息、租金、特许权使用费、转让财产等投资性所得，均应按本通知的其他规定计算境外税额抵免。

（2）企业从境外取得营业利润所得以及符合境外税额间接抵免条件的股息所得，凡就该所得缴纳及间接负担的税额在所得来源国（地区）的法定税率且其实际有效税率明显高于我国的，可直接以按本通知规定计算的境外应纳税所得额和我国企业所得税法规定的税率计算的抵免限额作为可抵免的已在境外实际缴纳的企业所得税税额。具体国家（地区）名单见附件。财政部、国家税务总局可根据实际情况适时对名单进行调整。

属于本款规定以外的股息、利息、租金、特许权使用费、转让财产等投资性所得，均应按本通知的其他规定计算境外税额抵免。

第十一，企业在境外投资设立不具有独立纳税地位的分支机构，其计算生产、经营所得的纳税年度与我国规定的纳税年度不一致的，与我国纳税年度当年度相对应的境外纳税年度，应为在我国有关纳税年度中任何一日结束的境外纳税年度。

企业取得上款以外的境外所得实际缴纳或间接负担的境外所得税，应在该项境外所得实现日所在的我国对应纳税年度的应纳税额中计算抵免。

第十二，企业抵免境外所得税额后实际应纳所得税额的计算公式为：

$$\begin{matrix} \text{企业实际应} \\ \text{纳所得税额} \end{matrix} = \begin{matrix} \text{企业境内外所} \\ \text{得应纳税总额} \end{matrix} - \begin{matrix} \text{企业所得税减免、} \\ \text{抵免优惠税额} \end{matrix} - \begin{matrix} \text{境外所得} \\ \text{税抵免额} \end{matrix}$$

第十三，本通知所称不具有独立纳税地位，是指根据企业设立地法律不具有独立法人地位或者按照税收协定规定不认定为对方国家（地区）的税收居民。

第十四，企业取得来源于中国香港、澳门、台湾地区的应税所得，参照本通知执行。

第十五，中华人民共和国政府同外国政府订立的有关税收的协定与本通知有不同规定的，依照协定的规定办理。

法定税率明显高于我国的境外所得来源国（地区）名单：美国、阿根廷、布隆迪、喀麦隆、古巴、法国、日本、摩洛哥、巴基斯坦、赞比亚、科威特、孟加拉国、叙利亚、约旦、老挝。

《国家税务总局关于企业境外所得适用简易征收和饶让抵免的核准事项取消后有关后续管理问题的公告》（国家税务总局公告2015年第70号）规定，根据《国家税务总局关于公布已取消的22项税务非行政许可审批事项的公告》（国家税务总局公告2015年第58号），为加强后续管理，经商财政部同意，现就"企业境外所得适用简易征收和饶让抵免的核准"审批事项取消后有关管理问题公告如下：

第一，企业境外所得符合《财政部 国家税务总局关于企业境外所得税收抵免有关问题的通知》（财税〔2009〕125号）第十条第（1）项和第（2）项规定情形的，可以采取简易办法对境外所得已纳税额计算抵免。企业在年度汇算清缴期内，应向主管税务机关报送备案资料，备案资料的具体内容按照《国家税务总局关于发布〈企业境外所得税收抵免操作指南〉的公告》（国家税务总局公告2010年第1号）第30条的规定执行。

第二，本公告自公布之日起施行。《财政部 国家税务总局关于企业境外所得税收抵免有关问题的通知》（财税〔2009〕125 号）第十条中"经企业申请，主管税务机关核准"的规定同时废止。

《财政部 国家税务总局关于我国石油企业在境外从事油（气）资源开采所得税收抵免有关问题的通知》（财税〔2011〕23 号）规定，根据《企业所得税法》及其实施条例和《财政部 国家税务总局关于企业境外所得税收抵免有关问题的通知》（财税〔2009〕125 号）的有关规定，我国石油企业在境外从事油（气）资源开采所得计征企业所得税时抵免境外已纳或负担所得税额的税务处理如下：

第一，石油企业可以选择按国（地区）别分别计算（即"分国（地区）不分项"），或者不按国（地区）别汇总计算（即"不分国（地区）不分项"）其来源于境外油（气）项目投资、工程技术服务和工程建设的油（气）资源开采活动的应纳税所得额，并按照财税〔2009〕125 号文件第八条规定的税率，分别计算其可抵免境外所得税税额和抵免限额。上述方式一经选择，5 年内不得改变。

石油企业选择采用不同于以前年度的方式（以下简称新方式）计算可抵免境外所得税税额和抵免限额时，对该企业以前年度按照财税〔2009〕125 号文件规定没有抵免完的余额，可在税法规定结转的剩余年限内，按新方式计算的抵免限额中继续结转抵免。

第二，石油企业在境外从事油（气）项目投资、工程技术服务和工程建设的油（气）资源开采活动取得股息所得，在按规定计算该石油企业境外股息所得的可抵免所得税额和抵免限额时，由该企业直接或者间接持有 20% 以上股份的外国企业，限于按照财税〔2009〕125 号文件第六条规定的持股方式确定的五层外国企业，即：

第一层，石油企业直接持有 20% 以上股份的外国企业；

第二层至第五层，单一上一层外国企业直接持有 20% 以上股份，且由该石油企业直接持有或通过一个或多个符合财税〔2009〕125 号文件第六条规定持股方式的外国企业间接持有总和达到 20% 以上股份的外国企业。

第三，石油企业境外所得税收抵免的其他事项，按照财税〔2009〕125 号文件的有关规定执行。

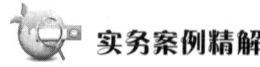 **实务案例精解**

例 5-2 某公司 2016 年度的应纳税所得额为 1 000 万元，该公司来源于境外的所得为 200 万元，在境外缴纳营业税 10 万元，缴纳所得税 40 万元。该公司 2016 年度的应纳税额为多少？（币别：人民币）

解答： 企业的应纳税所得额乘以适用税率，减除依照税法关于税收优惠的规定减免和抵免的税额后的余额，为应纳税额。已在境外缴纳的所得税税额，是指企业来源于中国境外的所得依照中国境外税收法律以及相关规定应当缴纳并已经实际缴纳的企业所得税性质的税款。因此，该公司来源于境外的所得所缴纳的营业税不能扣除。其境外所得的抵免限额为：200×25%=50（万元）。其境外实际缴纳的所得税低于抵免限额，可以全部扣除。该公司2016年度的应纳税额为：1 000×25%-40=210（万元）。

 实务案例精解

例5-3 某公司是中国居民企业，该公司在美国和日本设立了机构。2016年度，该公司来源于美国的所得为1 000万元，来源于日本的所得为800万元。该公司在美国缴纳了300万元的所得税，在日本缴纳了160万元的所得税。该公司2016年度的境内应纳税所得额为2 000万元。该公司2016年度境外所得的抵免限额是多少？（币别：人民币）

解答： 抵免限额，是指企业来源于中国境外的所得，依照企业所得税法和本条例的规定计算的应纳税额。除国务院财政、税务主管部门另有规定外，该抵免限额应当分国（地区）不分项计算，计算公式如下：抵免限额＝中国境内、境外所得依照企业所得税法和本条例的规定计算的应纳税总额 × 来源于某国（地区）的应纳税所得额 ÷ 中国境内、境外应纳税所得总额。因此，该公司2008年度来源于美国的抵免限额为：（2 000+1 000+800）×25%×1 000 ÷（2 000+1 000+800）=250（万元）。该公司2016年度来源于日本的抵免限额为：（2 000+1 000+800）×25%× 800 ÷（2 000+1 000+800）=200（万元）。

 实务案例精解

例5-4 某公司是中国居民企业，2010年度，该公司来源于A国的所得为100万元，在该国缴纳了所得税30万元。该公司2011至2016年度均没有来源于境外的所得。2017年，该公司从A国获得所得100万元，缴纳了所得税20万元。该公司2010年度和2017年度分别可以抵免多少外国所得税？（币别：人民币）

解答： 居民企业来源于中国境外的应税所得已在境外缴纳的所得税税额，可以从其当期应纳税额中抵免，抵免限额为该项所得依照《企业所得税法》规定计算的应纳税额。2010年度该公司境外所得的抵免限额为：100×25%=25（万元）。该公司实际在境外缴纳了30万元的所得税，当年只能抵免25万元。超过抵免限额的部分，可以在以后5个年度内，用每年度抵免限额抵免当年应抵税额后的余额进行抵补。5 个年度，是指从企业取得的来源于中国境外的所得，已经在中国境外缴纳的企业所得税性质的税额超过抵免限额的当年的次年起连续 5 个纳税年度。因此，该公司 2010 年尚未抵免的 50 万元税款只能在 2011 年至 2016 年内进行抵免。由于该公司在上述年度中均未取得境外所得，因此，该 50 万元税款就不能进行抵免了。2017 年，该公司境外所得的抵免限额为：100×25%=25（万元）。该公司实际缴纳了 20 万元的所得税，可以全额扣除。

三、外国税收间接抵免

 基本税收政策

居民企业从其直接或者间接控制的外国企业分得的来源于中国境外的股息、红利等权益性投资收益，外国企业在境外实际缴纳的所得税税额中属于该项所得负担的部分，可以作为该居民企业的可抵免境外所得税税额，在《企业所得税法》第二十三条规定的抵免限额内抵免。

 **税收政策详解**

直接控制，是指居民企业直接持有外国企业 20% 以上股份。间接控制，是指居民企业以间接持股方式持有外国企业 20% 以上股份，具体认定办法由国务院财政、税务主管部门另行制定。

企业依照《企业所得税法》的规定抵免企业所得税税额时，应当提供中国境外税务机关出具的税款所属年度的有关纳税凭证。

 实务应用指南

上述制度是关于解决经济性双重征税的规定。上述制度规定的抵免只能由居民企业享受，非居民企业，无论是否在中国设立机构、场所，均不能享受。

上述制度并非对居民企业来源于所有外国企业的股息都给予抵免，只有居民企业来源于其直接或者间接控制的外国企业的股息才能予以抵免。所谓直接控制，一般是指母公司和子公司的关系，而间接控制则是指母公司和孙公司、甚至重孙公司之间的关系，即母公司通过一个中介者——子公司来控制其他公司。

上述制度仅对居民企业来源于其直接或者间接控制的外国企业分得的来源于中国境外的股息、红利等权益性投资收益给予抵免，其他性质的收益，如利息，不能享受抵免。

由于外国企业的同一笔所得，首先要在外国企业的居民国缴纳企业所得税，纳税以后的利润才能分配股息，该股息在进入股东企业所在国时，股东企业所在国还要对该笔股息征收企业所得税，这样，同一笔所得就分别在两个国家缴纳了两次企业所得税，产生了经济性双重征税。我国对该种双重征税采取了间接抵免的制度。

外国企业在境外实际缴纳的所得税税额中属于该项所得负担的部分，可以作为该居民企业的可抵免境外所得税税额。也就是说，我国的居民企业在收到其直接或者间接控制的外国企业的股息时，首先要将该股息还原为税前所得，然后计算该税前所得需要在外国企业的居民国缴纳多少企业所得税，该笔企业所得税税额就是我国的居民企业所收到的该笔股息所承担的外国所得税税额。我国的居民企业同样应当将该笔股息还原为税前所得，并且将该笔所得计入企业当年年度的应纳税所得额，统一计算应纳税额，然后从应纳税额中扣除该笔股息所承担的外国所得税税额，当然，该笔外国所得税税额不能超过《企业所得税法》第二十三条所规定的限额。由于该条没有规定超过限额的外国所得税税额如何处理，应当认为，超过的部分既不能在当前年度扣除，也不能在以后的年度予以扣除。

实务案例精解

例 5-5　A 公司是依照中国法律在中国境内成立的公司，A 公司直接持有 B 公司 30% 的股份，B 公司是在日本注册成立的企业，B 公司的实际管理机构在新加坡。请根据我国税法和条例的规定判断 A 公司是否控制了 B 公司？

解答：①判断 A 公司是否属于居民企业。由于 A 公司是依照中国法律在中国境内成立的公司，A 公司属于中国居民企业。②判断 B 公司是否属于外国企业。由于 B 公司是在日本注册成立的企业，B 公司的实际管理机构在新加坡，B 公司属于外国企业。③判断直接持有比例是否达到 20% 以上。由于，A 公司直接持有 B 公司 30% 的股份，符合《企业所得税法实施条例》所规定的条件。④结论。A 公司直接控制了 B 公司。

实务案例精解

例 5-6　A 公司是依照美国法律在美国境内成立的公司，但 A 公司的实际管理机构在中国。A 公司直接持有 B 公司 28% 的股份，B 公司是在日本注册成立的企业，但 B 公司的实际管理机构在中国。请根据我国税法和条例的规定判断 A 公司是否控制了 B 公司？

解答： ①判断 A 公司是否属于居民企业。A 公司是依照美国法律在美国境内成立的公司，但其实际管理机构在中国，因此 A 公司属于中国居民企业。②判断 B 公司是否属于外国企业。B 公司是在日本注册成立的企业，但其实际管理机构在中国，因此 B 公司属于中国居民企业，不属于外国企业。③结论。B 公司并不是由 A 公司直接控制的外国企业。

 **实务案例精解**

例 5-7 A 公司是依照中国法律在中国境内成立的公司，A 公司直接持有 B 公司 30% 的股份。B 公司是在日本注册成立的企业，其实际管理机构在香港。B 公司直接持有 C 公司 80% 的股份，C 公司是在美国注册成立的企业，其实际管理机构在美国。请根据我国税法和条例的规定判断 A 公司是否控制了 C 公司？

解答： ①判断 A 公司是否属于居民企业。A 公司是依照中国法律在中国境内成立的公司，因此 A 公司属于中国居民企业。②判断 B 公司是否属于外国企业。B 公司是在日本注册成立的企业，其实际管理机构在香港，因此 B 公司属于外国企业。③判断 A 公司是否直接控制了 B 公司。A 公司直接持有 B 公司 30% 的股份，因此 A 公司直接控制了 B 公司。④判断 C 公司是否属于外国企业。C 公司是在美国注册成立的企业，实际管理机构在美国，因此 C 公司属于外国企业。⑤判断 A 公司是否间接持有 C 公司 20% 以上的股份。A 公司直接持有 B 公司 30% 的股份，B 公司直接持有 C 公司 80% 的股份，相当于 A 公司间接持有 C 公司 24% 的股份，满足间接持有 C 公司 20% 以上的股份的条件。⑥结论。A 公司间接控制了 C 公司。

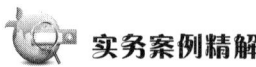 **实务案例精解**

例 5-8 A 公司是依照中国法律规定在中国成立的企业，该公司在日本和美国设有分支机构。2016 年度，该公司设在日本的分支机构获得应纳税所得额 1 000 万元，在日本缴纳企业所得税 300 万元，该公司在美国的分支机构获得应纳税所得额 2 000 万元，在美国缴纳企业所得税 400 万元。该公司可以提供在美国的纳税凭证，但在日本的纳税凭证不幸丢失。请计算该公司来自日本和美国的所得应当向中国缴纳多少税款？（币别：人民币）

解答： ①该公司来源于日本的所得的抵免限额为：1 000×25%=250（万元）。该公司在日本缴纳了300万元的所得税，该公司本来不需要补缴税款，但该公司无法提供在日本的纳税凭证，不能抵免在日本缴纳的所得税，因此，该公司来源于日本的所得需要缴纳250万元的税款。②该公司来源于美国的所得的抵免限额为：2 000×25%=500（万元）。该公司在美国缴纳了400万元的所得税，并且能够提供在美国的纳税凭证，可以予以抵免，但同时应当补缴所得税为：500-400=100（万元）。③该公司来自日本和美国的所得应当向中国缴纳的税额为：250+100=350（万元）。

第六部分 最新企业所得税优惠政策

您知道从 2008 年开始我国的企业可以享受哪些最新的税收优惠政策吗？您知道企业所取得的哪些收入可以不用纳税吗？您知道哪些企业可以适用比较低的税率吗？您知道我国对于企业从事国家鼓励的项目、招收国家鼓励的人员可以享受哪些税收优惠待遇吗？本部分将为您回答上述问题。

一、免 税 收 入

 基本税收政策

企业的下列收入为免税收入：

（1）国债利息收入。

（2）符合条件的居民企业之间的股息、红利等权益性投资收益。

（3）在中国境内设立机构、场所的非居民企业从居民企业取得与该机构、场所有实际联系的股息、红利等权益性投资收益。

（4）符合条件的非营利组织的收入。

 **税收政策详解**

国债利息收入，是指企业持有国务院财政部门发行的国债取得的利息收入。

符合条件的居民企业之间的股息、红利等权益性投资收益，是指居民企业直接投资于其他居民企业取得的投资收益。符合条件的居民企业之间的股息、红利等权益性投资收益以及在中国境内设立机构、场所的非居民企业从居民企业取得与该机构、场所有实际联系的股息、红利等权益性投资收益，不包括连续持有居民企业公开发行并上市流通的股票不足 12 个月取得的投资收益。

符合条件的非营利组织，是指同时符合下列条件的组织：

（1）依法履行非营利组织登记手续。

（2）从事公益性或者非营利性活动。

（3）取得的收入除用于与该组织有关的、合理的支出外，全部用于登记核定或者章程规定的公益性或者非营利性事业。

（4）财产及其孳息不用于分配。

（5）按照登记核定或者章程规定，该组织注销后的剩余财产用于公益性或者非营利性目的，或者由登记管理机关转赠给与该组织性质、宗旨相同的组织，并向社会公告。

（6）投入人对投入该组织的财产不保留或者享有任何财产权利。

（7）工作人员工资福利开支控制在规定的比例内，不变相分配该组织的财产。

上述规定的非营利组织的认定管理办法由国务院财政、税务主管部门会同国务院有关部门制定。符合条件的非营利组织的收入，不包括非营利组织从事营利性活动取得的收入，但国务院财政、税务主管部门另有规定的除外。

 实务应用指南

只有国债的利息才能免税，其他债券利息，如企业债券、金融债券的利息均不能免税。金融机构代发行国债取得的手续费收入属于应税收入范围，应按规定缴纳企业所得税。金融保险企业经营国库券的所得，即在二级市场上买卖国库券的所得，应按规定缴纳企业所得税，是指金融保险企业购买的国债未到兑付期而销售所取得的收入，应计入应税收入，按规定计算缴纳企业所得税。金融保险企业购买（包括二级市场购买）的国债到期（或分期）兑付所取得的国债利息收入，予以免征企业所得税，但相关费用不得在税前扣除。金融保险企业经销、代销国债所取得的代办手续费收入，应计入应税收入，按规定计算缴纳企业所得税。

国债又称国家公债，是国家以其信用为基础，按照债的一般原则，通过向社会筹集资金所形成的债权债务关系。按举借债务方式不同，国债可分为国家债券和国家借款。按偿还期限不同，国债可分为定期国债和不定期国债。定期国债按还债期长短又可分为短期国债、中期国债和长期国债。按发行地域不同，国债可分为国家内债和国家外债。按发行性质不同，国债可分为自由国债和强制国债。

国债通过证券经营机构间接发行，投资者购买国债可到证券经营机构购买。国债的品种不同，其购买方式也不同，其中无记名式和凭证式国债的购买手续简便，记账式国债的购买手续稍复杂些。无记名式国债的购买对象主要是各种机构投资者和个人投资者。无记名式实物券国债的购买是最简单的。投资者可在发行期内到销售无记名式国债的各大银行（包括中国工商银行、中国农业银行、中国建设银行、交通银行等）和证券机构的各个网点，持款填单购买。无记名式国债的面值种类一般为100元、500元、1 000元等。凭证式国债主要面向个人投资者发行。其发售和兑付是通过各大银行的储蓄网点、邮政储蓄部门的网点以及财政部门的国债服务部办理。其网点遍布全国城乡，能够最大限度满足群众购买、兑取需要。投资者购买凭证式国债可在发行期间内持款到各网点填单交款，办理购买事宜。由发行点填制凭证式国债收款凭单，其内容包括购买日期、购买人姓名、购买券种、购买金额、身份证件号码等，填完后交购买者收妥。办理手续和银行定期存款办理手续类似。凭证式国债以百元为起点整数发售，按面值购买。发行期过后，对于客户提前兑取的凭证式国债，可由指定的经办机构在控制指标内继续向社会发售。投资者在发行期后购买时，银行将重新填制凭证式国债收款凭单，投资者购买时仍按面值购买。购买日即为起息日。兑付时按实际持有天数、按相应档次利率计付利息（利息计算到到期时兑付期的最后一日）。记账式国债是通过交易所交易系统以记账的方式办理发行。投资者购买记账式国债必须在交易所开立证券账户或国债专用账户，并委托证券机构代理进行。因此，投资者必须拥有证券交易所的证券账户，并在证券经营机构开立资金账户才能购买记账式国债。

符合条件的居民企业之间的股息、红利等权益性投资收益，是指居民企业直接投资于其他居民企业取得的投资收益。这里所谓直接投资，是相对于股票投资等间接投资而言的。一般情况下，上述免税投资收益不包括投资于另一居民企业公开发行并上市流通的股票所取得的投资收益。《企业所得税法》所称股息、红利等权益性投资收益，不包括连续持有居民企业公开发行并上市流通的股票不足12个月取得的投资收益。这一规定在一定程度上对于直接投资进行了修正，股票间接投资如果连续持有12个月，也可以享受投资收益的优惠政策。

《财政部 国家税务总局关于非营利组织企业所得税免税收入问题的通知》（财税〔2009〕122号）规定，非营利组织的下列收入为免税收入：

（1）接受其他单位或者个人捐赠的收入。

（2）除《企业所得税法》第七条规定的财政拨款以外的其他政府补助收入，但不包括因政府购买服务取得的收入。

（3）按照省级以上民政、财政部门规定收取的会费。

（4）不征税收入和免税收入孳生的银行存款利息收入。

（5）财政部、国家税务总局规定的其他收入。

《财政部 国家税务总局关于非营利组织免税资格认定管理有关问题的通知》（财税〔2014〕13 号）规定，根据《企业所得税法》第二十六条及《企业所得税法实施条例》（以下简称《实施条例》）第八十四条的规定，对非营利组织免税资格认定管理实行以下制度：

第一，依据本通知认定的符合条件的非营利组织，必须同时满足以下条件：

（1）依照国家有关法律、法规设立或登记的事业单位、社会团体、基金会、民办非企业单位、宗教活动场所以及财政部、国家税务总局认定的其他组织。

（2）从事公益性或者非营利性活动。

（3）取得的收入除用于与该组织有关的、合理的支出外，全部用于登记核定或者章程规定的公益性或者非营利性事业。

（4）财产及其孳息不用于分配，但不包括合理的工资薪金支出。

（5）按照登记核定或者章程规定，该组织注销后的剩余财产用于公益性或者非营利性目的，或者由登记管理机关转赠给与该组织性质、宗旨相同的组织，并向社会公告。

（6）投入人对投入该组织的财产不保留或者享有任何财产权利，本款所称投入人是指除各级人民政府及其部门外的法人、自然人和其他组织。

（7）工作人员工资福利开支控制在规定的比例内，不变相分配该组织的财产，其中：工作人员平均工资薪金水平不得超过上年度税务登记所在地人均工资水平的两倍，工作人员福利按照国家有关规定执行。

（8）除当年新设立或登记的事业单位、社会团体、基金会及民办非企业单位外，事业单位、社会团体、基金会及民办非企业单位申请前年度的检查结论为"合格"。

（9）对取得的应纳税收入及其有关的成本、费用、损失应与免税收入及其有关的成本、费用、损失分别核算。

第二，经省级（含省级）以上登记管理机关批准设立或登记的非营利组织，凡符合规定条件的，应向其所在地省级税务主管机关提出免税资格申请，并提供本通知规定的相关材料；经市（地）级或县级登记管理机关批准设立或登记的非营利组织，凡符合规定条件的，分别向其所在地市（地）级或县级税务主管机关提出免税资格申请，并提供本通知规定的相关材料。

财政、税务部门按照上述管理权限，对非营利组织享受免税的资格联合进行审核确认，并定期予以公布。

第三，申请享受免税资格的非营利组织，需报送以下材料：

（1）申请报告。

（2）事业单位、社会团体、基金会、民办非企业单位的组织章程或宗教活动场所的管理制度。

（3）税务登记证复印件。

（4）非营利组织登记证复印件。

（5）申请前年度的资金来源及使用情况、公益活动和非营利活动的明细情况。

（6）具有资质的中介机构鉴证的申请前会计年度的财务报表和审计报告。

（7）登记管理机关出具的事业单位、社会团体、基金会、民办非企业单位申请前年度的年度检查结论。

（8）财政、税务部门要求提供的其他材料。

第四，非营利组织免税优惠资格的有效期为五年。非营利组织应在期满前三个月内提出复审申请，不提出复审申请或复审不合格的，其享受免税优惠的资格到期自动失效。

非营利组织免税资格复审，按照初次申请免税优惠资格的规定办理。

第五，非营利组织必须按照《税收征收管理法》（以下简称《税收征管法》）及《税收征收管理法实施细则》（以下简称《实施细则》）等有关规定，办理税务登记，按期进行纳税申报。取得免税资格的非营利组织应按照规定向主管税务机关办理免税手续，免税条件发生变化的，应当自发生变化之日起十五日内向主管税务机关报告；不再符合免税条件的，应当依法履行纳税义务；未依法纳税的，主管税务机关应当予以追缴。取得免税资格的非营利组织注销时，剩余财产处置违反本通知第一条第五项规定的，主管税务机关应追缴其应纳企业所得税款。

主管税务机关应根据非营利组织报送的纳税申报表及有关资料进行审查，当年符合《企业所得税法》及其《实施条例》和有关规定免税条件的收入，免予征收企业所得税；当年不符合免税条件的收入，照章征收企业所得税。主管税务机关在执行税收优惠政策过程中，发现非营利组织不再具备本通知规定的免税条件的，应及时报告核准该非营利组织免税资格的财政、税务部门，由其进行复核。

核准非营利组织免税资格的财政、税务部门根据本通知规定的管理权限，对非营利组织的免税优惠资格进行复核，复核不合格的，取消其享受免税优惠的资格。

第六，已认定的享受免税优惠政策的非营利组织有下述情况之一的，应取消其资格：

（1）事业单位、社会团体、基金会及民办非企业单位逾期未参加年检或年度检查结论为"不合格"的。

（2）在申请认定过程中提供虚假信息的。

（3）有逃避缴纳税款或帮助他人逃避缴纳税款行为的。

（4）通过关联交易或非关联交易和服务活动，变相转移、隐匿、分配该组织财产的。

（5）因违反《税收征管法》及其《实施细则》而受到税务机关处罚的。

（6）受到登记管理机关处罚的。

因上述第（1）项规定的情形被取消免税优惠资格的非营利组织，财政、税务部门在一年内不再受理该组织的认定申请；因上述规定的除第（1）项以外的其他情形被取消免税优惠资格的非营利组织，财政、税务部门在五年内不再受理该组织的认定申请。

《国家税务总局关于贯彻落实企业所得税法若干税收问题的通知》（国税函〔2010〕79号）规定：根据《企业所得税法实施条例》第二十七条、第二十八条的规定，企业取得的各项免税收入所对应的各项成本费用，除另有规定者外，可以在计算企业应纳税所得额时扣除。

《财政部 国家税务总局关于地方政府债券利息免征所得税问题的通知》（财税〔2013〕5号）规定：对企业和个人取得的2012年及以后年度发行的地方政府债券利息收入，免征企业所得税和个人所得税。地方政府债券是指经国务院批准同意，以省、自治区、直辖市和计划单列市政府为发行和偿还主体的债券。

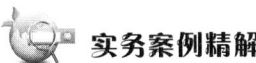 **实务案例精解**

例6-1　A公司2016年度自己计算的应纳税所得额为1 000万元，其中包括购买国债所获得的利息1万元，银行储蓄存款利息1万元，其他企业占用该公司的资金所支付的利息5万元。请计算该公司应当缴纳多少企业所得税？

解答：A公司购买国债所获得的利息1万元属于免税所得，不需要缴纳企业所得税，应当从应纳税所得额中予以扣除，银行储蓄存款利息1万元和其他企业占用A公司的资金所支付的利息5万元都属于应税所得，不需要进行调整。因此，A公司2016年度应当缴纳企业所得税额为：（1 000-1）×25%=249.75（万元）。

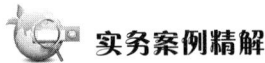 **实务案例精解**

例6-2　A公司2017年3月份向B公司投资1 000万元，当年获得股息80万元，A公司同时还购买了C公司公开发行并上市流通的股票，当年获得股息50万元，A公司于当年年底转让了C公司的股票。请计算该两笔股息应当缴纳多少企业所得税？

解答：A 公司从 B 公司获得的 80 万元股息属于免税所得，不需要缴纳企业所得税。A 公司从 C 公司获得的 50 万元股息由于持有期间不足 12 个月，因此，不属于免税所得，应当缴纳企业所得税。A 公司应当就该两笔股息缴纳的企业所得税税款为：50×25%=12.5（万元）。

 实务案例精解

例 6-3 A 基金会属于《企业所得税法》第二十六条所规定的符合条件的非营利组织，2016 年度，该基金会获得捐赠收入 1 000 万元，同时该基金会编辑了一套环保方面的书籍，获得出版社的稿酬 100 万元。请计算 A 基金会在 2016 年度应当缴纳多少企业所得税？

解答：该基金会属于免税组织。该基金会的营利性收入应当缴纳企业所得税。因此，该基金会获得捐赠收入 1 000 万元可以享受免税待遇，而该基金会获得的 100 万元稿酬则应当缴纳企业所得税。A 基金会在 2016 年度的应纳税额为：100×25%=25（万元）。

二、减免企业所得税

 基本税收政策

企业的下列所得，可以免征、减征企业所得税：

（1）从事农、林、牧、渔业项目的所得。

（2）从事国家重点扶持的公共基础设施项目投资经营的所得。

（3）从事符合条件的环境保护、节能节水项目的所得。

（4）符合条件的技术转让所得。

（5）《企业所得税法》第三条第 3 款规定的所得。

 **税收政策详解**

企业从事下列项目的所得，免征企业所得税：

（1）蔬菜、谷物、薯类、油料、豆类、棉花、麻类、糖料、水果、坚果的种植。

（2）农作物新品种的选育。

（3）中药材的种植。

（4）林木的培育和种植。

（5）牲畜、家禽的饲养。

（6）林产品的采集。

（7）灌溉、农产品初加工、兽医、农技推广、农机作业和维修等农、林、牧、渔服务业项目。

（8）远洋捕捞。

企业从事下列项目的所得，减半征收企业所得税：

（1）花卉、茶以及其他饮料作物和香料作物的种植。

（2）海水养殖、内陆养殖。

企业从事国家限制和禁止发展的项目，不得享受上述规定的减免企业所得税优惠。

国家重点扶持的公共基础设施项目，是指《公共基础设施项目企业所得税优惠目录》规定的港口码头、机场、铁路、公路、城市公共交通、电力、水利等项目。企业从事国家重点扶持的公共基础设施项目的投资经营的所得，自项目取得第一笔生产经营收入所属纳税年度起，第一年至第三年免征企业所得税，第四年至第六年减半征收企业所得税。企业承包经营、承包建设和内部自建自用上述规定的项目，不得享受本条规定的企业所得税优惠。

符合条件的环境保护、节能节水项目，包括公共污水处理、公共垃圾处理、沼气综合开发利用、节能减排技术改造、海水淡化等。项目的具体条件和范围由国务院财政、税务主管部门商国务院有关部门制订，报国务院批准后公布施行。企业从事符合条件的环境保护、节能节水项目的所得，自项目取得第一笔生产经营收入所属纳税年度起，第一年至第三年免征企业所得税，第四年至第六年减半征收企业所得税。

 友情提示

依照上述条规定享受减免税优惠的项目，在减免税期限内转让的，受让方自受让之日起，可以在剩余期限内享受规定的减免税优惠；减免税期限届满后转让的，受让方不得就该项目重复享受减免税优惠。

符合条件的技术转让所得免征、减征企业所得税，是指一个纳税年度内，居民企业技术转让所得不超过500万元的部分，免征企业所得税；超过500万元的部分，减半征收企业所得税。

非居民企业在中国境内未设立机构、场所，或者虽设立机构、场所但取得的所得与其所设机构、场所没有实际联系，其来源于中国境内的所得，减按10%税率征收企业所得税。

根据《企业所得税法》及其实施条例的规定，2008 年 1 月 1 日起，非居民企业从我国居民企业获得的股息将按照 10% 的税率征收预提所得税，但是，我国政府同外国政府订立的关于对所得避免双重征税和防止偷漏税的协定以及内地与香港、澳门间的税收安排（以下统称协定），与国内税法有不同规定的，依照协定的规定办理。

协定股息税率情况一览表

税　　率	与下列国家（地区）协定
0%	格鲁吉亚（直接拥有支付股息公司至少 50% 股份并在该公司投资达到 200 万欧元情况下）
5%	科威特、蒙古、毛里求斯、斯洛文尼亚、牙买加、南斯拉夫、苏丹、老挝、南非、克罗地亚、马其顿、塞舌尔、巴巴多斯、阿曼、巴林、沙特
5%（直接拥有支付股息公司至少 10% 股份情况下）	委内瑞拉、格鲁吉亚（并在该公司投资达到 10 万欧元）（与上述国家协定规定直接拥有支付股息公司股份低于 10% 情况下税率为 10%）
5%（直接拥有支付股息公司至少 25% 股份情况下）	卢森堡、韩国、乌克兰、亚美尼亚、冰岛、立陶宛、拉脱维亚、爱沙尼亚、爱尔兰、摩尔多瓦、古巴、特多、香港、新加坡（与上述国家（地区）协定规定直接拥有支付股息公司股份低于 25% 情况下税率为 10%）
7%	阿联酋
7%（直接拥有支付股息公司至少 25% 股份情况下）	奥地利（直接拥有支付股息公司股份低于 25% 情况下税率为 10%）
8%	埃及、突尼斯、墨西哥
10%	日本、美国、法国、英国、比利时、德国、马来西亚、丹麦、芬兰、瑞典、意大利、荷兰、捷克、波兰、保加利亚、巴基斯坦、瑞士、塞浦路斯、西班牙、罗马尼亚、奥地利、匈牙利、马耳他、俄罗斯、印度、白俄罗斯、以色列、越南、土耳其、乌兹别克斯坦、葡萄牙、孟加拉、哈萨克斯坦、印尼、伊朗、吉尔吉斯、斯里兰卡、阿尔巴尼亚、阿塞拜疆、摩洛哥、澳门
10%（直接拥有支付股息公司至少 10% 股份情况下）	加拿大、菲律宾（与上述国家协定规定直接拥有支付股息公司股份低于 10% 情况下税率为 15%）
15%	挪威、新西兰、巴西、巴布亚新几内亚
15%（直接拥有支付股息公司至少 25% 股份情况下）	泰国（直接拥有支付股息公司股份低于 25% 情况下税率为 20%）

下列所得可以免征企业所得税：

（1）外国政府向中国政府提供贷款取得的利息所得；

（2）国际金融组织向中国政府和居民企业提供优惠贷款取得的利息所得；

（3）经国务院批准的其他所得。

 实务应用指南

农、林、牧、渔业属于利润比较小的产业和行业，而且也是国家的基础产业，其发展状况如何直接决定了一个国家发展的基础和潜力。因此，各个国家对于基础产业的发展都非常重视，也都采取各种优惠政策，特别是财税优惠政策鼓励其发展。对于企业从事这些项目的所得免征企业所得税，一方面符合国家的产业政策，另一方面则符合相关产业的税收负担能力。根据我国现行产业分类，第一产业是指农、林、牧、渔业；第二产业是指采矿业，制造业，电力、燃气及水的生产和供应业，建筑业；第三产业是指除第一、第二产业以外的其他行业，包括：交通运输、仓储和邮政业，信息传输、计算机服务和软件业，批发和零售业，住宿和餐饮业，金融业，房地产业，租赁和商务服务业，科学研究、技术服务和地质勘查业，水利、环境和公共设施管理业，居民服务和其他服务业，教育，卫生、社会保障和社会福利业，文化、体育和娱乐业，公共管理和社会组织，国际组织。

 友情提示

如果企业既从事了免征收企业所得税的项目，又从事了减半征收企业所得税的项目，企业应当将不同的项目分别核算，否则，只能享受减半征收企业所得税的优惠政策。

下列所得可以免征所得税：

（1）国际金融组织向中国政府和居民企业提供优惠贷款取得的利息所得。国际金融组织，是指从事国际金融事务或信贷活动的超国家协调或管理的组织机构。这类金融组织按其运作范围，可分为全球性国际金融组织和区域性国际金融组织，根据《国际金融组织和外国政府贷款投资项目管理暂行办法》（国家发展和改革委员会令第〔2005〕28号）的规定，其中的国际金融组织包括世界银行、亚洲开发银行、国际农业发展基金会等。根据《国际金融组织和外国政府贷款赠款管理办法》（财政部令第〔2006〕38号）的规定，国际金融组织包括世界银行、亚洲开发银行、国际农业发展基金、欧洲投资银行等。

国际金融组织向中国政府和居民企业提供的贷款必须是优惠贷款才能享受免税待遇，非优惠贷款的利息所得不能享受免税待遇。

（2）外国政府向中国政府提供贷款取得的利息所得。根据本项规定免税需要具备以下条件：第一，享受优惠的主体是外国政府；第二，接受贷款的必需是中国政府。目前只有中央政府即国务院有权对外举债，地方政府以及政府部门尚无权举借外债。

（3）经国务院批准的其他所得。

根据《国家税务总局关于下发协定股息税率情况一览表的通知》（国家税务总局 2008 年 1 月 29 日发布，国税函〔2008〕112 号）的规定，根据《企业所得税法》及其实施条例的规定，2008 年 1 月 1 日起，非居民企业从我国居民企业获得的股息将按照 10% 的税率征收预提所得税，但是，我国政府同外国政府订立的关于对所得避免双重征税和防止偷漏税的协定以及内地与香港、澳门间的税收安排（以下统称协定），与国内税法有不同规定的，依照协定的规定办理。协定税率高于我国法律、法规规定税率的，可以按国内法律、法规规定的税率执行，纳税人申请执行协定税率时必须提交享受协定待遇申请表，各地税务机关应严格审批协定待遇申请，防范协定适用不当。

《国家税务总局关于中国居民企业向境外 H 股非居民企业股东派发股息代扣代缴企业所得税有关问题的通知》（国税函〔2008〕897 号）规定：

（1）中国居民企业向境外 H 股非居民企业股东派发 2008 年及以后年度股息时，统一按 10% 的税率代扣代缴企业所得税。

（2）非居民企业股东在获得股息之后，可以自行或通过委托代理人或代扣代缴义务人，向主管税务机关提出享受税收协定（安排）待遇的申请，提供证明自己为符合税收协定（安排）规定的实际受益所有人的资料。主管税务机关审核无误后，应就已征税款和根据税收协定（安排）规定税率计算的应纳税款的差额予以退税。

（3）各地应加强对我国境外上市企业派发股息情况的了解，并发挥售付汇凭证的作用，确保代扣代缴税款及时足额入库。

《国家税务总局关于中国居民企业向 QFII 支付股息、红利、利息代扣代缴企业所得税有关问题的通知》（国税函〔2009〕47 号）规定：

（1）合格境外机构投资者（以下称为 QFII）取得来源于中国境内的股息、红利和利息收入，应当按照企业所得税法规定缴纳 10% 的企业所得税。如果是股息、红利，则由派发股息、红利的企业代扣代缴；如果是利息，则由企业在支付或到期应支付时代扣代缴。

（2）QFII 取得股息、红利和利息收入，需要享受税收协定（安排）待遇的，可向主管税务机关提出申请，主管税务机关审核无误后按照税收协定的规定执行；涉及退税的，应及时予以办理。

（3）各地税务机关应了解 QFII 在我国从事投资的情况，及时提供税收服务，建立税收管理档案，确保代扣代缴税款及时足额入库。

《国家税务总局关于执行税收协定股息条款有关问题的通知》（国税函〔2009〕81号）规定：

第一，税收协定股息条款是指专门适用于股息所得的税收协定条款，不含按税收协定规定应作为营业利润处理的股息所得所适用的税收协定条款。

第二，按照税收协定股息条款规定，中国居民公司向税收协定缔约对方税收居民支付股息，且该对方税收居民（或股息收取人）是该股息的受益所有人，则该对方税收居民取得的该项股息可享受税收协定待遇，即按税收协定规定的税率计算其在中国应缴纳的所得税。如果税收协定规定的税率高于中国国内税收法律规定的税率，则纳税人仍可按中国国内税收法律规定纳税。

纳税人需要享受上款规定的税收协定待遇的，应同时符合以下条件：

（1）可享受税收协定待遇的纳税人应是税收协定缔约对方税收居民。

（2）可享受税收协定待遇的纳税人应是相关股息的受益所有人。

（3）可享受税收协定待遇的股息应是按照中国国内税收法律规定确定的股息、红利等权益性投资收益。

（4）国家税务总局规定的其他条件。

第三，根据有关税收协定股息条款规定，凡税收协定缔约对方税收居民直接拥有支付股息的中国居民公司一定比例以上资本（一般为 25% 或 10%）的，该对方税收居民取得的股息可按税收协定规定税率征税。该对方税收居民需要享受该税收协定待遇的，应同时符合以下条件：

（1）取得股息的该对方税收居民根据税收协定规定应限于公司。

（2）在该中国居民公司的全部所有者权益和有表决权股份中，该对方税收居民直接拥有的比例均符合规定比例。

（3）该对方税收居民直接拥有该中国居民公司的资本比例，在取得股息前连续 12 个月以内任何时候均符合税收协定规定的比例。

第四，以获取优惠的税收地位为主要目的的交易或安排不应构成适用税收协定股息条款优惠规定的理由，纳税人因该交易或安排而不当享受税收协定待遇的，主管税务机关有权进行调整。

第五，纳税人需要按照税收协定股息条款规定纳税的，相关纳税人或扣缴义务人应该取得并保有支持其执行税收协定股息条款规定的信息资料，并按有关规定及时根据税务机关的要求报告或提供。有关的信息资料包括：

（1）由协定缔约对方税务主管当局或其授权代表签发的税收居民身份证明以及支持该证明的税收协定缔约对方国内法律依据和相关事实证据。

（2）纳税人在税收协定缔约对方的纳税情况，特别是与取得由中国居民公司支付股息有关的纳税情况。

（3）纳税人是否构成任一第三方（国家或地区）税收居民。

（4）纳税人是否构成中国税收居民。

（5）纳税人据以取得中国居民公司所支付股息的相关投资（转让）合同、产权凭证、利润分配决议、支付凭证等权属证明。

（6）纳税人在中国居民公司的持股情况。

（7）其他与执行税收协定股息条款规定有关的信息资料。

《国家税务总局关于非居民企业取得 B 股等股票股息征收企业所得税问题的批复》（国税函〔2009〕394 号）规定：在中国境内外公开发行、上市股票（A 股、B 股和海外股）的中国居民企业，在向非居民企业股东派发 2008 年及以后年度股息时，应统一按 10% 的税率代扣代缴企业所得税。非居民企业股东需要享受税收协定待遇的，依照税收协定执行的有关规定办理。

《财政部 国家税务总局关于企业所得税若干优惠政策的通知》（财税〔2008〕1 号）规定，鼓励证券投资基金发展的优惠政策如下：

（1）对证券投资基金从证券市场中取得的收入，包括买卖股票、债券的差价收入，股权的股息、红利收入，债券的利息收入及其他收入，暂不征收企业所得税。

（2）对投资者从证券投资基金分配中取得的收入，暂不征收企业所得税。

（3）对证券投资基金管理人运用基金买卖股票、债券的差价收入，暂不征收企业所得税。

《财政部 国家税务总局关于核电行业税收政策有关问题的通知》（财税〔2008〕38 号）规定：自 2008 年 1 月 1 日起，核力发电企业取得的增值税退税款，专项用于还本付息，不征收企业所得税。

《财政部 国家税务总局关于海峡两岸海上直航营业税和企业所得税政策的通知》（财税〔2009〕4 号）规定：自 2008 年 12 月 15 日起，对台湾航运公司从事海峡两岸海上直航业务取得的来源于大陆的所得，免征企业所得税。享受企业所得税免税政策的台湾航运公司应当按照企业所得税法实施条例的有关规定，单独核算其从事上述业务在大陆取得的收入和发生的成本、费用；未单独核算的，不得享受免征企业所得税政策。上述所称台湾航运公司，是指取得交通运输部颁发的"台湾海峡两岸间水路运输许可证"且上述许可证上注明的公司登记地址在台湾的航运公司。

《财政部 国家税务总局关于执行企业所得税优惠政策若干问题的通知》

（财税〔2009〕69号）规定：

《企业所得税法实施条例》第九十一条第（二）项所称国际金融组织，包括国际货币基金组织、世界银行、亚洲开发银行、国际开发协会、国际农业发展基金、欧洲投资银行以及财政部和国家税务总局确定的其他国际金融组织；所称优惠贷款，是指低于金融企业同期同类贷款利率水平的贷款。

《财政部 国家税务总局关于海峡两岸空中直航营业税和企业所得税政策的通知》（财税〔2010〕63号）规定：

自2009年6月25日起，对台湾航空公司从事海峡两岸空中直航业务取得的来源于大陆的所得，免征企业所得税。享受企业所得税免税政策的台湾航空公司应当按照《企业所得税法实施条例》的有关规定，单独核算其从事上述业务在大陆取得的收入和发生的成本、费用；未单独核算的，不得享受免征企业所得税政策。台湾航空公司，是指取得中国民用航空局颁发的"经营许可"或依据《海峡两岸空运协议》和《海峡两岸空运补充协议》规定，批准经营两岸旅客、货物和邮件不定期（包机）运输业务，且公司登记地址在台湾的航空公司。

《财政部 国家税务总局关于QFII和RQFII取得中国境内的股票等权益性投资资产转让所得暂免征收企业所得税问题的通知》（财税〔2014〕79号）规定：从2014年11月17日起，对合格境外机构投资者（简称QFII）、人民币合格境外机构投资者（简称RQFII）取得来源于中国境内的股票等权益性投资资产转让所得，暂免征收企业所得税。在2014年11月17日之前QFII和RQFII取得的上述所得应依法征收企业所得税。本通知适用于在中国境内未设立机构、场所，或者在中国境内虽设立机构、场所，但取得的上述所得与其所设机构、场所没有实际联系的QFII、RQFII。

《国家税务总局关于贯彻落实从事农、林、牧、渔业项目企业所得税优惠政策有关事项的通知》（国税函〔2008〕850号）规定：

第一，《企业所得税法实施条例》第八十六条规定的农、林、牧、渔业项目企业所得税优惠政策，各地可直接贯彻执行。对属已明确的免税项目，如有征税的，要及时退还税款。

农、林、牧、渔业项目中尚需进一步细化规定的农产品初加工等少数项目，税务总局正与相关部门抓紧研究，拟于近期下发执行。对从事此类项目的企业，因有特殊困难，不能按期缴纳企业所得税税款的，可按《税收征收管理法》及其实施细则的相关规定，申请延期缴纳税款。

第二，各地可暂按《国家税务总局关于印发〈税收减免管理办法（试行）〉的通知》（国税发〔2005〕129号）规定的程序，办理《企业所得税法》及其实施条例规定的从事农、林、牧、渔业项目的企业所得税优惠政策事宜。

第三，各级国税局、地税局要密切配合，确保从事农、林、牧、渔业项目的企业所得税优惠政策执行口径一致。各地对执行中发现的新情况和新问题要及时向税务总局（所得税司）反映，确保政策落实到位。

《财政部 国家税务总局关于发布享受企业所得税优惠政策的农产品初加工范围（试行）的通知》（财税〔2008〕149号）规定：

根据《企业所得税法》及其实施条例的规定，为贯彻落实农、林、牧、渔业项目企业所得税优惠政策，现印发《享受企业所得税优惠政策的农产品初加工范围（试行）》，自2008年1月1日起执行。

各地财政、税务机关对《享受企业所得税优惠政策的农产品初加工范围（试行）》执行中发现的新情况、新问题应及时向国务院财政、税务主管部门反馈，国务院财政、税务主管部门会同有关部门将根据经济社会发展需要，适时对《享受企业所得税优惠政策的农产品初加工范围（试行）》内的项目进行调整和修订。

《享受企业所得税优惠政策的农产品初加工范围（试行）（2008年版）》内容如下：

第一，种植业类。

（1）粮食初加工。

①小麦初加工。通过对小麦进行清理、配麦、磨粉、筛理、分级、包装等简单加工处理，制成的小麦面粉及各种专用粉。

②稻米初加工。通过对稻谷进行清理、脱壳、碾米（或不碾米）、烘干、分级、包装等简单加工处理，制成的成品粮及其初制品，具体包括大米、蒸谷米。

③玉米初加工。通过对玉米籽粒进行清理、浸泡、粉碎、分离、脱水、干燥、分级、包装等简单加工处理，生产的玉米粉、玉米碴、玉米片等；鲜嫩玉米经筛选、脱皮、洗涤、速冻、分级、包装等简单加工处理，生产的鲜食玉米（速冻粘玉米、甜玉米、花色玉米、玉米籽粒）。

④薯类初加工。通过对马铃薯、甘薯等薯类进行清洗、去皮、磋磨、切制、干燥、冷冻、分级、包装等简单加工处理，制成薯类初级制品。具体包括：薯粉、薯片、薯条。

⑤食用豆类初加工。通过对大豆、绿豆、红小豆等食用豆类进行清理去杂、浸洗、晾晒、分级、包装等简单加工处理，制成的豆面粉、黄豆芽、绿豆芽。

⑥其他类粮食初加工。通过对燕麦、荞麦、高粱、谷子等杂粮进行清理去杂、脱壳、烘干、磨粉、轧片、冷却、包装等简单加工处理，制成的燕麦米、燕麦粉、燕麦麸皮、燕麦片、荞麦米、荞麦面、小米、小米面、高粱米、高

粱面。

（2）林木产品初加工。

通过将伐倒的乔木、竹（含活立木、竹）去枝、去梢、去皮、去叶、锯段等简单加工处理，制成的原木、原竹、锯材。

（3）园艺植物初加工。

①蔬菜初加工。将新鲜蔬菜通过清洗、挑选、切割、预冷、分级、包装等简单加工处理，制成净菜、切割蔬菜；利用冷藏设施，将新鲜蔬菜通过低温贮藏，以备淡季供应的速冻蔬菜，如速冻茄果类、叶类、豆类、瓜类、葱蒜类、柿子椒、蒜薹；将植物的根、茎、叶、花、果、种子和食用菌通过干制等简单加工处理，制成的初制干菜，如黄花菜、玉兰片、萝卜干、冬菜、梅干菜、木耳、香菇、平菇。以蔬菜为原料制作的各类蔬菜罐头（罐头是指以金属罐、玻璃瓶、经排气密封的各种食品。下同）及碾磨后的园艺植物（如胡椒粉、花椒粉等）不属于初加工范围。

②水果初加工。通过对新鲜水果（含各类山野果）清洗、脱壳、切块（片）、分类、储藏保鲜、速冻、干燥、分级、包装等简单加工处理，制成的各类水果、果干、原浆果汁、果仁、坚果。

③花卉及观赏植物初加工。通过对观赏用、绿化及其他各种用途的花卉及植物进行保鲜、储藏、烘干、分级、包装等简单加工处理，制成的各类鲜、干花。

（4）油料植物初加工。

通过对菜籽、花生、大豆、葵花籽、蓖麻籽、芝麻、胡麻籽、茶子、桐子、棉籽、红花籽及米糠等粮食的副产品等，进行清理、热炒、磨坯、榨油（搅油、墩油）、浸出等简单加工处理，制成的植物毛油和饼粕等副产品。具体包括菜籽油、花生油、豆油、葵花油、蓖麻籽油、芝麻油、胡麻籽油、茶子油、桐子油、棉籽油、红花油、米糠油以及油料饼粕、豆饼、棉籽饼。

精炼植物油不属于初加工范围。

（5）糖料植物初加工。

通过对各种糖料植物，如甘蔗、甜菜、甜菊等，进行清洗、切割、压榨等简单加工处理，制成的制糖初级原料产品。

（6）茶叶初加工。

通过对茶树上采摘下来的鲜叶和嫩芽进行杀青（萎凋、摇青）、揉捻、发酵、烘干、分级、包装等简单加工处理，制成的初制毛茶。

精制茶、边销茶、紧压茶和掺兑各种药物的茶及茶饮料不属于初加工范围。

（7）药用植物初加工。

通过对各种药用植物的根、茎、皮、叶、花、果实、种子等，进行挑选、整理、捆扎、清洗、晾晒、切碎、蒸煮、炒制等简单加工处理，制成的片、丝、块、段等中药材。

加工的各类中成药不属于初加工范围。

（8）纤维植物初加工。

①棉花初加工。通过轧花、剥绒等脱绒工序简单加工处理，制成的皮棉、短绒、棉籽。

②麻类初加工。通过对各种麻类作物（大麻、黄麻、槿麻、苎麻、苘麻、亚麻、罗布麻、蕉麻、剑麻等）进行脱胶、抽丝等简单加工处理，制成的干（洗）麻、纱条、丝、绳。

③蚕茧初加工。通过烘干、杀蛹、缫丝、煮剥、拉丝等简单加工处理，制成的蚕、蛹、生丝、丝棉。

（9）热带、南亚热带作物初加工。

通过对热带、南亚热带作物去除杂质、脱水、干燥、分级、包装等简单加工处理，制成的工业初级原料。具体包括：天然橡胶生胶和天然浓缩胶乳、生咖啡豆、胡椒籽、肉桂油、桉油、香茅油、木薯淀粉、木薯干片、坚果。

第二，畜牧业类。

（1）畜禽类初加工。

①肉类初加工。通过对畜禽类动物（包括各类牲畜、家禽和人工驯养、繁殖的野生动物以及其他经济动物）宰杀、去头、去蹄、去皮、去内脏、分割、切块或切片、冷藏或冷冻、分级、包装等简单加工处理，制成的分割肉、保鲜肉、冷藏肉、冷冻肉、绞肉、肉块、肉片、肉丁。

②蛋类初加工。通过对鲜蛋进行清洗、干燥、分级、包装、冷藏等简单加工处理，制成的各种分级、包装的鲜蛋、冷藏蛋。

③奶类初加工。通过对鲜奶进行净化、均质、杀菌或灭菌、灌装等简单加工处理，制成的巴氏杀菌奶、超高温灭菌奶。

④皮类初加工。通过对畜禽类动物皮张剥取、浸泡、刮里、晾干或熏干等简单加工处理，制成的生皮、生皮张。

⑤毛类初加工。通过对畜禽类动物毛、绒或羽绒分级、去杂、清洗等简单加工处理，制成的洗净毛、洗净绒或羽绒。

⑥蜂产品初加工。通过去杂、过滤、浓缩、熔化、磨碎、冷冻简单加工处理，制成的蜂蜜、蜂蜡、蜂胶、蜂花粉。

肉类罐头、肉类熟制品、蛋类罐头、各类酸奶、奶酪、奶油、王浆粉、各种蜂产品口服液、胶囊不属于初加工范围。

（2）饲料类初加工。

①植物类饲料初加工。通过碾磨、破碎、压榨、干燥、酿制、发酵等简单加工处理，制成的糠麸、饼粕、糟渣、树叶粉。

②动物类饲料初加工。通过破碎、烘干、制粉等简单加工处理，制成的鱼粉、虾粉、骨粉、肉粉、血粉、羽毛粉、乳清粉。

③添加剂类初加工。通过粉碎、发酵、干燥等简单加工处理，制成的矿石粉、饲用酵母。

（3）牧草类初加工。

通过对牧草、牧草种子、农作物秸秆等，进行收割、打捆、粉碎、压块、成粒、分选、青贮、氨化、微化等简单加工处理，制成的干草、草捆、草粉、草块或草饼、草颗粒、牧草种子以及草皮、秸秆粉（块、粒）。

第三，渔业类。

（1）水生动物初加工。

将水产动物（鱼、虾、蟹、鳖、贝、棘皮类、软体类、腔肠类、两栖类、海兽类动物等）整体或去头、去鳞（皮、壳）、去内脏、去骨（刺）、擂溃或切块、切片，经冰鲜、冷冻、冷藏等保鲜防腐处理、包装等简单加工处理，制成的水产动物初制品。

熟制的水产品和各类水产品的罐头以及调味烤制的水产食品不属于初加工范围。

（2）水生植物初加工。

将水生植物（海带、裙带菜、紫菜、龙须菜、麒麟菜、江篱、浒苔、羊栖菜、莼菜等）整体或去根、去边梢、切段，经热烫、冷冻、冷藏等保鲜防腐处理、包装等简单加工处理的初制品，以及整体或去根、去边梢、切段、经晾晒、干燥（脱水）、包装、粉碎等简单加工处理的初制品。

罐装（包括软罐）产品不属于初加工范围。

《财政部 国家税务总局关于享受企业所得税优惠的农产品初加工有关范围的补充通知》（财税〔2011〕26 号）规定，为进一步规范农产品初加工企业所得税优惠政策，就《财政部 国家税务总局关于发布享受企业所得税优惠政策的农产品初加工范围（试行）的通知》（财税〔2008〕149 号，以下简称《范围》）涉及的有关事项细化如下（以下序数对应《范围》中的序数）：

第一，种植业类。

（1）粮食初加工。

①小麦初加工。范围》规定的小麦初加工产品还包括麸皮、麦糠、麦仁。

②稻米初加工。《范围》规定的稻米初加工产品还包括稻糠（砻糠、米糠和统糠）。

③薯类初加工。《范围》规定的薯类初加工产品还包括变性淀粉以外的薯类淀粉。薯类淀粉生产企业需达到国家环保标准，且年产量在一万吨以上。

④其他类粮食初加工。《范围》规定的杂粮还包括大麦、糯米、青稞、芝麻、核桃；相应的初加工产品还包括大麦芽、糯米粉、青稞粉、芝麻粉、核桃粉。

（3）园艺植物初加工。

水果初加工。《范围》规定的新鲜水果包括番茄。

（4）油料植物初加工。

《范围》规定的粮食副产品还包括玉米胚芽、小麦胚芽。

（5）糖料植物初加工。

《范围》规定的甜菊又名甜叶菊。

（6）纤维植物初加工。

①麻类初加工。《范围》规定的麻类作物还包括芦苇。

②蚕茧初加工。《范围》规定的蚕包括蚕茧，生丝包括厂丝。

第二，畜牧业类。

（1）畜禽类初加工——肉类初加工。《范围》规定的肉类初加工产品还包括火腿等风干肉、猪牛羊杂骨。

《国家税务总局关于实施农 林 牧 渔业项目企业所得税优惠问题的公告》（国家税务总局公告 2011 年第 48 号）规定，根据《企业所得税法》（以下简称企业所得税法）及《企业所得税法实施条例》（以下简称实施条例）的规定，现对企业（含企业性质的农民专业合作社，下同）从事农、林、牧、渔业项目的所得，实施企业所得税优惠政策和征收管理中的有关事项公告如下：

第一，企业从事实施条例第八十六条规定的享受税收优惠的农、林、牧、渔业项目，除另有规定外，参照《国民经济行业分类》（GB/T4754–2002）的规定标准执行。

企业从事农、林、牧、渔业项目，凡属于《产业结构调整指导目录（2011年版）》（国家发展和改革委员会令第 9 号）中限制和淘汰类的项目，不得享受实施条例第八十六条规定的优惠政策。

第二，企业从事农作物新品种选育的免税所得，是指企业对农作物进行品种和育种材料选育形成的成果，以及由这些成果形成的种子（苗）等繁殖材料的生产、初加工、销售一体化取得的所得。

第三，企业从事林木的培育和种植的免税所得，是指企业对树木、竹子的育种和育苗、抚育和管理以及规模造林活动取得的所得，包括企业通过拍卖或收购方式取得林木所有权并经过一定的生长周期，对林木进行再培育取得的所得。

第四，企业从事下列项目所得的税务处理

（1）猪、兔的饲养，按"牲畜、家禽的饲养"项目处理。

（2）饲养牲畜、家禽产生的分泌物、排泄物，按"牲畜、家禽的饲养"项目处理。

（3）观赏性作物的种植，按"花卉、茶及其他饮料作物和香料作物的种植"项目处理。

（4）"牲畜、家禽的饲养"以外的生物养殖项目，按"海水养殖、内陆养殖"项目处理。

第五，农产品初加工相关事项的税务处理：

（1）企业根据委托合同，受托对符合《财政部 国家税务总局关于发布享受企业所得税优惠政策的农产品初加工范围（试行）的通知》（财税〔2008〕149 号）和《财政部 国家税务总局关于享受企业所得税优惠的农产品初加工有关范围的补充通知》（财税〔2011〕26 号）规定的农产品进行初加工服务，其所收取的加工费，可以按照农产品初加工的免税项目处理。

（2）财税〔2008〕149 号文件规定的"油料植物初加工"工序包括"冷却、过滤"等；"糖料植物初加工"工序包括"过滤、吸附、解析、碳脱、浓缩、干燥"等，其适用时间按照财税〔2011〕26 号文件规定执行。

（3）企业从事实施条例第八十六条第（二）项适用企业所得税减半优惠的种植、养殖项目，并直接进行初加工且符合农产品初加工目录范围的，企业应合理划分不同项目的各项成本、费用支出，分别核算种植、养殖项目和初加工项目的所得，并各按适用的政策享受税收优惠。

（4）企业对外购茶叶进行筛选、分装、包装后进行销售的所得，不享受农产品初加工的优惠政策。

第六，对取得农业部颁发的"远洋渔业企业资格证书"并在有效期内的远洋渔业企业，从事远洋捕捞业务取得的所得免征企业所得税。

第七，购入农产品进行再种植、养殖的税务处理：

企业将购入的农、林、牧、渔产品，在自有或租用的场地进行育肥、育秧等再种植、养殖，经过一定的生长周期，使其生物形态发生变化，且并非由于本环节对农产品进行加工而明显增加了产品的使用价值的，可视为农产品的种植、养殖项目享受相应的税收优惠。

主管税务机关对企业进行农产品的再种植、养殖是否符合上述条件难以确定的，可要求企业提供县级以上农、林、牧、渔业政府主管部门的确认意见。

第八，企业同时从事适用不同企业所得税政策规定项目的，应分别核算，单独计算优惠项目的计税依据及优惠数额；分别核算不清的，可由主管税务机关按照比例分摊法或其他合理方法进行核定。

第九，企业委托其他企业或个人从事实施条例第八十六条规定农、林、牧、渔业项目取得的所得，可享受相应的税收优惠政策。

企业受托从事实施条例第八十六条规定农、林、牧、渔业项目取得的收入，比照委托方享受相应的税收优惠政策。

第十，企业购买农产品后直接进行销售的贸易活动产生的所得，不能享受农、林、牧、渔业项目的税收优惠政策。

《国家税务总局关于"公司＋农户"经营模式企业所得税优惠问题的公告》（国家税务总局公告 2010 年第 2 号）规定：目前，一些企业采取"公司＋农户"经营模式从事牲畜、家禽的饲养，即公司与农户签订委托养殖合同，向农户提供畜禽苗、饲料、兽药及疫苗等（所有权〈产权〉仍属于公司），农户将畜禽养大成为成品后交付公司回收。鉴于采取"公司＋农户"经营模式的企业，虽不直接从事畜禽的养殖，但系委托农户饲养，并承担诸如市场、管理、采购、销售等经营职责及绝大部分经营管理风险，公司和农户是劳务外包关系。为此，对此类以"公司＋农户"经营模式从事农、林、牧、渔业项目生产的企业，可以按照《企业所得税法实施条例》第八十六条的有关规定，享受减免企业所得税优惠政策。

《财政部 国家税务总局关于执行公共基础设施项目企业所得税优惠目录有关问题的通知》（财税〔2008〕46 号）规定：

根据《企业所得税法》（以下简称企业所得税法）和《企业所得税法实施条例》（国务院令第 512 号）的有关规定，经国务院批准，财政部、税务总局、发展改革委公布了《公共基础设施项目企业所得税优惠目录》（以下简称《目录》）。

第一，企业从事《目录》内符合相关条件和技术标准及国家投资管理相关规定，于 2008 年 1 月 1 日后经批准的公共基础设施项目，其投资经营的所得，自该项目取得第一笔生产经营收入所属纳税年度起，第一年至第三年免征企业所得税，第四年至第六年减半征收企业所得税。第一笔生产经营收入，是指公共基础设施项目已建成并投入运营后所取得的第一笔收入。

第二，企业同时从事不在《目录》范围内的项目取得的所得，应与享受优惠的公共基础设施项目所得分开核算，并合理分摊期间费用，没有分开核算的，不得享受上述企业所得税优惠政策。

第三，企业承包经营、承包建设和内部自建自用公共基础设施项目，不得享受上述企业所得税优惠。

第四，根据经济社会发展需要及企业所得税优惠政策实施情况，国务院财政、税务主管部门会同国家发展改革委等有关部门适时对《目录》内的项目进行调整和修订，并在报国务院批准后对《目录》进行更新。

《国家税务总局关于实施国家重点扶持的公共基础设施项目企业所得税优惠问题的通知》（国税发〔2009〕80号）规定：

第一，对居民企业（以下简称企业）经有关部门批准，从事符合《公共基础设施项目企业所得税优惠目录》（以下简称《目录》）规定范围、条件和标准的公共基础设施项目的投资经营所得，自该项目取得第一笔生产经营收入所属纳税年度起，第一年至第三年免征企业所得税，第四年至第六年减半征收企业所得税。

企业从事承包经营、承包建设和内部自建自用《目录》规定项目的所得，不得享受前款规定的企业所得税优惠。

第二，本通知所称第一笔生产经营收入，是指公共基础设施项目建成并投入运营（包括试运营）后所取得的第一笔主营业务收入。

第三，本通知所称承包经营，是指与从事该项目经营的法人主体相独立的另一法人经营主体，通过承包该项目的经营管理而取得劳务性收益的经营活动。

第四，本通知所称承包建设，是指与从事该项目经营的法人主体相独立的另一法人经营主体，通过承包该项目的工程建设而取得建筑劳务收益的经营活动。

第五，本通知所称内部自建自用，是指项目的建设仅作为本企业主体经营业务的设施，满足本企业自身的生产经营活动需要，而不属于向他人提供公共服务业务的公共基础设施建设项目。

第六，企业同时从事不在《目录》范围的生产经营项目取得的所得，应与享受优惠的公共基础设施项目经营所得分开核算，并合理分摊企业的期间共同费用；没有单独核算的，不得享受上述企业所得税优惠。

期间共同费用的合理分摊比例可以按照投资额、销售收入、资产额、人员工资等参数确定。上述比例一经确定，不得随意变更。凡特殊情况需要改变的，需报主管税务机关核准。

第七，从事《目录》范围项目投资的居民企业应于从该项目取得的第一笔生产经营收入后15日内向主管税务机关备案并报送如下材料后，方可享受有关企业所得税优惠：

（1）有关部门批准该项目文件复印件。

（2）该项目完工验收报告复印件。

（3）该项目投资额验资报告复印件。

（4）税务机关要求提供的其他资料。

第八，企业因生产经营发生变化或因《目录》调整，不再符合本办法规定减免税条件的，企业应当自发生变化 15 日内向主管税务机关提交书面报告并停止享受优惠，依法缴纳企业所得税。

第九，企业在减免税期限内转让所享受减免税优惠的项目，受让方承续经营该项目的，可自受让之日起，在剩余优惠期限内享受规定的减免税优惠；减免税期限届满后转让的，受让方不得就该项目重复享受减免税优惠。

第十，税务机关应结合纳税检查、执法检查或其他专项检查，每年定期对企业享受公共基础设施项目企业所得税减免税款事项进行核查，核查的主要内容包括：

（1）企业是否继续符合减免所得税的资格条件，所提供的有关情况证明材料是否真实。

（2）企业享受减免企业所得税的条件发生变化时，是否及时将变化情况报送税务机关，并根据本办法规定对适用优惠进行了调整。

第十一，企业实际经营情况不符合企业所得税减免税规定条件的或采取虚假申报等手段获取减免税的、享受减免税条件发生变化未及时向税务机关报告的，以及未按本办法规定程序报送备案资料而自行减免税的，企业主管税务机关应按照税收征管法有关规定进行处理。

《财政部 国家税务总局关于继续实行农村饮水安全工程建设运营税收优惠政策的通知》（财税〔2016〕19 号）规定：对饮水工程运营管理单位从事《公共基础设施项目企业所得税优惠目录》规定的饮水工程新建项目投资经营的所得，自项目取得第一笔生产经营收入所属纳税年度起，第一年至第三年免征企业所得税，第四年至第六年减半征收企业所得税。饮水工程，是指为农村居民提供生活用水而建设的供水工程设施。本文所称饮水工程运营管理单位，是指负责饮水工程运营管理的自来水公司、供水公司、供水（总）站（厂、中心）、村集体、农民用水合作组织等单位。符合上述减免税条件的饮水工程运营管理单位需持相关材料向主管税务机关办理备案手续。

《财政部 国家税务总局关于公共基础设施项目和环境保护节能节水项目企业所得税优惠政策问题的通知》（财税〔2012〕10 号）规定：

第一，企业从事符合《公共基础设施项目企业所得税优惠目录》规定、于 2007 年 12 月 31 日前已经批准的公共基础设施项目投资经营的所得，以及从事符合《环境保护、节能节水项目企业所得税优惠目录》规定、于 2007 年 12 月 31 日前已经批准的环境保护、节能节水项目的所得，可在该项目取得第一笔生产经营收入所属纳税年度起，按新税法规定计算的企业所得税"三免三减半"优惠期间内，自 2008 年 1 月 1 日起享受其剩余年限的减免企业所得税优惠。

第二，如企业既符合享受上述税收优惠政策的条件，又符合享受《国务院关于实施企业所得税过渡优惠政策的通知》（国发〔2007〕39号）第一条规定的企业所得税过渡优惠政策的条件，由企业选择最优惠的政策执行，不得叠加享受。

《财政部 国家税务总局关于垃圾填埋沼气发电列入〈环境保护、节能节水项目 企业所得税优惠目录（试行 ）〉的通知》（财税〔2016〕131号）规定：自2016年1月1日起，将垃圾填埋沼气发电项目列入《财政部 国家税务总局 国家发展改革委关于公布环境保护节能节水项目企业所得税优惠目录（试行）的通知》（财税〔2009〕166号）规定的"沼气综合开发利用"范围。企业从事垃圾填埋沼气发电项目取得的所得，符合《环境保护、节能节水项目企业所得税优惠目录（试行）》规定优惠政策条件的，可依照规定享受企业所得税优惠。

《国家税务总局关于电网企业电网新建项目享受所得税优惠政策问题的公告》（国家税务总局公告2013年第26号）规定：

第一，根据《企业所得税法》及其实施条例的有关规定，居民企业从事符合《公共基础设施项目企业所得税优惠目录（2008年版）》规定条件和标准的电网（输变电设施）的新建项目，可依法享受"三免三减半"的企业所得税优惠政策。基于企业电网新建项目的核算特点，暂以资产比例法，即以企业新增输变电固定资产原值占企业总输变电固定资产原值的比例，合理计算电网新建项目的应纳税所得额，并据此享受"三免三减半"的企业所得税优惠政策。电网企业新建项目享受优惠的具体计算方法如下：

（1）对于企业能独立核算收入的330kV以上跨省及长度超过200km的交流输变电新建项目和500kV以上直流输变电新建项目，应在项目投运后，按该项目营业收入、营业成本等单独计算其应纳税所得额；该项目应分摊的期间费用，可按照企业期间费用与分摊比例计算确定，计算公式为：

$$应分摊的期间费用 = 企业期间费用 \times 分摊比例$$

$$第一年分摊比例 = \frac{该项目输变电资产原值}{(当年企业期初总输变电资产原值 + 当年企业期末总输变电资产原值)/2} \times (\frac{当年取得第一笔生产经营收入至当年底的月份数}{12})$$

$$第二年及以后年度分摊比例 = \frac{该项目输变电资产原值}{(当年企业期初总输变电资产原值 + 当年企业期末总输变电资产原值)/2}$$

（2）对于企业符合优惠条件但不能独立核算收入的其他新建输变电项目，可先依照企业所得税法及相关规定计算出企业的应纳税所得额，再按照项目投运后的新增输变电固定资产原值占企业总输变电固定资产原值的比例，计算得出该新建项目减免的应纳税所得额。享受减免的应纳税所得额计算公式为：

当年减免的应纳税所得额 = 当年企业应纳税所得额 × 减免比例

减免比例 =［当年新增输变电资产原值 /（当年企业期初总输变电资产原值 + 当年企业期末总输变电资产原值）/2］×1/2+（符合税法规定、享受到第二年和第三年输变电资产原值之和）/［（当年企业期初总输变电资产原值 + 当年企业期末总输变电资产原值）/2］+［（符合税法规定、享受到第四年至第六年输变电资产原值之和）/（当年企业期初总输变电资产原值 + 当年企业期末总输变电资产原值）/2］×1/2

第二，依照本公告规定享受有关企业所得税优惠的电网企业，应对其符合税法规定的电网新增输变电资产按年建立台账，并将相关资产的竣工决算报告和相关项目政府核准文件的复印件于次年 3 月 31 日前报当地主管税务机关备案。

《财政部 国家税务总局关于公共基础设施项目享受企业所得税优惠政策问题的补充通知》（财税〔2014〕55 号）规定：

第一，企业投资经营符合《公共基础设施项目企业所得税优惠目录》规定条件和标准的公共基础设施项目，采用一次核准、分批次（如码头、泊位、航站楼、跑道、路段、发电机组等）建设的，凡同时符合以下条件的，可按每一批次为单位计算所得，并享受企业所得税"三免三减半"优惠：

（1）不同批次在空间上相互独立。

（2）每一批次自身具备取得收入的功能。

（3）以每一批次为单位进行会计核算，单独计算所得，并合理分摊期间费用。

第二，公共基础设施项目企业所得税"三免三减半"优惠的其他问题，继续按《财政部 国家税务总局关于执行公共基础设施项目企业所得税优惠目录有关问题的通知》（财税〔2008〕46 号）、《国家税务总局关于实施国家重点扶持的公共基础设施项目企业所得税优惠问题的通知》（国税发〔2009〕80 号）、《财政部 国家税务总局关于公共基础设施项目和环境保护节能节水项目企业所得税优惠政策问题的通知》（财税〔2012〕10 号）的规定执行。

《财政部 国家税务总局关于执行环境保护专用设备企业所得税优惠目录 节能节水专用设备企业所得税优惠目录和安全生产专用设备企业所得税优惠目录有关问题的通知》（财税〔2008〕48 号）规定：

根据《企业所得税法》（以下简称企业所得税法）和《企业所得税法实施条例》有关规定，经国务院批准，财政部、税务总局、发展改革委公布了《环境保护专用设备企业所得税优惠目录》《节能节水专用设备企业所得税优惠目录》，财政部、税务总局、安监总局公布了《安全生产专用设备企业所得税优惠目录》（以下统称《目录》）。

第一，企业自 2008 年 1 月 1 日起购置并实际使用列入《目录》范围内的环境保护、节能节水和安全生产专用设备，可以按专用设备投资额的 10% 抵免当年企业所得税应纳税额；企业当年应纳税额不足抵免的，可以向以后年度结转，但结转期不得超过 5 个纳税年度。

第二，专用设备投资额，是指购买专用设备发票价税合计价格，但不包括按有关规定退还的增值税税款以及设备运输、安装和调试等费用。

第三，当年应纳税额，是指企业当年的应纳税所得额乘以适用税率，扣除依照企业所得税法和国务院有关税收优惠规定以及税收过渡优惠规定减征、免征税额后的余额。

第四，企业利用自筹资金和银行贷款购置专用设备的投资额，可以按企业所得税法的规定抵免企业应纳所得税额；企业利用财政拨款购置专用设备的投资额，不得抵免企业应纳所得税额。

第五，企业购置并实际投入适用、已开始享受税收优惠的专用设备，如从购置之日起 5 个纳税年度内转让、出租的，应在该专用设备停止使用当月停止享受企业所得税优惠，并补缴已经抵免的企业所得税税款。转让的受让方可以按照该专用设备投资额的 10% 抵免当年企业所得税应纳税额；当年应纳税额不足抵免的，可以在以后 5 个纳税年度结转抵免。

第六，根据经济社会发展需要及企业所得税优惠政策实施情况，国务院财政、税务主管部门会同国家发展改革委、安监总局等有关部门适时对《目录》内的项目进行调整和修订，并在报国务院批准后对《目录》进行更新。

《国家税务总局关于环境保护节能节水 安全生产等专用设备投资抵免企业所得税有关问题的通知》（国税函〔2010〕256 号）规定：

根据《财政部 国家税务总局关于全国实施增值税转型改革若干问题的通知》（财税〔2008〕170 号）规定，自 2009 年 1 月 1 日起，增值税一般纳税人购进固定资产发生的进项税额可从其销项税额中抵扣，因此，自 2009 年 1 月 1 日起，纳税人购进并实际使用《环境保护专用设备企业所得税优惠目录》、《节能节水专用设备企业所得税优惠目录》和《安全生产专用设备企业所得税优惠目录》范围内的专用设备并取得增值税专用发票的，在按照《财政部 国家税务总局关于执行环境保护专用设备企业所得税优惠目录 节能节水专用设备企业所得税优惠目录和安全生产专用设备企业所得税优惠目录有关问题的通知》(财税〔2008〕48号)第二条规定进行税额抵免时,如增值税进项税额允许抵扣,其专用设备投资额不再包括增值税进项税额;如增值税进项税额不允许抵扣,其专用设备投资额应为增值税专用发票上注明的价税合计金额。企业购买专用设备取得普通发票的,其专用设备投资额为普通发票上注明的金额。

《国家税务总局关于技术转让所得减免企业所得税有关问题的通知》(国税函〔2009〕212号)规定:

第一,根据《企业所得税法》第二十七条第(四)项规定,享受减免企业所得税优惠的技术转让应符合以下条件:

(1)享受优惠的技术转让主体是企业所得税法规定的居民企业。

(2)技术转让属于财政部、国家税务总局规定的范围。

(3)境内技术转让经省级以上科技部门认定。

(4)向境外转让技术经省级以上商务部门认定。

(5)国务院税务主管部门规定的其他条件。

第二,符合条件的技术转让所得应按以下方法计算:

技术转让所得 = 技术转让收入 – 技术转让成本 – 相关税费

技术转让收入是指当事人履行技术转让合同后获得的价款,不包括销售或转让设备、仪器、零部件、原材料等非技术性收入。不属于与技术转让项目密不可分的技术咨询、技术服务、技术培训等收入,不得计入技术转让收入。

技术转让成本是指转让的无形资产的净值,即该无形资产的计税基础减除在资产使用期间按照规定计算的摊销扣除额后的余额。

相关税费是指技术转让过程中实际发生的有关税费,包括除企业所得税和允许抵扣的增值税以外的各项税金及其附加、合同签订费用、律师费等相关费用及其他支出。

第三,享受技术转让所得减免企业所得税优惠的企业,应单独计算技术转让所得,并合理分摊企业的期间费用;没有单独计算的,不得享受技术转让所得企业所得税优惠。

第四,企业发生技术转让,应在纳税年度终了后至报送年度纳税申报表以前,向主管税务机关办理减免税备案手续。

企业发生境内技术转让,向主管税务机关备案时应报送以下资料:

(1)技术转让合同(副本)。

(2)省级以上科技部门出具的技术合同登记证明。

(3)技术转让所得归集、分摊、计算的相关资料。

(4)实际缴纳相关税费的证明资料。

(5)主管税务机关要求提供的其他资料。

企业向境外转让技术，向主管税务机关备案时应报送以下资料：

（1）技术出口合同（副本）。

（2）省级以上商务部门出具的技术出口合同登记证书或技术出口许可证。

（3）技术出口合同数据表。

（4）技术转让所得归集、分摊、计算的相关资料。

（5）实际缴纳相关税费的证明资料。

（6）主管税务机关要求提供的其他资料。

《财政部 国家税务总局关于居民企业技术转让有关企业所得税政策问题的通知》（财税〔2010〕111号）规定：

第一，技术转让的范围，包括居民企业转让专利技术、计算机软件著作权、集成电路布图设计权、植物新品种、生物医药新品种，以及财政部和国家税务总局确定的其他技术。其中：专利技术，是指法律授予独占权的发明、实用新型和非简单改变产品图案的外观设计。

第二，技术转让，是指居民企业转让其拥有符合上述规定技术的所有权或5年以上（含5年）全球独占许可使用权的行为。

第三，技术转让应签订技术转让合同。其中，境内的技术转让须经省级以上（含省级）科技部门认定登记，跨境的技术转让须经省级以上（含省级）商务部门认定登记，涉及财政经费支持产生技术的转让，需省级以上（含省级）科技部门审批。

居民企业技术出口应由有关部门按照商务部、科技部发布的《中国禁止出口限制出口技术目录》（商务部、科技部令2008年第12号）进行审查。居民企业取得禁止出口和限制出口技术转让所得，不享受技术转让减免企业所得税优惠政策。

第四，居民企业从直接或间接持有股权之和达到100%的关联方取得的技术转让所得，不享受技术转让减免企业所得税优惠政策。

《财政部 国家税务总局关于将国家自主创新示范区有关税收试点政策推广到全国范围实施的通知》（财税〔2015〕116号）规定：自2015年10月1日起，全国范围内的居民企业转让5年以上非独占许可使用权取得的技术转让所得，纳入享受企业所得税优惠的技术转让所得范围。居民企业的年度技术转让所得不超过500万元的部分，免征企业所得税；超过500万元的部分，减半征收企业所得税。本通知所称技术，包括专利（含国防专利）、计算机软件著作权、集成电路布图设计专有权、植物新品种权、生物医药新品种，以及财政部和国家税务总局确定的其他技术。其中，专利是指法律授予独占权的发明、实用新型以及非简单改变产品图案和形状的外观设计。

《国家税务总局关于许可使用权技术转让所得企业所得税有关问题的公

告》（国家税务总局公告 2015 年第 82 号）规定，根据《企业所得税法》及其实施条例、《财政部 国家税务总局关于将国家自主创新示范区有关税收试点政策推广到全国范围实施的通知》（财税〔2015〕116 号）规定，现就许可使用权技术转让所得企业所得税有关问题公告如下：

第一，自 2015 年 10 月 1 日起，全国范围内的居民企业转让 5 年（含，下同）以上非独占许可使用权取得的技术转让所得，纳入享受企业所得税优惠的技术转让所得范围。居民企业的年度技术转让所得不超过 500 万元的部分，免征企业所得税；超过 500 万元的部分，减半征收企业所得税。

所称技术包括专利（含国防专利）、计算机软件著作权、集成电路布图设计专有权、植物新品种权、生物医药新品种，以及财政部和国家税务总局确定的其他技术。其中，专利是指法律授予独占权的发明、实用新型以及非简单改变产品图案和形状的外观设计。

第二，企业转让符合条件的 5 年以上非独占许可使用权的技术，限于其拥有所有权的技术。技术所有权的权属由国务院行政主管部门确定。其中，专利由国家知识产权局确定权属；国防专利由总装备部确定权属；计算机软件著作权由国家版权局确定权属；集成电路布图设计专有权由国家知识产权局确定权属；植物新品种权由农业部确定权属；生物医药新品种由国家食品药品监督管理总局确定权属。

第三，符合条件的 5 年以上非独占许可使用权技术转让所得应按以下方法计算：

$$\text{技术转让所得} = \text{技术转让收入} - \text{无形资产摊销费用} - \text{相关税费} - \text{应分摊期间费用}$$

技术转让收入是指转让方履行技术转让合同后获得的价款，不包括销售或转让设备、仪器、零部件、原材料等非技术性收入。不属于与技术转让项目密不可分的技术咨询、服务、培训等收入，不得计入技术转让收入。技术许可使用权转让收入，应按转让协议约定的许可使用权人应付许可使用权使用费的日期确认收入的实现。

无形资产摊销费用是指该无形资产按税法规定当年计算摊销的费用。涉及自用和对外许可使用的，应按照受益原则合理划分。

相关税费是指技术转让过程中实际发生的有关税费，包括除企业所得税和允许抵扣的增值税以外的各项税金及其附加、合同签订费用、律师费等相关费用。

应分摊期间费用（不含无形资产摊销费用和相关税费）是指技术转让按照当年销售收入占比分摊的期间费用。

第四，企业享受技术转让所得企业所得税优惠的其他相关问题，仍按照

《国家税务总局关于技术转让所得减免企业所得税有关问题的通知》（国税函〔2009〕212号）、《财政部 国家税务总局关于居民企业技术转让有关企业所得税政策问题的通知》（财税〔2010〕111号）、《国家税务总局关于技术转让所得减免企业所得税有关问题的公告》（国家税务总局公告2013年第62号）规定执行。

第五，本公告自2015年10月1日起施行。本公告实施之日起，企业转让5年以上非独占许可使用权确认的技术转让收入，按本公告执行。

《财政部 国家税务总局 民政部关于生产和装配伤残人员专门用品企业免征企业所得税的通知》（财税〔2016〕111号）规定，自2016年1月1日至2020年12月31日期间，对符合下列条件的居民企业，免征企业所得税：

（1）生产和装配伤残人员专门用品，且在民政部发布的《中国伤残人员专门用品目录》范围之内。

（2）以销售本企业生产或者装配的伤残人员专门用品为主，其所取得的年度伤残人员专门用品销售收入（不含出口取得的收入）占企业收入总额60%以上。

（3）企业账证健全，能够准确、完整地向主管税务机关提供纳税资料，且本企业生产或者装配的伤残人员专门用品所取得的收入能够单独、准确核算。

（4）企业拥有假肢制作师、矫形器制作师资格证书的专业技术人员不得少于1人；其企业生产人员如超过20人，则其拥有假肢制作师、矫形器制作师资格证书的专业技术人员不得少于全部生产人员的1/6。

（5）具有与业务相适应的测量取型、模型加工、接受腔成型、打磨、对线组装、功能训练等生产装配专用设备和工具。

（6）具有独立的接待室、假肢或者矫形器（辅助器具）制作室和假肢功能训练室，使用面积不少于115平方米。

享受本通知税收优惠的企业，应当按照《国家税务总局关于发布〈企业所得税优惠政策事项办理办法〉的公告》（国家税务总局公告2015年第76号）规定向税务机关履行备案手续，妥善保管留存备查资料。

《财政部 国家税务总局 商务部 科技部 国家发展改革委关于完善技术先进型服务企业有关企业所得税政策问题的通知》（财税〔2014〕59号）规定：

第一，自2014年1月1日起至2018年12月31日止，在北京、天津、上海、重庆、大连、深圳、广州、武汉、哈尔滨、成都、南京、西安、济南、杭州、合肥、南昌、长沙、大庆、苏州、无锡、厦门等21个中国服务外包示范城市（以下简称示范城市）继续实行以下企业所得税优惠政策：

（1）对经认定的技术先进型服务企业，减按15%的税率征收企业所得税。

（2）经认定的技术先进型服务企业发生的职工教育经费支出，不超过工资薪金总额 8% 的部分，准予在计算应纳税所得额时扣除；超过部分，准予在以后纳税年度结转扣除。

第二，享受本通知第一条规定的企业所得税优惠政策的技术先进型服务企业必须同时符合以下条件：

（1）从事《技术先进型服务业务认定范围（试行）》中的一种或多种技术先进型服务业务，采用先进技术或具备较强的研发能力。

（2）企业的注册地及生产经营地在示范城市（含所辖区、县、县级市等全部行政区划）内。

（3）企业具有法人资格。

（4）具有大专以上学历的员工占企业职工总数的 50% 以上。

（5）从事《技术先进型服务业务认定范围（试行）》中的技术先进型服务业务取得的收入占企业当年总收入的 50% 以上。

（6）从事离岸服务外包业务取得的收入不低于企业当年总收入的 35%。

从事离岸服务外包业务取得的收入，是指企业根据境外单位与其签订的委托合同，由本企业或其直接转包的企业为境外单位提供《技术先进型服务业务认定范围（试行）》中所规定的信息技术外包服务（ITO)、技术性业务流程外包服务（BPO）和技术性知识流程外包服务（KPO），而从上述境外单位取得的收入。

第三，技术先进型服务企业的认定管理。

（1）示范城市人民政府科技部门会同本级商务、财政、税务和发展改革部门根据本通知规定制定具体管理办法，并报科技部、商务部、财政部、国家税务总局和国家发展改革委及所在省（直辖市、计划单列市）科技、商务、财政、税务和发展改革部门备案。

示范城市所在省（直辖市、计划单列市）科技部门会同本级商务、财政、税务和发展改革部门负责指导所辖示范城市的技术先进型服务企业认定管理工作。

（2）符合条件的技术先进型服务企业应向所在示范城市人民政府科技部门提出申请，由示范城市人民政府科技部门会同本级商务、财政、税务和发展改革部门联合评审并发文认定。认定企业名单应及时报科技部、商务部、财政部、国家税务总局和国家发展改革委及所在省（直辖市、计划单列市）科技、商务、财政、税务和发展改革部门备案。

（3）经认定的技术先进型服务企业，持相关认定文件向当地主管税务机关办理享受本通知第一条规定的企业所得税优惠政策事宜。享受企业所得税优惠的技术先进型服务企业条件发生变化的，应当自发生变化之日起 15 日内向主管税务机关报告；不再符合享受税收优惠条件的，应当依法履行纳税义务。主管税务机关在执行税收优惠政策过程中，发现企业不具备技术先进型服务企业资格的，应暂停企业享受税收优惠，并提请认定机构复核。

（4）示范城市人民政府科技、商务、财政、税务和发展改革部门及所在省（直辖市、计划单列市）科技、商务、财政、税务和发展改革部门对经认定并享受税收优惠政策的技术先进型服务企业应做好跟踪管理，对变更经营范围、合并、分立、转业、迁移的企业，如不符合认定条件的，应及时取消其享受税收优惠政策的资格。

第四，示范城市人民政府财政、税务、商务、科技和发展改革部门要认真贯彻落实本通知的各项规定，切实搞好沟通与协作。在政策实施过程中发现的问题，要及时逐级反映上报财政部、国家税务总局、商务部、科技部和国家发展改革委。

第五，《财政部 国家税务总局 商务部 科技部 国家发展改革委关于技术先进型服务企业有关企业所得税政策问题的通知》（财税〔2010〕65号）自2014年1月1日起废止。

《财政部 国家税务总局 商务部 科技部 国家发展改革委关于新增中国服务外包示范城市适用技术先进型服务企业所得税政策的通知》（财税〔2016〕108号）规定：

第一，沈阳、长春、南通、镇江、福州（含平潭综合实验区）、南宁、乌鲁木齐、青岛、宁波和郑州等10个新增中国服务外包示范城市按照《财政部 国家税务总局 商务部 科技部 国家发展改革委关于完善技术先进型服务企业有关企业所得税政策问题的通知》（财税〔2014〕59号）的有关规定，适用技术先进型服务企业所得税优惠政策。

第二，本通知自2016年1月1日起至2018年12月31日止执行。

 **实务案例精解**

例6-4　A公司从事中药材、香料作物以及烟叶的种植三项业务。2016年度，A公司中药材种植所获得的应纳税所得额为800万元，香料作物种植所获得的应纳税所得额为600万元，烟叶种植所获得的应纳税所得额为500万元。请计算该公司2016年度应当缴纳多少企业所得税？

解答：A公司中药材种植所获得的应纳税所得额为800万元可以享受免税的优惠政策，香料作物种植所获得的应纳税所得额为600万元可以享受减半征收企业所得税的优惠政策，烟叶种植所获得的应纳税所得额为500万元应当全额缴纳企业所得税。A公司2016年度应纳税额为：600×25%×

50%+500×25%=200（万元）。

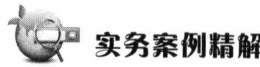 **实务案例精解**

例 6-5 A 公司从事国家重点扶持的公共基础设施项目。2013 年度，A 公司没有从事生产经营活动；2014 年度取得了生产经营所得，但并没有盈利；2015 年度，该企业实现盈利 100 万元；2016 年度，该企业盈利 500 万元。2017 年，B 公司承包经营该项目，实现盈利 800 万元。请计算 A 公司和 B 公司每年应当缴纳多少企业所得税？

解答： A 公司可以享受从获得收入年度起 3 年内免税、4～6 年内减半的税收优惠政策。2013 年度 A 公司没有从事生产经营活动，不可能获得生产经营收入，不计算在享受优惠政策的年度内；2014 年度取得了生产经营所得，应当开始计算享受优惠政策的年度，由于本年度没有盈利，不需要缴纳企业所得税；2015 年该企业实现盈利 100 万元，由于可以享受免税政策，因此，不需要缴纳企业所得税；2016 年度，该企业盈利 500 万元，由于可以享受免税政策，因此，不需要缴纳企业所得税。2017 年，B 公司承包经营该项目，实现盈利 800 万元，B 公司不能享受上述税收优惠政策，因此，B 公司的应纳税额为：800×25%=200（万元）。

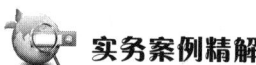 **实务案例精解**

例 6-6 A 公司是从事公共污水处理的企业，2011 年度开始从事生产经营并取得了生产经营所得，但一直没有实现盈利。2017 年，该企业第一次实现盈利，应纳税所得额为 100 万元。请计算该企业应当缴纳多少企业所得税？

解答： A 公司可以享受"三免三减半"的税收优惠政策，由于该企业在 2011 年度获得了生产经营所得，因此，该企业享受税收优惠条件的起算年度是 2008 年度。2016 年是该企业享受税收优惠政策的最后一年，2017 年，该企业将不再享受税收优惠政策。因此，该企业的应纳税额为：100×25%=25（万元）。

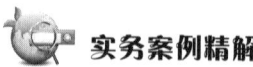 **实务案例精解**

例 6-7 A 公司从事《企业所得税法》第二十七条规定的国家重点扶持公共基础设施项目。2010 年 1 月 1 日开始项目投资，当年取得了生产经营收入，但效益并不理想，应纳税所得额为 10 万元；2011 年度应纳税所得额为 50 万元；2012 年度应纳税所得额为 50 万元。2013 年，A 公司将该项目转让给 B 公司，B 公司当年实现应纳税所得额 100 万元。2014—2016 年，B 公司分别

实现应纳税所得额 500 万元、800 万元和 1 000 万元。请计算从 2010 年度开始，A 公司和 B 公司每年的应纳税额是多少？

解答： A 公司从事的国家重点扶持公共基础设施项目可以享受"三免三减半"的优惠政策。因此，2010—2012 年，A 公司的应纳税额都是 0。2013 年，A 公司将该项目转让给 B 公司，税法允许该项目享受的定期减免税优惠尚未享受完毕，B 公司可以在剩余的期限内继续享受，因此 B 公司 2013 年的应纳税额为：$100 \times 25\% \times 50\% = 12.5$（万元）。2014 年，B 公司的应纳税额为：$500 \times 25\% \times 50\% = 62.5$（万元）。2015 年，B 公司的应纳税额为：$800 \times 25\% \times 50\% = 100$（万元）。2016 年，该项目的定期减免税优惠已经享受完毕，因此，B 公司的应纳税额为：$1\,000 \times 25\% = 250$（万元）。

 实务案例精解

例 6-8　居民企业 A 公司在 2016 年度向 B 公司进行符合条件的技术转让，获得所得 800 万元。请计算 A 公司的上述 技术转让所得应当缴纳多少企业所得税（不考虑其他费用和税收优惠）？

解答： A 公司向 B 公司进行的符合条件的技术转让所获得的所得可以享受税收优惠政策。应纳税额为：$(800-500) \times 25\% \times 50\% = 37.5$（万元）。

三、低税率优惠

 基本税收政策

符合条件的小型微利企业，减按 20% 的税率征收企业所得税。

国家需要重点扶持的高新技术企业，减按 15% 的税率征收企业所得税。

 **税收政策详解**

符合条件的小型微利企业，是指从事国家非限制和禁止行业，并符合下列条件的企业：

（1）工业企业，年度应纳税所得额不超过 30 万元，从业人数不超过 100 人，资产总额不超过 3 000 万元。

（2）其他企业，年度应纳税所得额不超过 30 万元，从业人数不超过 80 人，资产总额不超过 1 000 万元。

国家需要重点扶持的高新技术企业，是指拥有核心自主知识产权，并同时符合下列条件的企业：

（1）产品（服务）属于《国家重点支持的高新技术领域》规定的范围。

（2）研究开发费用占销售收入的比例不低于规定比例。

（3）高新技术产品（服务）收入占企业总收入的比例不低于规定比例。

（4）科技人员占企业职工总数的比例不低于规定比例。

（5）高新技术企业认定管理办法规定的其他条件。

《国家重点支持的高新技术领域》和高新技术企业认定管理办法由国务院科技、财政、税务主管部门商国务院有关部门制订，报国务院批准后公布施行。

 实务应用指南

小型企业在我国国民经济和社会发展中具有重要地位和作用，促进其健康发展，对于保证我国国民经济增长、扩大就业、适应多层次市场需求、繁荣地方经济等具有十分重要的意义。我国经济发展的实践已对培育小型企业社会化服务体系提出了迫切要求，成熟健全的服务体系是保证小型企业健康发展的关键。小型企业是推动国民经济发展，促进市场繁荣和社会稳定的重要力量，在推进国民经济适度增长、缓解就业压力、实现科教兴国、吸引民间投资和优化经济结构等方面，发挥着越来越重要的作用。世界很多国家都出台了鼓励小型企业发展的优惠政策。我国目前也有一些鼓励小型企业发展的政策，为此，我国还专门制定了《中华人民共和国中小企业促进法》。

目前，我国针对主要行业已经制定了中小企业的标准，小型微利企业标准的制定在一定程度上也参考了这一标准。根据《中小企业划型标准规定》（工信部联企业〔2011〕300号）的规定：

（1）农、林、牧、渔业。营业收入20 000万元以下的为中小微型企业。其中，营业收入500万元及以上的为中型企业，营业收入50万元及以上的为小型企业，营业收入50万元以下的为微型企业。

（2）工业。从业人员1 000人以下或营业收入40 000万元以下的为中小微型企业。其中，从业人员300人及以上，且营业收入2000万元及以上的为中型企业；从业人员20人及以上，且营业收入300万元及以上的为小型企业；从业人员20人以下或营业收入300万元以下的为微型企业。

（3）建筑业。营业收入80 000万元以下或资产总额80 000万元以下的为中小微型企业。其中，营业收入6 000万元及以上，且资产总额5 000万元及以上的为中型企业；营业收入300万元及以上，且资产总额300万元及以上的为小型企业；营业收入300万元以下或资产总额300万元以下的为微型企业。

（4）批发业。从业人员200人以下或营业收入40 000万元以下的为中小微型企业。其中，从业人员20人及以上，且营业收入5 000万元及以上的为中型企业；从业人员 5 人及以上，且营业收入 1 000 万元及以上的为小型企业；从业人员 5 人以下或营业收入 1 000 万元以下的为微型企业。

（5）零售业。从业人员 300 人以下或营业收入 20 000 万元以下的为中小微型企业。其中，从业人员 50 人及以上，且营业收入 500 万元及以上的为中型企业；从业人员 10 人及以上，且营业收入 100 万元及以上的为小型企业；从业人员 10 人以下或营业收入 100 万元以下的为微型企业。

（6）交通运输业。从业人员 1 000 人以下或营业收入 30 000 万元以下的为中小微型企业。其中，从业人员 300 人及以上，且营业收入 3 000 万元及以上的为中型企业；从业人员 20 人及以上，且营业收入 200 万元及以上的为小型企业；从业人员 20 人以下或营业收入 200 万元以下的为微型企业。

（7）仓储业。从业人员 200 人以下或营业收入 30 000 万元以下的为中小微型企业。其中，从业人员 100 人及以上，且营业收入 1 000 万元及以上的为中型企业；从业人员 20 人及以上，且营业收入 100 万元及以上的为小型企业；从业人员 20 人以下或营业收入 100 万元以下的为微型企业。

（8）邮政业。从业人员 1 000 人以下或营业收入 30 000 万元以下的为中小微型企业。其中，从业人员 300 人及以上，且营业收入 2 000 万元及以上的为中型企业；从业人员 20 人及以上，且营业收入 100 万元及以上的为小型企业；从业人员 20 人以下或营业收入 100 万元以下的为微型企业。

（9）住宿业。从业人员 300 人以下或营业收入 10 000 万元以下的为中小微型企业。其中，从业人员 100 人及以上，且营业收入 2 000 万元及以上的为中型企业；从业人员 10 人及以上，且营业收入 100 万元及以上的为小型企业；从业人员 10 人以下或营业收入 100 万元以下的为微型企业。

（10）餐饮业。从业人员 300 人以下或营业收入 10 000 万元以下的为中小微型企业。其中，从业人员 100 人及以上，且营业收入 2 000 万元及以上的为中型企业；从业人员 10 人及以上，且营业收入 100 万元及以上的为小型企业；从业人员 10 人以下或营业收入 100 万元以下的为微型企业。

（11）信息传输业。从业人员 2000 人以下或营业收入 100 000 万元以下的为中小微型企业。其中，从业人员 100 人及以上，且营业收入 1 000 万元及以上的为中型企业；从业人员 10 人及以上，且营业收入 100 万元及以上的为小型企业；从业人员 10 人以下或营业收入 100 万元以下的为微型企业。

（12）软件和信息技术服务业。从业人员 300 人以下或营业收入 10 000 万元以下的为中小微型企业。其中，从业人员 100 人及以上，且营业收入 1 000 万元及以上的为中型企业；从业人员 10 人及以上，且营业收入 50 万元及以上的为小型企业；从业人员 10 人以下或营业收入 50 万元以下的为微型企业。

（13）房地产开发经营。营业收入 200 000 万元以下或资产总额 10 000 万元以下的为中小微型企业。其中，营业收入 1 000 万元及以上，且资产总额 5 000 万元及以上的为中型企业；营业收入 100 万元及以上，且资产总额 2 000 万元及以上的为小型企业；营业收入 100 万元以下或资产总额 2 000 万元以下的为微型企业。

（14）物业管理。从业人员 1 000 人以下或营业收入 5 000 万元以下的为中小微型企业。其中，从业人员 300 人及以上，且营业收入 1 000 万元及以上的为中型企业；从业人员 100 人及以上，且营业收入 500 万元及以上的为小型企业；从业人员 100 人以下或营业收入 500 万元以下的为微型企业。

（15）租赁和商务服务业。从业人员 300 人以下或资产总额 120 000 万元以下的为中小微型企业。其中，从业人员 100 人及以上，且资产总额 8000 万元及以上的为中型企业；从业人员 10 人及以上，且资产总额 100 万元及以上的为小型企业；从业人员 10 人以下或资产总额 100 万元以下的为微型企业。

（16）其他未列明行业。从业人员 300 人以下的为中小微型企业。其中，从业人员 100 人及以上的为中型企业；从业人员 10 人及以上的为小型企业；从业人员 10 人以下的为微型企业。

 友情提示

企业类型的划分以统计部门的统计数据为依据。本规定适用于在中华人民共和国境内依法设立的各类所有制和各种组织形式的企业。个体工商户和本规定以外的行业，参照本规定进行划型。本规定的中型企业标准上限即为大型企业标准的下限，国家统计部门据此制定大中小微型企业的统计分类。国务院有关部门据此进行相关数据分析，不得制定与本规定不一致的企业划型标准。本规定由工业和信息化部、国家统计局会同有关部门根据《国民经济行业分类》修订情况和企业发展变化情况适时修订。本规定自发布之日起执行，原国家经贸委、原国家计委、财政部和国家统计局 2003 年颁布的《中小企业标准暂行规定》同时废止。

《国家税务总局关于非居民企业不享受小型微利企业所得税优惠政策问题的通知》（国税函〔2008〕650 号）规定：《企业所得税法》第二十八条规定的小型微利企业是指企业的全部生产经营活动产生的所得均负有我国企业所得税纳税义务的企业。因此，仅就来源于我国所得负有我国纳税义务的非居民企业，不适用该条规定的对符合条件的小型微利企业减按 20% 税率征收企业所得税的政策。

《财政部 国家税务总局关于小型微利企业所得税优惠政策有关问题的通知》（财税〔2011〕117号）规定：自2012年1月1日至2015年12月31日，对年应纳税所得额低于6万元（含6万元）的小型微利企业，其所得减按50%计入应纳税所得额，按20%的税率缴纳企业所得税。

《国家税务总局关于小型微利企业预缴企业所得税有关问题的公告》（国家税务总局公告2012年第14号），作出以下规定：

第一，上一纳税年度年应纳税所得额低于6万元（含6万元），同时符合《企业所得税法实施条例》第九十二条规定的资产和从业人数标准，实行按实际利润额预缴企业所得税的小型微利企业（以下称符合条件的小型微利企业），在预缴申报企业所得税时，将《国家税务总局关于发布〈中华人民共和国企业所得税月（季）度预缴纳税申报表〉等报表的公告》（国家税务总局公告2011年第64号）中华人民共和国企业所得税月（季）度预缴纳税申报表（A类）第9行"实际利润总额"与15%的乘积，暂填入第12行"减免所得税额"内。

第二，符合条件的小型微利企业"从业人数"、"资产总额"的计算标准按照《国家税务总局关于小型微利企业所得税预缴问题的通知》（国税函〔2008〕251号）第二条规定执行。

第三，符合条件的小型微利企业在预缴申报企业所得税时，须向主管税务机关提供上一纳税年度符合小型微利企业条件的相关证明材料。主管税务机关对企业提供的相关证明材料核实后，认定企业上一纳税年度不符合规定条件的，不得按本公告第一条规定填报纳税申报表。

第四，纳税年度终了后，主管税务机关应核实企业纳税年度是否符合上述小型微利企业规定条件。不符合规定条件、已按本公告第一条规定计算减免企业所得税预缴的，在年度汇算清缴时要按照规定补缴企业所得税。

《财政部 国家税务总局关于小型微利企业所得税优惠政策有关问题的通知》（财税〔2014〕34号）规定：自2014年1月1日至2016年12月31日，对年应纳税所得额低于10万元（含10万元）的小型微利企业，其所得减按50%计入应纳税所得额，按20%的税率缴纳企业所得税。

《国家税务总局关于扩大小型微利企业减半征收企业所得税范围有关问题的公告》（国家税务总局公告2014年第23号）规定：

第一，符合规定条件的小型微利企业（包括采取查账征收和核定征收方式的企业），均可按照规定享受小型微利企业所得税优惠政策。

小型微利企业所得税优惠政策，包括企业所得税减按20%征收（以下简称减低税率政策），以及财税〔2014〕34号文件规定的优惠政策（以下简称减半征税政策）。

第二，符合规定条件的小型微利企业，在预缴和年度汇算清缴企业所得税时，可以按照规定自行享受小型微利企业所得税优惠政策，无需税务机关审核批准，但在报送年度企业所得税纳税申报表时，应同时将企业从业人员、资产总额情况报税务机关备案。

第三，小型微利企业预缴企业所得税时，按以下规定执行：

（1）查账征收的小型微利企业，上一纳税年度符合小型微利企业条件，且年度应纳税所得额低于 10 万元（含 10 万元）的，本年度采取按实际利润额预缴企业所得税款，预缴时累计实际利润额不超过 10 万元的，可以享受小型微利企业所得税优惠政策；超过 10 万元的，应停止享受其中的减半征税政策；本年度采取按上年度应纳税所得额的季度（或月份）平均额预缴企业所得税的，可以享受小型微利企业优惠政策。

（2）定率征税的小型微利企业，上一纳税年度符合小型微利企业条件，且年度应纳税所得额低于 10 万元（含 10 万元）的，本年度预缴企业所得税时，累计应纳税所得额不超过 10 万元的，可以享受优惠政策；超过 10 万元的，不享受其中的减半征税政策。定额征税的小型微利企业，由当地主管税务机关相应调整定额后，按照原办法征收。

（3）本年度新办的小型微利企业，在预缴企业所得税时，凡累计实际利润额或应纳税所得额不超过 10 万元的，可以享受优惠政策；超过 10 万元的，应停止享受其中的减半征税政策。

第四，小型微利企业符合享受优惠政策条件，但预缴时未享受的，在年度汇算清缴时统一计算享受。小型微利企业在预缴时享受了优惠政策，但年度汇算清缴时超过规定标准的，应按规定补缴税款。

《国家税务总局关于 3 项企业所得税事项取消审批后加强后续管理的公告》（国家税务总局公告 2015 年第 6 号）规定：

根据《国务院关于取消和调整一批行政审批项目等事项的决定》（国发〔2014〕27 号、国发〔2014〕50 号）规定，取消"享受小型微利企业所得税优惠的核准""收入全额归属中央的企业下属二级及二级以下分支机构名单的备案审核"和"汇总纳税企业组织结构变更审核"等项目审批，实行查账征收的小型微利企业，在办理 2014 年及以后年度企业所得税汇算清缴时，通过填报《国家税务总局关于发布〈中华人民共和国企业所得税年度纳税申报表（A 类，2014 年版）的公告〉》（国家税务总局公告 2014 年第 63 号）之《基础信息表》（A000000 表）中的"104 从业人数""105 资产总额（万元）"栏次，履行备案手续，不再另行备案。

《财政部 国家税务总局关于小型微利企业所得税优惠政策的通知》（财税〔2015〕34 号）规定：

自 2015 年 1 月 1 日至 2017 年 12 月 31 日，对年应纳税所得额低于 20 万元（含 20 万元）的小型微利企业，其所得减按 50% 计入应纳税所得额，按 20% 的税率缴纳企业所得税。

《企业所得税法实施条例》第九十二条第（一）项和第（二）项所称从业人数，包括与企业建立劳动关系的职工人数和企业接受的劳务派遣用工人数。

从业人数和资产总额指标，应按企业全年的季度平均值确定。具体计算公式如下：

$$季度平均值 = （季初值 + 季末值）÷ 2$$
$$全年季度平均值 = 全年各季度平均值之和 ÷ 4$$

年度中间开业或者终止经营活动的，以其实际经营期作为一个纳税年度确定上述相关指标。

《财政部 国家税务总局关于进一步扩大小型微利企业所得税优惠政策范围的通知》（财税〔2015〕99 号）规定：自 2015 年 10 月 1 日起至 2017 年 12 月 31 日，对年应纳税所得额在 20 万元到 30 万元（含 30 万元）之间的小型微利企业，其所得减按 50% 计入应纳税所得额，按 20% 的税率缴纳企业所得税。

《国家税务总局关于贯彻落实进一步扩大小型微利企业减半征收企业所得税范围有关问题的公告》（国家税务总局公告 2015 年第 61 号）规定，为支持小型微利企业发展，贯彻落实国务院第 102 次常务会议决定，根据《中华人民共和国企业所得税法》（以下简称企业所得税法）及其实施条例、《财政部 国家税务总局关于进一步扩大小型微利企业所得税优惠政策范围的通知》（财税〔2015〕99 号）等规定，就进一步扩大小型微利企业减半征收企业所得税优惠政策范围有关实施问题规定如下：

第一，自 2015 年 10 月 1 日至 2017 年 12 月 31 日，符合规定条件的小型微利企业，无论采取查账征收还是核定征收方式，均可以享受财税〔2015〕99 号文件规定的小型微利企业所得税优惠政策（以下简称减半征税政策）。

第二，符合规定条件的小型微利企业自行申报享受减半征税政策。汇算清缴时，小型微利企业通过填报企业所得税年度纳税申报表中"资产总额、从业人数、所属行业、国家限制和禁止行业"等栏次履行备案手续。

第三，企业预缴时享受小型微利企业所得税优惠政策，按照以下规定执行：

（1）查账征收企业。上一纳税年度符合小型微利企业条件的，分别按照以下情况处理：①按照实际利润预缴企业所得税的，预缴时累计实际利润不超过 30 万元（含，下同）的，可以享受减半征税政策；②按照上一纳税年度应纳税所得额平均额预缴企业所得税的，预缴时可以享受减半征税政策。

（2）定率征收企业。上一纳税年度符合小型微利企业条件，预缴时累计应纳税所得额不超过 30 万元的，可以享受减半征税政策。

（3）定额征收企业。根据优惠政策规定需要调减定额的，由主管税务机关按照程序调整，依照原办法征收。

（4）上一纳税年度不符合小型微利企业条件的企业。预缴时预计当年符合小型微利企业条件的，可以享受减半征税政策。

（5）本年度新成立小型微利企业，预缴时累计实际利润或应纳税所得额不超过 30 万元的，可以享受减半征税政策。

第四，企业预缴时享受了减半征税政策，但汇算清缴时不符合规定条件的，应当按照规定补缴税款。

第五，小型微利企业 2015 年第 4 季度预缴和 2015 年度汇算清缴的新老政策衔接问题，按以下规定处理：

（1）下列两种情形，全额适用减半征税政策：①全年累计利润或应纳税所得额不超过 20 万元（含）的小型微利企业；② 2015 年 10 月 1 日（含，下同）之后成立，全年累计利润或应纳税所得额不超过 30 万元的小型微利企业。

（2）2015 年 10 月 1 日之前成立，全年累计利润或应纳税所得额大于 20 万元但不超过 30 万元的小型微利企业，分段计算 2015 年 10 月 1 日之前和 10 月 1 日之后的利润或应纳税所得额，并按照以下规定处理：① 10 月 1 日之前的利润或应纳税所得额适用企业所得税法第二十八条规定的减按 20% 的税率征收企业所得税的优惠政策（简称减低税率政策）；10 月 1 日之后的利润或应纳税所得额适用减半征税政策。②根据财税〔2015〕99 号文件规定，小型微利企业 2015 年 10 月 1 日至 2015 年 12 月 31 日期间的利润或应纳税所得额，按照 2015 年 10 月 1 日之后的经营月份数占其 2015 年度经营月份数的比例计算确定。计算公式如下：10 月 1 日至 12 月 31 日利润额或应纳税所得额 = 全年累计实际利润或应纳税所得额 ×（2015 年 10 月 1 日之后经营月份数 ÷ 2015 年度经营月份数）。③ 2015 年度新成立企业的起始经营月份，按照税务登记日期所在月份计算。

第六，本公告自 2015 年 10 月 1 日起施行。

《财政部 国家税务总局关于扩大小型微利企业所得税优惠政策范围的通知》（财税〔2017〕43 号）规定：

第一，自 2017 年 1 月 1 日至 2019 年 12 月 31 日，将小型微利企业的年应纳税所得额上限由 30 万元提高至 50 万元，对年应纳税所得额低于 50 万元（含50 万元）的小型微利企业，其所得减按 50% 计入应纳税所得额，按 20% 的税率缴纳企业所得税。小型微利企业，是指从事国家非限制和禁止行业，并符合下列条件的企业：①工业企业，年度应纳税所得额不超过 50 万元，从业人数不超过 100 人，资产总额不超过 3000 万元；②其他企业，年度应纳税所得额不超过 50 万元，从业人数不超过 80 人，资产总额不超过 1000 万元。

第二，从业人数，包括与企业建立劳动关系的职工人数和企业接受的劳务派遣用工人数。从业人数和资产总额指标，应按企业全年的季度平均值确定。具体计算公式如下：季度平均值 =（季初值 + 季末值）÷2；全年季度平均值 = 全年各季度平均值之和 ÷4。年度中间开业或者终止经营活动的，以其实际经营期作为一个纳税年度确定上述相关指标。

第三，《财政部 国家税务总局关于小型微利企业所得税优惠政策的通知》（财税〔2015〕34 号）和《财政部 国家税务总局关于进一步扩大小型微利企业所得税优惠政策范围的通知》（财税〔2015〕99 号）自 2017 年 1 月 1 日起废止。

第四，各级财政、税务部门要严格按照本通知的规定，积极做好小型微利企业所得税优惠政策的宣传辅导工作，确保优惠政策落实到位。

《国家税务总局关于实施高新技术企业所得税优惠有关问题的通知》（国税函〔2009〕203 号）规定：

第一，当年可减按 15% 的税率征收企业所得税或按照《国务院关于经济特区和上海浦东新区新设立高新技术企业实行过渡性税收优惠的通知》（国发〔2007〕40 号）享受过渡性税收优惠的高新技术企业，在实际实施有关税收优惠的当年，减免税条件发生变化的，应按《科学技术部 财政部 国家税务总局关于印发〈高新技术企业认定管理办法〉的通知》（国科发火〔2008〕172 号）第九条第二款的规定处理。

第二，原依法享受企业所得税定期减免税优惠尚未期满同时符合本通知第一条规定条件的高新技术企业，根据《高新技术企业认定管理办法》以及《科学技术部 财政部 国家税务总局关于印发〈高新技术企业认定管理工作指引〉的通知》（国科发火〔2008〕362 号）的相关规定，在按照新标准取得认定机构颁发的高新技术企业资格证书之后，可以在 2008 年 1 月 1 日后，享受对尚未到期的定期减免税优惠执行到期满的过渡政策。

第三，2006 年 1 月 1 日至 2007 年 3 月 16 日期间成立，截止到 2007 年底仍未获利（弥补完以前年度亏损后应纳税所得额为零）的高新技术企业，根据《高新技术企业认定管理办法》以及《高新技术企业认定管理工作指引》的相关规定，按照新标准取得认定机构颁发的高新技术企业证书后，可依据《企业所得税法》第五十七条的规定，免税期限自 2008 年 1 月 1 日起计算。

第四，认定（复审）合格的高新技术企业，自认定（复审）批准的有效期当年开始，可申请享受企业所得税优惠。企业取得省、自治区、直辖市、计划单列市高新技术企业认定管理机构颁发的高新技术企业证书后，可持"高新技术企业证书"及其复印件和有关资料，向主管税务机关申请办理减免税手续。手续办理完毕后，高新技术企业可按 15% 的税率进行所得税预缴申报或享受过渡性税收优惠。

第五，纳税年度终了后至报送年度纳税申报表以前，已办理减免税手续的企业应向主管税务机关备案以下资料：

（1）产品（服务）属于《国家重点支持的高新技术领域》规定的范围的说明；

（2）企业年度研究开发费用结构明细表；

（3）企业当年高新技术产品（服务）收入占企业总收入的比例说明；

（4）企业具有大学专科以上学历的科技人员占企业当年职工总数的比例说明、研发人员占企业当年职工总数的比例说明。

以上资料的计算、填报口径参照《高新技术企业认定管理工作指引》的有关规定执行。

第六，未取得高新技术企业资格，或虽取得高新技术企业资格但不符合企业所得税法及实施条例以及本通知有关规定条件的企业，不得享受高新技术企业的优惠；已享受优惠的，应追缴其已减免的企业所得税税款。

《国家税务总局关于高新技术企业资格复审期间企业所得税预缴问题的公告》（国家税务总局公告 2011 年第 4 号）规定：高新技术企业应在资格期满前三个月内提出复审申请，在通过复审之前，在其高新技术企业资格有效期内，其当年企业所得税暂按 15% 的税率预缴。

《科技部 财政部 国家税务总局关于修订印发〈高新技术企业认定管理工作指引〉的通知》（国科发火〔2016〕195 号）规定：

根据《高新技术企业认定管理办法》（国科发火〔2016〕32 号，以下称《认定办法》）第二十一条的规定，现印发《高新技术企业认定管理工作指引》（以下称《工作指引》），按以下规定执行：

第一，2016 年 1 月 1 日前已按《高新技术企业认定管理办法》（国科发火〔2008〕172 号，以下称 2008 版《认定办法》）认定的仍在有效期内的高新技术企业，其资格依然有效，可依照《企业所得税法》及其实施条例等有关规定享受企业所得税优惠政策。

第二，按 2008 版《认定办法》认定的高新技术企业，在 2015 年 12 月 31 日前发生 2008 版《认定办法》第十五条规定情况，且有关部门在 2015 年 12 月 31 日前已经做出处罚决定的，仍按 2008 版《认定办法》相关规定进行处理，认定机构 5 年内不再受理企业认定申请的处罚执行至 2015 年 12 月 31 日止。

第三，本指引自 2016 年 1 月 1 日起实施。原《高新技术企业认定管理工作指引》（国科发火〔2008〕362 号）、《关于高新技术企业更名和复审等有关事项的通知》（国科火字〔2011〕123 号）同时废止。

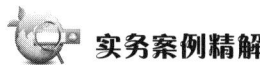 **实务案例精解**

例 6-9　A 公司属于工业企业，2016 年度，该公司的应纳税所得额为 30 万元，从业人数为 90 人，资产总额为 2 000 万元。B 公司属于非工业企业，2016 年度，该公司的应纳税所得额为 28 万元，从业人数为 90 人，资产总额为 1 000 万元。请计算 A 公司和 B 公司在 2016 年度应当缴纳多少企业所得税？

解答：A 公司符合小型微利企业的条件，可以享受 20% 的优惠税率，B 公司不符合小型微利企业的条件，不能享受 20% 的优惠税率。因此，A 公司在 2016 年度的应纳税额为：30×20%=6（万元）。B 公司在 2016 年度的应纳税额为：28×25%=7（万元）。

四、民族自治地方的减免税优惠

 基本税收政策

民族自治地方的自治机关对本民族自治地方的企业应缴纳的企业所得税中属于地方分享的部分，可以决定减征或者免征。自治州、自治县决定减征或者免征的，须报省、自治区、直辖市人民政府批准。

 **税收政策详解**

民族自治地方，是指依照《中华人民共和国民族区域自治法》的规定，实行民族区域自治的自治区、自治州、自治县。

对民族自治地方内国家限制和禁止行业的企业，不得减征或者免征企业所得税。

 实务应用指南

理解上述政策有几个要点：第一，只有民族自治地方的自治机关有权决定该税收优惠。我国目前的民族自治地方包括自治区、自治州、自治县，民族村不是自治地方。自治机关是指该自治地方的人民代表大会和人民政府，其他机关，如法院、检察院不是民族自治机关。

第二，享受该项税收优惠的必须是本民族自治地方的企业，至于哪些企业属于本民族自治地方的企业，需要由民族自治地方的自治机关通过相关地方性法规或者地方政府规章来具体规定。一般来讲，本民族自治地方的企业必须是位于本自治地方区域范围内的企业。

第三，民族自治地方的自治机关仅有权对本民族自治地方的企业缴纳的企业所得税属于地方分享的部分进行减免，该企业所得税中属于中央的部分不能进行减免。根据《国务院关于印发所得税收入分享改革方案的通知》（国发〔2001〕37号）的规定，为了促进社会主义市场经济的健康发展，进一步规范中央和地方政府之间的分配关系，建立合理的分配机制，防止重复建设，减缓地区间财力差距的扩大，支持西部大开发，逐步实现共同富裕，国务院决定从2002年1月1日起实施所得税收入分享改革。目前除少数企业所得税以外，其他企业所得税一律实行中央地方按比例分享。2002年所得税收入中央分享50%，地方分享50%；2003年及以后所得税收入中央分享60%，地方分享40%。民族自治地方的自治机关只能对40%的部分进行减免，无权对其余60%的部分进行减免。

第四，自治区自治机关有权直接进行减免，而自治州、自治县的自治机关决定减免的，则需要报省、自治区、直辖市人民政府批准，批准以后才能进行。

根据《民族区域自治法》的规定，民族自治地方的人民代表大会有权依照当地民族的政治、经济和文化的特点，制定自治条例和单行条例。自治区的自治条例和单行条例，报全国人民代表大会常务委员会批准后生效。自治州、自治县的自治条例和单行条例报省、自治区、直辖市的人民代表大会常务委员会批准后生效，并报全国人民代表大会常务委员会和国务院备案。上级国家机关的决议、决定、命令和指示，如有不适合民族自治地方实际情况的，自治机关可以报经该上级国家机关批准，变通执行或者停止执行；该上级国家机关应当在收到报告之日起60日内给予答复。民族自治地方的自治机关在国家计划的指导下，根据本地方的特点和需要，制定经济建设的方针、政策和计划，自主地安排和管理地方性的经济建设事业。民族自治地方的自治机关在坚持社会主义原则的前提下，根据法律规定和本地方经济发展的特点，合理调整生产关系和经济结构，努力发展社会主义市场经济。民族自治地方的自治机关坚持公有制为主体、多种所有制经济共同发展的基本经济制度，鼓励发展非公有制经济。民族自治地方的自治机关在国家计划的指导下，根据本地方的财力、物力和其他具体条件，自主地安排地方基本建设项目。民族自治地方的自治机关自主地管理隶属于本地方的企业、事业。民族自治地方的财政是一级财政，是国家财政的组成部分。民族自治地方的自治机关有管理地方财政的自治权。凡是依照国家财政体制属于民族自治地方的财政收入，都应当由民族自治地方的自治机关自主地安排使用。民族自治地方在全国统一的财政体制下，通过国家实行的规范的财政转移支付制度，享受上级财政的照顾。民族自治地方的财政预算支出，按照国家规定，设机动资金，预备费在预算中所占比例高于一般地区。民族自治地方的自治机关在执行财政预算过程中，自行安排使用收入的超收和支出的节余资金。民族自治地方的自治机关在执行国家税法的时候，除应由国家统一审批的减免税收项目以外，对属于地方财政收入的某些需要从税收上加以照顾和鼓励的，可以实行减税或者免税。自治州、自治县决定减税或者免税，须报省、自治区、直辖市人民政府批准。

《财政部 国家税务总局关于新疆困难地区新办企业所得税优惠政策的通知》（财税〔2011〕53 号）规定：

2010 年 1 月 1 日至 2020 年 12 月 31 日，对在新疆困难地区新办的属于《新疆困难地区重点鼓励发展产业企业所得税优惠目录》（以下简称《目录》）范围内的企业，自取得第一笔生产经营收入所属纳税年度起，第一年至第二年免征企业所得税，第三年至第五年减半征收企业所得税。

新疆困难地区包括南疆三地州、其他国家扶贫开发重点县和边境县市。

属于《目录》范围内的企业是指以《目录》中规定的产业项目为主营业务，其主营业务收入占企业收入总额 70% 以上的企业。

第一笔生产经营收入，是指新疆困难地区重点鼓励发展产业项目已建成并投入运营后所取得的第一笔收入。

按照本通知规定享受企业所得税定期减免税政策的企业，在减半期内，按照企业所得税 25% 的法定税率计算的应纳税额减半征税。

财政部、国家税务总局会同有关部门研究制订《目录》，经国务院批准后公布实施，并根据新疆经济社会发展需要及企业所得税优惠政策实施情况适时调整。

对难以界定是否属于《目录》范围的项目，税务机关应当要求企业提供省级以上（含省级）有关行业主管部门出具的证明文件，并结合其他相关材料进行认定。

《财政部 国家税务总局 国家发展改革委 工业和信息化部关于公布新疆困难地区重点鼓励发展产业企业所得税优惠目录（试行）的通知》（财税〔2011〕60 号）规定，《新疆困难地区重点鼓励发展产业企业所得税优惠目录（试行）》（以下简称《目录》）已经国务院批准，现予以公布，并将有关事项通知如下：

第一，申请享受新疆困难地区重点鼓励发展产业企业所得税优惠政策的企业，涉及外商投资的，应符合现行外商投资产业政策。

第二，新疆困难地区各级财政、税务机关应根据《财政部国家税务总局关于新疆困难地区新办企业所得税优惠政策的通知》（财税〔2011〕53号）和《目录》的规定，认真落实相关企业所得税优惠政策，对执行中发现的新情况、新问题要及时向上级财政、税务主管部门反映。

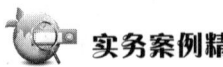 **实务案例精解**

例6-10 A公司是隶属于某自治区的企业，该自治区决定减免本自治区所属企业50%的企业所得税。A公司2016年度的应纳税所得额为1 000万元。请计算A公司在2016年度的应纳税额。

解答： 民族自治区可以对本民族自治地方的企业应缴纳的企业所得税中属于地方分享的部分，可以决定减征或者免征。根据《国务院关于印发所得税收入分享改革方案的通知》（国发〔2001〕37号）的规定，中央地方的分享比例为中央分享60%，地方分享40%。因此，A公司2016年度的应纳税额为：1 000×25%–1 000×25%×40%×50%=200（万元）。

五、创业投资抵扣应纳税所得额

 基本税收政策

创业投资企业从事国家需要重点扶持和鼓励的创业投资，可以按投资额的一定比例抵扣应纳税所得额。

 **税收政策详解**

上述政策所称抵扣应纳税所得额，是指创业投资企业采取股权投资方式投资于未上市的中小高新技术企业2年以上的，可以按照其投资额的70%在股权持有满2年的当年抵扣该创业投资企业的应纳税所得额；当年不足抵扣的，可以在以后纳税年度结转抵扣。

 实务应用指南

创业投资企业，是指在中国境内注册设立的主要从事创业投资的企业组织。创业投资，是指向创业企业进行股权投资，以期所投资创业企业发育成熟或相对成熟后主要通过股权转让获得资本增值收益的投资方式。创业企业，是指在中国境内注册设立的处于创建或重建过程中的成长性企业，但不含已经在公开市场上市的企业。

享受《企业所得税法》第三十一条规定的税收优惠政策的企业必须是创业投资企业，目前，我国对创业投资企业实行备案管理。2003年1月30日，对外贸易经济合作部、科学技术部、国家工商行政管理总局、国家税务总局、国家外汇管理局联合发布了《外商投资创业投资企业管理规定》。2005年11月15日，国家发展和改革委员会、科学技术部、财政部、商务部、中国人民银行、国家税务总局、国家工商行政管理总局、中国银行业监督管理委员会、中国证券监督管理委员会、国家外汇管理局联合发布了《创业投资企业管理暂行办法》，其中规定，创业投资企业必须按照本办法的规定完成备案程序，应当接受创业投资企业管理部门的监管，未遵照本办法规定完成备案程序的创业投资企业，不受创业投资企业管理部门的监管，不享受政策扶持。

另外，创业投资企业必须从事国家需要重点扶持和鼓励的创业投资才能享受《企业所得税法》第三十一条规定的税收优惠政策。从事其他投资则不能享受该条规定的税收优惠政策。

创业投资企业采取股权投资方式投资于未上市的中小高新技术企业2年以上的，可以按照其投资额的70%在股权持有满2年的当年抵扣该创业投资企业的应纳税所得额。享受上述优惠政策，必须满足以下条件：

（1）采取股权投资方式。

（2）投资于未上市的中小高新技术企业。

（3）投资达到2年以上。

优惠政策的内容是抵扣应纳税所得额，抵扣的上限是投资额的70%。如果符合抵扣条件并在当年不足抵扣的，可在以后纳税年度逐年延续抵扣。中小高新技术企业的标准目前尚未制定。《企业所得税法实施条例》在起草过程中，曾规定以下标准：中小高新技术企业是指企业职工人数不超过500人、年销售收入不超过2亿元、资产总额不超过2亿元的高新技术企业。

《财政部 国家税务总局关于执行企业所得税优惠政策若干问题的通知》（财税〔2009〕69号）规定:《企业所得税法实施条例》第九十七条所称投资于未上市的中小高新技术企业2年以上的，包括发生在2008年1月1日以前满2年的投资；所称中小高新技术企业是指按照《高新技术企业认定管理办法》（国科发火〔2008〕172号）和《高新技术企业认定管理工作指引》（国科发火〔2008〕362号）取得高新技术企业资格，且年销售额和资产总额均不超过2亿元、从业人数不超过500人的企业，其中2007年底前已取得高新技术企业资格的，在其规定有效期内不需重新认定。

《国家税务总局关于实施创业投资企业所得税优惠问题的通知》（国税发〔2009〕87号）规定：

第一，创业投资企业是指依照《创业投资企业管理暂行办法》（国家发展和改革委员会等10部委令2005年第39号，以下简称《暂行办法》）和《外商投资创业投资企业管理规定》（商务部等5部委令2003年第2号）在中华人民共和国境内设立的专门从事创业投资活动的企业或其他经济组织。

第二，创业投资企业采取股权投资方式投资于未上市的中小高新技术企业2年（24个月）以上，凡符合以下条件的，可以按照其对中小高新技术企业投资额的70%，在股权持有满2年的当年抵扣该创业投资企业的应纳税所得额；当年不足抵扣的，可以在以后纳税年度结转抵扣。

（1）经营范围符合《暂行办法》规定，且工商登记为"创业投资有限责任公司""创业投资股份有限公司"等专业性法人创业投资企业。

（2）按照《暂行办法》规定的条件和程序完成备案，经备案管理部门年度检查核实，投资运作符合《暂行办法》的有关规定。

（3）创业投资企业投资的中小高新技术企业，除应按照科技部、财政部、国家税务总局《关于印发〈高新技术企业认定管理办法〉的通知》（国科发火〔2008〕172号）和《关于印发〈高新技术企业认定管理工作指引〉的通知》（国科发火〔2008〕362号）的规定，通过高新技术企业认定以外，还应符合职工人数不超过500人，年销售（营业）额不超过2亿元，资产总额不超过2亿元的条件。

2007年底前按原有规定取得高新技术企业资格的中小高新技术企业，且在2008年继续符合新的高新技术企业标准的，向其投资满24个月的计算，可自创业投资企业实际向其投资的时间起计算。

（4）财政部、国家税务总局规定的其他条件。

第三，中小企业接受创业投资之后，经认定符合高新技术企业标准的，应自其被认定为高新技术企业的年度起，计算创业投资企业的投资期限。该期限内中小企业接受创业投资后，企业规模超过中小企业标准，但仍符合高新技术企业标准的，不影响创业投资企业享受有关税收优惠。

第四，创业投资企业申请享受投资抵扣应纳税所得额，应在其报送申请投资抵扣应纳税所得额年度纳税申报表以前，向主管税务机关报送以下资料备案：

（1）经备案管理部门核实后出具的年检合格通知书（副本）。

（2）关于创业投资企业投资运作情况的说明。

（3）中小高新技术企业投资合同或章程的复印件、实际所投资金验资报告等相关材料。

（4）中小高新技术企业基本情况（包括企业职工人数、年销售（营业）额、资产总额等）说明。

（5）由省、自治区、直辖市和计划单列市高新技术企业认定管理机构出具的中小高新技术企业有效的高新技术企业证书（复印件）。

《财政部　国家税务总局关于将国家自主创新示范区有关税收试点政策推广到全国范围实施的通知》（财税〔2015〕116号）规定：自2015年10月1日起，全国范围内的有限合伙制创业投资企业采取股权投资方式投资于未上市的中小高新技术企业满2年（24个月）的，该有限合伙制创业投资企业的法人合伙人可按照其对未上市中小高新技术企业投资额的70%抵扣该法人合伙人从该有限合伙制创业投资企业分得的应纳税所得额，当年不足抵扣的，可以在以后纳税年度结转抵扣。有限合伙制创业投资企业的法人合伙人对未上市中小高新技术企业的投资额，按照有限合伙制创业投资企业对中小高新技术企业的投资额和合伙协议约定的法人合伙人占有限合伙制创业投资企业的出资比例计算确定。

《国家税务总局关于有限合伙制创业投资企业法人合伙人企业所得税有关问题的公告》（国家税务总局公告2015年第81号）规定，根据《企业所得税法》及其实施条例、《财政部　国家税务总局关于将国家自主创新示范区有关税收试点政策推广到全国范围实施的通知》（财税〔2015〕116号）规定，现就有限合伙制创业投资企业法人合伙人企业所得税有关问题公告如下：

第一，有限合伙制创业投资企业是指依照《合伙企业法》、《创业投资企业管理暂行办法》（国家发展和改革委员会令第39号）和《外商投资创业投资企业管理规定》（外经贸部、科技部、工商总局、税务总局、外汇管理局令2003年第2号）设立的专门从事创业投资活动的有限合伙企业。

第二，有限合伙制创业投资企业的法人合伙人，是指依照《企业所得税法》及其实施条例以及相关规定，实行查账征收企业所得税的居民企业。

第三，有限合伙制创业投资企业采取股权投资方式投资于未上市的中小高新技术企业满2年（24个月，下同）的，其法人合伙人可按照对未上市中小高新技术企业投资额的70%抵扣该法人合伙人从该有限合伙制创业投资企业分得的应纳税所得额，当年不足抵扣的，可以在以后纳税年度结转抵扣。

所称满2年是指2015年10月1日起，有限合伙制创业投资企业投资于未上市中小高新技术企业的实缴投资满2年，同时，法人合伙人对该有限合伙制创业投资企业的实缴出资也应满2年。

如果法人合伙人投资于多个符合条件的有限合伙制创业投资企业，可合并计算其可抵扣的投资额和应分得的应纳税所得额。当年不足抵扣的，可结转以后纳税年度继续抵扣；当年抵扣后有结余的，应按照企业所得税法的规定计算缴纳企业所得税。

第四，有限合伙制创业投资企业的法人合伙人对未上市中小高新技术企业的投资额，按照有限合伙制创业投资企业对中小高新技术企业的投资额和合伙协议约定的法人合伙人占有限合伙制创业投资企业的出资比例计算确定。其中，有限合伙制创业投资企业对中小高新技术企业的投资额按实缴投资额计算；法人合伙人占有限合伙制创业投资企业的出资比例按法人合伙人对有限合伙制创业投资企业的实缴出资额占该有限合伙制创业投资企业的全部实缴出资额的比例计算。

第五，有限合伙制创业投资企业应纳税所得额的确定及分配，按照《财政部 国家税务总局关于合伙企业合伙人所得税问题的通知》（财税〔2008〕159 号）相关规定执行。

第六，有限合伙制创业投资企业法人合伙人符合享受优惠条件的，应在符合条件的年度终了后 3 个月内向其主管税务机关报送《有限合伙制创业投资企业法人合伙人应纳税所得额分配情况明细表》。

第七，法人合伙人向其所在地主管税务机关备案享受投资抵扣应纳税所得额时，应提交《法人合伙人应纳税所得额抵扣情况明细表》以及有限合伙制创业投资企业所在地主管税务机关受理后的《有限合伙制创业投资企业法人合伙人应纳税所得额分配情况明细表》，同时将《国家税务总局关于实施创业投资企业所得税优惠问题的通知》（国税发〔2009〕87 号）规定报送的备案资料留存备查。

第八，本公告自 2015 年 10 月 1 日起执行。2015 年度符合优惠条件的企业，可统一在 2015 年度汇算清缴时办理相关手续。《国家税务总局关于苏州工业园区有限合伙制创业投资企业法人合伙人企业所得税政策试点有关征收管理问题的公告》（国家税务总局公告 2013 年第 25 号）同时废止。

《财政部 国家税务总局关于创业投资企业和天使投资个人有关税收试点政策的通知》（财税〔2017〕38 号）规定，为进一步落实创新驱动发展战略，促进创业投资持续健康发展，现就创业投资企业和天使投资个人有关税收试点政策通知如下：

第一，税收试点政策。

（1）公司制创业投资企业采取股权投资方式直接投资于种子期、初创期科技型企业（以下简称初创科技型企业）满 2 年（24 个月，下同）的，可以按照投资额的 70% 在股权持有满 2 年的当年抵扣该公司制创业投资企业的应纳税所得额；当年不足抵扣的，可以在以后纳税年度结转抵扣。

（2）有限合伙制创业投资企业（以下简称合伙创投企业）采取股权投资

方式直接投资于初创科技型企业满 2 年的，该合伙创投企业的合伙人分别按以下方式处理：①法人合伙人可以按照对初创科技型企业投资额的 70% 抵扣法人合伙人从合伙创投企业分得的所得；当年不足抵扣的，可以在以后纳税年度结转抵扣。②个人合伙人可以按照对初创科技型企业投资额的 70% 抵扣个人合伙人从合伙创投企业分得的经营所得；当年不足抵扣的，可以在以后纳税年度结转抵扣。

（3）天使投资个人采取股权投资方式直接投资于初创科技型企业满 2 年的，可以按照投资额的 70% 抵扣转让该初创科技型企业股权取得的应纳税所得额；当期不足抵扣的，可以在以后取得转让该初创科技型企业股权的应纳税所得额时结转抵扣。

天使投资个人在试点地区投资多个初创科技型企业的，对其中办理注销清算的初创科技型企业，天使投资个人对其投资额的 70% 尚未抵扣完的，可自注销清算之日起 36 个月内抵扣天使投资个人转让其他初创科技型企业股权取得的应纳税所得额。

第二，相关政策条件

（1）本通知所称初创科技型企业，应同时符合以下条件：①在中国境内（不包括港、澳、台地区）注册成立、实行查账征收的居民企业；②接受投资时，从业人数不超过 200 人，其中具有大学本科以上学历的从业人数不低于 30%；资产总额和年销售收入均不超过 3000 万元；③接受投资时设立时间不超过 5 年（60 个月，下同）；④接受投资时以及接受投资后 2 年内未在境内外证券交易所上市；⑤接受投资当年及下一纳税年度，研发费用总额占成本费用支出的比例不低于 20%。

（2）享受本通知规定税收试点政策的创业投资企业，应同时符合以下条件：①在中国境内（不含港、澳、台地区）注册成立、实行查账征收的居民企业或合伙创投企业，且不属于被投资初创科技型企业的发起人；②符合《创业投资企业管理暂行办法》（发展改革委等 10 部门令第 39 号）规定或者《私募投资基金监督管理暂行办法》（证监会令第 105 号）关于创业投资基金的特别规定，按照上述规定完成备案且规范运作；③投资后 2 年内，创业投资企业及其关联方持有被投资初创科技型企业的股权比例合计应低于 50%；④创业投资企业注册地须位于本通知规定的试点地区。

（3）享受本通知规定的税收试点政策的天使投资个人，应同时符合以下条件：①不属于被投资初创科技型企业的发起人、雇员或其亲属（包括配偶、父母、子女、祖父母、外祖父母、孙子女、外孙子女、兄弟姐妹，下同），且与被投资初创科技型企业不存在劳务派遣等关系；②投资后 2 年内，本人及其亲属持有被投资初创科技型企业股权比例合计应低于 50%；③享受税收试点政策的天使投资个人投资的初创科技型企业，其注册地须位于本通知规定的试点地区。

（4）享受本通知规定的税收试点政策的投资，仅限于通过向被投资初创科技型企业直接支付现金方式取得的股权投资，不包括受让其他股东的存量股权。

第三，管理事项及管理要求。

（1）本通知所称研发费用口径，按照《财政部 国家税务总局 科技部关于完善研究开发费用税前加计扣除政策的通知》（财税〔2015〕119号）的规定执行。

（2）本通知所称从业人数，包括与企业建立劳动关系的职工人员及企业接受的劳务派遣人员。从业人数和资产总额指标，按照企业接受投资前连续12个月的平均数计算，不足12个月的，按实际月数平均计算。

本通知所称销售收入，包括主营业务收入与其他业务收入；年销售收入指标，按照企业接受投资前连续12个月的累计数计算，不足12个月的，按实际月数累计计算。

本通知所称成本费用，包括主营业务成本、其他业务成本、销售费用、管理费用、财务费用。

（3）本通知所称投资额，按照创业投资企业或天使投资个人对初创科技型企业的实缴投资额确定。

合伙创投企业的合伙人对初创科技型企业的投资额，按照合伙创投企业对初创科技型企业的实缴投资额和合伙协议约定的合伙人占合伙创投企业的出资比例计算确定。合伙人从合伙创投企业分得的所得，按照《财政部 国家税务总局关于合伙企业合伙人所得税问题的通知》（财税〔2008〕159号）规定计算。

（4）天使投资个人、创业投资企业、合伙创投企业法人合伙人、被投资初创科技型企业应按规定向税务机关履行备案手续。

（5）初创科技型企业接受天使投资个人投资满2年，在上海证券交易所、深圳证券交易所上市的，天使投资个人转让该企业股票时，按照现行限售股有关规定执行，其尚未抵扣的投资额，在税款清算时一并计算抵扣。

（6）享受本通知规定的税收试点政策的纳税人，其主管税务机关对被投资企业是否符合初创科技型企业条件有异议的，可以转请被投资企业主管税务机关提供相关材料。对纳税人提供虚假资料，违规享受税收试点政策的，应按税收征管法相关规定处理，并将其列入失信纳税人名单，按规定实施联合惩戒措施。

第四，执行时间及试点地区。

本通知规定的企业所得税政策自 2017 年 1 月 1 日起试点执行，个人所得税政策自 2017 年 7 月 1 日起试点执行。执行日期前 2 年内发生的投资，在执行日期后投资满 2 年，且符合本通知规定的其他条件的，可以适用本通知规定的税收试点政策。

本通知所称试点地区包括京津冀、上海、广东、安徽、四川、武汉、西安、沈阳 8 个全面创新改革试验区域和苏州工业园区。

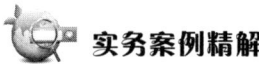 **实务案例精解**

例 6-11　A 公司是创业投资企业，B 公司是未上市的中小高新技术企业。2015 年 1 月 1 日，A 公司以股权投资的方式投资于 B 公司 1 000 万元。2015—2017 年，A 公司的应纳税所得额分别为 100 万元、400 万元、800 万元。请计算 A 公司 2015—2017 年的应纳税额。

解答：A 公司属于创业投资企业，B 公司属于未上市的中小高新技术企业，A 公司以股权投资的方式投资于 B 公司满 2 年以后可以享受抵扣所得税的优惠政策。2015 年度，A 公司不能享受税收优惠政策，应纳税额为：100×25%=25（万元）。2016 年度，A 公司股权持有已经满 2 年，可以享受抵扣投资额的 70% 的优惠政策，应纳税所得额为：400-1 000×70%=-300（万元）。不需要缴纳企业所得税。2016 年度的应纳税所得额不足抵扣，可以继续抵扣 2017 年度的应纳税所得额。2017 年度，A 公司应纳税额为：（800-300）×25%=125（万元）。

六、税额抵扣税收优惠

 基本税收政策

企业购置用于环境保护、节能节水、安全生产等专用设备的投资额，可以按一定比例实行税额抵免。

 **税收政策详解**

上述政策所称税额抵免，是指企业购置并实际使用《环境保护专用设备企业所得税优惠目录》《节能节水专用设备企业所得税优惠目录》和《安全生产专用设备企业所得税优惠目录》规定的环境保护、节能节水、安全生产等专用设备的，该专用设备的投资额的 10% 可以从企业当年的应纳税额中抵免；

当年不足抵免的，可以在以后 5 个纳税年度结转抵免。享受上述规定的企业所得税优惠的企业，应当实际购置并自身实际投入使用前款规定的专用设备；企业购置上述专用设备在 5 年内转让、出租的，应当停止享受企业所得税优惠，并补缴已经抵免的企业所得税税款。

上述企业所得税优惠目录，由国务院财政、税务主管部门商国务院有关部门制订，报国务院批准后公布施行。

 实务应用指南

所谓税额抵免，就是直接从企业的应纳税额中扣除一定数额。这也是一种税收优惠的形式。该条主要是为了鼓励企业进行环境保护、节约能源和资源以及提高安全生产能力而规定的税收优惠政策。为了享受该条规定的税收优惠政策，企业必须购置用于环境保护、节能节水、安全生产等的专用设备。

关于节水设备的标准和优惠政策，我国已经有了比较具体的规定。根据原国家经济贸易委员会发布的《当前国家鼓励发展的节水设备（产品）目录（第一批）》（经贸委〔2001〕5 号）的规定，确定当前国家鼓励发展的节水设备（产品）的原则包括：

（1）符合《当前国家重点鼓励发展的产业、产品和技术目录（2000 年修订）》（国家计委、国家经贸委令第 7 号）的要求。

（2）有较高的技术含量，有利于企业的设备更新和技术改造，能促进工业企业的结构优化和升级，提高企业经济效益。

（3）国内自主开发研制，已给用户提供了产品，经使用证明具有较明显的节水效果。

（4）有可靠的运行实践。

《目录》公布的节水设备（产品），包括换热设备，污水处理设备，化学水处理设备，供水及排渣处理设备，海水、苦咸水等利用设备，节水监测仪器及水处理药剂等 6 类，共 30 项。

有关鼓励和扶持政策包括：

（1）企业技术改造项目凡使用该《目录》中的国产设备，按照财政部、国家税务总局《关于印发〈技术改造国产设备投资抵免企业所得税暂行办法〉的通知》（财税字〔1999〕290 号）的规定，享受投资抵免企业所得税的优惠政策。

（2）为引导节水设备（产品）的发展方向，国家经贸委将在技术开发和技术改造项目中，重点支持开发、研制、生产和使用列入《目录》的设备（产品）；对符合条件的国家重点项目，将给予贴息支持或适当补助。

（3）使用财政性资金进行的建设项目或政府采购，应优先选用符合要求的该《目录》中的设备（产品）。

这些认定标准及其优惠政策在《企业所得税法》实施以后仍可以继续保留。2003 年 1 月 29 日，原国家经济贸易委员会、国家税务总局联合发布了《当前国家鼓励发展的节水设备（产品）目录》（第二批）。2005 年 12 月，根据《国务院关于发布实施〈促进产业结构调整暂行规定〉的决定》（国发〔2005〕40号），原国家计委、国家经贸委印发的《当前国家重点鼓励发展的产业、产品和技术目录（2000 年修订）》（以下简称原目录）同时废止，对依据原目录执行的有关优惠政策，调整为依据《产业结构调整指导目录（2005 年本）》鼓励类目录执行。2015 年 11 月 26 日，国家发展改革委办公厅发布了《关于征集〈国家鼓励发展的节水产品（设备）目录（2016 年版）〉备选产品（设备）的通知》（发改办环资〔2015〕3100 号），本次征集的节水产品（设备）包括但不限于：

（1）生活用水产品，包括便器、洗衣机、水嘴等。

（2）工农业用水设备，包括换热设备、监视测量仪器、灌溉设备等。

（3）水资源处理和利用设备，包括海水淡化、再生水处理利用、雨水收集利用等。

征集条件包括：

（1）技术先进，成熟适用。产品技术水平达到国内领先，经有关部门检测具有明显的节水效果；产品已批量生产，在国内有成功应用案例。

（2）产品应用广泛，推广后在节约水资源方面可带来较大的经济与社会效益。

（3）产品质量、安全、环保等性能符合国家有关标准和要求。

（4）产品可靠性高，投资与维护成本合理，具有合理的投资回收期。

《企业所得税法》第三十四条所规定的税额抵免应当说是一个创新，现行制度中并没有税额抵免的规定。税额抵免则属于典型的直接税收优惠，因为它所针对的是应纳税额，而且必须以企业具有应纳税额为前提，如果没有应纳税额，就无法享受该项税收优惠。因此，税额抵扣的税收优惠不如减计收入更容易为企业所享受。当然，并不能认为税额抵扣等直接税收优惠不如减计收入等间接税收优惠好，各种不同的制度都有其特定的适用对象和所要达成的目的，国家立法应当根据其所欲实现的不同目标选择不同制度，不能一概采取某种单一的制度。

《财政部 国家税务总局关于执行企业所得税优惠政策若干问题的通知》（财税〔2009〕69 号）规定：《企业所得税法实施条例》第一百条规定的购置

并实际使用的环境保护、节能节水和安全生产专用设备，包括承租方企业以融资租赁方式租入的、并在融资租赁合同中约定租赁期届满时租赁设备所有权转移给承租方企业，且符合规定条件的上述专用设备。凡融资租赁期届满后租赁设备所有权未转移至承租方企业的，承租方企业应停止享受抵免企业所得税优惠，并补缴已经抵免的企业所得税税款。

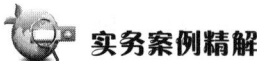 **实务案例精解**

例 6-12 2015 年度，A 公司购置了《环境保护专用设备企业所得税优惠目录》内的设备价值 200 万元，该年度的应纳税额为 10 万元。2016 年度，A 公司购置了《环境保护专用设备企业所得税优惠目录》内的设备价值 300 万元，该年度的应纳税额为 100 万元。请计算 A 公司 2015 年度和 2016 年度的应纳税额。

解答： A 公司可以享受抵免投资额的 10% 的税收优惠政策。2015 年度可以抵免的数额为：200×10%=20（万元）。由于该年度的应纳税额为 10 万元，因此，A 公司 2015 年度的应纳税额为 0。尚未抵扣的 10 万元可以结转到以后 5 年抵扣。2016 年度可以抵免的数额为：300×10%=30（万元）。由于该年度的应纳税额为 100 万元，因此，A 公司 2016 年度的应纳税额为：100−30−10=60（万元）。

实务案例精解

例 6-13 A 公司 2013 年度购置了《安全生产专用设备企业所得税优惠目录》内的设备，价值 1 000 万元，该年度的应纳税额为 600 万元。2016 年度，A 公司将该设备出租给 B 公司，并重新购置了一套新的《安全生产专用设备企业所得税优惠目录》内的设备，价值 2 000 万元。2016 年度，A 公司的应纳税额为 1 000 万元。请计算 A 公司 2013 年度和 2016 年度的应纳税额分别为多少？

解答： A 公司 2013 年度购置了《安全生产专用设备企业所得税优惠目录》内的设备可以享受抵免 10% 投资额的优惠政策，因此，2013 年度，A 公司的应纳税额为：600−1 000×10%=500（万元）。2016 年度，A 公司将该设备出租给 B 公司，A 公司应停止执行相应税收优惠政策并补缴已抵免税款 100 万元，由于 A 公司在该年度重新购置了一套新的《安全生产专用设备企业所得税优惠目录》内的设备，仍然可以享受抵免 10% 投资额的优惠政策，因此，2016 年度，A 公司的应纳税额为：1 000+100−2 000×10%=900（万元）。

七、加计扣除税收优惠

 基本税收政策

企业的下列支出，可以在计算应纳税所得额时加计扣除：
（1）开发新技术、新产品、新工艺发生的研究开发费用；
（2）安置残疾人员及国家鼓励安置的其他就业人员所支付的工资。

 **税收政策详解**

上述政策所称研究开发费用的加计扣除，是指企业为开发新技术、新产品、新工艺发生的研究开发费用，未形成无形资产计入当期损益的，在按照规定据实扣除的基础上，按照研究开发费用的 50% 加计扣除；形成无形资产的，按照无形资产成本的 150% 摊销。

上述政策所称企业安置残疾人员所支付的工资的加计扣除，是指企业安置残疾人员的，在按照支付给残疾职工工资据实扣除的基础上，按照支付给残疾职工工资的 100% 加计扣除。残疾人员的范围适用《中华人民共和国残疾人保障法》的有关规定。

上述政策所称企业安置国家鼓励安置的其他就业人员所支付的工资的加计扣除办法，由国务院另行规定。

 实务应用指南

企业的创新性是一个企业的生命力，也是一个国家的生命力，因此，国家应当鼓励企业开发新技术、新产品和新工艺。但是，企业在开发新技术、新产品和新工艺时往往会产生较大的成本和费用，这些费用不是在短时间内能够收回的，必须经过较长的时期才能发挥作用。因此，企业开发新技术、新产品和新工艺往往都有所顾虑，国家为了鼓励企业开发新技术、新产品和新工艺就规定了本项税收优惠，对其中发生的研究开发费用实行加计扣除。

就业政策是一个国家的根本政策之一，只有妥善解决绝大部分劳动力的工作问题才能确保国家的稳定和社会的发展。而解决就业问题的根本途径在企业，因此，国家必须通过一定的税收优惠政策鼓励企业安置那些通过基本的市场规律难以安置的劳动力，如残疾人、下岗失业人员、军队退伍人员等。

对于企业安置残疾人以及国家鼓励安置的其他人员所支付的工资，实行加计扣除。

企业开发新技术、新产品、新工艺发生的研究开发费用可以加计扣除50%，具体扣除方法分为两种情况：企业为开发新技术、新产品、新工艺发生的研究开发费用，未形成无形资产计入当期损益的，在按规定实行100%扣除基础上，按研究开发费用的50%加计扣除；形成无形资产的，按无形资产成本的150%进行摊销。所谓新技术、新产品、新工艺是指国内尚未形成研究开发成果的技术、产品和工艺。企业的研究开发费用，包括新产品设计费、工艺规程制定费、设备调整费、原材料和半成品的试验费、技术图书资料费、未纳入国家计划的中间试验费、研究机构人员的工资、研究设备的折旧、与新产品的试制、技术研究有关的其他经费以及委托其他单位进行科研试制的费用。

《财政部 国家税务总局 科技部关于完善研究开发费用税前加计扣除政策的通知》（财税〔2015〕119号）规定，根据《中华人民共和国企业所得税法》及其实施条例有关规定，为进一步贯彻落实《中共中央 国务院关于深化体制机制改革加快实施创新驱动发展战略的若干意见》精神，更好地鼓励企业开展研究开发活动（以下简称研发活动）和规范企业研究开发费用（以下简称研发费用）加计扣除优惠政策执行，现就企业研发费用税前加计扣除有关问题通知如下：

第一，研发活动及研发费用归集范围。

本通知所称研发活动，是指企业为获得科学与技术新知识，创造性运用科学技术新知识，或实质性改进技术、产品（服务）、工艺而持续进行的具有明确目标的系统性活动。

企业开展研发活动中实际发生的研发费用，未形成无形资产计入当期损益的，在按规定据实扣除的基础上，按照本年度实际发生额的50%，从本年度应纳税所得额中扣除；形成无形资产的，按照无形资产成本的150%在税前摊销。研发费用的具体范围包括：

（1）人员人工费用。直接从事研发活动人员的工资薪金、基本养老保险费、基本医疗保险费、失业保险费、工伤保险费、生育保险费和住房公积金，以及外聘研发人员的劳务费用。

（2）直接投入费用。①研发活动直接消耗的材料、燃料和动力费用。②用于中间试验和产品试制的模具、工艺装备开发及制造费，不构成固定资产的样品、样机及一般测试手段购置费，试制产品的检验费。③用于研发活动的仪器、设备的运行维护、调整、检验、维修等费用，以及通过经营租赁方式租入的用于研发活动的仪器、设备租赁费。

（3）折旧费用。用于研发活动的仪器、设备的折旧费。

（4）无形资产摊销。用于研发活动的软件、专利权、非专利技术（包括许可证、专有技术、设计和计算方法等）的摊销费用。

（5）新产品设计费、新工艺规程制定费、新药研制的临床试验费、勘探开发技术的现场试验费。

（6）其他相关费用。与研发活动直接相关的其他费用，如技术图书资料费、资料翻译费、专家咨询费、高新科技研发保险费，研发成果的检索、分析、评议、论证、鉴定、评审、评估、验收费用，知识产权的申请费、注册费、代理费，差旅费、会议费等。此项费用总额不得超过可加计扣除研发费用总额的 10%。

（7）财政部和国家税务总局规定的其他费用。

下列活动不适用税前加计扣除政策：

（1）企业产品（服务）的常规性升级。

（2）对某项科研成果的直接应用，如直接采用公开的新工艺、材料、装置、产品、服务或知识等。

（3）企业在商品化后为顾客提供的技术支持活动。

（4）对现存产品、服务、技术、材料或工艺流程进行的重复或简单改变。

（5）市场调查研究、效率调查或管理研究。

（6）作为工业（服务）流程环节或常规的质量控制、测试分析、维修维护。

（7）社会科学、艺术或人文学方面的研究。

第二，特别事项的处理。

（1）企业委托外部机构或个人进行研发活动所发生的费用，按照费用实际发生额的 80% 计入委托方研发费用并计算加计扣除，受托方不得再进行加计扣除。委托外部研究开发费用实际发生额应按照独立交易原则确定。

委托方与受托方存在关联关系的，受托方应向委托方提供研发项目费用支出明细情况。

企业委托境外机构或个人进行研发活动所发生的费用，不得加计扣除。

（2）企业共同合作开发的项目，由合作各方就自身实际承担的研发费用分别计算加计扣除。

（3）企业集团根据生产经营和科技开发的实际情况，对技术要求高、投资数额大，需要集中研发的项目，其实际发生的研发费用，可以按照权利和义务相一致、费用支出和收益分享相配比的原则，合理确定研发费用的分摊方法，在受益成员企业间进行分摊，由相关成员企业分别计算加计扣除。

（4）企业为获得创新性、创意性、突破性的产品进行创意设计活动而发生的相关费用，可按照本通知规定进行税前加计扣除。

创意设计活动是指多媒体软件、动漫游戏软件开发，数字动漫、游戏设计制作；房屋建筑工程设计（绿色建筑评价标准为三星）、风景园林工程专项设计；工业设计、多媒体设计、动漫及衍生产品设计、模型设计等。

第三，会计核算与管理。

（1）企业应按照国家财务会计制度要求,对研发支出进行会计处理；同时，对享受加计扣除的研发费用按研发项目设置辅助账，准确归集核算当年可加计扣除的各项研发费用实际发生额。企业在一个纳税年度内进行多项研发活动的，应按照不同研发项目分别归集可加计扣除的研发费用。

（2）企业应对研发费用和生产经营费用分别核算，准确、合理归集各项费用支出，对划分不清的，不得实行加计扣除。

第四，不适用税前加计扣除政策的行业。

（1）烟草制造业。

（2）住宿和餐饮业。

（3）批发和零售业。

（4）房地产业。

（5）租赁和商务服务业。

（6）娱乐业。

（7）财政部和国家税务总局规定的其他行业。

上述行业以《国民经济行业分类与代码（GB/4754-2011）》为准，并随之更新。

第五，管理事项及征管要求。

（1）本通知适用于会计核算健全、实行查账征收并能够准确归集研发费用的居民企业。

（2）企业研发费用各项目的实际发生额归集不准确、汇总额计算不准确的，税务机关有权对其税前扣除额或加计扣除额进行合理调整。

（3）税务机关对企业享受加计扣除优惠的研发项目有异议的，可以转请地市级（含）以上科技行政主管部门出具鉴定意见,科技部门应及时回复意见。企业承担省部级（含）以上科研项目的，以及以前年度已鉴定的跨年度研发项目，不再需要鉴定。

（4）企业符合本通知规定的研发费用加计扣除条件而在 2016 年 1 月 1 日以后未及时享受该项税收优惠的，可以追溯享受并履行备案手续，追溯期限最长为 3 年。

（5）税务部门应加强研发费用加计扣除优惠政策的后续管理，定期开展核查，年度核查面不得低于 20%。

第六，执行时间。

本通知自 2016 年 1 月 1 日起执行。《国家税务总局关于印发〈企业研究开发费用税前扣除管理办法（试行）〉的通知》（国税发〔2008〕116 号）和《财政部 国家税务总局关于研究开发费用税前加计扣除有关政策问题的通知》（财税〔2013〕70 号）同时废止。

《国家税务总局关于企业研究开发费用税前加计扣除政策有关问题的公告》（国家税务总局公告 2015 年第 97 号）规定，根据《中华人民共和国企业所得税法》及其实施条例（以下简称税法）、《财政部 国家税务总局 科技部关于完善研究开发费用税前加计扣除政策的通知》（财税〔2015〕119 号，以下简称《通知》）规定，现就落实完善研究开发费用（以下简称研发费用）税前加计扣除政策有关问题公告如下：

第一，研究开发人员范围。

企业直接从事研发活动人员包括研究人员、技术人员、辅助人员。研究人员是指主要从事研究开发项目的专业人员；技术人员是指具有工程技术、自然科学和生命科学中一个或一个以上领域的技术知识和经验，在研究人员指导下参与研发工作的人员；辅助人员是指参与研究开发活动的技工。

企业外聘研发人员是指与本企业签订劳务用工协议（合同）和临时聘用的研究人员、技术人员、辅助人员。

第二，研发费用归集。

（1）加速折旧费用的归集。企业用于研发活动的仪器、设备，符合税法规定且选择加速折旧优惠政策的，在享受研发费用税前加计扣除时，就已经进行会计处理计算的折旧、费用的部分加计扣除，但不得超过按税法规定计算的金额。

（2）多用途对象费用的归集。企业从事研发活动的人员和用于研发活动的仪器、设备、无形资产，同时从事或用于非研发活动的，应对其人员活动及仪器设备、无形资产使用情况做必要记录，并将其实际发生的相关费用按实际工时占比等合理方法在研发费用和生产经营费用间分配，未分配的不得加计扣除。

（3）其他相关费用的归集与限额计算。企业在一个纳税年度内进行多项研发活动的，应按照不同研发项目分别归集可加计扣除的研发费用。在计算每个项目其他相关费用的限额时应当按照以下公式计算：

$$其他相关费用限额 = \frac{加计扣除的研发费用中的第《通知》第一条第一项允许1项至第5项的费用之和 \times 10\%}{（1-10\%）}$$

当其他相关费用实际发生数小于限额时，按实际发生数计算税前加计扣除数额；当其他相关费用实际发生数大于限额时，按限额计算税前加计扣除数额。

（4）特殊收入的扣减。企业在计算加计扣除的研发费用时，应扣减已按《通知》规定归集计入研发费用，但在当期取得的研发过程中形成的下脚料、残次品、中间试制品等特殊收入；不足扣减的，允许加计扣除的研发费用按零计算。

企业研发活动直接形成产品或作为组成部分形成的产品对外销售的，研发费用中对应的材料费用不得加计扣除。

（5）财政性资金的处理。企业取得作为不征税收入处理的财政性资金用于研发活动所形成的费用或无形资产，不得计算加计扣除或摊销。

（6）不允许加计扣除的费用。法律、行政法规和国务院财税主管部门规定不允许企业所得税前扣除的费用和支出项目不得计算加计扣除。已计入无形资产但不属于《通知》中允许加计扣除研发费用范围的，企业摊销时不得计算加计扣除。

第三，委托研发。

企业委托外部机构或个人开展研发活动发生的费用，可按规定税前扣除；加计扣除时按照研发活动发生费用的80%作为加计扣除基数。委托个人研发的，应凭个人出具的发票等合法有效凭证在税前加计扣除。

企业委托境外研发所发生的费用不得加计扣除，其中受托研发的境外机构是指依照外国和地区（含港澳台）法律成立的企业和其他取得收入的组织。受托研发的境外个人是指外籍（含港澳台）个人。

第四，不适用加计扣除政策行业的判定。

《通知》中不适用税前加计扣除政策行业的企业，是指以《通知》所列行业业务为主营业务，其研发费用发生当年的主营业务收入占企业按税法第六条规定计算的收入总额减除不征税收入和投资收益的余额50%（不含）以上的企业。

第五，核算要求。

企业应按照国家财务会计制度要求，对研发支出进行会计处理。研发项目立项时应设置研发支出辅助账，由企业留存备查；年末汇总分析填报研发支出辅助账汇总表，并在报送《年度财务会计报告》的同时随附注一并报送主管税务机关。研发支出辅助账、研发支出辅助账汇总表可参照本公告所附样式编制。

第六，申报及备案管理。

（1）企业年度纳税申报时，根据研发支出辅助账汇总表填报研发项目可加计扣除研发费用情况归集表，在年度纳税申报时随申报表一并报送。

（2）研发费用加计扣除实行备案管理，除"备案资料"和"主要留存备查资料"按照本公告规定执行外，其他备案管理要求按照《国家税务总局关于发布〈企业所得税优惠政策事项办理办法〉的公告》（国家税务总局公告 2015 年第 76 号）的规定执行。

（3）企业应当不迟于年度汇算清缴纳税申报时，向税务机关报送《企业所得税优惠事项备案表》和研发项目文件完成备案，并将下列资料留存备查：①自主、委托、合作研究开发项目计划书和企业有权部门关于自主、委托、合作研究开发项目立项的决议文件；②自主、委托、合作研究开发专门机构或项目组的编制情况和研发人员名单；③经科技行政主管部门登记的委托、合作研究开发项目的合同；④从事研发活动的人员和用于研发活动的仪器、设备、无形资产的费用分配说明（包括工作使用情况记录）；⑤集中研发项目研发费决算表、集中研发项目费用分摊明细情况表和实际分享收益比例等资料；⑥"研发支出"辅助账；⑦企业如果已取得地市级（含）以上科技行政主管部门出具的鉴定意见，应作为资料留存备查；⑧省税务机关规定的其他资料。

第七，后续管理与核查。

税务机关应加强对享受研发费用加计扣除优惠企业的后续管理和监督检查。每年汇算清缴期结束后应开展核查，核查面不得低于享受该优惠企业户数的 20%。省级税务机关可根据实际情况制订具体核查办法或工作措施。

第八，执行时间。

本公告适用于 2016 年度及以后年度企业所得税汇算清缴。

《财政部 税务总局 科技部关于提高科技型中小企业研究开发费用税前加计扣除比例的通知》（财税〔2017〕34 号）规定，为进一步激励中小企业加大研发投入，支持科技创新，现就提高科技型中小企业研究开发费用（以下简称研发费用）税前加计扣除比例有关问题通知如下：

第一，科技型中小企业开展研发活动中实际发生的研发费用，未形成无形资产计入当期损益的，在按规定据实扣除的基础上，在 2017 年 1 月 1 日至 2019 年 12 月 31 日期间，再按照实际发生额的 75% 在税前加计扣除；形成无形资产的，在上述期间按照无形资产成本的 175% 在税前摊销。

第二，科技型中小企业享受研发费用税前加计扣除政策的其他政策口径按照《财政部 国家税务总局 科技部关于完善研究开发费用税前加计扣除政策的通知》（财税〔2015〕119 号）规定执行。

第三，科技型中小企业条件和管理办法由科技部、财政部和国家税务总局另行发布。科技、财政和税务部门应建立信息共享机制，及时共享科技型中小企业的相关信息，加强协调配合，保障优惠政策落实到位。

《国家税务总局关于 2016 年度企业研究开发费用税前加计扣除政策企业所得税纳税申报问题的公告》（国家税务总局公告 2017 年第 12 号）规定：

为有效落实《国家税务总局关于企业研究开发费用税前加计扣除政策有关问题的公告》（国家税务总局公告 2015 年第 97 号，以下简称 97 号公告）规定，现就 2016 年度企业研究开发费用税前加计扣除企业所得税年度纳税申报问题公告如下：

第一，企业享受研究开发费用税前加计扣除政策的，在年度纳税申报时，应当按照 97 号公告第六条第（一）项规定，附报《研发项目可加计扣除研究开发费用情况归集表》（以下简称《情况归集表》）。

第二，企业享受研究开发费用税前加计扣除政策的，在填报《中华人民共和国企业所得税年度纳税申报表（A 类，2014 年版）》之《研发费用加计扣除优惠明细表》（A107014）时，仅填写第 10 行第 19 列"本年研发费用加计扣除额合计"，数据来源为《情况归集表》序号 11"十一、当期实际加计扣除总额"行次填写的"发生额"。

第三，本公告适用于 2016 年度企业所得税汇算清缴。

企业安置残疾人员的，按实际支付给残疾职工工资的 100% 加计扣除。残疾人员的范围适用《残疾人保障法》的有关规定。根据《残疾人保障法》第 2 条的规定，残疾人是指在心理、生理、人体结构上，某种组织、功能丧失或者不正常，全部或者部分丧失以正常方式从事某种活动能力的人。残疾人包括视力残疾、听力残疾、言语残疾、肢体残疾、智力残疾、精神残疾、多重残疾和其他残疾的人。残疾标准由国务院规定。一般而言，残疾人员包括经认定的视力、听力、言语、肢体、智力和精神残疾人员。从程序的角度来讲，残疾人员必须持有《中华人民共和国残疾人证》或者《中华人民共和国残疾军人证》（1 至 8 级）。

根据《中国实用残疾人评定标准（试用）》（中国残疾人联合会〔1995〕残联组联字第 61 号）的规定，目前我国的残疾人分为六类。其标准分别为：

（1）视力残疾标准。视力残疾，是指由于各种原因导致双眼视力障碍或视野缩小，通过各种药物、手术及其他疗法而不能恢复视功能者（或暂时不能通过上述疗法恢复视功能者），以致不能进行一般人所能从事的工作、学习或其他活动。视力残疾包括：盲及低视力两类。视力残疾的分级为：一级盲：最佳矫正视力低于 0.02；或视野半径小于 5 度。二级盲：最佳矫正视力等于或优于 0.02，而低于 0.05；或视野半径小于 10 度。一级低视力：最佳矫正视力等于或优于 0.05，而低于 0.1。二级低视力：最佳矫正视力等于或优于 0.1，而低于 0.3。

（2）听力残疾标准。听力残疾，是指由于各种原因导致双耳不同程度的听力丧失，听不到或听不清周围环境声及言语声（经治疗一年以上不愈者）。听力残疾包括：听力完全丧失及有残留听力但辨音不清，不能进行听说交往两类。

（3）言语残疾标准。言语残疾指由于各种原因导致的言语障碍（经治疗一年以上不愈者），而不能进行正常的言语交往活动。言语残疾包括：言语能力完全丧失及言语能力部分丧失，不能进行正常言语交往两类。言语残疾的分级：一级指只能简单发音而言语能力完全丧失者；二级指具有一定的发音能力，语音清晰度在 10% ~ 30%，言语能力等级测试可通过一级，但不能通过二级测试水平；三级指具有发音能力，语音清晰度在 31% ~ 50%，言语能力等级测试可通过二级，但不能通过三级测试水平；四级指具有发音能力，语言清晰度在 51% ~ 70%，言语能力等级测试可通过三级，但不能通过四级测试水平。

（4）智力残疾标准。智力残疾是指人的智力明显低于一般人的水平，并显示适应行为障碍。智力残疾包括：在智力发育期间，由于各种原因导致的智力低下；智力发育成熟以后，由于各种原因引起的智力损伤和老年期的智力明显衰退导致的痴呆。智力残疾的分级：根据世界卫生组织（WHO）和美国智力低下协会（AAMD）的智力残疾的分级标准，按其智力商数（IQ）及社会适应行为来划分智力残疾的等级。

（5）肢体残疾标准。肢体残疾是指人的肢体残缺、畸形、麻痹所致人体运动功能障碍。肢体残疾包括：脑瘫（四肢瘫、三肢瘫、二肢瘫、单肢瘫）、偏瘫、脊髓疾病及损伤（四肢瘫、截瘫）、小儿麻痹后遗症、后天性截肢、先天性缺肢、短肢、肢体畸形、侏儒症、两下肢不等长、脊柱畸形（驼背、侧弯、强直）、严重骨、关节、肌肉疾病和损伤、周围神经疾病和损伤。肢体残疾的分级：以残疾者在无辅助器具帮助下，对日常生活活动的能力进行评价计分。日常生活活动分为八项，即：端坐、站立、行走、穿衣、洗漱、进餐、如厕、写字。能实现一项算 1 分，实现困难算 0.5 分，不能实现的算 0 分，据此划分三个等级。

（6）精神残疾标准。精神残疾是指精神病人患病持续 1 年以上未痊愈，同时导致其对家庭、社会应尽职能出现一定程度的障碍。

精神残废可由以下精神疾病引起：

（1）精神分裂症。

（2）情感性、反应性精神障碍。

（3）脑器质性与躯体疾病所致的精神障碍。

（4）精神活性物质所致的精神障碍。

（5）儿童少年期精神障碍。

（6）其他精神障碍。

精神残疾的分级：对于患有上述精神疾病持续 1 年以上未痊愈者，应用"精神残疾分级的操作性评估标准"评定精神残疾的等级。

《财政部 国家税务总局关于安置残疾人员就业有关企业所得税优惠政策问题的通知》（财税〔2009〕70号）规定：

第一，企业安置残疾人员的，在按照支付给残疾职工工资据实扣除的基础上，可以在计算应纳税所得额时按照支付给残疾职工工资的100%加计扣除。

企业就支付给残疾职工的工资，在进行企业所得税预缴申报时，允许据实计算扣除；在年度终了进行企业所得税年度申报和汇算清缴时，再依照本条第一款的规定计算加计扣除。

第二，残疾人员的范围适用《残疾人保障法》的有关规定。

第三，企业享受安置残疾职工工资100%加计扣除应同时具备如下条件：

（1）依法与安置的每位残疾人签订了1年以上（含1年）的劳动合同或服务协议，并且安置的每位残疾人在企业实际上岗工作。

（2）为安置的每位残疾人按月足额缴纳了企业所在区县人民政府根据国家政策规定的基本养老保险、基本医疗保险、失业保险和工伤保险等社会保险。

（3）定期通过银行等金融机构向安置的每位残疾人实际支付了不低于企业所在区县适用的经省级人民政府批准的最低工资标准的工资。

（4）具备安置残疾人上岗工作的基本设施。

第四，企业应在年度终了进行企业所得税年度申报和汇算清缴时，向主管税务机关报送本通知第四条规定的相关资料、已安置残疾职工名单及其《中华人民共和国残疾人证》或《中华人民共和国残疾军人证（1至8级）》复印件和主管税务机关要求提供的其他资料，办理享受企业所得税加计扣除优惠的备案手续。

第五，在企业汇算清缴结束后，主管税务机关在对企业进行日常管理、纳税评估和纳税检查时，应对安置残疾人员企业所得税加计扣除优惠的情况进行核实。

 实务案例精解

例6-14 A公司2016年度开发新技术、新产品、新工艺发生的研究开发费用为100万元，该研究开发费用未形成无形资产并计入了当期损益。该公司在没有考虑加计扣除的情况下所计算的应纳税所得额为800万元。请计算A公司2016年度的应纳税额。

解答： A公司2016年度开发新技术、新产品、新工艺发生的研究开发费用可以享受加计扣除50%的优惠政策。因此，A公司2016年度的应纳税额为：（800−100×50%）×25%=187.5（万元）。

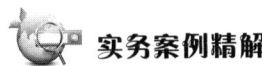

实务案例精解

例6-15　B公司安置10名残疾人员，每月支付给10名残疾人员工资2万元。B公司2016年度在没有考虑加计扣除优惠政策下所计算的应纳税所得额为400万元。请计算B公司2016年度的应纳税额。

解答：B公司可以享受按实际支付给残疾职工工资的100%加计扣除的优惠政策。因此，B公司2016年度的应纳税额为：（400-2×12×100%）×25%=94（万元）。

八、加速折旧税收优惠

基本税收政策

企业的固定资产由于技术进步等原因，确需加速折旧的，可以缩短折旧年限或者采取加速折旧的方法。

税收政策详解

上述所称可以采取缩短折旧年限或者采取加速折旧的方法的固定资产，包括：

（1）由于技术进步，产品更新换代较快的固定资产。

（2）常年处于强震动、高腐蚀状态的固定资产。

采取缩短折旧年限方法的，最低折旧年限不得低于《企业所得税法实施条例》第六十条规定折旧年限的60%；采取加速折旧方法的，可以采取双倍余额递减法或者年数总和法。

实务应用指南

加速折旧，也称递减折旧法，是指按照税法规定准予采取缩短折旧年限、提高折旧率的办法，加快折旧速度，减少应纳税所得额的一种税收优惠措施。它是在固定资产各期计提的折旧费用中，在使用的早期提得多，在使用的后期提得少，从而相对加快了折旧速度，使固定资产的成本在有效使用年限中加快得到补偿的一种折旧计算方法。最普遍使用的加速折旧法有两种：双倍余额递减法和年数总和法。双倍余额递减法是在不考虑固定资产残值的情况下，根据每期期初固定资产账面余额和双倍的直线法折旧率计算固定资产折旧的一种方法。使用这种方法应注意不能使固定资产的账面折余价值降低到预计残值以下，因此，应当在固定资产折旧年限到期以前两年内，将固定资产净值扣除预计净残值后的余额平均摊销。年数总和法，也称为合计年限法，是将固定资产的原值减去净残值后的净额乘以一个逐年递减的分数计算每年的折旧额，这个分数的分子代表固定资产尚可使用的年数，分母代表使用年数的逐年数字总和。

原企业所得税制度关于加速折旧已经确立了一些基本的原则。根据国家税务总局发布的《企业所得税税前扣除办法》（国税发〔2000〕84）的规定，对促进科技进步、环境保护和国家鼓励投资的关键设备，以及常年处于震动、超强度使用或受酸、碱等强烈腐蚀状态的机器设备，确需缩短折旧年限或采取加速折旧方法的，由纳税人提出申请，经当地主管税务机关审核后，逐级报国家税务总局批准。

 友情提示

> 另外，我国还出台了一些针对特定地区的加速折旧制度，例如，根据《财政部 国家税务总局关于支持天津滨海新区开发开放有关企业所得税优惠政策的通知》（财税〔2006〕130号）的规定，天津滨海新区内企业的固定资产（房屋、建筑物除外），可在现行规定折旧年限的基础上，按不高于40%的比例缩短折旧年限。天津滨海新区企业受让或投资的无形资产，可在现行规定摊销年限的基础上，按不高于40%的比例缩短摊销年限。上述制度在新税法实施以后，应当按照新税法的规定实行加速折旧。

《国家税务总局关于企业固定资产加速折旧所得税处理有关问题的通知》（国税发〔2009〕81号）规定：

第一，根据《企业所得税法》第三十二条及《实施条例》第九十八条的相关规定，企业拥有并用于生产经营的主要或关键的固定资产，由于以下原因确需加速折旧的，可以缩短折旧年限或者采取加速折旧的方法：

（1）由于技术进步，产品更新换代较快的。

（2）常年处于强震动、高腐蚀状态的。

第二，企业拥有并使用的固定资产符合本通知第一条规定的，可按以下情况分别处理：

（1）企业过去没有使用过与该项固定资产功能相同或类似的固定资产，但有充分的证据证明该固定资产的预计使用年限短于《实施条例》规定的计算折旧最低年限的，企业可根据该固定资产的预计使用年限和本通知的规定，对该固定资产采取缩短折旧年限或者加速折旧的方法。

（2）企业在原有的固定资产未达到《实施条例》规定的最低折旧年限前，使用功能相同或类似的新固定资产替代旧固定资产的，企业可根据旧固定资产的实际使用年限和本通知的规定，对新替代的固定资产采取缩短折旧年限或者加速折旧的方法。

第三，企业采取缩短折旧年限方法的，对其购置的新固定资产，最低折旧年限不得低于《实施条例》第六十条规定的折旧年限的60%；若为购置已使用过的固定资产，其最低折旧年限不得低于《实施条例》规定的最低折旧年限减去已使用年限后剩余年限的60%。最低折旧年限一经确定，一般不得变更。

第四，企业拥有并使用符合本通知第一条规定条件的固定资产采取加速折旧方法的，可以采用双倍余额递减法或者年数总和法。加速折旧方法一经确定，一般不得变更。

（1）双倍余额递减法，是指在不考虑固定资产预计净残值的情况下，根据每期期初固定资产原值减去累计折旧后的金额和双倍的直线法折旧率计算固定资产折旧的一种方法。应用这种方法计算折旧额时，由于每年年初固定资产净值没有减去预计净残值，所以在计算固定资产折旧额时，应在其折旧年限到期前的两年期间，将固定资产净值减去预计净残值后的余额平均摊销。计算公式如下：

$$年折旧率 = 2 \div 预计使用寿命（年）\times 100\%$$

$$月折旧率 = 年折旧率 \div 12$$

$$月折旧额 = 月初固定资产账面净值 \times 月折旧率$$

（2）年数总和法，又称年限合计法，是指将固定资产的原值减去预计净残值后的余额，乘以一个以固定资产尚可使用寿命为分子、以预计使用寿命逐年数字之和为分母的逐年递减的分数计算每年的折旧额。计算公式如下：

$$年折旧率 = 尚可使用年限 \div 预计使用寿命的年数总和 \times 100\%$$

$$月折旧率 = 年折旧率 \div 12$$

$$月折旧额 = （固定资产原值 - 预计净残值）\times 月折旧率$$

第五，企业确需对固定资产采取缩短折旧年限或者加速折旧方法的，应在取得该固定资产后一个月内，向其企业所得税主管税务机关（以下简称主管税务机关）备案，并报送以下资料：

（1）固定资产的功能、预计使用年限短于《实施条例》规定计算折旧的最低年限的理由、证明资料及有关情况的说明。

（2）被替代的旧固定资产的功能、使用及处置等情况的说明。

（3）固定资产加速折旧拟采用的方法和折旧额的说明。

（4）主管税务机关要求报送的其他资料。

企业主管税务机关应在企业所得税年度纳税评估时，对企业采取加速折旧的固定资产的使用环境及状况进行实地核查。对不符合加速折旧规定条件的，主管税务机关有权要求企业停止该项固定资产加速折旧。

第六，对于采取缩短折旧年限的固定资产，足额计提折旧后继续使用而未进行处置（包括报废等情形）超过 12 个月的，今后对其更新替代、改造改建后形成的功能相同或者类似的固定资产，不得再采取缩短折旧年限的方法。

第七，对于企业采取缩短折旧年限或者采取加速折旧方法的，主管税务机关应设立相应的税收管理台账，并加强监督，实施跟踪管理。对发现不符合《实施条例》第九十八条及本通知规定的，主管税务机关要及时责令企业进行纳税调整。

第八，适用总、分机构汇总纳税的企业，对其所属分支机构使用的符合《实施条例》第九十八条及本通知规定情形的固定资产采取缩短折旧年限或者采取加速折旧方法的，由其总机构向其所在地主管税务机关备案。分支机构所在地主管税务机关应负责配合总机构所在地主管税务机关实施跟踪管理。

《财政部 国家税务总局关于完善固定资产加速折旧企业所得税政策的通知》（财税〔2014〕75 号）规定：

第一，对生物药品制造业，专用设备制造业，铁路、船舶、航空航天和其他运输设备制造业，计算机、通信和其他电子设备制造业，仪器仪表制造业，信息传输、软件和信息技术服务业等 6 个行业的企业 2014 年 1 月 1 日后新购进的固定资产，可缩短折旧年限或采取加速折旧的方法。

对上述 6 个行业的小型微利企业 2014 年 1 月 1 日后新购进的研发和生产经营共用的仪器、设备，单位价值不超过 100 万元的，允许一次性计入当期成本费用在计算应纳税所得额时扣除，不再分年度计算折旧；单位价值超过 100 万元的，可缩短折旧年限或采取加速折旧的方法。

第二，对所有行业企业 2014 年 1 月 1 日后新购进的专门用于研发的仪器、设备，单位价值不超过 100 万元的，允许一次性计入当期成本费用在计算应纳税所得额时扣除，不再分年度计算折旧；单位价值超过 100 万元的，可缩短折旧年限或采取加速折旧的方法。

第三，对所有行业企业持有的单位价值不超过 5 000 元的固定资产，允许一次性计入当期成本费用在计算应纳税所得额时扣除，不再分年度计算折旧。

第四，企业按本通知第一条、第二条规定缩短折旧年限的，最低折旧年限不得低于《企业所得税法实施条例》第六十条规定折旧年限的 60%；采取加速折旧方法的，可采取双倍余额递减法或者年数总和法。本通知第一至第三条规定之外的企业固定资产加速折旧所得税处理问题，继续按照企业所得税法及其实施条例和现行税收政策规定执行。

《国家税务总局关于固定资产加速折旧税收政策有关问题的公告》（国家税务总局公告 2014 年第 64 号）规定：

第一，对生物药品制造业，专用设备制造业，铁路、船舶、航空航天和其他运输设备制造业，计算机、通信和其他电子设备制造业，仪器仪表制造业，信息传输、软件和信息技术服务业等行业企业（以下简称六大行业），2014 年 1 月 1 日后购进的固定资产（包括自行建造），允许按不低于企业所得税法规定折旧年限的 60% 缩短折旧年限，或选择采取双倍余额递减法或年数总和法进行加速折旧。

六大行业按照国家统计局《国民经济行业分类与代码（GB/4754–2011）》确定。今后国家有关部门更新国民经济行业分类与代码，从其规定。

六大行业企业是指以上述行业业务为主营业务，其固定资产投入使用当年主营业务收入占企业收入总额 50%（不含）以上的企业。所称收入总额，是指《企业所得税法》第六条规定的收入总额。

第二，企业在 2014 年 1 月 1 日后购进并专门用于研发活动的仪器、设备，单位价值不超过 100 万元的，可以一次性在计算应纳税所得额时扣除；单位价值超过 100 万元的，允许按不低于企业所得税法规定折旧年限的 60% 缩短折旧年限，或选择采取双倍余额递减法或年数总和法进行加速折旧。

用于研发活动的仪器、设备范围口径，按照《国家税务总局关于印发〈企业研发费用税前扣除管理办法（试行）〉的通知》（国税发〔2008〕116 号）或《科学技术部 财政部 国家税务总局关于印发（高新技术企业认定管理工作指引）的通知》（国科发火〔2008〕362 号）规定执行。

企业专门用于研发活动的仪器、设备已享受上述优惠政策的，在享受研发费加计扣除时，按照《国家税务总局关于印发〈企业研发费用税前扣除管理办法（试行）〉的通知》（国税发〔2008〕116 号）、《财政部 国家税务总局关于研究开发费用税前加计扣除有关政策问题的通知》（财税〔2013〕70 号）的规定，就已经进行会计处理的折旧、费用等金额进行加计扣除。

六大行业中的小型微利企业研发和生产经营共用的仪器、设备，可以执行本条第一、第二款的规定。所称小型微利企业，是指《企业所得税法》第二十八条规定的小型微利企业。

第三，企业持有的固定资产，单位价值不超过 5 000 元的，可以一次性在计算应纳税所得额时扣除。企业在 2013 年 12 月 31 日前持有的单位价值不超过 5 000 元的固定资产，其折余价值部分，2014 年 1 月 1 日以后可以一次性在计算应纳税所得额时扣除。

第四，企业采取缩短折旧年限方法的，对其购置的新固定资产，最低折旧年限不得低于《企业所得税法实施条例》第六十条规定的折旧年限的60%；企业购置已使用过的固定资产，其最低折旧年限不得低于实施条例规定的最低折旧年限减去已使用年限后剩余年限的60%。最低折旧年限一经确定，一般不得变更。

第五，企业的固定资产采取加速折旧方法的，可以采用双倍余额递减法或者年数总和法。加速折旧方法一经确定，一般不得变更。

所称双倍余额递减法或者年数总和法，按照《国家税务总局关于企业固定资产加速折旧所得税处理有关问题的通知》（国税发〔2009〕81号）第四条的规定执行。

第六，企业的固定资产既符合本公告优惠政策条件，同时又符合《国家税务总局关于企业固定资产加速折旧所得税处理有关问题的通知》（国税发〔2009〕81号）、《财政部国家税务总局关于进一步鼓励软件产业和集成电路产业发展企业所得税政策的通知》（财税〔2012〕27号）中相关加速折旧政策条件的，可由企业选择其中最优惠的政策执行，且一经选择，不得改变。

第七，企业固定资产采取一次性税前扣除、缩短折旧年限或加速折旧方法的，预缴申报时，须同时报送《固定资产加速折旧（扣除）预缴情况统计表》，年度申报时，实行事后备案管理，并按要求报送相关资料。

企业应将购进固定资产的发票、记账凭证等有关凭证、凭据（购入已使用过的固定资产，应提供已使用年限的相关说明）等资料留存备查，并应建立台账，准确核算税法与会计差异情况。

主管税务机关应对适用本公告规定优惠政策的企业加强后续管理，对预缴申报时享受了优惠政策的企业，年终汇算清缴时应对企业全年主营业务收入占企业收入总额的比例进行重点审核。

《财政部 国家税务总局关于进一步完善固定资产加速折旧企业所得税政策的通知》（财税〔2015〕106号）规定：

第一，对轻工、纺织、机械、汽车等四个领域重点行业（具体范围见附件）的企业2015年1月1日后新购进的固定资产，可由企业选择缩短折旧年限或采取加速折旧的方法。

第二，对上述行业的小型微利企业2015年1月1日后新购进的研发和生产经营共用的仪器、设备，单位价值不超过100万元的，允许一次性计入当期成本费用在计算应纳税所得额时扣除，不再分年度计算折旧；单位价值超过100万元的，可由企业选择缩短折旧年限或采取加速折旧的方法。

第三，企业按本通知第一条、第二条规定缩短折旧年限的，最低折旧年限不得低于《企业所得税法实施条例》第六十条规定折旧年限的 60%；采取加速折旧方法的，可采取双倍余额递减法或者年数总和法。

按照《企业所得税法》及其实施条例有关规定，企业根据自身生产经营需要，也可选择不实行加速折旧政策。

第四，本通知自 2015 年 1 月 1 日起执行。2015 年前 3 季度按本通知规定未能计算办理的，统一在 2015 年第 4 季度预缴申报时享受优惠或 2015 年度汇算清缴时办理。

《国家税务总局关于进一步完善固定资产加速折旧企业所得税政策有关问题的公告》（国家税务总局公告 2015 年第 68 号）规定：

第一，对轻工、纺织、机械、汽车等四个领域重点行业（以下简称四个领域重点行业）企业 2015 年 1 月 1 日后新购进的固定资产（包括自行建造，下同），允许缩短折旧年限或采取加速折旧方法。

四个领域重点行业按照财税〔2015〕106 号附件"轻工、纺织、机械、汽车四个领域重点行业范围"确定。今后国家有关部门更新国民经济行业分类与代码，从其规定。

四个领域重点行业企业是指以上述行业业务为主营业务，其固定资产投入使用当年的主营业务收入占企业收入总额 50%（不含）以上的企业。所称收入总额，是指《企业所得税法》第六条规定的收入总额。

第二，对四个领域重点行业小型微利企业 2015 年 1 月 1 日后新购进的研发和生产经营共用的仪器、设备，单位价值不超过 100 万元（含）的，允许在计算应纳税所得额时一次性全额扣除；单位价值超过 100 万元的，允许缩短折旧年限或采取加速折旧方法。

用于研发活动的仪器、设备范围口径，按照《国家税务总局关于印发〈企业研究开发费用税前扣除管理办法（试行）〉的通知》（国税发〔2008〕116 号）或《科学技术部 财政部 国家税务总局关于印发〈高新技术企业认定管理工作指引〉的通知》（国科发火〔2008〕362 号）规定执行。

小型微利企业，是指《企业所得税法》第二十八条规定的小型微利企业。

第三，企业按本公告第一条、第二条规定缩短折旧年限的，对其购置的新固定资产，最低折旧年限不得低于《企业所得税法实施条例》第六十条规定的折旧年限的 60%；对其购置的已使用过的固定资产，最低折旧年限不得低于实施条例规定的最低折旧年限减去已使用年限后剩余年限的 60%。最低折旧年限一经确定，不得改变。

第四，企业按本公告第一条、第二条规定采取加速折旧方法的，可以采用双倍余额递减法或者年数总和法。加速折旧方法一经确定，不得改变。

双倍余额递减法或者年数总和法，按照《国家税务总局关于固定资产加速折旧所得税处理有关问题的通知》（国税发〔2009〕81号）第四条的规定执行。

第五，企业的固定资产既符合本公告优惠政策条件，又符合《国家税务总局关于企业固定资产加速折旧所得税处理有关问题的通知》（国税发〔2009〕81号）、《财政部 国家税务总局关于进一步鼓励软件产业和集成电路产业发展企业所得税政策的通知》（财税〔2012〕27号）中有关加速折旧优惠政策条件，可由企业选择其中一项加速折旧优惠政策执行，且一经选择，不得改变。

第六，企业应将购进固定资产的发票、记账凭证等有关资料留存备查，并建立台账，准确反映税法与会计差异情况。

第七，本公告适用于2015年及以后纳税年度。企业2015年前3季度按本公告规定未能享受加速折旧优惠的，可将前3季度应享受的加速折旧部分，在2015年第4季度企业所得税预缴申报时享受，或者在2015年度企业所得税汇算清缴时统一享受。

 **实务案例精解**

例6-16　A公司的房屋常年处于强震动状态，该房屋的建造成本为8 000万元，残值为建造成本的5%。请计算A公司每年应当提取的折旧额。

解答： 由于A公司的房屋常年处于强震动状态，A公司可以采取加速折旧的方法，该公司可以采取缩短折旧年限方法，房屋计算折旧的最短年限为20年，加速折旧最短折旧年限为：20×60%=12（年）。A公司每年应当提取的折旧额为：8 000×（1-5%）÷12≈633.33（万元）。A公司如果采取双倍余额递减法提取折旧，年折旧率=2÷预计使用年限×100%=2÷20×100%=10%。每年应当提取的折旧额分别为：800万元、720万元、648万元、583.2万元、524.88万元、472.39万元、425.15万元、382.64万元、344.37万元、309.94万元、278.94万元、251.05万元、225.94万元、203.35万元、183.02万元、164.71万元、148.24万元、133.42万元、467.09万元、467.09万元。A公司如果采取年数总和法提取折旧，每年应当提取的折旧额分别为：723.81（7 600×20/210）万元、687.62（7 600×19/210）万元、651.43（7 600×18/210）万元、615.24（7 600×17/210）万元、579.05（7 600×16/210）万元、542.86（7 600×15/210）万元、506.67（7 600×14/210）万元、470.48（7 600×13/210）万元、434.29（7 600×12/210）万元、398.10（7 600×11/210）万元、361.90（7 600×10/210）万元、325.71（7 600×9/210）万元、289.52（7 600×8/210）万元、253.33（7 600×7/210）万元、217.14

（7 600×6/210）万元、180.95（7 600×5/210）万元、144.76（7 600×4/210）万元、108.57（7 600×3/210）万元、72.38（7 600×2/210）万元、36.19（7 600×1/210）万元。

九、减计收入税收优惠

 基本税收政策

企业综合利用资源，生产符合国家产业政策规定的产品所取得的收入，可以在计算应纳税所得额时减计收入。

 **税收政策详解**

上述政策所称减计收入，是指企业以《资源综合利用企业所得税优惠目录》规定的资源作为主要原材料，生产国家非限制和禁止并符合国家和行业相关标准的产品取得的收入，减按90%计入收入总额。上述所称原材料占生产产品材料的比例不得低于《资源综合利用企业所得税优惠目录》规定的标准。

上述企业所得税优惠目录，由国务院财政、税务主管部门商国务院有关部门制订，报国务院批准后公布施行。

 实务应用指南

根据国家发展改革委、财政部、国家税务总局发布的《国家鼓励的资源综合利用认定管理办法》（发改环资〔2006〕1864号）的规定，申报资源综合利用认定的企业，必须具备以下条件：

（1）生产工艺、技术或产品符合国家产业政策和相关标准。

（2）资源综合利用产品能独立计算盈亏。

（3）所用原（燃）料来源稳定、可靠，数量及品质满足相关要求，以及水、电等配套条件的落实。

（4）符合环保要求，不产生二次污染。

申报资源综合利用认定的综合利用发电单位，还应具备以下条件：

（1）按照国家审批或核准权限规定，经政府主管部门核准（审批）建设的电站。

（2）利用煤矸石（石煤、油母页岩）、煤泥发电的，必须以燃用煤矸石（石煤、油母页岩）、煤泥为主，其使用量不低于入炉燃料的60%（重量比）；利用煤矸石（石煤、油母页岩）发电的入炉燃料应用基低位发热量不大于 12 550 千焦 / 千克；必须配备原煤、煤矸石、煤泥自动给料显示、记录装置。

（3）城市生活垃圾（含污泥）发电应当符合以下条件：垃圾焚烧炉建设及其运行符合国家或行业有关标准或规范；使用的垃圾数量及品质需有地（市）级环卫主管部门出具的证明材料；每月垃圾的实际使用量不低于设计额定值的 90%；垃圾焚烧发电采用流化床锅炉掺烧原煤的，垃圾使用量应不低于入炉燃料的 80%（重量比），必须配备垃圾与原煤自动给料显示、记录装置。

（4）以工业生产过程中产生的可利用的热能及压差发电的企业（分厂、车间），应根据产生余热、余压的品质和余热量或生产工艺耗气量和可利用的工质参数确定工业余热、余压电厂的装机容量。

（5）回收利用煤层气（煤矿瓦斯）、沼气（城市生活垃圾填埋气）、转炉煤气、高炉煤气和生物质能等作为燃料发电的，必须有充足、稳定的资源，并依据资源量合理配置装机容量。

《财政部、国家税务总局关于执行资源综合利用企业所得税优惠目录有关问题的通知》（财税〔2008〕47 号）规定：

根据《企业所得税法》和《企业所得税法实施条例》（以下简称实施条例）有关规定，经国务院批准，财政部、税务总局、发展改革委公布了《资源综合利用企业所得税优惠目录》（以下简称《目录》）。

第一，企业自 2008 年 1 月 1 日起以《目录》中所列资源为主要原材料，生产《目录》内符合国家或行业相关标准的产品取得的收入，在计算应纳税所得额时，减按 90% 计入当年收入总额。享受上述税收优惠时，《目录》内所列资源占产品原料的比例应符合《目录》规定的技术标准。

第二，企业同时从事其他项目而取得的非资源综合利用收入，应与资源综合利用收入分开核算，没有分开核算的，不得享受优惠政策。

第三，企业从事不符合实施条例和《目录》规定范围、条件和技术标准的项目，不得享受资源综合利用企业所得税优惠政策。

第四，根据经济社会发展需要及企业所得税优惠政策实施情况，国务院财政、税务主管部门会同国家发展改革委等有关部门适时对《目录》内的项目进行调整和修订，并在报国务院批准后对《目录》进行更新。

《国家税务总局关于资源综合利用企业所得税优惠管理问题的通知》（国税函〔2009〕185 号）规定：

第一，本通知所称资源综合利用企业所得税优惠，是指企业自 2008 年 1 月 1 日起以《资源综合利用企业所得税优惠目录（2008 年版）》（以下简称《目录》）规定的资源作为主要原材料，生产国家非限制和非禁止并符合国家及行业相关标准的产品取得的收入，减按 90% 计入企业当年收入总额。

第二，经资源综合利用主管部门按《目录》规定认定的生产资源综合利用产品的企业（不包括仅对资源综合利用工艺和技术进行认定的企业），取得《资源综合利用认定证书》，可按本通知规定申请享受资源综合利用企业所得税优惠。

第三，企业资源综合利用产品的认定程序，按《国家发展改革委财政部国家税务总局关于印发〈国家鼓励的资源综合利用认定管理办法〉的通知》（发改环资〔2006〕1864 号）的规定执行。

第四，2008 年 1 月 1 日之前经资源综合利用主管部门认定取得《资源综合利用认定证书》的企业，应按本通知第二条、第三条的规定，重新办理认定并取得《资源综合利用认定证书》，方可申请享受资源综合利用企业所得税优惠。

第五，企业从事非资源综合利用项目取得的收入与生产资源综合利用产品取得的收入没有分开核算的，不得享受资源综合利用企业所得税优惠。

第六，税务机关对资源综合利用企业所得税优惠实行备案管理。备案管理的具体程序，按照国家税务总局的相关规定执行。

第七，享受资源综合利用企业所得税优惠的企业因经营状况发生变化而不符合《目录》规定的条件的，应自发生变化之日起 15 个工作日内向主管税务机关报告，并停止享受资源综合利用企业所得税优惠。

第八，企业实际经营情况不符合《目录》规定条件，采用欺骗等手段获取企业所得税优惠，或者因经营状况发生变化而不符合享受优惠条件，但未及时向主管税务机关报告的，按照税收征管法及其实施细则的有关规定进行处理。

第九，税务机关应对企业的实际经营情况进行监督检查。税务机关发现资源综合利用主管部门认定有误的，应停止企业享受资源综合利用企业所得税优惠，并及时与有关认定部门协调沟通，提请纠正，已经享受的优惠税额应予追缴。

《国家税务总局关于资源综合利用有关企业所得税优惠问题的批复》（国税函〔2009〕567 号）规定：江西泰和玉华水泥有限公司旋窑余热利用电厂利用该公司旋窑水泥生产过程中产生的余热发电，其生产活动虽符合《资源综合利用企业所得税优惠目录（2008 年版）》的规定范围，但由于旋窑余热利用电厂属于江西泰和玉华水泥有限公司的内设非法人分支机构，不构成企业所得税纳税人，且其余热发电产品直接供给所属公司使用，不计入企业收入，因此，旋窑余热利用电厂利用该公司旋窑水泥生产过程中产生的余热发电业务不能享受资源综合利用减计收入的企业所得税优惠政策。

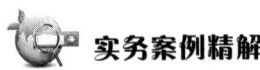 **实务案例精解**

例6-17 A公司以《资源综合利用企业所得税优惠目录》内的资源作为主要原材料,生产非国家限定并符合国家和行业标准的产品。2016年度,A公司取得收入1 000万元,各项成本、费用、损失、税金等允许扣除的费用为500万元。请计算A公司2016年度的应纳税额。

解答: A公司可以享受减按90%计算收入额的优惠政策。因此,A公司2016年度的应纳税额为:(1 000×90%–500)×25%=100(万元)。

关于企业所得税税收优惠项目,参见图6-1。

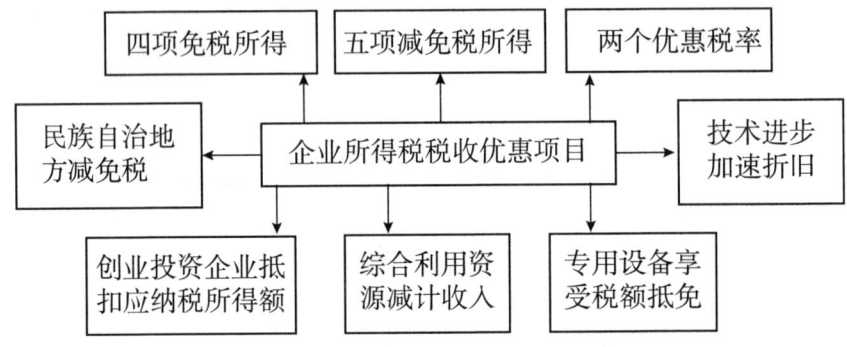

图6-1 企业所得税税收优惠项目

第七部分　最新企业所得税特别纳税调整政策

您知道企业从事的哪些行为会被认定为避税行为吗？您知道国家针对企业的转让定价行为采取了哪些应对制度吗？您知道税务机关在转让定价调整中享受哪些权利吗？您知道企业进行了避税行为需要承担什么法律责任吗？本部分将为您回答上述问题。

一、关联企业转让定价调整原则

 基本税收政策

企业与其关联方之间的业务往来，不符合独立交易原则而减少企业或者其关联方应纳税收入或者所得额的，税务机关有权按照合理方法调整。

企业与其关联方共同开发、受让无形资产，或者共同提供、接受劳务发生的成本，在计算应纳税所得额时应当按照独立交易原则进行分摊。

 **税收政策详解**

关联方，是指与企业有下列关联关系之一的企业、其他组织或者个人：

（1）在资金、经营、购销等方面存在直接或者间接的控制关系。

（2）直接或者间接地同为第三者控制。

（3）在利益上具有相关联的其他关系。

独立交易原则，是指没有关联关系的交易各方，按照公平成交价格和营业常规进行业务往来遵循的原则。

合理方法，包括：

（1）可比非受控价格法，是指按照没有关联关系的交易各方进行相同或者类似业务往来的价格进行定价的方法。

（2）再销售价格法，是指按照从关联方购进商品再销售给没有关联关系的交易方的价格，减除相同或者类似业务的销售毛利进行定价的方法。

（3）成本加成法，是指按照成本加合理的费用和利润进行定价的方法。

（4）交易净利润法，是指按照没有关联关系的交易各方进行相同或者类似业务往来取得的净利润水平确定利润的方法。

（5）利润分割法，是指将企业与其关联方的合并利润或者亏损在各方之间采用合理标准进行分配的方法。

（6）其他符合独立交易原则的方法。

企业可以依照《企业所得税法》第四十一条第二款的规定，按照独立交易原则与其关联方分摊共同发生的成本，达成成本分摊协议。企业与其关联方分摊成本时，应当按照成本与预期收益相配比的原则进行分摊，并在税务机关规定的期限内，按照税务机关的要求报送有关资料。企业与其关联方分摊成本时违反上述规定的，其自行分摊的成本不得在计算应纳税所得额时扣除。

关于企业所得税特别纳税调整，参见图7-1。

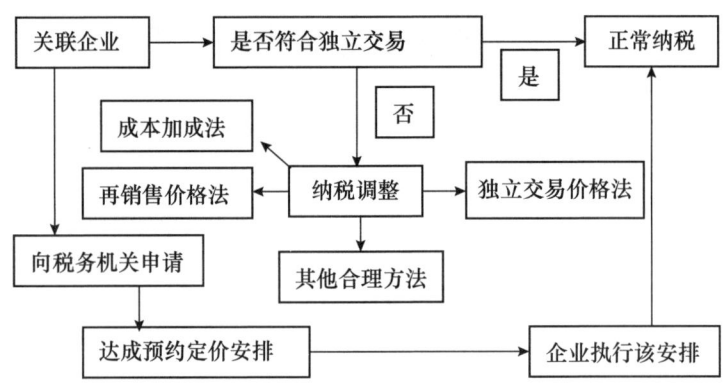

图 7-1　企业所得税特别纳税调整

 实务应用指南

《特别纳税调整实施办法（试行）》（国税发〔2009〕2号）规定：转让定价管理是指税务机关按照所得税法第六章和征管法第三十六条的有关规定，对企业与其关联方之间的业务往来（以下简称关联交易）是否符合独立交易原则进行审核评估和调查调整等工作的总称。成本分摊协议管理是指税务机关按照所得税法第四十一条第二款的规定，对企业与其关联方签署的成本分摊协议是否符合独立交易原则进行审核评估和调查调整等工作的总称。

《企业所得税法实施条例》第一百零九条及征管法实施细则第五十一条所称关联关系，主要是指企业与其他企业、组织或个人具有下列之一关系：

（1）一方直接或间接持有另一方的股份总和达到25%以上，或者双方直接或间接同为第三方所持有的股份达到 25% 以上。若一方通过中间方对另一方间接持有股份，只要一方对中间方持股比例达到 25% 以上，则一方对另一方的持股比例按照中间方对另一方的持股比例计算。

（2）一方与另一方（独立金融机构除外）之间借贷资金占一方实收资本 50% 以上，或者一方借贷资金总额的 10% 以上是由另一方（独立金融机构除外）担保。

（3）一方半数以上的高级管理人员（包括董事会成员和经理）或至少一名可以控制董事会的董事会高级成员是由另一方委派，或者双方半数以上的高级管理人员（包括董事会成员和经理）或至少一名可以控制董事会的董事会高级成员同为第三方委派。

（4）一方半数以上的高级管理人员（包括董事会成员和经理）同时担任另一方的高级管理人员（包括董事会成员和经理），或者一方至少一名可以控制董事会的董事会高级成员同时担任另一方的董事会高级成员。

（5）一方的生产经营活动必须由另一方提供的工业产权、专有技术等特许权才能正常进行。

（6）一方的购买或销售活动主要由另一方控制。

（7）一方接受或提供劳务主要由另一方控制。

（8）一方对另一方的生产经营、交易具有实质控制，或者双方在利益上具有相关联的其他关系，包括虽未达到本条第（1）项持股比例，但一方与另一方的主要持股方享受基本相同的经济利益，以及家族、亲属关系等。

关联交易主要包括以下类型：

（1）有形资产的购销、转让和使用，包括房屋建筑物、交通工具、机器设备、工具、商品、产品等有形资产的购销、转让和租赁业务。

（2）无形资产的转让和使用，包括土地使用权、版权（著作权）、专利、商标、客户名单、营销渠道、牌号、商业秘密和专有技术等特许权，以及工业品外观设计或实用新型等工业产权的所有权转让和使用权的提供业务。

（3）融通资金，包括各类长短期资金拆借和担保以及各类计息预付款和延期付款等业务。

（4）提供劳务，包括市场调查、行销、管理、行政事务、技术服务、维修、设计、咨询、代理、科研、法律、会计事务等服务的提供。

企业发生关联交易以及税务机关审核、评估关联交易均应遵循独立交易原则，选用合理的转让定价方法。根据《企业所得税法实施条例》第一百一十一条的规定，转让定价方法包括可比非受控价格法、再销售价格法、成本加成法、交易净利润法、利润分割法和其他符合独立交易原则的方法。

选用合理的转让定价方法应进行可比性分析。可比性分析因素主要包括

以下五个方面:

（1）交易资产或劳务特性,主要包括:有形资产的物理特性、质量、数量等,劳务的性质和范围,无形资产的类型、交易形式、期限、范围、预期收益等。

（2）交易各方功能和风险,功能主要包括:研发、设计,采购,加工、装配、制造,存货管理、分销、售后服务、广告,运输、仓储,融资,财务、会计、法律及人力资源管理等,在比较功能时,应关注企业为发挥功能所使用资产的相似程度;风险主要包括:研发风险,采购风险,生产风险,分销风险,市场推广风险,管理及财务风险等。

（3）合同条款,主要包括:交易标的,交易数量、价格,收付款方式和条件,交货条件,售后服务范围和条件,提供附加劳务的约定,变更、修改合同内容的权利,合同有效期,终止或续签合同的权利。

（4）经济环境,主要包括:行业概况,地理区域,市场规模,市场层级,市场占有率,市场竞争程度,消费者购买力,商品或劳务可替代性,生产要素价格,运输成本,政府管制等。

（5）经营策略,主要包括:创新和开发策略,多元化经营策略,风险规避策略,市场占有策略等。

可比非受控价格法以非关联方之间进行的与关联交易相同或类似业务活动所收取的价格作为关联交易的公平成交价格。可比性分析应特别考察关联交易与非关联交易在交易资产或劳务的特性、合同条款及经济环境上的差异,按照不同交易类型划分具体包括如下内容:

（1）有形资产的购销或转让。①购销或转让过程,包括交易的时间与地点、交货条件、交货手续、支付条件、交易数量、售后服务的时间和地点等;②购销或转让环节,包括出厂环节、批发环节、零售环节、出口环节等;③购销或转让货物,包括品名、品牌、规格、型号、性能、结构、外型、包装等;④购销或转让环境,包括民族风俗、消费者偏好、政局稳定程度以及财政、税收、外汇政策等。

（2）有形资产的使用。①资产的性能、规格、型号、结构、类型、折旧方法;②提供使用权的时间、期限、地点;③资产所有者对资产的投资支出、维修费用等。

（3）无形资产的转让和使用。①无形资产类别、用途、适用行业、预期收益;②无形资产的开发投资、转让条件、独占程度、受有关国家法律保护的程度及期限、受让成本和费用、功能风险情况、可替代性等。

（4）融通资金。融资的金额、币种、期限、担保、融资人的资信、还款方式、计息方法等。

（5）提供劳务。业务性质、技术要求、专业水准、承担责任、付款条件和方式、直接和间接成本等。

关联交易与非关联交易之间在以上方面存在重大差异的，应就该差异对价格的影响进行合理调整，无法合理调整的，应根据本条例规定选择其他合理的转让定价方法。

可比非受控价格法可以适用于所有类型的关联交易。

再销售价格法以关联方购进商品再销售给非关联方的价格减去可比非关联交易毛利后的金额作为关联方购进商品的公平成交价格。其计算公式如下：

$$公平成交价格 = 再销售给非关联方的价格 \times （1 - 可比非关联交易毛利率）$$

$$可比非关联交易毛利率 = \frac{可比非关联交易毛利}{可比非关联交易收入净额} \times 100\%$$

可比性分析应特别考察关联交易与非关联交易在功能风险及合同条款上的差异以及影响毛利率的其他因素，具体包括销售、广告及服务功能，存货风险，机器、设备的价值及使用年限，无形资产的使用及价值，批发或零售环节，商业经验，会计处理及管理效率等。

关联交易与非关联交易之间在以上方面存在重大差异的，应就该差异对毛利率的影响进行合理调整，无法合理调整的，应根据本条例规定选择其他合理的转让定价方法。

再销售价格法通常适用于再销售者未对商品进行改变外型、性能、结构或更换商标等实质性增值加工的简单加工或单纯购销业务。

成本加成法以关联交易发生的合理成本加上可比非关联交易毛利作为关联交易的公平成交价格。其计算公式如下：

$$公平成交价格 = 关联交易的合理成本 \times （1 + 可比非关联交易成本加成率）$$

$$可比非关联交易成本加成率 = \frac{可比非关联交易毛利}{可比非关联交易收入净额} \times 100\%$$

可比性分析应特别考察关联交易与非关联交易在功能风险及合同条款上的差异以及影响成本加成率的其他因素，具体包括制造、加工、安装及测试功能，市场及汇兑风险，机器、设备的价值及使用年限，无形资产的使用及价值，商业经验，会计处理及管理效率等。

关联交易与非关联交易之间在以上方面存在重大差异的，应就该差异对成本加成率的影响进行合理调整，无法合理调整的，应根据本条例规定选择其他合理的转让定价方法。

成本加成法通常适用于有形资产的购销、转让和使用，劳务提供或资金融通的关联交易。

交易净利润法以可比非关联交易的利润率指标确定关联交易的净利润。利润率指标包括资产收益率、销售利润率、完全成本加成率、贝里比率等。

可比性分析应特别考察关联交易与非关联交易之间在功能风险及经济环境上的差异以及影响营业利润的其他因素，具体包括执行功能、承担风险和使用资产，行业和市场情况，经营规模，经济周期和产品生命周期，成本、费用、所得和资产在各交易间的分摊，会计处理及经营管理效率等。

关联交易与非关联交易之间在以上方面存在重大差异的，应就该差异对营业利润的影响进行合理调整，无法合理调整的，应根据本条例规定选择其他合理的转让定价方法。

交易净利润法通常适用于有形资产的购销、转让和使用，无形资产的转让和使用以及劳务提供等关联交易。

利润分割法根据企业与其关联方对关联交易合并利润的贡献计算各自应该分配的利润额。利润分割法分为一般利润分割法和剩余利润分割法。

一般利润分割法根据关联交易各参与方所执行的功能、承担的风险以及使用的资产，确定各自应取得的利润。

剩余利润分割法将关联交易各参与方的合并利润减去分配给各方的常规利润的余额作为剩余利润，再根据各方对剩余利润的贡献程度进行分配。

可比性分析应特别考察交易各方执行的功能、承担的风险和使用的资产，成本、费用、所得和资产在各交易之间的分摊，会计处理，确定交易各方对剩余利润贡献所使用信息和假设条件的可靠性等。

利润分割法通常适用于各参与方关联交易高度整合且难以单独评估各方交易结果的情况。

根据所得税法第四十一条第二款及《企业所得税法实施条例》第一百一十二条的规定，企业与其关联方签署成本分摊协议，共同开发、受让无形资产，或者共同提供、接受劳务，应符合本条例规定。

成本分摊协议的参与方对开发、受让的无形资产或参与的劳务活动享有受益权，并承担相应的活动成本。关联方承担的成本应与非关联方在可比条件下为获得上述受益权而支付的成本相一致。参与方使用成本分摊协议所开发或受让的无形资产不需另支付特许权使用费。

企业对成本分摊协议所涉及无形资产或劳务的受益权应有合理的、可计量的预期收益，且以合理商业假设和营业常规为基础。

涉及劳务的成本分摊协议一般适用于集团采购和集团营销策划。

成本分摊协议主要包括以下内容：

（1）参与方的名称、所在国家（地区）、关联关系、在协议中的权利和义务。

（2）成本分摊协议所涉及的无形资产或劳务的内容、范围，协议涉及研发或劳务活动的具体承担者及其职责、任务。

（3）协议期限。

（4）参与方预期收益的计算方法和假设。

（5）参与方初始投入和后续成本支付的金额、形式、价值确认的方法以及符合独立交易原则的说明。

（6）参与方会计方法的运用及变更说明。

（7）参与方加入或退出协议的程序及处理规定。

（8）参与方之间补偿支付的条件及处理规定。

（9）协议变更或终止的条件及处理规定。

（10）非参与方使用协议成果的规定。

企业应自成本分摊协议达成之日起30日内，层报国家税务总局备案。税务机关判定成本分摊协议是否符合独立交易原则须层报国家税务总局审核。

已经执行并形成一定资产的成本分摊协议，参与方发生变更或协议终止执行，应根据独立交易原则做如下处理：

（1）加入支付，即新参与方为获得已有协议成果的受益权应做出合理的支付。

（2）退出补偿，即原参与方退出协议安排，将已有协议成果的受益权转让给其他参与方应获得合理的补偿。

（3）参与方变更后，应对各方受益和成本分摊情况做出相应调整。

（4）协议终止时，各参与方应对已有协议成果做出合理分配。

企业不按独立交易原则对上述情况做出处理而减少其应纳税所得额的，税务机关有权做出调整。

成本分摊协议执行期间，参与方实际分享的收益与分摊的成本不相配比的，应根据实际情况做出补偿调整。

对于符合独立交易原则的成本分摊协议，有关税务处理如下：

（1）企业按照协议分摊的成本，应在协议规定的各年度税前扣除。

（2）涉及补偿调整的，应在补偿调整的年度计入应纳税所得额。

（3）涉及无形资产的成本分摊协议，加入支付、退出补偿或终止协议时对协议成果分配的，应按资产购置或处置的有关规定处理。

企业可采取预约定价安排的方式达成成本分摊协议。

企业执行成本分摊协议期间，除遵照相关规定外，还应准备和保存以下成本分摊协议的同期资料：

（1）成本分摊协议副本。

（2）成本分摊协议各参与方之间达成的为实施该协议的其他协议。

（3）非参与方使用协议成果的情况、支付的金额及形式。

（4）本年度成本分摊协议的参与方加入或退出的情况，包括加入或退出的参与方名称、所在国家（地区）、关联关系，加入支付或退出补偿的金额及形式。

（5）成本分摊协议的变更或终止情况，包括变更或终止的原因、对已形成协议成果的处理或分配。

（6）本年度按照成本分摊协议发生的成本总额及构成情况。

（7）本年度各参与方成本分摊的情况，包括成本支付的金额、形式、对象，做出或接受补偿支付的金额、形式、对象。

（8）本年度协议预期收益与实际结果的比较及由此做出的调整。

企业执行成本分摊协议期间，无论成本分摊协议是否采取预约定价安排的方式，均应在本年度的次年6月20日之前向税务机关提供成本分摊协议的同期资料。

企业与其关联方签署成本分摊协议，有下列情形之一的，其自行分摊的成本不得税前扣除：

（1）不具有合理商业目的和经济实质。

（2）不符合独立交易原则。

（3）没有遵循成本与收益配比原则。

（4）未按本办法有关规定备案或准备、保存和提供有关成本分摊协议的同期资料。

（5）自签署成本分摊协议之日起经营期限少于20年。

《国家税务总局关于规范成本分摊协议管理的公告》（国家税务总局公告2015年第45号）规定：

第一，企业应自与关联方签订（变更）成本分摊协议之日起30日内，向主管税务机关报送成本分摊协议副本，并在年度企业所得税纳税申报时，附送《中华人民共和国企业年度关联业务往来报告表》。

第二，税务机关应当加强成本分摊协议的后续管理，对不符合独立交易原则和成本与收益相匹配原则的成本分摊协议，实施特别纳税调查调整。

第三，企业执行成本分摊协议期间，参与方实际分享的收益与分摊的成本不配比的，应当根据实际情况做出补偿调整。参与方未做补偿调整的，税务机关应当实施特别纳税调查调整。

第四，本公告自2015年7月16日起施行。《特别纳税调整实施办法（试行）》（国税发〔2009〕2号文件印发）第六十九条同时废止。

《国家税务总局关于完善关联申报和同期资料管理有关事项的公告》（国家税务总局公告2016年第42号）规定：

第一，实行查账征收的居民企业和在中国境内设立机构、场所并据实申报缴纳企业所得税的非居民企业向税务机关报送年度企业所得税纳税申报表时，应当就其与关联方之间的业务往来进行关联申报，附送《中华人民共和国企业年度关联业务往来报告表（2016 年版）》。

第二，企业与其他企业、组织或者个人具有下列关系之一的，构成本公告所称关联关系：

（1）一方直接或者间接持有另一方的股份总和达到 25% 以上；双方直接或者间接同为第三方所持有的股份达到 25% 以上。

如果一方通过中间方对另一方间接持有股份，只要其对中间方持股比例达到 25% 以上，则其对另一方的持股比例按照中间方对另一方的持股比例计算。

两个以上具有夫妻、直系血亲、兄弟姐妹以及其他抚养、赡养关系的自然人共同持股同一企业，在判定关联关系时持股比例合并计算。

（2）双方存在持股关系或者同为第三方持股，虽持股比例未达到本条第（1）项规定，但双方之间借贷资金总额占任一方实收资本比例达到 50% 以上，或者一方全部借贷资金总额的 10% 以上由另一方担保（与独立金融机构之间的借贷或者担保除外）。

$$借贷资金总额占实收资本比例 = \frac{年度加权平均借贷资金}{年度加权平均实收资本}$$

其中：

$$年度加权平均借贷资金 = i\ 笔借入或者贷出资金账面金额 \times i\ 笔借入或者贷出资金年度实际占用天数 \div 365$$

$$年度加权平均实收资本 = i\ 笔实收资本账面金额 \times i\ 笔实收资本年度实际占用天数 \div 365$$

（3）双方存在持股关系或者同为第三方持股，虽持股比例未达到本条第（1）项规定，但一方的生产经营活动必须由另一方提供专利权、非专利技术、商标权、著作权等特许权才能正常进行。

（4）双方存在持股关系或者同为第三方持股，虽持股比例未达到本条第（1）项规定，但一方的购买、销售、接受劳务、提供劳务等经营活动由另一方控制。

上述控制是指一方有权决定另一方的财务和经营政策，并能据以从另一方的经营活动中获取利益。

（5）一方半数以上董事或者半数以上高级管理人员（包括上市公司董事会秘书、经理、副经理、财务负责人和公司章程规定的其他人员）由另一方任命或者委派，或者同时担任另一方的董事或者高级管理人员；或者双方各自半数以上董事或者半数以上高级管理人员同为第三方任命或者委派。

（6）具有夫妻、直系血亲、兄弟姐妹以及其他抚养、赡养关系的两个自然人分别与双方具有本条第（1）至（5）项关系之一。

（7）双方在实质上具有其他共同利益。

除本条第（2）项规定外，上述关联关系年度内发生变化的，关联关系按照实际存续期间认定。

第三，仅因国家持股或者由国有资产管理部门委派董事、高级管理人员而存在本公告第二条第（1）至（5）项关系的，不构成本公告所称关联关系。

第四，关联交易主要包括：

（1）有形资产使用权或者所有权的转让。有形资产包括商品、产品、房屋建筑物、交通工具、机器设备、工具器具等。

（2）金融资产的转让。金融资产包括应收账款、应收票据、其他应收款项、股权投资、债权投资和衍生金融工具形成的资产等。

（3）无形资产使用权或者所有权的转让。无形资产包括专利权、非专利技术、商业秘密、商标权、品牌、客户名单、销售渠道、特许经营权、政府许可、著作权等。

（4）资金融通。资金包括各类长短期借贷资金（含集团资金池）、担保费、各类应计息预付款和延期收付款等。

（5）劳务交易。劳务包括市场调查、营销策划、代理、设计、咨询、行政管理、技术服务、合约研发、维修、法律服务、财务管理、审计、招聘、培训、集中采购等。

第五，存在下列情形之一的居民企业，应当在报送年度关联业务往来报告表时，填报国别报告：

（1）该居民企业为跨国企业集团的最终控股企业，且其上一会计年度合并财务报表中的各类收入金额合计超过55亿元。

最终控股企业是指能够合并其所属跨国企业集团所有成员实体财务报表的，且不能被其他企业纳入合并财务报表的企业。

成员实体应当包括：①实际已被纳入跨国企业集团合并财务报表的任一实体。②跨国企业集团持有该实体股权且按公开证券市场交易要求应被纳入但实际未被纳入跨国企业集团合并财务报表的任一实体。③仅由于业务规模或者重要性程度而未被纳入跨国企业集团合并财务报表的任一实体。④独立核算并编制财务报表的常设机构。

（2）该居民企业被跨国企业集团指定为国别报告的报送企业。

国别报告主要披露最终控股企业所属跨国企业集团所有成员实体的全球所得、税收和业务活动的国别分布情况。

第六，最终控股企业为中国居民企业的跨国企业集团，其信息涉及国家安全的，可以按照国家有关规定，豁免填报部分或者全部国别报告。

第七，税务机关可以按照我国对外签订的协定、协议或者安排实施国别报告的信息交换。

第八，企业虽不属于本公告第五条规定填报国别报告的范围，但其所属跨国企业集团按照其他国家有关规定应当准备国别报告，且符合下列条件之一的，税务机关可以在实施特别纳税调查时要求企业提供国别报告：

（1）跨国企业集团未向任何国家提供国别报告。

（2）虽然跨国企业集团已向其他国家提供国别报告，但我国与该国尚未建立国别报告信息交换机制。

（3）虽然跨国企业集团已向其他国家提供国别报告，且我国与该国已建立国别报告信息交换机制，但国别报告实际未成功交换至我国。

第九，企业在规定期限内报送年度关联业务往来报告表确有困难，需要延期的，应当按照税收征管法及其实施细则的有关规定办理。

第十，本公告适用于 2016 年及以后的会计年度。

《特别纳税调查调整及相互协商程序管理办法》（国家税务总局公告 2017 年第 6 号）规定：

税务机关以风险管理为导向，构建和完善关联交易利润水平监控管理指标体系，加强对企业利润水平的监控，通过特别纳税调整监控管理和特别纳税调查调整，促进企业税法遵从。

税务机关通过关联申报审核、同期资料管理和利润水平监控等手段，对企业实施特别纳税调整监控管理，发现企业存在特别纳税调整风险的，可以向企业送达《税务事项通知书》，提示其存在的税收风险。企业收到特别纳税调整风险提示或者发现自身存在特别纳税调整风险的，可以自行调整补税。企业自行调整补税的，应当填报《特别纳税调整自行缴纳税款表》。企业自行调整补税的，税务机关仍可按照有关规定实施特别纳税调查调整。企业要求税务机关确认关联交易定价原则和方法等特别纳税调整事项的，税务机关应当启动特别纳税调查程序。

税务机关实施特别纳税调查，应当重点关注具有以下风险特征的企业：

（1）关联交易金额较大或者类型较多。

（2）存在长期亏损、微利或者跳跃性盈利。

（3）低于同行业利润水平。

（4）利润水平与其所承担的功能风险不相匹配，或者分享的收益与分摊的成本不相配比。

（5）与低税国家（地区）关联方发生关联交易。

（6）未按照规定进行关联申报或者准备同期资料。

（7）从其关联方接受的债权性投资与权益性投资的比例超过规定标准。

（8）由居民企业，或者由居民企业和中国居民控制的设立在实际税负低于12.5%的国家（地区）的企业，并非由于合理的经营需要而对利润不作分配或者减少分配。

（9）实施其他不具有合理商业目的的税收筹划或者安排。

税务机关应当向已确定立案调查的企业送达《税务检查通知书（一）》。被立案调查企业为非居民企业的，税务机关可以委托境内关联方或者与调查有关的境内企业送达《税务检查通知书（一）》。经预备会谈与税务机关达成一致意见，已向税务机关提交《预约定价安排谈签意向书》，并申请预约定价安排追溯适用以前年度的企业，或者已向税务机关提交《预约定价安排续签申请书》的企业，可以暂不作为特别纳税调整的调查对象。预约定价安排未涉及的年度和关联交易除外。

税务机关实施转让定价调查时，应当进行可比性分析，可比性分析一般包括以下五个方面。税务机关可以根据案件情况选择具体分析内容：

（1）交易资产或者劳务特性，包括有形资产的物理特性、质量、数量等；无形资产的类型、交易形式、保护程度、期限、预期收益等；劳务的性质和内容；金融资产的特性、内容、风险管理等。

（2）交易各方执行的功能、承担的风险和使用的资产。功能包括研发、设计、采购、加工、装配、制造、维修、分销、营销、广告、存货管理、物流、仓储、融资、管理、财务、会计、法律及人力资源管理等；风险包括投资风险、研发风险、采购风险、生产风险、市场风险、管理风险及财务风险等；资产包括有形资产、无形资产、金融资产等。

（3）合同条款，包括交易标的、交易数量、交易价格、收付款方式和条件、交货条件、售后服务范围和条件、提供附加劳务的约定、变更或者修改合同内容的权利、合同有效期、终止或者续签合同的权利等。合同条款分析应当关注企业执行合同的能力与行为，以及关联方之间签署合同条款的可信度等。

（4）经济环境，包括行业概况、地理区域、市场规模、市场层级、市场占有率、市场竞争程度、消费者购买力、商品或者劳务可替代性、生产要素价格、运输成本、政府管制，以及成本节约、市场溢价等地域特殊因素。

（5）经营策略，包括创新和开发、多元化经营、协同效应、风险规避及市场占有策略等。

税务机关应当在可比性分析的基础上，选择合理的转让定价方法，对企业关联交易进行分析评估。转让定价方法包括可比非受控价格法、再销售价格法、成本加成法、交易净利润法、利润分割法及其他符合独立交易原则的方法。

可比非受控价格法以非关联方之间进行的与关联交易相同或者类似业务活动所收取的价格作为关联交易的公平成交价格。可比非受控价格法可以适用于所有类型的关联交易。

可比非受控价格法的可比性分析，应当按照不同交易类型，特别考察关联交易与非关联交易中交易资产或者劳务的特性、合同条款、经济环境和经营策略上的差异：

（1）有形资产使用权或者所有权的转让，包括：①转让过程，包括交易时间与地点、交货条件、交货手续、支付条件、交易数量、售后服务等；②转让环节，包括出厂环节、批发环节、零售环节、出口环节等；③转让环境，包括民族风俗、消费者偏好、政局稳定程度以及财政、税收、外汇政策等；④有形资产的性能、规格、型号、结构、类型、折旧方法等；⑤提供使用权的时间、期限、地点、费用收取标准等；⑥资产所有者对资产的投资支出、维修费用等。

（2）金融资产的转让，包括金融资产的实际持有期限、流动性、安全性、收益性。其中，股权转让交易的分析内容包括公司性质、业务结构、资产构成、所属行业、行业周期、经营模式、企业规模、资产配置和使用情况、企业所处经营阶段、成长性、经营风险、财务风险、交易时间、地理区域、股权关系、历史与未来经营情况、商誉、税收利益、流动性、经济趋势、宏观政策、企业收入和成本结构及其他因素。

（3）无形资产使用权或者所有权的转让，包括：①无形资产的类别、用途、适用行业、预期收益；②无形资产的开发投资、转让条件、独占程度、可替代性、受有关国家法律保护的程度及期限、地理位置、使用年限、研发阶段、维护改良及更新的权利、受让成本和费用、功能风险情况、摊销方法以及其他影响其价值发生实质变动的特殊因素等。

（4）资金融通，包括融资的金额、币种、期限、担保、融资人的资信、还款方式、计息方法等。

（5）劳务交易，包括劳务性质、技术要求、专业水准、承担责任、付款条件和方式、直接和间接成本等。

关联交易与非关联交易在以上方面存在重大差异的，应当就该差异对价格的影响进行合理调整，无法合理调整的，应当选择其他合理的转让定价方法。

再销售价格法以关联方购进商品再销售给非关联方的价格减去可比非关联交易毛利后的金额作为关联方购进商品的公平成交价格。其计算公式如下：

公平成交价格＝再销售给非关联方的价格 × （1− 可比非关联交易毛利率）

$$可比非关联交易毛利率 = \frac{可比非关联交易毛利}{可比非关联交易收入净额} \times 100\%$$

再销售价格法一般适用于再销售者未对商品进行改变外形、性能、结构或者更换商标等实质性增值加工的简单加工或者单纯购销业务。

再销售价格法的可比性分析，应当特别考察关联交易与非关联交易中企业执行的功能、承担的风险、使用的资产和合同条款上的差异，以及影响毛利率的其他因素，具体包括营销、分销、产品保障及服务功能，存货风险，机器、设备的价值及使用年限，无形资产的使用及价值，有价值的营销型无形资产，批发或者零售环节，商业经验，会计处理及管理效率等。

关联交易与非关联交易在以上方面存在重大差异的，应当就该差异对毛利率的影响进行合理调整，无法合理调整的，应当选择其他合理的转让定价方法。

成本加成法以关联交易发生的合理成本加上可比非关联交易毛利后的金额作为关联交易的公平成交价格。其计算公式如下：

公平成交价格＝关联交易发生的合理成本 ×（1+ 可比非关联交易成本加成率）

$$可比非关联交易成本加成率 = \frac{可比非关联交易毛利}{可比非关联交易收入净额} \times 100\%$$

成本加成法一般适用于有形资产使用权或者所有权的转让、资金融通、劳务交易等关联交易。

成本加成法的可比性分析，应当特别考察关联交易与非关联交易中企业执行的功能、承担的风险、使用的资产和合同条款上的差异，以及影响成本加成率的其他因素，具体包括制造、加工、安装及测试功能，市场及汇兑风险，机器、设备的价值及使用年限，无形资产的使用及价值，商业经验，会计处理，生产及管理效率等。

关联交易与非关联交易在以上方面存在重大差异的，应当就该差异对成本加成率的影响进行合理调整，无法合理调整的，应当选择其他合理的转让定价方法。

交易净利润法以可比非关联交易的利润指标确定关联交易的利润。利润指标包括息税前利润率、完全成本加成率、资产收益率、贝里比率等。具体计算公式如下：

息税前利润率＝息税前利润 / 营业收入 ×100%

完全成本加成率＝息税前利润 / 完全成本 ×100%

资产收益率＝息税前利润 /［（年初资产总额＋年末资产总额）/2］×100%

贝里比率＝毛利 /（营业费用＋管理费用）×100%

利润指标的选取应当反映交易各方执行的功能、承担的风险和使用的资产。利润指标的计算以企业会计处理为基础，必要时可以对指标口径进行合理调整。

交易净利润法一般适用于不拥有重大价值无形资产企业的有形资产使用权或者所有权的转让和受让、无形资产使用权受让以及劳务交易等关联交易。

交易净利润法的可比性分析，应当特别考察关联交易与非关联交易中企业执行的功能、承担的风险和使用的资产，经济环境上的差异，以及影响利润的其他因素，具体包括行业和市场情况，经营规模，经济周期和产品生命周期，收入、成本、费用和资产在各交易间的分配，会计处理及经营管理效率等。

关联交易与非关联交易在以上方面存在重大差异的，应当就该差异对利润的影响进行合理调整，无法合理调整的，应当选择其他合理的转让定价方法。

利润分割法根据企业与其关联方对关联交易合并利润（实际或者预计）的贡献计算各自应当分配的利润额。利润分割法主要包括一般利润分割法和剩余利润分割法。

一般利润分割法通常根据关联交易各方所执行的功能、承担的风险和使用的资产，采用符合独立交易原则的利润分割方式，确定各方应当取得的合理利润；当难以获取可比交易信息但能合理确定合并利润时，可以结合实际情况考虑与价值贡献相关的收入、成本、费用、资产、雇员人数等因素，分析关联交易各方对价值作出的贡献，将利润在各方之间进行分配。

剩余利润分割法将关联交易各方的合并利润减去分配给各方的常规利润后的余额作为剩余利润，再根据各方对剩余利润的贡献程度进行分配。

利润分割法一般适用于企业及其关联方均对利润创造具有独特贡献，业务高度整合且难以单独评估各方交易结果的关联交易。利润分割法的适用应当体现利润应在经济活动发生地和价值创造地征税的基本原则。

利润分割法的可比性分析，应当特别考察关联交易各方执行的功能、承担的风险和使用的资产，收入、成本、费用和资产在各方之间的分配，成本节约、市场溢价等地域特殊因素，以及其他价值贡献因素，确定各方对剩余利润贡献所使用的信息和假设条件的可靠性等。

其他符合独立交易原则的方法包括成本法、市场法和收益法等资产评估方法，以及其他能够反映利润与经济活动发生地和价值创造地相匹配原则的方法。

成本法是以替代或者重置原则为基础，通过在当前市场价格下创造一项相似资产所发生的支出确定评估标的价值的评估方法。成本法适用于能够被替代的资产价值评估。

市场法是利用市场上相同或者相似资产的近期交易价格，经过直接比较或者类比分析以确定评估标的价值的评估方法。市场法适用于在市场上能找到与评估标的相同或者相似的非关联可比交易信息时的资产价值评估。

收益法是通过评估标的未来预期收益现值来确定其价值的评估方法。收益法适用于企业整体资产和可预期未来收益的单项资产评估。

税务机关分析评估被调查企业关联交易时，应当在分析评估交易各方功能风险的基础上，选择功能相对简单的一方作为被测试对象。

税务机关在进行可比性分析时，优先使用公开信息，也可以使用非公开信息。

税务机关分析评估被调查企业关联交易是否符合独立交易原则时，可以根据实际情况选择算术平均法、加权平均法或者四分位法等统计方法，逐年分别或者多年度平均计算可比企业利润或者价格的平均值或者四分位区间。税务机关应当按照可比利润水平或者可比价格对被调查企业各年度关联交易进行逐年测试调整。税务机关采用四分位法分析评估企业利润水平时，企业实际利润水平低于可比企业利润率区间中位值的，原则上应当按照不低于中位值进行调整。

税务机关分析评估被调查企业为其关联方提供的来料加工业务，在可比企业不是相同业务模式，且业务模式的差异会对利润水平产生影响的情况下，应当对业务模式的差异进行调整，还原其不作价的来料和设备价值。企业提供真实完整的来料加工产品整体价值链相关资料，能够反映各关联方总体利润水平的，税务机关可以就被调查企业与可比企业因料件还原产生的资金占用差异进行可比性调整，利润水平调整幅度超过10%的，应当重新选择可比企业。除上述规定外，对因营运资本占用不同产生的利润差异不作调整。

税务机关分析评估被调查企业关联交易是否符合独立交易原则时，选取的可比企业与被调查企业处于不同经济环境的，应当分析成本节约、市场溢价等地域特殊因素，并选择合理的转让定价方法确定地域特殊因素对利润的贡献。

企业为境外关联方从事来料加工或者进料加工等单一生产业务，或者从事分销、合约研发业务，原则上应当保持合理的利润水平。上述企业如出现亏损，无论是否达到《国家税务总局关于完善关联申报和同期资料管理有关事项的公告》（国家税务总局公告2016年第42号）中的同期资料准备标准，均应当就亏损年度准备同期资料本地文档。税务机关应当重点审核上述企业的本地文档，加强监控管理。上述企业承担由于决策失误、开工不足、产品滞销、研发失败等原因造成的应当由关联方承担的风险和损失的，税务机关可以实施特别纳税调整。

税务机关对关联交易进行调查分析时，应当确定企业所获得的收益与其执行的功能或者承担的风险是否匹配。企业与其关联方之间隐匿关联交易直接或者间接导致国家总体税收收入减少的，税务机关可以通过还原隐匿交易实施特别纳税调整。企业与其关联方之间抵消关联交易直接或者间接导致国家总体税收收入减少的，税务机关可以通过还原抵消交易实施特别纳税调整。

判定企业及其关联方对无形资产价值的贡献程度及相应的收益分配时，应当全面分析企业所属企业集团的全球营运流程，充分考虑各方在无形资产开发、价值提升、维护、保护、应用和推广中的价值贡献，无形资产价值的实现方式，无形资产与集团内其他业务的功能、风险和资产的相互作用。企业仅拥有无形资产所有权而未对无形资产价值作出贡献的，不应当参与无形资产收益分配。无形资产形成和使用过程中，仅提供资金而未实际执行相关功能和承担相应风险的，应当仅获得合理的资金成本回报。

企业与其关联方转让或者受让无形资产使用权而收取或者支付的特许权使用费，应当根据下列情形适时调整，未适时调整的，税务机关可以实施特别纳税调整：

（1）无形资产价值发生根本性变化。

（2）按照营业常规，非关联方之间的可比交易应当存在特许权使用费调整机制。

（3）无形资产使用过程中，企业及其关联方执行的功能、承担的风险或者使用的资产发生变化。

（4）企业及其关联方对无形资产进行后续开发、价值提升、维护、保护、应用和推广作出贡献而未得到合理补偿。

企业与其关联方转让或者受让无形资产使用权而收取或者支付的特许权使用费，应当与无形资产为企业或者其关联方带来的经济利益相匹配。与经济利益不匹配而减少企业或者其关联方应纳税收入或者所得额的，税务机关可以实施特别纳税调整。未带来经济利益，且不符合独立交易原则的，税务机关可以按照已税前扣除的金额全额实施特别纳税调整。企业向仅拥有无形资产所有权而未对其价值创造作出贡献的关联方支付特许权使用费，不符合独立交易原则的，税务机关可以按照已税前扣除的金额全额实施特别纳税调整。

企业以融资上市为主要目的在境外成立控股公司或者融资公司，仅因融资上市活动所产生的附带利益向境外关联方支付特许权使用费，不符合独立交易原则的，税务机关可以按照已税前扣除的金额全额实施特别纳税调整。

企业与其关联方发生劳务交易支付或者收取价款不符合独立交易原则而减少企业或者其关联方应纳税收入或者所得额的，税务机关可以实施特别纳税调整。符合独立交易原则的关联劳务交易应当是受益性劳务交易，并且按照非关联方在相同或者类似情形下的营业常规和公平成交价格进行定价。受益性劳务是指能够为劳务接受方带来直接或者间接经济利益，且非关联方在相同或者类似情形下，愿意购买或者愿意自行实施的劳务活动。

企业向其关联方支付非受益性劳务的价款，税务机关可以按照已税前扣除的金额全额实施特别纳税调整。非受益性劳务主要包括以下情形：

（1）劳务接受方从其关联方接受的，已经购买或者自行实施的劳务活动。

（2）劳务接受方从其关联方接受的，为保障劳务接受方的直接或者间接投资方的投资利益而实施的控制、管理和监督等劳务活动。该劳务活动主要包括：①董事会活动、股东会活动、监事会活动和发行股票等服务于股东的活动；②与劳务接受方的直接或者间接投资方、集团总部和区域总部的经营报告或者财务报告编制及分析有关的活动；③与劳务接受方的直接或者间接投资方、集团总部和区域总部的经营及资本运作有关的筹资活动；④为集团决策、监管、控制、遵从需要所实施的财务、税务、人事、法务等活动；⑤其他类似情形。

（3）劳务接受方从其关联方接受的，并非针对其具体实施的，只是因附属于企业集团而获得额外收益的劳务活动。该劳务活动主要包括：①为劳务接受方带来资源整合效应和规模效应的法律形式改变、债务重组、股权收购、资产收购、合并、分立等集团重组活动；②由于企业集团信用评级提高，为劳务接受方带来融资成本下降等利益的相关活动；③其他类似情形。

（4）劳务接受方从其关联方接受的，已经在其他关联交易中给予补偿的劳务活动。该劳务活动主要包括：①从特许权使用费支付中给予补偿的与专利权或者非专利技术相关的服务；②从贷款利息支付中给予补偿的与贷款相关的服务；③其他类似情形。

（5）与劳务接受方执行的功能和承担的风险无关，或者不符合劳务接受方经营需要的关联劳务活动。

（6）其他不能为劳务接受方带来直接或者间接经济利益，或者非关联方不愿意购买或者不愿意自行实施的关联劳务活动。

企业接受或者提供的受益性劳务应当充分考虑劳务的具体内容和特性，

劳务提供方的功能、风险、成本和费用，劳务接受方的受益情况、市场环境、交易双方的财务状况，以及可比交易的定价情况等因素，按照本办法的有关规定选择合理的转让定价方法，并遵循以下原则：

（1）关联劳务能够分别按照各劳务接受方、劳务项目为核算单位归集相关劳务成本费用的，应当以劳务接受方、劳务项目合理的成本费用为基础，确定交易价格。

（2）关联劳务不能分别按照各劳务接受方、劳务项目为核算单位归集相关劳务成本费用的，应当采用合理标准和比例向各劳务接受方分配，并以分配的成本费用为基础，确定交易价格。分配标准应当根据劳务性质合理确定，可以根据实际情况采用营业收入、营运资产、人员数量、人员工资、设备使用量、数据流量、工作时间以及其他合理指标，分配结果应当与劳务接受方的受益程度相匹配。非受益性劳务的相关成本费用支出不得计入分配基数。

企业向未执行功能、承担风险，无实质性经营活动的境外关联方支付费用，不符合独立交易原则的，税务机关可以按照已税前扣除的金额全额实施特别纳税调整。

实际税负相同的境内关联方之间的交易，只要该交易没有直接或者间接导致国家总体税收收入的减少，原则上不作特别纳税调整。

经调查，税务机关未发现企业存在特别纳税调整问题的，应当作出特别纳税调查结论，并向企业送达《特别纳税调查结论通知书》。

 实务案例精解

例 7-1　A 公司和 B 公司都是一人有限责任公司，A 公司和 B 公司的股东为夫妻关系。C 公司是 A 公司的全资子公司，B 公司持有 D 公司 80% 的股份。请判断 C 公司和 D 公司是否属于关联方。

解答：直接或者间接地同为第三者所拥有或者控制的企业为关联方，由于 C 公司是 A 公司的全资子公司，因此，C 公司受 A 公司的直接控制。由于 B 公司持有 D 公司 80% 的股份，因此，D 公司受 B 公司的直接控制。由于 A 公司和 B 公司的股东为夫妻关系，因此，A 公司和 B 公司实际上是由同一主体控制的。该同一主体同样可以间接控制 C 公司和 D 公司，因此，C 公司和 D 公司间接地同为第三者所控制，C 公司和 D 公司属于关联方。

 实务案例精解

例 7-2　A 公司和 B 公司都是 C 公司的全资子公司，D 公司和 A 公司、

B公司、C公司没有任何关系。2016年度，A公司向B公司销售一批货物，销售价格为100万元，又向C公司销售同样数量、同样品质的相同货物，销售价格为80万元。A公司向D公司也销售了同样数量、同样品质的相同货物，销售价格为90万元。请判断在独立交易原则下该批货物的价格。

解答：独立交易原则，是指没有关联关系的交易各方，按照公平成交价格和营业常规进行业务往来遵循的原则。本案中，由于A公司和B公司都是C公司的全资子公司，因此，A公司、B公司和C公司互为关联方，它们之间所发生的交易一般来讲都不会遵循独立交易原则。由于D公司和A公司、B公司、C公司没有任何关系，因此，D公司和A公司、B公司、C公司之间的交易一般情况下都遵循独立交易原则。因此，在独立交易原则下该批货物的价格为90万元。

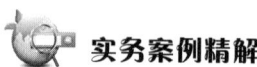

实务案例精解

例7-3 A公司和B公司都是C公司的全资子公司，D公司和A公司、B公司、C公司没有任何关系。2016年度，A公司向B公司销售一批货物，销售价格为200万元，又向C公司销售同样数量、同样品质的相同货物，销售价格为195万元。A公司向D公司也销售了同样数量、同样品质的相同货物，销售价格为90万元。税务机关是否有权调整A公司和B公司以及A公司和C公司之间的交易价格？如要调整，应当采取什么方法？

解答：由于A公司和B公司都是C公司的全资子公司，因此，A公司、B公司、C公司互为关联方。A公司向B公司、C公司、D公司分别进行了相同的交易，价格却存在明显差异，因此，可以认为A公司和B公司、C公司之间的交易没有遵循独立交易原则。企业与其关联方之间的业务往来，不符合独立交易原则而减少企业或者其关联方应纳税收入或者所得额的，税务机关有权按照合理方法调整。税务机关可以采取以下方法进行调整：可比非受控价格法、再销售价格法、成本加成法、交易净利润法、利润分割法、其他符合独立交易原则的方法。其中，可比非受控价格法是首选方法。由于D公司和A公司、B公司、C公司没有任何关系，因此，可以将A公司和D公司之间的交易价格视为可比非受控价格。税务机关应当将A公司向B公司销售货物的价格以及A公司向C公司销售货物的价格调整为90万元。

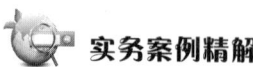

实务案例精解

例7-4 A公司和B公司都是C公司的全资子公司，A公司和B公司联合开发一项无形资产，在开发过程中，A公司支付费用100万元，B公司支付费用 60 万元，A 公司和 B 公司各拥有该项无形资产的 50%。A 公司和 B 公司签订了成本分摊协议，各承担 50% 的费用，根据该协议，B 公司向 A 公司支付费用 20 万元。税务机关是否应当对该成本分摊协议进行调整？A 公司和 B 公司达成协议以后应当注意哪些事项？

解答：由于 A 公司和 B 公司都是 C 公司的全资子公司，A 公司和 B 公司属于关联方。A 公司和 B 公司联合开发一项无形资产，其成本应当由 A 公司和 B 公司按照独立交易原则进行分摊。A 公司和 B 公司应当按照成本与预期收益相配比的原则进行分摊。本案中，A 公司和 B 公司各拥有该项无形资产的 50%，因此，A 公司和 B 公司也应当各自承担共同开发成本的 50%。A 公司和 B 公司签订的成本分摊协议符合独立交易原则。税务机关不需要进行调整。A 公司和 B 公司签订该成本分摊协议以后应当在规定期限内将协议报送税务机关。同时，A 公司和 B 公司应当在达成协议时准备与其关联业务往来有关的价格、费用的制定标准、计算方法和说明等同期材料，并按照规定加以保存。在税务机关要求时，企业应在规定期限内提供上述材料。

 实务案例精解

例 7-5 2016 年，新疆维吾尔自治区塔城地区地税系统在"营改增"税制改革、组织收入任务形势严峻的情况下主动出击、积极作为，以挖掘疑点数据为基础，以查处大案要案为突破口，加大转让定价案件的调整补税力度。在自治区地税局营业税处的政策指导下，完成首例境内反避税案的调查工作，调增应纳税所得额 2 317.98 万元，补征企业所得税 616.35 万元，有效维护了国家税收权益，反避税工作实现了零突破。

托里县地税局在日常征管中发现，其辖区内的托里 A 矿开发有限公司部分铬矿石销售业务的"发票流"与"货物流"不一致，如其向新疆 B 有限责任公司运送近 4 万吨铬矿石，却并未向该公司开具增值税专用发票，而是通过向关联的河北 C 矿产资源有限公司开票并由其再向 B 开具专票实现销售，怀疑其存在关联交易纳税调整事项，随后将案件移送塔城地税反避税专家团队。

特别纳税调整事项调查工作在塔城地税系统尚无现成经验可供借鉴，本着"既要大胆摸索，又要稳扎稳打"的原则，专案组调查人员发扬"钉钉子"精神，开展了大量的前期准备和基础调查工作。一是严查细核企业各项涉税资料。专案组要求企业提供年度销售铬矿石的购销合同、结算单据、矿山储量资料及 2007—2013 年关联业务往来报告表的相关资料等，同时，进一步核实该企业会计报表、账簿、记账凭证、销售发票、购销合同、矿石储量情况。

二是开展外围调查、比对相关信息。专案组通过实地走访国土资源部门、新疆地质七大队及部分矿山企业，查阅各铬矿群详细普查地质报告、资源储量核实报告和各年度矿山储量年报的相关资料，最终掌握了铬矿石销售价格确定标准——根据其品位，同时参考铁合金在线网站公布的、与新疆矿品质相近的阿曼矿矿石价格确定。三是整合各方信息、分组个个突破。调查人员运用矿石品质、付款条件、交货地点、矿石品质检验、矿石交付顺序等主要可比性因素，参考铬矿石品位相同或相近企业、铁合金在线中阿曼矿石销售价格综合比较分析后初步确认，该公司与上述五家关联企业之间销售铬矿石平均价格较大幅度的低于销售给非关联方价格，不符合独立交易原则。四是通过该公司五家关联企业主管税务机关协查，在调查事项所属期间，上述关联企业或处于连续亏损，或享受企业所得税税收优惠状态。该公司以远低于非关联企业的交易价格进行关联交易，因主要交易环节均在托里完成，明显不具备合理商业目的，属于转移利润，规避纳税义务。

历时三年，调查组对该企业利用关联交易调节销售价格进行避税筹划案件脉络终于清晰地展现出来，塔城地区地税局按程序报经总局批准同意启动进行特别纳税调整调查程序。调查组根据《企业所得税法》及其实施条例、《税收征收管理法》及其实施细则、国家税务总局《关于印发〈特别纳税调整实施办法（试行）〉的通知》（国税发〔2009〕2号）等有关规定，对该企业与关联企业之间的交易选用可比非受控价格法进行调整，最终确认以发票结算价格作为交易价格。在关联关系、关联交易、调整方法及调整标准明确的情况下，调查组对该公司2007—2013年度以非关联方平均交易价格为标准对关联交易销售价格进行调整。调增应纳税所得额共计23 179 748.27元，调增企业所得税税额6 163 493.26元。

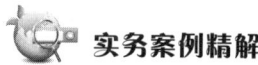 **实务案例精解**

例7-6 2016年3月，针对安徽省合肥市某房地产开发企业利用"资金池"避税的案件顺利审核结案。该案历时两年多，企业最终主动补缴营业税等税费345.6万元。

此案经国家税务总局2014年立案，是2016年合肥市地税局首例成功结案的反避税案件。该房地产企业在2007年—2009年间调拨资金给关联企业无偿使用。当地地税机关以重大稽查案件疑点为线索，启动特别纳税调整中的转让定价调查程序，遵循独立企业间应合理定价原则，严格按照税收征管法及特别纳税调整程序规定的流程开展工作。经过反复磋商、协调和宣传解释，认定该企业利用"资金池"涉及不合理的关联交易定价，应收未收利息6

226.92 万元，应纳营业税 311.35 万元、其他税费 34.25 万元。

关联企业间拆借资金多发生于大型房地产开发企业、集团公司等关联企业之间，一旦违反关联企业间独立交易原则，就会少缴、不缴或者迟缴税款，侵蚀税基。合肥市地税局成功办结该案，对有效规范关联企业间融通资金的税收征管很有借鉴价值。

 实务案例精解

例 7-7　2016 年 8 月，山东省潍坊市坊子区国税局查结一起通过关联交易境外避税案件，经层报国家税务总局批准后，通过特别纳税调整，入库税款及利息 1 438.57 万元。

A 公司是一家于 2003 年 6 月成立的外资建材生产企业。2014 年 5 月，调查人员通过对税收综合征管系统中的关联交易数据和 A 公司报送的同期资料等数据进行分析发现，A 公司营业收入一直保持较高的增长势头，但历年盈利情况一直处于微亏或微利状态。A 公司的投资方均来自世界著名的避税港地区，企业产品 90% 销往国外，交易方主要为母公司 C 集团及其在百慕大设立的控股子公司 B 公司，全部为关联受控交易。该局经过前期案头审核后，认为 A 公司的生产经营态势与盈利能力相悖，存在通过关联交易等方式进行利润转移的嫌疑，于 2014 年 7 月层报总局立案后对 A 公司进行反避税调查。

贯穿本案的关键点在企业的关联交易数据分析、企业功能风险定位和可比企业组选取。为此，一方面，该局对企业 2003—2012 年的相关财务指标进行了汇总分析，发现 A 公司的偿债能力、运营能力及增长能力与企业的盈利能力不相匹配，存在人为控制利润的嫌疑。另一方面，通过对 A 公司及其价值链上的关联方所执行功能、承担风险和资产分析，确定 A 公司在关联交易中定位为承担部分研发职能的生产型企业，税务人员据此选取了可比公司；并使用了全球上市公司 BVD 数据库中建材企业的可比财务数据，选用交易净利润法对 A 公司 2003—2012 年间的关联交易进行了调整。在确凿的证据面前，经与 A 公司多轮谈判最终达成一致，补缴的税款及利息已全部入库。

二、预约定价安排

 基本税收政策

企业可以向税务机关提出与其关联方之间业务往来的定价原则和计算方

法，税务机关与企业协商、确认后，达成预约定价安排。

 **税收政策详解**

上述政策所称预约定价安排，是指企业就其未来年度关联交易的定价原则和计算方法，向税务机关提出申请，与税务机关按照独立交易原则协商、确认后达成的协议。

 实务应用指南

《特别纳税调整实施办法（试行）》（国税发〔2009〕2号）第六条规定：

预约定价安排管理是指税务机关按照所得税法第四十二条和征管法实施细则第五十三条的规定，对企业提出的未来年度关联交易的定价原则和计算方法进行审核评估，并与企业协商达成预约定价安排等工作的总称。

第一，企业可以依据所得税法第四十二条、《企业所得税法实施条例》第一百一十三条及征管法实施细则第五十三条的规定，与税务机关就企业未来年度关联交易的定价原则和计算方法达成预约定价安排。预约定价安排的谈签与执行通常经过预备会谈、正式申请、审核评估、磋商、签订安排和监控执行6个阶段。预约定价安排包括单边、双边和多边3种类型。

第二，预约定价安排应由设区的市、自治州以上的税务机关受理。

第三，预约定价安排一般适用于同时满足以下条件的企业：

（1）年度发生的关联交易金额在4000万元人民币以上。

（2）依法履行关联申报义务。

（3）按规定准备、保存和提供同期资料。

第四，预约定价安排适用于自企业提交正式书面申请年度的次年起3至5个连续年度的关联交易。预约定价安排的谈签不影响税务机关对企业提交预约定价安排正式书面申请当年或以前年度关联交易的转让定价调查调整。如果企业申请当年或以前年度的关联交易与预约定价安排适用年度相同或类似，经企业申请，税务机关批准，可将预约定价安排确定的定价原则和计算方法适用于申请当年或以前年度关联交易的评估和调整。

第五，企业正式申请谈签预约定价安排前，应向税务机关书面提出谈签意向，税务机关可以根据企业的书面要求，与企业就预约定价安排的相关内容及达成预约定价安排的可行性开展预备会谈，并填制《预约定价安排会谈记录》。预备会谈可以采用匿名的方式。

（1）企业申请单边预约定价安排的，应向税务机关书面提出谈签意向。

在预备会谈期间，企业应就以下内容提供资料，并与税务机关进行讨论：①安排的适用年度；②安排涉及的关联方及关联交易；③企业以前年度生产经营情况；④安排涉及各关联方功能和风险的说明；⑤是否应用安排确定的方法解决以前年度的转让定价问题；⑥其他需要说明的情况。

（2）企业申请双边或多边预约定价安排的，应同时向国家税务总局和主管税务机关书面提出谈签意向，国家税务总局组织与企业开展预备会谈，预备会谈的内容除本条第（1）项外，还应特别包括：①向税收协定缔约对方税务主管当局提出预备会谈申请的情况；②安排涉及的关联方以前年度生产经营情况及关联交易情况；③向税收协定缔约对方税务主管当局提出的预约定价安排拟采用的定价原则和计算方法。

（3）预备会谈达成一致意见的，税务机关应自达成一致意见之日起15日内书面通知企业，可以就预约定价安排相关事宜进行正式谈判，并向企业送达《预约定价安排正式会谈通知书》；预备会谈不能达成一致意见的，税务机关应自最后一次预备会谈结束之日起15日内书面通知企业，向企业送达《拒绝企业申请预约定价安排通知书》，拒绝企业申请预约定价安排，并说明理由。

第六，企业应在接到税务机关正式会谈通知之日起3个月内，向税务机关提出预约定价安排书面申请报告，并报送《预约定价安排正式申请书》。企业申请双边或多边预约定价安排的，应将《预约定价安排正式申请书》和《启动相互协商程序申请书》同时报送国家税务总局和主管税务机关。

（1）预约定价安排书面申请报告应包括如下内容：①相关的集团组织架构、公司内部结构、关联关系、关联交易情况；②企业近三年财务、会计报表资料，产品功能和资产（包括无形资产和有形资产）的资料；③安排所涉及的关联交易类别和纳税年度；④关联方之间功能和风险划分，包括划分所依据的机构、人员、费用、资产等；⑤安排适用的转让定价原则和计算方法，以及支持这一原则和方法的功能风险分析、可比性分析和假设条件等；⑥市场情况的说明，包括行业发展趋势和竞争环境；⑦安排预约期间的年度经营规模、经营效益预测以及经营规划等；⑧与安排有关的关联交易、经营安排及利润水平等财务方面的信息；⑨是否涉及双重征税等问题；⑩涉及境内、外有关法律、税收协定等相关问题。

（2）企业因下列特殊原因无法按期提交书面申请报告的，可向税务机关提出书面延期申请，并报送《预约定价安排正式申请延期报送申请书》：①需要特别准备某些方面的资料；②需要对资料做技术上的处理，如文字翻译等；③其他非主观原因。

税务机关应自收到企业书面延期申请后15日内，对其延期事项做出书面答复，并向企业送达《预约定价安排正式申请延期报送答复书》。逾期未做出答复的，视同税务机关已同意企业的延期申请。

（3）上述申请内容所涉及的文件资料和情况说明，包括能够支持拟选用的定价原则、计算方法和能证实符合预约定价安排条件的所有文件资料，企业和税务机关均应妥善保存。

第七，税务机关应自收到企业提交的预约定价安排正式书面申请及所需文件、资料之日起5个月内，进行审核和评估。根据审核和评估的具体情况可要求企业补充提供有关资料，形成审核评估结论。因特殊情况，需要延长审核评估时间的，税务机关应及时书面通知企业，并向企业送达《预约定价安排审核评估延期通知书》，延长期限不得超过3个月。

税务机关应主要审核和评估以下内容：

（1）历史经营状况，分析、评估企业的经营规划、发展趋势、经营范围等文件资料，重点审核可行性研究报告、投资预（决）算、董事会决议等，综合分析反映经营业绩的有关信息和资料，如财务、会计报表、审计报告等。

（2）功能和风险状况，分析、评估企业与其关联方之间在供货、生产、运输、销售等各环节以及在研究、开发无形资产等方面各自所拥有的份额，执行的功能以及在存货、信贷、外汇、市场等方面所承担的风险。

（3）可比信息，分析、评估企业提供的境内、外可比价格信息，说明可比企业和申请企业之间的实质性差异，并进行调整。若不能确认可比交易或经营活动的合理性，应明确企业须进一步提供的有关文件、资料，以证明其所选用的转让定价原则和计算方法公平地反映了被审核的关联交易和经营现状，并得到相关财务、经营等资料的证实。

（4）假设条件，分析、评估对行业盈利能力和对企业生产经营的影响因素及其影响程度，合理确定预约定价安排适用的假设条件。

（5）转让定价原则和计算方法，分析、评估企业在预约定价安排中选用的转让定价原则和计算方法是否以及如何真实地运用于以前、现在和未来年度的关联交易以及相关财务、经营资料之中，是否符合法律、法规的规定。

（6）预期的公平交易价格或利润区间，通过对确定的可比价格、利润率、可比企业交易等情况的进一步审核和评估，测算出税务机关和企业均可接受的价格或利润区间。

第八，税务机关应自单边预约定价安排形成审核评估结论之日起30日内，与企业进行预约定价安排磋商，磋商达成一致的，应将预约定价安排草案和审核评估报告一并层报国家税务总局审定。国家税务总局与税收协定缔约对方税务主管当局开展双边或多边预约定价安排的磋商，磋商达成一致的，根据磋商备忘录拟定预约定价安排草案。

预约定价安排草案应包括如下内容：

（1）关联方名称、地址等基本信息。

（2）安排涉及的关联交易及适用年度。

（3）安排选定的可比价格或交易、转让定价原则和计算方法、预期经营结果等。

（4）与转让定价方法运用和计算基础相关的术语定义。

（5）假设条件。

（6）企业年度报告、记录保存、假设条件变动通知等义务。

（7）安排的法律效力，文件资料等信息的保密性。

（8）相互责任条款。

（9）安排的修订。

（10）解决争议的方法和途径。

（11）生效日期。

（12）附则。

第九，税务机关与企业就单边预约定价安排草案内容达成一致后，双方的法定代表人或法定代表人授权的代表正式签订单边预约定价安排。国家税务总局与税收协定缔约对方税务主管当局就双边或多边预约定价安排草案内容达成一致后，双方或多方税务主管当局授权的代表正式签订双边或多边预约定价安排。主管税务机关根据双边或多边预约定价安排与企业签订《双边（多边）预约定价安排执行协议书》。

第十，在预约定价安排正式谈判后和预约定价安排签订前，税务机关和企业均可暂停、终止谈判。涉及双边或多边预约定价安排的，经缔约各方税务主管当局协商，可暂停、终止谈判。终止谈判的，双方应将谈判中相互提供的全部资料退还给对方。

第十一，税务机关应建立监控管理制度，监控预约定价安排的执行情况。

（1）在预约定价安排执行期内，企业应完整保存与安排有关的文件和资料（包括账簿和有关记录等），不得丢失、销毁和转移；并在纳税年度终了后5个月内，向税务机关报送执行预约定价安排情况的年度报告。

年度报告应说明报告期内经营情况以及企业遵守预约定价安排的情况，包括预约定价安排要求的所有事项，以及是否有修订或实质上终止该预约定价安排的要求。如有未决问题或将要发生的问题，企业应在年度报告中予以说明，以便与税务机关协商是否修订或终止安排。

（2）在预约定价安排执行期内，税务机关应定期（一般为半年）检查企业履行安排的情况。检查内容主要包括：企业是否遵守了安排条款及要求；为谈签安排而提供的资料和年度报告是否反映了企业的实际经营情况；转让定价方法所依据的资料和计算方法是否正确；安排所描述的假设条件是否仍然有效；企业对转让定价方法的运用是否与假设条件相一致等。

税务机关如发现企业有违反安排的一般情况，可视情况进行处理，直至终止安排；如发现企业存在隐瞒或拒不执行安排的情况，税务机关应认定预约定价安排自始无效。

（3）在预约定价安排执行期内，如果企业发生实际经营结果不在安排所预期的价格或利润区间之内的情况，税务机关应在报经上一级税务机关核准后，将实际经营结果调整到安排所确定的价格或利润区间内。涉及双边或多边预约定价安排的，应当层报国家税务总局核准。

（4）在预约定价安排执行期内，企业发生影响预约定价安排的实质性变化，应在发生变化后30日内向税务机关书面报告，详细说明该变化对预约定价安排执行的影响，并附相关资料。由于非主观原因而无法按期报告的，可以延期报告，但延长期不得超过30日。

税务机关应在收到企业书面报告之日起60日内，予以审核和处理，包括审查企业变化情况、与企业协商修订预约定价安排条款和相关条件，或根据实质性变化对预约定价安排的影响程度采取修订或终止安排等措施。原预约定价安排终止执行后，税务机关可以和企业按照本章规定的程序和要求，重新谈签新的预约定价安排。

（5）国家税务局和地方税务局与企业共同签订的预约定价安排，在执行期内，企业应分别向国家税务局和地方税务局报送执行预约定价安排情况的年度报告和实质性变化报告。国家税务局和地方税务局应对企业执行安排的情况，实行联合检查和审核。

第十二，预约定价安排期满后自动失效。如企业需要续签的，应在预约定价安排执行期满前90日内向税务机关提出续签申请，报送《预约定价安排续签申请书》，并提供可靠的证明材料，说明现行预约定价安排所述事实和相关环境没有发生实质性变化，并且一直遵守该预约定价安排中的各项条款和约定。税务机关应自收到企业续签申请之日起15日内做出是否受理的书面答复，向企业送达《预约定价安排申请续签答复书》。税务机关应审核、评估企业的续签申请资料，与企业协商拟定预约定价安排草案，并按双方商定的续签时间、地点等相关事宜，与企业完成续签工作。

第十三，预约定价安排的谈签或执行同时涉及两个以上省、自治区、直辖市和计划单列市税务机关，或者同时涉及国家税务局和地方税务局的，由国家税务总局统一组织协调。企业可以直接向国家税务总局书面提出谈签意向。

第十四，税务机关与企业达成的预约定价安排，只要企业遵守了安排的全部条款及其要求，各地国家税务局、地方税务局均应执行。

第十五，税务机关与企业在预约定价安排预备会谈、正式谈签、审核、分析等全过程中所获取或得到的所有信息资料，双方均负有保密义务。税务机关和企业每次会谈，均应对会谈内容进行书面记录，同时载明每次会谈时相互提供资料的份数和内容，并由双方主谈人员签字或盖章。

第十六，税务机关与企业不能达成预约定价安排的，税务机关在会谈、协商过程中所获取的有关企业的提议、推理、观念和判断等非事实性信息，不得用于以后对该预约定价安排涉及交易行为的税务调查。

第十七，在预约定价安排执行期间，如果税务机关与企业发生分歧，双方应进行协商。协商不能解决的，可报上一级税务机关协调；涉及双边或多边预约定价安排的，须层报国家税务总局协调。对上一级税务机关或国家税务总局的协调结果或决定，下一级税务机关应当予以执行。但企业仍不能接受的，应当终止安排的执行。

第十八，税务机关应在与企业正式签订单边预约定价安排或双边或多边预约定价安排执行协议书后10日内，以及预约定价安排执行中发生修订、终止等情况后20日内，将单边预约定价安排正式文本、双边或多边预约定价安排执行协议书以及安排变动情况的说明层报国家税务总局备案。

《国家税务总局关于完善预约定价安排管理有关事项的公告》（国家税务总局公告2016年第64号）规定，为进一步完善预约定价安排管理，执行我国政府对外签署的避免双重征税协定、协议或者安排（以下简称税收协定），根据《中华人民共和国企业所得税法》（以下简称企业所得税法）及其实施条例、《中华人民共和国税收征收管理法》（以下简称税收征管法）及其实施细则的有关规定，现就有关事项公告如下：

第一，企业可以与税务机关就其未来年度关联交易的定价原则和计算方法达成预约定价安排。

第二，预约定价安排的谈签与执行经过预备会谈、谈签意向、分析评估、正式申请、协商签署和监控执行6个阶段。预约定价安排包括单边、双边和多边3种类型。

第三，预约定价安排适用于主管税务机关向企业送达接收其谈签意向的《税务事项通知书》之日所属纳税年度起3至5个年度的关联交易。

企业以前年度的关联交易与预约定价安排适用年度相同或者类似的，经企业申请，税务机关可以将预约定价安排确定的定价原则和计算方法追溯适用于以前年度该关联交易的评估和调整。追溯期最长为 10 年。

预约定价安排的谈签不影响税务机关对企业不适用预约定价安排的年度及关联交易的特别纳税调查调整和监控管理。

第四，预约定价安排一般适用于主管税务机关向企业送达接收其谈签意向的《税务事项通知书》之日所属纳税年度前 3 个年度每年度发生的关联交易金额 4 000 万元人民币以上的企业。

第五，企业有谈签预约定价安排意向的，应当向税务机关书面提出预备会谈申请。税务机关可以与企业开展预备会谈。

（1）企业申请单边预约定价安排的，应当向主管税务机关书面提出预备会谈申请，提交《预约定价安排预备会谈申请书》。主管税务机关组织与企业开展预备会谈。

企业申请双边或者多边预约定价安排的，应当同时向国家税务总局和主管税务机关书面提出预备会谈申请，提交《预约定价安排预备会谈申请书》。国家税务总局统一组织与企业开展预备会谈。

（2）预备会谈期间，企业应当就以下内容作出简要说明：①预约定价安排的适用年度；②预约定价安排涉及的关联方及关联交易；③企业及其所属企业集团的组织结构和管理架构；④企业最近 3 至 5 个年度生产经营情况、同期资料等；⑤预约定价安排涉及各关联方功能和风险的说明，包括功能和风险划分所依据的机构、人员、费用、资产等；⑥市场情况的说明，包括行业发展趋势和竞争环境等；⑦是否存在成本节约、市场溢价等地域特殊优势；⑧预约定价安排是否追溯适用以前年度；⑨其他需要说明的情况。

企业申请双边或者多边预约定价安排的，说明内容还应当包括：①向税收协定缔约对方税务主管当局提出预约定价安排申请的情况；②预约定价安排涉及的关联方最近 3 至 5 个年度生产经营情况及关联交易情况；③是否涉及国际重复征税及其说明。

（3）预备会谈期间，企业应当按照税务机关的要求补充资料。

第六，税务机关和企业在预备会谈期间达成一致意见的，主管税务机关向企业送达同意其提交谈签意向的《税务事项通知书》。企业收到《税务事项通知书》后向税务机关提出谈签意向。

（1）企业申请单边预约定价安排的，应当向主管税务机关提交《预约定价安排谈签意向书》，并附送单边预约定价安排申请草案。

企业申请双边或者多边预约定价安排的，应当同时向国家税务总局和主管税务机关提交《预约定价安排谈签意向书》，并附送双边或者多边预约定价安排申请草案。

（3）单边预约定价安排申请草案应当包括以下内容：①预约定价安排的

适用年度；②预约定价安排涉及的关联方及关联交易；③企业及其所属企业集团的组织结构和管理架构；④企业最近 3 至 5 个年度生产经营情况、财务会计报告、审计报告、同期资料等；⑤预约定价安排涉及各关联方功能和风险的说明，包括功能和风险划分所依据的机构、人员、费用、资产等；⑥预约定价安排使用的定价原则和计算方法，以及支持这一定价原则和计算方法的功能风险分析、可比性分析和假设条件等；⑦价值链或者供应链分析，以及对成本节约、市场溢价等地域特殊优势的考虑；⑧市场情况的说明，包括行业发展趋势和竞争环境等；⑨预约定价安排适用期间的年度经营规模、经营效益预测以及经营规划等；⑩预约定价安排是否追溯适用以前年度；⑪对预约定价安排有影响的境内、外行业相关法律、法规；⑫企业关于不存在本条第（3）项所列举情形的说明；⑬其他需要说明的情况。

双边或者多边预约定价安排申请草案还应当包括：①向税收协定缔约对方税务主管当局提出预约定价安排申请的情况；②预约定价安排涉及的关联方最近 3 至 5 个年度生产经营情况及关联交易情况；③是否涉及国际重复征税及其说明。

（3）有下列情形之一的，税务机关可以拒绝企业提交谈签意向：①税务机关已经对企业实施特别纳税调整立案调查或者其他涉税案件调查，且尚未结案的；②未按照有关规定填报年度关联业务往来报告表；③未按照有关规定准备、保存和提供同期资料；④预备会谈阶段税务机关和企业无法达成一致意见。

第七，企业提交谈签意向后，税务机关应当分析预约定价安排申请草案内容，评估其是否符合独立交易原则。根据分析评估的具体情况可以要求企业补充提供有关资料。

税务机关可以从以下方面进行分析评估：

（1）功能和风险状况。分析评估企业与其关联方之间在供货、生产、运输、销售等各环节以及在研究、开发无形资产等方面各自作出的贡献、执行的功能以及在存货、信贷、外汇、市场等方面承担的风险。

（2）可比交易信息。分析评估企业提供的可比交易信息，对存在的实质性差异进行调整。

（3）关联交易数据。分析评估预约定价安排涉及的关联交易的收入、成本、费用和利润是否单独核算或者按照合理比例划分。

（4）定价原则和计算方法。分析评估企业在预约定价安排中采用的定价原则和计算方法。如申请追溯适用以前年度的，应当作出说明。

（5）价值链分析和贡献分析。评估企业对价值链或者供应链的分析是否完整、清晰，是否充分考虑成本节约、市场溢价等地域特殊优势，是否充分考虑本地企业对价值创造的贡献等。

（6）交易价格或者利润水平。根据上述分析评估结果，确定符合独立交易原则的价格或者利润水平。

（7）假设条件。分析评估影响行业利润水平和企业生产经营的因素及程度，合理确定预约定价安排适用的假设条件。

第八，分析评估阶段，税务机关可以与企业就预约定价安排申请草案进行讨论。税务机关可以进行功能和风险实地访谈。税务机关认为预约定价安排申请草案不符合独立交易原则的，企业应当与税务机关协商，并进行调整；税务机关认为预约定价安排申请草案符合独立交易原则的，主管税务机关向企业送达同意其提交正式申请的《税务事项通知书》，企业收到通知后，可以向税务机关提交《预约定价安排正式申请书》，并附送预约定价安排正式申请报告。

（1）企业申请单边预约定价安排的，应当向主管税务机关提交上述资料。企业申请双边或者多边预约定价安排的，应当同时向国家税务总局和主管税务机关提交上述资料，并按照有关规定提交启动特别纳税调整相互协商程序的申请。

（2）有下列情形之一的，税务机关可以拒绝企业提交正式申请：①预约定价安排申请草案拟采用的定价原则和计算方法不合理，且企业拒绝协商调整；②企业拒不提供有关资料或者提供的资料不符合税务机关要求，且不按时补正或者更正；③企业拒不配合税务机关进行功能和风险实地访谈；④其他不适合谈签预约定价安排的情况。

第九，税务机关应当在分析评估的基础上形成协商方案，并据此开展协商工作。

（1）主管税务机关与企业开展单边预约定价安排协商，协商达成一致的，拟定单边预约定价安排文本。

国家税务总局与税收协定缔约对方税务主管当局开展双边或者多边预约定价安排协商，协商达成一致的，拟定双边或者多边预约定价安排文本。

（2）预约定价安排文本可以包括以下内容：①企业及其关联方名称、地址等基本信息；②预约定价安排涉及的关联交易及适用年度；③预约定价安排选用的定价原则和计算方法，以及可比价格或者可比利润水平等；④与转让定价方法运用和计算基础相关的术语定义；⑤假设条件及假设条件变动通知义务；⑥企业年度报告义务；⑦预约定价安排的效力；⑧预约定价安排的续签；⑨预约定价安排的生效、修订和终止；⑩争议的解决；⑪文件资料等信息的保密义务；⑫单边预约定价安排的信息交换；⑬附则。

（3）主管税务机关与企业就单边预约定价安排文本达成一致后，双方的法定代表人或者法定代表人授权的代表签署单边预约定价安排。

国家税务总局与税收协定缔约对方税务主管当局就双边或者多边预约定价安排文本达成一致后，双方或者多方税务主管当局授权的代表签署双边或者多边预约定价安排。国家税务总局应当将预约定价安排转发主管税务机关。主管税务机关应当向企业送达《税务事项通知书》，附送预约定价安排，并做好执行工作。

（4）预约定价安排涉及适用年度或者追溯年度补（退）税款的，税务机关应当按照纳税年度计算应补征或者退还的税款，并向企业送达《预约定价安排补（退）税款通知书》。

第十，税务机关应当监控预约定价安排的执行情况。

（1）预约定价安排执行期间，企业应当完整保存与预约定价安排有关的文件和资料，包括账簿和有关记录等，不得丢失、销毁和转移。

企业应当在纳税年度终了后6个月内，向主管税务机关报送执行预约定价安排情况的纸质版和电子版年度报告，主管税务机关将电子版年度报告报送国家税务总局；涉及双边或者多边预约定价安排的，企业应当向主管税务机关报送执行预约定价安排情况的纸质版和电子版年度报告，同时将电子版年度报告报送国家税务总局。

年度报告应当说明报告期内企业经营情况以及执行预约定价安排的情况。需要修订、终止预约定价安排，或者有未决问题或者预计将要发生问题的，应当作出说明。

（2）预约定价安排执行期间，主管税务机关应当每年监控企业执行预约定价安排的情况。监控内容主要包括：企业是否遵守预约定价安排条款及要求；年度报告是否反映企业的实际经营情况；预约定价安排所描述的假设条件是否仍然有效等。

（3）预约定价安排执行期间，企业发生影响预约定价安排的实质性变化，应当在发生变化之日起30日内书面报告主管税务机关，详细说明该变化对执行预约定价安排的影响，并附送相关资料。由于非主观原因而无法按期报告的，可以延期报告，但延长期限不得超过30日。

税务机关应当在收到企业书面报告后，分析企业实质性变化情况，根据实质性变化对预约定价安排的影响程度，修订或者终止预约定价安排。签署的预约定价安排终止执行的，税务机关可以和企业按照本公告规定的程序和要求，重新谈签预约定价安排。

（4）国家税务局和地方税务局与企业共同签署的预约定价安排，在执行期间，企业应当分别向国家税务局和地方税务局报送年度报告和实质性变化报告。国家税务局和地方税务局应当对企业执行预约定价安排的情况，实施联合监控。

第十一，预约定价安排执行期满后自动失效。企业申请续签的，应当在预约定价安排执行期满之日前 90 日内向税务机关提出续签申请，报送《预约定价安排续签申请书》（附件6），并提供执行现行预约定价安排情况的报告，现行预约定价安排所述事实和经营环境是否发生实质性变化的说明材料以及续签预约定价安排年度的预测情况等相关资料。

第十二，预约定价安排采用四分位法确定价格或者利润水平，在预约定价安排执行期间，如果企业当年实际经营结果在四分位区间之外，税务机关可以将实际经营结果调整到四分位区间中位值。预约定价安排执行期满，企业各年度经营结果的加权平均值低于区间中位值，且未调整至中位值的，税务机关不再受理续签申请。

双边或者多边预约定价安排执行期间存在上述问题的，主管税务机关应当及时将有关情况层报国家税务总局。

第十三，预约定价安排执行期间，主管税务机关与企业发生分歧的，双方应当进行协商。协商不能解决的，可以报上一级税务机关协调；涉及双边或者多边预约定价安排的，必须层报国家税务总局协调。对上一级税务机关或者国家税务总局的决定，下一级税务机关应当予以执行。企业仍不能接受的，可以终止预约定价安排的执行。

第十四，在预约定价安排签署前，税务机关和企业均可暂停、终止预约定价安排程序。税务机关发现企业或者其关联方故意不提供与谈签预约定价安排有关的必要资料，或者提供虚假、不完整资料，或者存在其他不配合的情形，使预约定价安排难以达成一致的，可以暂停、终止预约定价安排程序。涉及双边或者多边预约定价安排的，经税收协定缔约各方税务主管当局协商，可以暂停、终止预约定价安排程序。税务机关暂停、终止预约定价安排程序的，应当向企业送达《税务事项通知书》，并说明原因；企业暂停、终止预约定价安排程序的，应当向税务机关提交书面说明。

第十五，没有按照规定的权限和程序签署预约定价安排，或者税务机关发现企业隐瞒事实的，应当认定预约定价安排自始无效，并向企业送达《税务事项通知书》，说明原因；发现企业拒不执行预约定价安排或者存在违反预约定价安排的其他情况，可以视情况进行处理，直至终止预约定价安排。

第十六，有下列情形之一的，税务机关可以优先受理企业提交的申请：

（1）企业关联申报和同期资料完备合理，披露充分。

（2）企业纳税信用级别为 A 级。

（3）税务机关曾经对企业实施特别纳税调查调整，并已经结案。

（4）签署的预约定价安排执行期满，企业申请续签，且预约定价安排所述事实和经营环境没有发生实质性变化。

（5）企业提交的申请材料齐备，对价值链或者供应链的分析完整、清晰，充分考虑成本节约、市场溢价等地域特殊因素，拟采用的定价原则和计算方法合理。

（6）企业积极配合税务机关开展预约定价安排谈签工作。

（7）申请双边或者多边预约定价安排的，所涉及的税收协定缔约对方税务主管当局有较强的谈签意愿，对预约定价安排的重视程度较高。

（8）其他有利于预约定价安排谈签的因素。

第十七，预约定价安排同时涉及两个或者两个以上省、自治区、直辖市和计划单列市税务机关的，或者同时涉及国家税务局和地方税务局的，由国家税务总局统一组织协调。

企业申请上述单边预约定价安排的，应当同时向国家税务总局及其指定的税务机关提出谈签预约定价安排的相关申请。国家税务总局可以与企业统一签署单边预约定价安排，或者指定税务机关与企业统一签署单边预约定价安排，也可以由各主管税务机关与企业分别签署单边预约定价安排。

第十八，单边预约定价安排涉及一个省、自治区、直辖市和计划单列市内两个或者两个以上主管税务机关，且仅涉及国家税务局或者地方税务局的，由省、自治区、直辖市和计划单列市相应税务机关统一组织协调。

第十九，税务机关与企业在预约定价安排谈签过程中取得的所有信息资料，双方均负有保密义务。除依法应当向有关部门提供信息的情况外，未经纳税人同意，税务机关不得以任何方式泄露预约定价安排相关信息。

税务机关与企业不能达成预约定价安排的，税务机关在协商过程中所取得的有关企业的提议、推理、观念和判断等非事实性信息，不得用于对该预约定价安排涉及关联交易的特别纳税调查调整。

第二十，除涉及国家安全的信息以外，国家税务总局可以按照对外缔结的国际公约、协定、协议等有关规定，与其他国家（地区）税务主管当局就2016年4月1日以后签署的单边预约定价安排文本实施信息交换。企业应当在签署单边预约定价安排时提供其最终控股公司、上一级直接控股公司及单边预约定价安排涉及的境外关联方所在国家（地区）的名单。

第二十一，本公告所称主管税务机关是指负责特别纳税调整事项的税务机关。

第二十二，本公告自2016年12月1日起施行。《特别纳税调整实施办法（试行）》（国税发〔2009〕2号文件印发）第六章同时废止。本公告施行前税务机关未接受正式申请的预约定价安排，适用本公告的规定。

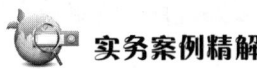 **实务案例精解**

例7-8 2016 年 5 月，北京市国家税务局第二直属分局与某建筑公司正式签署了单边预约定价安排。此案是该局首次利用单边预约定价解决企业集团内收取服务费问题的一次有益尝试。

该局在案件的谈签过程中对企业及其境内外项目公司进行功能访谈，深入了解企业的经营细节和功能风险情况，并与企业进行多次会谈，了解企业需求。最终该局通过谈签用单边预约定价手段确定了企业集团关联项目公司收取服务费的定价政策，解决了企业长期以来因无法确定合理交易价格而导致的服务费无法收取问题。

谈签仪式上，税企双方进行了积极友好的交流和互动，该局指出了此次预约定价安排的意义和影响，肯定了企业积极配合的态度。企业表示通过此次预约定价获得了税收确定性，可以集中精力开展经营活动，并将严格按此预约定价安排履行纳税义务。

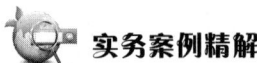 **实务案例精解**

例7-9 2016 年 8 月，湖南省首例单边预约定价安排由邵阳市国税局与在香港上市的某企业集团正式签署。根据预约定价安排，预计该集团在邵阳 3 户企业 2016—2018 年将实现企业所得税 4 937 万元，较签署前的 2013—2015 年增加 3 250 万元。

存在关联交易的企业，选择预约定价安排，可以避免双重征税，降低企业潜在的税收风险。此次单边预约定价安排于 2014 年 6 月启动，经预备会谈有效沟通后，由企业集团提出申请，再经过审核评估、多轮磋商等程序和环节，以及大量的调查研究，顺利进入预约定价安排签订阶段。

此次与邵阳市国税局签署单边预约定价的企业集团是全球三大鞋业制造商之一，被称为"亚洲鞋王"。2010 年以来，该集团大规模进入湖南发展，先后在邵阳、怀化、衡阳、娄底等地投资建厂，其中在邵阳投资规模最大。目前，集团在邵阳设有 6 家生产工厂及 1 家销售公司，拥有产业工人 16 000 余人，年产值逾 10 亿元。

企业集团有关负责人在签署仪式上表示，此次预约定价条款合理，明显增强了企业经营预期，让其切身感受到了税务机关及地方政府优化税务环境、打造引资洼地的强烈意愿和务实举措。自此次单边预约定价谈签工作启动以来，该集团在湘投资力度明显加大，并拟将邵阳打造成其在中国境内的鞋业研发和生产核心基地，

三、关联企业资料提供义务

 基本税收政策

企业向税务机关报送年度企业所得税纳税申报表时，应当就其与关联方之间的业务往来，附送年度关联业务往来报告表。

税务机关在进行关联业务调查时，企业及其关联方，以及与关联业务调查有关的其他企业，应当按照规定提供相关资料。

 **税收政策详解**

上述政策所称相关资料，包括：

（1）与关联业务往来有关的价格、费用的制定标准、计算方法和说明等同期资料。

（2）关联业务往来所涉及的财产、财产使用权、劳务等的再销售（转让）价格或者最终销售（转让）价格的相关资料。

（3）与关联业务调查有关的其他企业应当提供的与被调查企业可比的产品价格、定价方式以及利润水平等资料。

（4）其他与关联业务往来有关的资料。

上述政策所称与关联业务调查有关的其他企业，是指与被调查企业在生产经营内容和方式上相类似的企业。

企业应当在税务机关规定的期限内提供与关联业务往来有关的价格、费用的制定标准、计算方法和说明等资料。关联方以及与关联业务调查有关的其他企业应当在税务机关与其约定的期限内提供相关资料。

 实务应用指南

关联企业之间的转让定价由于是关联企业内部的交易行为，其隐蔽性比较强，税务机关难以掌握相关资料。另外，在进行关联企业的业务调查时，也需要关联企业以及相关企业提供大量相关资料，税务机关才能判断关联企业之间的业务往来是否符合独立交易原则。在关联企业业务调查中，资料的掌握程度直接决定了调查能否出结果以及结果的真实性，因此，在关联企业业务调查中资料的掌握情况非常重要。

友情提示

> 根据一般的举证责任规则，税务机关如果要对关联企业的转让定价进行调整必须举出证据表明关联企业的转让定价不符合独立交易原则，而税务机关的定价调整是符合独立交易原则的。由于税务机关无法掌握纳税人的第一手资料，因此，税务机关实际上无法承担该举证责任。为此，该条特意规定了关联企业以及相关企业的资料提供义务。

纳税人的资料提供义务分为两个方面：第一，企业向税务机关报送年度企业所得税纳税申报表时，应当就其与关联方之间的业务往来，附送年度关联业务往来报告表；第二，税务机关进行关联业务调查时，企业及其关联方，以及与关联业务调查有关的其他企业，应当按照规定提供相关资料。第一个方面的义务是在平时纳税申报中的报告义务，该资料可以确保税务机关知道纳税人进行了哪些转让定价行为，和谁进行了转让定价行为。第二个方面的义务确保税务机关在进行关联业务调查时，能够获得足够的资料判断纳税人的转让定价是否符合独立交易原则。

纳税人的资料提供义务是否是举证责任，或者说该条规定是否将本来应当由税务机关承担的举证责任转移到纳税人身上是学界和理论界感到比较疑惑的问题。从该条规定来看，纳税人的资料提供义务并不是举证责任，法律并没有规定纳税人有证明自己的交易行为符合独立交易原则的义务，同时，该举证责任仍然是由税务机关承担，纳税人只要按照税务机关的要求提供了相应的资料，纳税人的义务就算完成了，税务机关仍然要凭借这些材料完成其证明纳税人的转让定价行为是否符合独立交易原则的举证责任。当然，法律和税务机关都不能过分给纳税人施加义务，让其提供各种资料，与纳税人的交易行为无关的资料，纳税人有权拒绝提供。

举证责任，是指当事人对自己提出的主张，有责任提供证据加以证明。在行政行为中，行政机关应当对自己作出的行政决定负举证责任。行政机关不能举出证据，则其作出的行政行为就是违法的，应当予以撤销。

与关联业务调查有关的其他企业，是指与被调查企业在生产经营内容和方式上相类似的企业。企业应当在税务机关规定的期限内提供与关联业务往来有关的价格、费用的制定标准、计算方法和说明等资料。关联方以及与关联业务调查有关的其他企业应当在税务机关与其约定的期限内提供相关资料。条例在起草过程中曾经规定：①企业与关联业务往来有关的价格、费用的制定标准、计算方法和说明等同期资料，在税务机关要求时，应在 30 日内提供；

②关联方及与关联业务调查有关的其他企业提供的资料，应在经税务机关与其约定的期限内提供，这种约定是双方主体意思表示一致的产物，税务机关不能单方规定期限，当然，所涉及的企业也不能无理拖延。

《特别纳税调整实施办法（试行）》（国税发〔2009〕2号）规定：实行查账征收的居民企业和在中国境内设立机构、场所并据实申报缴纳企业所得税的非居民企业向税务机关报送年度企业所得税纳税申报表时，应附送《中华人民共和国企业年度关联业务往来报告表》，包括《关联关系表》《关联交易汇总表》《购销表》《劳务表》《无形资产表》《固定资产表》《融通资金表》《对外投资情况表》和《对外支付款项情况表》。

企业按规定期限报送上述规定的报告表确有困难，需要延期的，应按征管法及其实施细则的有关规定办理。

《特别纳税调整实施办法（试行）》（国税发〔2009〕2号）第三章规定：

第一，企业应根据《企业所得税法实施条例》第一百一十四条的规定，按纳税年度准备、保存、并按税务机关要求提供其关联交易的同期资料。

第二，同期资料主要包括以下内容：

（1）组织结构。①企业所属的企业集团相关组织结构及股权结构；②企业关联关系的年度变化情况；③与企业发生交易的关联方信息，包括关联企业的名称、法定代表人、董事和经理等高级管理人员构成情况、注册地址及实际经营地址，以及关联个人的名称、国籍、居住地、家庭成员构成等情况，并注明对企业关联交易定价具有直接影响的关联方；④各关联方适用的具有所得税性质的税种、税率及相应可享受的税收优惠。

（2）生产经营情况。①企业的业务概况，包括企业发展变化概况、所处的行业及发展概况、经营策略、产业政策、行业限制等影响企业和行业的主要经济和法律问题，集团产业链以及企业所处地位；②企业的主营业务构成，主营业务收入及其占收入总额的比重，主营业务利润及其占利润总额的比重；③企业所处的行业地位及相关市场竞争环境的分析；④企业内部组织结构，企业及其关联方在关联交易中执行的功能、承担的风险以及使用的资产等相关信息，并参照填写《企业功能风险分析表》；⑤企业集团合并财务报表，可视企业集团会计年度情况延期准备，但最迟不得超过关联交易发生年度的次年12月31日。

（3）关联交易情况。①关联交易类型、参与方、时间、金额、结算货币、交易条件等；②关联交易所采用的贸易方式、年度变化情况及其理由；③关联交易的业务流程，包括各个环节的信息流、物流和资金流，与非关联交易业务流程的异同；④关联交易所涉及的无形资产及其对定价的影响；⑤与关联交易相关的合同或协议副本及其履行情况的说明；⑥对影响关联交易定价的主要经济和法律因素的分析；⑦关联交易和非关联交易的收入、成本、费用和利润的划分情况，不能直接划分的，按照合理比例划分，说明确定该划分比例的理由，并参照填写《企业年度关联交易财务状况分析表》。

（4）可比性分析。①可比性分析所考虑的因素，包括交易资产或劳务特性、交易各方功能和风险、合同条款、经济环境、经营策略等；②可比企业执行的功能、承担的风险以及使用的资产等相关信息；③可比交易的说明，如：有形资产的物理特性、质量及其效用；融资业务的正常利率水平、金额、币种、期限、担保、融资人的资信、还款方式、计息方法等；劳务的性质与程度；无形资产的类型及交易形式，通过交易获得的使用无形资产的权利，使用无形资产获得的收益；④可比信息来源、选择条件及理由；⑤可比数据的差异调整及理由。

（5）转让定价方法的选择和使用。①转让定价方法的选用及理由，企业选择利润法时，须说明对企业集团整体利润或剩余利润水平所做的贡献；②可比信息如何支持所选用的转让定价方法；③确定可比非关联交易价格或利润的过程中所做的假设和判断；④运用合理的转让定价方法和可比性分析结果，确定可比非关联交易价格或利润，以及遵循独立交易原则的说明；⑤其他支持所选用转让定价方法的资料。

第三，属于下列情形之一的企业，可免于准备同期资料：

（1）年度发生的关联购销金额（来料加工业务按年度进出口报关价格计算）在2亿元人民币以下且其他关联交易金额（关联融通资金按利息收付金额计算）在4 000万元人民币以下，上述金额不包括企业在年度内执行成本分摊协议或预约定价安排所涉及的关联交易金额。

（2）关联交易属于执行预约定价安排所涉及的范围。

（3）外资股份低于50%且仅与境内关联方发生关联交易。

第四，除另有规定外，企业应在关联交易发生年度的次年5月31日之前准备完毕该年度同期资料，并自税务机关要求之日起20日内提供。企业因不可抗力无法按期提供同期资料的，应在不可抗力消除后20日内提供同期资料。

第五，企业按照税务机关要求提供的同期资料，须加盖公章，并由法定代表人或法定代表人授权的代表签字或盖章。同期资料涉及引用的信息资料，应标明出处来源。

第六，企业因合并、分立等原因变更或注销税务登记的，应由合并、分立后的企业保存同期资料。

第七，同期资料应使用中文。如原始资料为外文的，应附送中文副本。

第八，同期资料应自企业关联交易发生年度的次年6月1日起保存10年。

《特别纳税调整实施办法（试行）》（国税发〔2009〕2号）第五章规定：

第一，税务机关有权依据税收征管法及其实施细则有关税务检查的规定，确定调查企业，进行转让定价调查、调整。被调查企业必须据实报告其关联交易情况，并提供相关资料，不得拒绝或隐瞒。

第二，转让定价调查应重点选择以下企业：

（1）关联交易数额较大或类型较多的企业。

（2）长期亏损、微利或跳跃性盈利的企业。

（3）低于同行业利润水平的企业。

（4）利润水平与其所承担的功能风险明显不相匹配的企业。

（5）与避税港关联方发生业务往来的企业。

（6）未按规定进行关联申报或准备同期资料的企业。

（7）其他明显违背独立交易原则的企业。

第三，实际税负相同的境内关联方之间的交易，只要该交易没有直接或间接导致国家总体税收收入的减少，原则上不做转让定价调查、调整。

第四，税务机关应结合日常征管工作，开展案头审核，确定调查企业。案头审核应主要根据被调查企业历年报送的年度所得税申报资料及关联业务往来报告表等纳税资料，对企业的生产经营状况、关联交易等情况进行综合评估分析。企业可以在案头审核阶段向税务机关提供同期资料。

第五，税务机关对已确定的调查对象，应根据所得税法第六章、《企业所得税法实施条例》第六章、征管法第四章及征管法实施细则第六章的规定，实施现场调查。

（1）现场调查人员须2名以上。

（2）现场调查时调查人员应出示《税务检查证》，并送达《税务检查通知书》。

（3）现场调查可根据需要依照法定程序采取询问、调取账簿资料和实地核查等方式。

（4）询问当事人应有专人记录《询问（调查）笔录》，并告知当事人不如实提供情况应当承担的法律责任。《询问（调查）笔录》应交当事人核对确认。

（5）需调取账簿及有关资料的，应按照征管法实施细则第八十六条的规定，填制《调取账簿资料通知书》《调取账簿资料清单》，办理有关法定手续，调取的账簿、记账凭证等资料，应妥善保管，并按法定时限如数退还。

（6）实地核查过程中发现的问题和情况，由调查人员填写《询问（调查）笔录》。《询问（调查）笔录》应由2名以上调查人员签字，并根据需要由被调查企业核对确认，若被调查企业拒绝，可由2名以上调查人员签认备案。

（7）可以以记录、录音、录像、照相和复制的方式索取与案件有关的资料，但必须注明原件的保存方及出处，由原件保存或提供方核对签注"与原件核对无误"字样，并盖章或押印。

（8）需要证人作证的，应事先告知证人不如实提供情况应当承担的法律责任。证人的证言材料应由本人签字或押印。

第六，根据所得税法第四十三条第二款及《企业所得税法实施条例》第一百一十四条的规定，税务机关在实施转让定价调查时，有权要求企业及其关联方，以及与关联业务调查有关的其他企业（以下简称可比企业）提供相关资料，并送达《税务事项通知书》。

（1）企业应在《税务事项通知书》规定的期限内提供相关资料，因特殊情况不能按期提供的，应向税务机关提交书面延期申请，经批准，可以延期提供，但最长不得超过30日。税务机关应自收到企业延期申请之日起15日内函复，逾期未函复的，视同税务机关已同意企业的延期申请。

（2）企业的关联方以及可比企业应在与税务机关约定的期限内提供相关资料，约定期限一般不应超过60日。

企业、关联方及可比企业应按税务机关要求提供真实、完整的相关资料。

第七，税务机关应核实企业申报信息，并要求企业填制《企业可比性因素分析表》。税务机关在企业关联申报和提供资料的基础上，填制《企业关联关系认定表》《企业关联交易认定表》和《企业可比性因素分析认定表》，并由被调查企业核对确认。

第八，转让定价调查涉及向关联方和可比企业调查取证的，税务机关向企业送达《税务检查通知书》，进行调查取证。

第九，税务机关审核企业、关联方及可比企业提供的相关资料，可采用现场调查、发函协查和查阅公开信息等方式核实。需取得境外有关资料的，可按有关规定启动税收协定的情报交换程序，或通过我驻外机构调查收集有关信息。涉及境外关联方的相关资料，税务机关也可要求企业提供公证机构的证明。

第十，税务机关应选用规定的转让定价方法分析、评估企业关联交易是否符合独立交易原则，分析评估时可以使用公开信息资料，也可以使用非公开信息资料。

第十一，税务机关分析、评估企业关联交易时，因企业与可比企业营运资本占用不同而对营业利润产生的差异原则上不做调整。确需调整的，须层报国家税务总局批准。

第十二，按照关联方订单从事加工制造，不承担经营决策、产品研发、销售等功能的企业，不应承担由于决策失误、开工不足、产品滞销等原因带来的风险和损失，通常应保持一定的利润率水平。对出现亏损的企业，税务机关应在经济分析的基础上，选择适当的可比价格或可比企业，确定企业的利润水平。

第十三，企业与关联方之间收取价款与支付价款的交易相互抵消的，税务机关在可比性分析和纳税调整时，原则上应还原抵消交易。

第十四，税务机关采用四分位法分析、评估企业利润水平时，企业利润水平低于可比企业利润率区间中位值的，原则上应按照不低于中位值进行调整。

第十五，经调查，企业关联交易符合独立交易原则的，税务机关应做出转让定价调查结论，并向企业送达《特别纳税调查结论通知书》。

第十六，经调查，企业关联交易不符合独立交易原则而减少其应纳税收入或者所得额的，税务机关应按以下程序实施转让定价纳税调整：

（1）在测算、论证和可比性分析的基础上，拟定特别纳税调查初步调整方案。

（2）根据初步调整方案与企业协商谈判，税企双方均应指定主谈人，调查人员应做好《协商内容记录》，并由双方主谈人签字确认，若企业拒签，可由2名以上调查人员签认备案。

（3）企业对初步调整方案有异议的，应在税务机关规定的期限内进一步提供相关资料，税务机关收到资料后，应认真审核，并及时做出审议决定。

（4）根据审议决定，向企业送达《特别纳税调查初步调整通知书》，企业对初步调整意见有异议的，应自收到通知书之日起7日内书面提出，税务机关收到企业意见后，应再次协商审议；企业逾期未提出异议的，视为同意初步调整意见。

（5）确定最终调整方案，向企业送达《特别纳税调查调整通知书》。

第十七，企业收到《特别纳税调查调整通知书》后，应按规定期限缴纳税款及利息。

第十八，税务机关对企业实施转让定价纳税调整后，应自企业被调整的最后年度的下一年度起5年内实施跟踪管理。在跟踪管理期内，企业应在跟踪年度的次年6月20日之前向税务机关提供跟踪年度的同期资料，税务机关根据同期资料和纳税申报资料重点分析、评估以下内容：

（1）企业投资、经营状况及其变化情况。

（2）企业纳税申报额变化情况。

（3）企业经营成果变化情况。

（4）关联交易变化情况等。

第十九，税务机关在跟踪管理期内发现企业转让定价异常等情况，应及时与企业沟通，要求企业自行调整，或按照本章有关规定开展转让定价调查调整。

《国家税务总局关于加强转让定价跟踪管理有关问题的通知》(国税函〔2009〕188号)规定:

2008年1月1日以后结案的转让定价调整案件,税务机关应自企业被调整的最后年度的下一年度起5年内实施跟踪管理。

跟踪管理期内,涉及2008年度的转让定价调整,企业应在2009年12月31日之前向税务机关提供年度同期资料;涉及2009年及以后年度的转让定价调整,企业应在跟踪年度的次年6月20日之前向税务机关提供年度同期资料。税务机关应根据同期资料和纳税申报资料做好分析、评估工作。

各地税务机关应建立健全转让定价跟踪管理监控机制,对于在跟踪管理年度提出谈签预约定价安排申请的企业,在预约定价安排正式签署之前,税务机关应严格按照转让定价调整方案,对企业的关联交易实施跟踪管理,防止企业利润下滑保证税款及时足额入库。

《国家税务总局关于完善关联申报和同期资料管理有关事项的公告》(国家税务总局公告2016年第42号)规定:

企业应当依据《企业所得税法实施条例》第一百一十四条的规定,按纳税年度准备并按税务机关要求提供其关联交易的同期资料。同期资料包括主体文档、本地文档和特殊事项文档。

符合下列条件之一的企业,应当准备主体文档:

(1)年度发生跨境关联交易,且合并该企业财务报表的最终控股企业所属企业集团已准备主体文档。

(2)年度关联交易总额超过10亿元。

主体文档主要披露最终控股企业所属企业集团的全球业务整体情况,包括以下内容:

第一,组织架构。

以图表形式说明企业集团的全球组织架构、股权结构和所有成员实体的地理分布。成员实体是指企业集团内任一营运实体,包括公司制企业、合伙企业和常设机构等。

第二,企业集团业务。

(1)企业集团业务描述,包括利润的重要价值贡献因素。

(2)企业集团营业收入前五位以及占营业收入超过5%的产品或者劳务的供应链及其主要市场地域分布情况。供应链情况可以采用图表形式进行说明。

(3)企业集团除研发外的重要关联劳务及简要说明,说明内容包括主要劳务提供方提供劳务的胜任能力、分配劳务成本以及确定关联劳务价格的转让定价政策。

（4）企业集团内各成员实体主要价值贡献分析，包括执行的关键功能、承担的重大风险、以及使用的重要资产。

（5）企业集团会计年度内发生的业务重组，产业结构调整，集团内企业功能、风险或者资产的转移。

（6）企业集团会计年度内发生的企业法律形式改变、债务重组、股权收购、资产收购、合并、分立等。

第三，无形资产。

（1）企业集团开发、应用无形资产及确定无形资产所有权归属的整体战略，包括主要研发机构所在地和研发管理活动发生地及其主要功能、风险、资产和人员情况。

（2）企业集团对转让定价安排有显著影响的无形资产或者无形资产组合，以及对应的无形资产所有权人。

（3）企业集团内各成员实体与其关联方的无形资产重要协议清单，重要协议包括成本分摊协议、主要研发服务协议和许可协议等。

（4）企业集团内与研发活动及无形资产相关的转让定价政策。

（5）企业集团会计年度内重要无形资产所有权和使用权关联转让情况，包括转让涉及的企业、国家以及转让价格等。

第四，融资活动。

（1）企业集团内部各关联方之间的融资安排以及与非关联方的主要融资安排。

（2）企业集团内提供集中融资功能的成员实体情况，包括其注册地和实际管理机构所在地。

（3）企业集团内部各关联方之间融资安排的总体转让定价政策。

第五，财务与税务状况。

（1）企业集团最近一个会计年度的合并财务报表。

（2）企业集团内各成员实体签订的单边预约定价安排、双边预约定价安排以及涉及国家之间所得分配的其他税收裁定的清单及简要说明。

（3）报送国别报告的企业名称及其所在地。

年度关联交易金额符合下列条件之一的企业，应当准备本地文档：

（1）有形资产所有权转让金额（来料加工业务按照年度进出口报关价格计算）超过2亿元。

（2）金融资产转让金额超过1亿元。

（3）无形资产所有权转让金额超过1亿元。

（4）其他关联交易金额合计超过4 000万元。

本地文档主要披露企业关联交易的详细信息，包括以下内容：

第一大项：企业概况。

（1）组织结构，包括企业各职能部门的设置、职责范围和雇员数量等。

（2）管理架构，包括企业各级管理层的汇报对象以及汇报对象主要办公所在地等。

（3）业务描述，包括企业所属行业的发展概况、产业政策、行业限制等影响企业和行业的主要经济和法律问题，主要竞争者等。

（4）经营策略，包括企业各部门、各环节的业务流程，运营模式，价值贡献因素等。

（5）财务数据，包括企业不同类型业务及产品的收入、成本、费用及利润。

（6）涉及本企业或者对本企业产生影响的重组或者无形资产转让情况，以及对本企业的影响分析。

第二大项：关联关系。

（1）关联方信息，包括直接或者间接拥有企业股权的关联方，以及与企业发生交易的关联方，内容涵盖关联方名称、法定代表人、高级管理人员的构成情况、注册地址、实际经营地址，以及关联个人的姓名、国籍、居住地等情况。

（2）上述关联方适用的具有所得税性质的税种、税率及相应可享受的税收优惠。

（3）本会计年度内，企业关联关系的变化情况。

第三大项：关联交易。

第一子项：关联交易概况。

（1）关联交易描述和明细，包括关联交易相关合同或者协议副本及其执行情况的说明，交易标的的特性，关联交易的类型、参与方、时间、金额、结算货币、交易条件、贸易形式，以及关联交易与非关联交易业务的异同等。

（2）关联交易流程，包括关联交易的信息流、物流和资金流，与非关联交易业务流程的异同。

（3）功能风险描述，包括企业及其关联方在各类关联交易中执行的功能、承担的风险和使用的资产。

（4）交易定价影响要素，包括关联交易涉及的无形资产及其影响，成本节约、市场溢价等地域特殊因素。地域特殊因素应从劳动力成本、环境成本、市场规模、市场竞争程度、消费者购买力、商品或者劳务的可替代性、政府管制等方面进行分析。

（5）关联交易数据，包括各关联方、各类关联交易涉及的交易金额。分别披露关联交易和非关联交易的收入、成本、费用和利润，不能直接归集的，按照合理比例划分，并说明该划分比例的依据。

第二子项：价值链分析。

（1）企业集团内业务流、物流和资金流，包括商品、劳务或者其他交易标的从设计、开发、生产制造、营销、销售、交货、结算、消费、售后服务、循环利用等各环节及其参与方。

（2）上述各环节参与方最近会计年度的财务报表。

（3）地域特殊因素对企业创造价值贡献的计量及其归属。

（4）企业集团利润在全球价值链条中的分配原则和分配结果。

第三子项：对外投资。

（1）对外投资基本信息，包括对外投资项目的投资地区、金额、主营业务及战略规划。

（2）对外投资项目概况，包括对外投资项目的股权架构、组织结构，高级管理人员的雇佣方式，项目决策权限的归属。

（3）对外投资项目数据，包括对外投资项目的营运数据。

第四子项：关联股权转让。

（1）股权转让概况，包括转让背景、参与方、时间、价格、支付方式，以及影响股权转让的其他因素。

（2）股权转让标的的相关信息，包括股权转让标的所在地，出让方获取该股权的时间、方式和成本，股权转让收益等信息。

（3）尽职调查报告或者资产评估报告等与股权转让相关的其他信息。

第五子项：关联劳务。

（1）关联劳务概况，包括劳务提供方和接受方，劳务的具体内容、特性、开展方式、定价原则、支付形式，以及劳务发生后各方受益情况等。

（2）劳务成本费用的归集方法、项目、金额、分配标准、计算过程及结果等。

（3）企业及其所属企业集团与非关联方存在相同或者类似劳务交易的，还应当详细说明关联劳务与非关联劳务在定价原则和交易结果上的异同。

第六子项：与企业关联交易直接相关的，中国以外其他国家税务主管当局签订的预约定价安排和作出的其他税收裁定。

第四大项：可比性分析。

（1）可比性分析考虑的因素，包括交易资产或者劳务特性，交易各方功能、风险和资产，合同条款，经济环境，经营策略等。

（2）可比企业执行的功能、承担的风险以及使用的资产等相关信息。

（3）可比对象搜索方法、信息来源、选择条件及理由。

（4）所选取的内部或者外部可比非受控交易信息和可比企业的财务信息。

（5）可比数据的差异调整及理由。

第五大项：转让定价方法的选择和使用。

（1）被测试方的选择及理由。

（2）转让定价方法的选用及理由，无论选择何种转让定价方法，均须说明企业对集团整体利润或者剩余利润所做的贡献。

（3）确定可比非关联交易价格或者利润的过程中所做的假设和判断。

（4）运用合理的转让定价方法和可比性分析结果，确定可比非关联交易价格或者利润。

（5）其他支持所选用转让定价方法的资料。

（6）关联交易定价是否符合独立交易原则的分析及结论。

特殊事项文档包括成本分摊协议特殊事项文档和资本弱化特殊事项文档。企业签订或者执行成本分摊协议的，应当准备成本分摊协议特殊事项文档。企业关联债资比例超过标准比例需要说明符合独立交易原则的，应当准备资本弱化特殊事项文档。

成本分摊协议特殊事项文档包括以下内容：

（1）成本分摊协议副本。

（2）各参与方之间达成的为实施成本分摊协议的其他协议。

（3）非参与方使用协议成果的情况、支付的金额和形式，以及支付金额在参与方之间的分配方式。

（4）本年度成本分摊协议的参与方加入或者退出的情况，包括加入或者退出的参与方名称、所在国家和关联关系，加入支付或者退出补偿的金额及形式。

（5）成本分摊协议的变更或者终止情况，包括变更或者终止的原因、对已形成协议成果的处理或者分配。

（6）本年度按照成本分摊协议发生的成本总额及构成情况。

（7）本年度各参与方成本分摊的情况，包括成本支付的金额、形式和对象，作出或者接受补偿支付的金额、形式和对象。

（8）本年度协议预期收益与实际收益的比较以及由此作出的调整。

（9）预期收益的计算，包括计量参数的选取、计算方法和改变理由。

资本弱化特殊事项文档包括以下内容：

（1）企业偿债能力和举债能力分析。

（2）企业集团举债能力及融资结构情况分析。

（3）企业注册资本等权益投资的变动情况说明。

（4）关联债权投资的性质、目的及取得时的市场状况。

（5）关联债权投资的货币种类、金额、利率、期限及融资条件。

（6）非关联方是否能够并且愿意接受上述融资条件、融资金额及利率。

（7）企业为取得债权性投资而提供的抵押品情况及条件。

（8）担保人状况及担保条件。

（9）同类同期贷款的利率情况及融资条件。

（10）可转换公司债券的转换条件。

（11）其他能够证明符合独立交易原则的资料。

企业执行预约定价安排的，可以不准备预约定价安排涉及关联交易的本地文档和特殊事项文档，且关联交易金额不计入本公告规定的关联交易金额范围。企业仅与境内关联方发生关联交易的，可以不准备主体文档、本地文档和特殊事项文档。

主体文档应当在企业集团最终控股企业会计年度终了之日起12个月内准备完毕；本地文档和特殊事项文档应当在关联交易发生年度次年6月30日之前准备完毕。同期资料应当自税务机关要求之日起30日内提供。

企业因不可抗力无法按期提供同期资料的，应当在不可抗力消除后30日内提供同期资料。

同期资料应当使用中文，并标明引用信息资料的出处来源。

同期资料应当加盖企业印章，并由法定代表人或者法定代表人授权的代表签章。

企业合并、分立的，应当由合并、分立后的企业保存同期资料。

同期资料应当自税务机关要求的准备完毕之日起保存10年。

企业依照有关规定进行关联申报、提供同期资料及有关资料的，税务机关实施特别纳税调查补征税款时，可以依据《企业所得税法实施条例》第一百二十二条的规定，按照税款所属纳税年度中国人民银行公布的与补税期间同期的人民币贷款基准利率加收利息。

涉及港澳台地区的，参照本公告相关规定处理。

本公告适用于2016年及以后的会计年度。

《特别纳税调查调整及相互协商程序管理办法》（国家税务总局公告2017年第6号）规定：

税务机关实施特别纳税调查时，可以要求被调查企业及其关联方，或者与调查有关的其他企业提供相关资料：①要求被调查企业及其关联方，或者与调查有关的其他企业提供相关资料的，应当向该企业送达《税务事项通知书》，该企业在境外的，税务机关可以委托境内关联方或者与调查有关的境内企业向该企业送达《税务事项通知书》；②需要到被调查企业的关联方或者与调查有关的其他企业调查取证的,应当向该企业送达《税务检查通知书（二）》。

被调查企业及其关联方以及与调查有关的其他企业应当按照税务机关要求提供真实、完整的相关资料：

（1）提供由自身保管的书证原件。原本、正本和副本均属于书证的原件。提供原件确有困难的，可以提供与原件核对无误的复印件、照片、节录本等复制件。提供方应当在复制件上注明"与原件核对无误，原件存于我处"，并由提供方签章。

（2）提供由有关方保管的书证原件复制件、影印件或者抄录件的，提供方应当在复制件、影印件或者抄录件上注明"与原件核对无误"，并注明出处，由该有关方及提供方签章。

（3）提供外文书证或者外文视听资料的，应当附送中文译本。提供方应当对中文译本的准确性和完整性负责。

（4）提供境外相关资料的，应当说明来源。税务机关对境外资料真实性和完整性有疑义的，可以要求企业提供公证机构的证明。

税务机关实施特别纳税调查时，应当按照法定权限和程序进行，可以采用实地调查、检查纸质或者电子数据资料、调取账簿、询问、查询存款账户或者储蓄存款、发函协查、国际税收信息交换、异地协查等方式，收集能够证明案件事实的证据材料。收集证据材料过程中，可以记录、录音、录像、照相和复制，录音、录像、照相前应当告知被取证方。记录内容应当由两名以上调查人员签字，并经被取证方核实签章确认。被取证方拒绝签章的，税务机关调查人员（两名以上）应当注明。

以电子数据证明案件事实的，税务机关可以采取以下方式进行取证：

（1）要求提供方将电子数据打印成纸质资料，在纸质资料上注明数据出处、打印场所，并注明"与电子数据核对无误"，由提供方签章。

（2）采用有形载体形式固定电子数据，由调查人员与提供方指定人员一起将电子数据复制到只读存储介质上并封存。在封存包装物上注明电子数据名称、数据来源、制作方法、制作时间、制作人、文件格式及大小等，并注明"与原始载体记载的电子数据核对无误"，由提供方签章。

税务机关需要将以前年度的账簿、会计凭证、财务会计报告和其他有关资料调回检查的，应当按照税收征管法及其实施细则有关规定，向被调查企业送达《调取账簿资料通知书》，填写《调取账簿资料清单》交其核对后签章确认。调回资料应当妥善保管，并在法定时限内完整退还。

税务机关需要将以前年度的账簿、会计凭证、财务会计报告和其他有关资料调回检查的，应当按照税收征管法及其实施细则有关规定，向被调查企业送达《调取账簿资料通知书》，填写《调取账簿资料清单》交其核对后签章确认。调回资料应当妥善保管，并在法定时限内完整退还。

需要被调查当事人、证人陈述或者提供证言的，应当事先告知其不如实陈述或者提供虚假证言应当承担的法律责任。被调查当事人、证人可以采取书面或者口头方式陈述或者提供证言，以口头方式陈述或者提供证言的，调查人员可以笔录、录音、录像。笔录应当使用能够长期保持字迹的书写工具书写，也可使用计算机记录并打印，陈述或者证言应当由被调查当事人、证人逐页签章。陈述或者证言中应当写明被调查当事人、证人的姓名、工作单位、联系方式等基本信息，注明出具日期，并附居民身份证复印件等身份证明材料。被调查当事人、证人口头提出变更陈述或者证言的，调查人员应当就变更部分重新制作笔录，注明原因，由被调查当事人、证人逐页签章。被调查当事人、证人变更书面陈述或者证言的，不退回原件。

税务机关应当结合被调查企业年度关联业务往来报告表和相关资料，对其与关联方的关联关系以及关联交易金额进行确认，填制《关联关系认定表》和《关联交易认定表》，并由被调查企业确认签章。被调查企业拒绝确认的，税务机关调查人员（两名以上）应当注明。

被调查企业不提供特别纳税调查相关资料，或者提供虚假、不完整资料的，由税务机关责令限期改正，逾期仍未改正的，税务机关按照税收征管法及其实施细则有关规定进行处理，并依法核定其应纳税所得额。

实务案例精解

例 7-10　A 公司和 B 公司是关联方，2016 年度，A 公司和 B 公司进行了多项业务往来，税务机关在进行关联业务调查时，要求 A 公司和 B 公司在 30 天内提供与关联业务往来有关的价格、费用的制定标准、计算方法和说明等同期资料。C 公司与 A 公司和 B 公司没有任何关系，但与被调查企业 A 公司和 B 公司在经营内容和方式上相类似，税务机关为调查便利，要求 C 公司在 30 天内提供与关联业务往来有关的价格、费用的制定标准、计算方法和说明等同期资料。A 公司、B 公司和 C 公司都没有按期提供相关资料，税务机关决定对上述三家公司进行处罚，请判断税务机关的决定是否正确？

解答：由于 A 公司和 B 公司是关联方，而且 2016 年度，A 公司和 B 公司进行了多项业务往来，税务机关有权利对其进行关联业务调查。税务机关有权要求 A 公司和 B 公司在规定期限内提供与关联业务往来有关的价格、费用的制定标准、计算方法和说明等同期资料。A 公司和 B 公司没有在该期限内提供上述资料，税务机关可以根据相关规定责令限期改正，逾期不改正的可以进行处罚。由于 C 公司是与关联业务调查有关的其他企业，对其不能强制规定提供资料的期限，税务机关应当与其约定提供资料的期限。本案中，税务机关没有与 C 公司协商就单方面规定 30 天的期限是违法的，C 公司没有在该期限提供上述资料并不违法，因此，税务机关不能对 C 公司进行处罚。

实务案例精解

例 7-11 2015 年 12 月，宁波市国税局对宁波市外资企业 A 公司的反避税调查案件最终顺利结案，补征企业所得税 4 209 万元，加收利息 829 万元，合计 5 038 万元。该案也成为宁波市迄今为止单户补税金额最大的一起反避税案件。

A 公司是一家主营电子产品生产的中日合资企业，注册资本 4 306.59 万美元。2013 年 7 月，宁波市国税局税务人员在 A 企业同期资料审核中，发现该企业销售规模逐年扩大，特别是自 2009 年下半年新项目投产后，年销售规模从 2.7 亿元跃升至 10 亿元，且呈稳步增长态势。但与之形成鲜明对比的是，企业的获利能力表现较差，从成立至今，经营业绩长期维持在微利状态，不符合企业经营实际情况。另一方面，从关联交易比例看，2009—2013 年，该公司的关联交易占全部销售收入的比例高达 99.72%，存在避税操作空间。

针对上述疑点问题，宁波市国税局运用关联交易同期资料规范化审核分析手册，从形式和实体两方面加强对 A 公司同期资料合规性审核。在此基础上，税务人员有重点地将其与征管资料、财务数据和第三方信息等进行比对，分析 A 公司有无形成重大转让定价风险，并综合评估企业是否存在税基侵蚀、利润转移的情况。

经过前期询问、数据搜集、可比性因素分析和功能风险分析，税务人员对 A 公司 2009—2013 年利润水平进行了核实。结合全市税收征管数据库、OSIRIS 数据库、上市公司信息披露和行业分析报告等内外部信息比对，该企业关联交易转让定价的避税疑点渐渐浮出水面。

税务人员发现，该企业境外关联交易的加权平均完全成本营业利润率仅为 1.76%，明显低于宁波市电子元器件行业平均成本加成利润率 5.89%。宁波市国税局基本确定该企业整体业绩偏低与关联交易存在直接因果关系，因此建议对 A 公司进行反避税立案调查。同年 10 月，国家税务总局批准同意对该企业 2009—2013 年关联交易情况正式实施转让定价立案调查。

立案调查决定下达后，宁波市国税局迅速成立由市局国际税务管理处、A 公司主管税务机关——镇海区国税局业务骨干组成的专案小组，启动转让定价调查程序。

调查过程并非一帆风顺。尽管专案组在调查前多次研讨学习，对 A 公司所处电子设备制造行业进行了充分的了解，但由于调查产品项目属于新型产品，且市场上该产品分类繁多，不同分类分别适用于不同下游产品，在信息不对称的情况下要详尽了解产品情况并非易事。

面对这一不小的困难，调查人员并未退缩。他们数次深入企业，在企业的无尘车间产品组装流水线，就产品特性、原料供应、客户议价能力等关键信息进行了实地核实。不仅如此，专案组对企业各部门进行了翔实的功能风险调查询问，对企业整体业务模式及关联交易情况作了全面把握。

经调查，专案组初步认定 A 公司不承担对核心技术的研发功能，也不承担市场推广、销售及分销功能及其相应风险，仅承担印刷裁剪、封装、测试等单一生产制造任务。同时，专案组通过查阅账册、合同和订单等方式仔细查找蛛丝马迹，获取了大量一手资料，认定 A 公司涉及关联交易金额高达 46.4 亿元。

案情已然明晰，税企双方进入了谈判磋商阶段。专案组调查人员充分利用企业汇算清缴数据、BVD 数据库和互联网信息等内外部数据，反复甄选可比数据，制定了多套调整方案，并先后与 A 公司外方高管及其委托的税务代理进行了 7 次正式谈判。

谈判中，税企双方就亏损原因、功能风险定位和转让定价合理性等核心问题进行了反复的沟通和磋商。其中，仅针对 A 公司低利润水平的归因问题双方就进行了相互举证和论述。企业谈判团队从产品的客户群、应用市场、质量控制难度和所需原材料成本等角度出发，引入产品生命周期理论，试图论证低利润主要归因于市场及产品等客观因素；而专案组调查人员早已做足准备，从其执行迅速扩张的公司战略角度，论证其产品良好的市场竞争力，并以同期行业发展状况侧面验证其产品处于成长期并持有可观利润，逐个击退 A 公司对自身价值回报率不足的解释，打破其试图规避关联交易转让定价对企业经营利润有重大影响的意图。

在大量确凿无误的证据面前，税企双方终就公司选择标准、可比数据选用年份、可比公司功能风险财务指标设定和费用分摊口径等关键问题达成一致，并于 2015 年 10 月获国家税务总局审批结案。A 公司同意按宁波市国税局的调查结果进行调整，即分纳税年度以企业的完全成本为基础，采用交易净利润法对该公司进行转让定价调整，补缴企业所得税 4 209 万元，并按规定加收利息 829 万元。

回顾本案历程，从目标锁定、调查取证、功能风险分析，到调整方案确定和转让定价事实的核查，整个过程都经过了全面信息搜集和数据分析。尤其是税务机关牢牢抓住了转让定价同期资料审核这一核心环节，从形式和实质两方面对企业提供的同期资料进行了合规性审核，并以此为基础有重点地将其与财务报表、征管资料和公开信息等进行比对分析，综合评估企业是否存在转移利润、侵蚀税基的涉税风险。

四、税务机关的核定权

 基本税收政策

企业不提供与其关联方之间业务往来资料，或者提供虚假、不完整资料，未能真实反映其关联业务往来情况的，税务机关有权依法核定其应纳税所得额。

 **税收政策详解**

税务机关依照《企业所得税法》第四十四条的规定核定企业的应纳税所得额时，可以采用下列方法：

（1）参照同类或者类似企业的利润率水平核定。

（2）按照企业成本加合理的费用和利润的方法核定。

（3）按照关联企业集团整体利润的合理比例核定。

（4）按照其他合理方法核定。

企业对税务机关按照上述规定的方法核定的应纳税所得额有异议的，应当提供相关证据，经税务机关认定后，调整核定的应纳税所得额。

 实务应用指南

关联企业的业务往来中，缺乏相关资料，税务机关就无法判断其交易行为是否符合独立交易原则，也没有办法对其交易按照独立交易原则进行调整。如果这种情况是由于纳税人不提供相关资料，或者提供虚假、不完整资料所导致的，税务机关就享有核定纳税人的应纳税所得额的权力。试想，如果税务机关没有这种权力，还会有多少企业配合税务机关提供相关资料？税务机关没有资料可以判断其交易是否符合独立交易原则，也就拿企业没有办法了，因此，必须赋予税务机关核定的权力。

税务机关核定应纳税所得额也应当尽量符合独立交易原则，并遵循一定的程序和步骤，不得任意核定应纳税所得额。当然，在税务机关核定以后，纳税人如果又提出了新的资料或者又愿意提供相关资料，此时，税务机关能否按照纳税人提供的材料来进行判断和征税就是一个非常现实的问题，该条没有给出明确的答案。从一般原理来推论，可以认为税务机关可以使用这些材料来判断和征税。因为税法设置税务机关核定权的前提是纳税人不提供相关资料，或者提供的资料不完整、虚假等，以至于无法发现事实真相。现在既然纳税人已经提供了相关资料，税务机关就应当采用这些资料进行判断和征税。如果法律所规定的税务机关的核定权能够促使大部分纳税人及时向税务机关提供相关资料，也就达到该条规定的立法目的了。

 友情提示

　　核定征收，是指由税务机关参照一定的标准，通过对纳税人的应纳税所得额进行核定来计算征收应纳税款的征收方法。核定征收包括定额征收和核定应税所得率征收两种办法。定额征收是指税务机关按照一定的标准、程序和方法，直接核定纳税人年度应纳企业所得税额，由纳税人按规定进行申报缴纳的办法。核定应税所得率征收是指税务机关按照一定的标准、程序和方法，预先核定纳税人的应税所得率，由纳税人根据纳税年度内的收入总额或成本费用等项目的实际发生额，按预先核定的应税所得率计算缴纳企业所得税的办法。

　　《税收征收管理法》第35条规定："纳税人有下列情形之一的，税务机关有权核定其应纳税额：（一）依照法律、行政法规的规定可以不设置账簿的；（二）依照法律、行政法规的规定应当设置但未设置账簿的；（三）擅自销毁账簿或者拒不提供纳税资料的；（四）虽设置账簿，但账目混乱或者成本资料、收入凭证、费用凭证残缺不全，难以查账的；（五）发生纳税义务，未按照规定的期限办理纳税申报，经税务机关责令限期申报，逾期仍不申报的；（六）纳税人申报的计税依据明显偏低，又无正当理由的。税务机关核定应纳税额的具体程序和方法由国务院税务主管部门规定。"

　　《特别纳税调整实施办法（试行）》（国税发〔2009〕2号）规定：

　　关联交易一方被实施转让定价调查调整的，应允许另一方做相应调整，以消除双重征税。相应调整涉及税收协定国家（地区）关联方的，经企业申请，国家税务总局与税收协定缔约对方税务主管当局根据税收协定有关相互协商程序的规定开展磋商谈判。

　　涉及税收协定国家（地区）关联方的转让定价相应调整，企业应同时向国家税务总局和主管税务机关提出书面申请，报送《启动相互协商程序申请书》，并提供企业或其关联方被转让定价调整的通知书复印件等有关资料。

　　企业应自企业或其关联方收到转让定价调整通知书之日起三年内提出相应调整的申请，超过三年的，税务机关不予受理。

　　税务机关对企业实施转让定价调整，涉及企业向境外关联方支付利息、租金、特许权使用费等已扣缴的税款，不再做相应调整。

国家税务总局按照本办法第六章规定接受企业谈签双边或多边预约定价安排申请的，应与税收协定缔约对方税务主管当局根据税收协定相互协商程序的有关规定开展磋商谈判。

相应调整或相互磋商的结果，由国家税务总局以书面形式经主管税务机关送达企业。

《特别纳税调查调整及相互协商程序管理办法》（国家税务总局公告2017年第6号）规定，经调查，税务机关发现企业存在特别纳税调整问题的，应当按照以下程序实施调整：

（1）在测算、论证、可比性分析的基础上，拟定特别纳税调查调整方案。

（2）根据拟定调整方案与企业协商谈判，双方均应当指定主谈人，调查人员应当做好《协商内容记录》，并由双方主谈人签字确认。企业拒签的，税务机关调查人员（两名以上）应当注明。企业拒绝协商谈判的，税务机关向企业送达《特别纳税调查初步调整通知书》。

（3）协商谈判过程中，企业对拟定调整方案有异议的，应当在税务机关规定的期限内进一步提供相关资料。税务机关收到资料后，应当认真审议，并作出审议结论。根据审议结论，需要进行特别纳税调整的，税务机关应当形成初步调整方案，向企业送达《特别纳税调查初步调整通知书》。

（4）企业收到《特别纳税调查初步调整通知书》后有异议的，应当自收到通知书之日起7日内书面提出。税务机关收到企业意见后，应当再次协商、审议。根据审议结论，需要进行特别纳税调整，并形成最终调整方案的，税务机关应当向企业送达《特别纳税调查调整通知书》。

（5）企业收到《特别纳税调查初步调整通知书》后，在规定期限内未提出异议的，或者提出异议后又拒绝协商的，或者虽提出异议但经税务机关审议后不予采纳的，税务机关应当以初步调整方案作为最终调整方案，向企业送达《特别纳税调查调整通知书》。

企业收到《特别纳税调查调整通知书》后有异议的，可以在依照《特别纳税调查调整通知书》缴纳或者解缴税款、利息、滞纳金或者提供相应的担保后，依法申请行政复议。企业收到国家税务局送达的《特别纳税调查调整通知书》后有异议的，向其上一级国家税务局申请行政复议；企业收到地方税务局送达的《特别纳税调查调整通知书》后有异议的，可以选择向其上一级地方税务局或者本级人民政府申请行政复议。对行政复议决定不服的，可以依法向人民法院提起行政诉讼。

税务机关对企业实施特别纳税调整，涉及企业向境外关联方支付利息、租金、特许权使用费的，除另有规定外，不调整已扣缴的税款。

企业可以在《特别纳税调查调整通知书》送达前自行缴纳税款。企业自行缴纳税款的，应当填报《特别纳税调整自行缴纳税款表》。

税务机关对企业实施特别纳税调整的，应当根据企业所得税法及其实施条例的有关规定对 2008 年 1 月 1 日以后发生交易补征的企业所得税按日加收利息。特别纳税调查调整补缴的税款，应当按照应补缴税款所属年度的先后顺序确定补缴税款的所属年度，以入库日为截止日，分别计算应加收的利息额：

（1）企业在《特别纳税调查调整通知书》送达前缴纳或者送达后补缴税款的，应当自税款所属纳税年度的次年 6 月 1 日起至缴纳或者补缴税款之日止计算加收利息。企业超过《特别纳税调查调整通知书》补缴税款期限仍未缴纳税款的，应当自补缴税款期限届满次日起按照税收征管法及其实施细则的有关规定加收滞纳金，在加收滞纳金期间不再加收利息。

（2）利息率按照税款所属纳税年度 12 月 31 日公布的与补税期间同期的中国人民银行人民币贷款基准利率（以下简称基准利率）加 5 个百分点计算，并按照一年 365 天折算日利息率。

（3）企业按照有关规定提供同期资料及有关资料的，或者按照有关规定不需要准备同期资料但根据税务机关要求提供其他相关资料的，可以只按照基准利率加收利息。

经税务机关调查，企业实际关联交易额达到准备同期资料标准，但未按照规定向税务机关提供同期资料的，税务机关补征税款加收利息，适用本条第二款第二项规定。

企业自行调整补税且主动提供同期资料等有关资料，或者按照有关规定不需要准备同期资料但根据税务机关要求提供其他相关资料的，其 2008 年 1月 1 日以后发生交易的自行调整补税按照基准利率加收利息。

被调查企业在税务机关实施特别纳税调查调整期间申请变更经营地址或者注销税务登记的，税务机关在调查结案前原则上不予办理税务变更、注销手续。

根据我国对外签署的税收协定的有关规定，国家税务总局可以依据企业申请或者税收协定缔约对方税务主管当局请求启动相互协商程序，与税收协定缔约对方税务主管当局开展协商谈判，避免或者消除由特别纳税调整事项引起的国际重复征税。相互协商内容包括：①双边或者多边预约定价安排的谈签；②税收协定缔约一方实施特别纳税调查调整引起另一方相应调整的协商谈判。

企业申请启动相互协商程序的，应当在税收协定规定期限内，向国家税务总局书面提交《启动特别纳税调整相互协商程序申请表》和特别纳税调整事项的有关说明。企业当面报送上述资料的，以报送日期为申请日期；邮寄报送的，以国家税务总局收到上述资料的日期为申请日期。国家税务总局收到企业提交的上述资料后，认为符合税收协定有关规定的，可以启动相互协商程序；认为资料不全的，可以要求企业补充提供资料。

税收协定缔约对方税务主管当局请求启动相互协商程序的，国家税务总局收到正式来函后，认为符合税收协定有关规定的，可以启动相互协商程序。国家税务总局认为税收协定缔约对方税务主管当局提供的资料不完整、事实不清晰的，可以要求对方补充提供资料，或者通过主管税务机关要求涉及的境内企业协助核实。

国家税务总局决定启动相互协商程序的，应当书面通知省税务机关，并告知税收协定缔约对方税务主管当局。负责特别纳税调整事项的主管税务机关应当在收到书面通知后 15 个工作日内，向企业送达启动相互协商程序的《税务事项通知书》。

在相互协商过程中，税务机关可以要求企业进一步补充提供资料，企业应当在规定的时限内提交。

有下列情形之一的，国家税务总局可以拒绝企业申请或者税收协定缔约对方税务主管当局启动相互协商程序的请求：

（1）企业或者其关联方不属于税收协定任一缔约方的税收居民。

（2）申请或者请求不属于特别纳税调整事项。

（3）申请或者请求明显缺乏事实或者法律依据。

（4）申请不符合税收协定有关规定。

（5）特别纳税调整案件尚未结案或者虽然已经结案但是企业尚未缴纳应纳税款。

有下列情形之一的，国家税务总局可以暂停相互协商程序：

（1）企业申请暂停相互协商程序。

（2）税收协定缔约对方税务主管当局请求暂停相互协商程序。

（3）申请必须以另一被调查企业的调查调整结果为依据，而另一被调查企业尚未结束调查调整程序。

（4）其他导致相互协商程序暂停的情形。

有下列情形之一的，国家税务总局可以终止相互协商程序：

（1）企业或者其关联方不提供与案件有关的必要资料，或者提供虚假、不完整资料，或者存在其他不配合的情形。

（2）企业申请撤回或者终止相互协商程序。

（3）税收协定缔约对方税务主管当局撤回或者终止相互协商程序。

（4）其他导致相互协商程序终止的情形。

国家税务总局决定暂停或者终止相互协商程序的，应当书面通知省税务机关。负责特别纳税调整事项的主管税务机关应当在收到书面通知后 15 个工作日内，向企业送达暂停或者终止相互协商程序的《税务事项通知书》。

国家税务总局与税收协定缔约对方税务主管当局签署相互协商协议后，应当书面通知省税务机关，附送相互协商协议。负责特别纳税调整事项的主管税务机关应当在收到书面通知后 15 个工作日内，向企业送达《税务事项通知书》，附送相互协商协议。需要补（退）税的，应当附送《特别纳税调整相互协商协议补（退）税款通知书》或者《预约定价安排补（退）税款通知书》，并监控执行补（退）税款情况。应纳税收入或者所得额以外币计算的，应当按照相互协商协议送达企业之日上月最后一日人民币汇率中间价折合成人民币，计算应补缴或者应退还的税款。补缴税款应当加收利息的，按照《企业所得税法实施条例》第一百二十二条规定的人民币贷款基准利率执行。

各级税务机关应当对税收协定缔约对方税务主管当局、企业或者其扣缴义务人、代理人等在相互协商中提供的有关资料保密。

企业或者其扣缴义务人、代理人等在相互协商中弄虚作假，或者有其他违法行为的，税务机关应当按照税收征管法及其实施细则的有关规定处理。

企业按照本办法规定向国家税务总局提起相互协商申请的，提交的资料应当同时采用中文和英文文本，企业向税收协定缔约双方税务主管当局提交资料内容应当保持一致。

涉及税收协定条款解释或者执行的相互协商程序，按照《国家税务总局关于发布〈税收协定相互协商程序实施办法〉的公告》（国家税务总局公告 2013 年第 56 号）的有关规定执行。

本办法施行前已受理但尚未达成一致的相互协商案件，适用本办法的规定。

本办法自 2017 年 5 月 1 日起施行。《特别纳税调整实施办法（试行）》（国税发〔2009〕2 号文件印发）第四章、第五章、第十一章和第十二章、《国家税务总局关于加强转让定价跟踪管理有关问题的通知》（国税函〔2009〕188 号）、《国家税务总局关于强化跨境关联交易监控和调查的通知》（国税函〔2009〕363 号）、《国家税务总局关于特别纳税调整监控管理有关问题的公告》（国家税务总局公告 2014 年第 54 号）、《国家税务总局关于企业向境外关联方支付费用有关企业所得税问题的公告》（国家税务总局公告 2015 年第 16 号）同时废止。

 **实务案例精解**

例 7-12　A 公司和 B 公司是关联方，其中，A 公司是中国居民企业，B 公司是非居民企业。2016 年度，A 公司和 B 公司进行了多项业务往来，A 公

司按照税法规定计算的应纳税所得额为 1 000 万元。税务机关认为 A 公司和 B 公司的相关业务并不符合独立交易原则，但 A 公司拒绝提供与 B 公司业务往来的相关资料，因此，参照当地同类行业或者类似行业中经营规模和收入水平相近的纳税人的税负水平核定了 A 公司的应纳税所得额为 2 000 万元。A 公司可以举出相关材料证明其应纳税所得额不可能达到 2 000 万元，顶多为 1 500 万元。请回答税务机关是否有权进行核定？ A 公司能否推翻该核定？

解答： A 公司和 B 公司是关联方，应当按照独立交易原则从事相关业务，如果没有遵守独立交易原则，税务机关有权进行调查，在调查过程中，A 公司有义务提供与其关联方之间业务往来的相关资料。由于 A 公司拒绝提供该资料，税务机关有权依法核定其应纳税所得额。税务机关可以参照同类或者类似企业的利润率水平核定 A 公司的应纳税所得额。但是对于此项核定，A 公司也有可能予以推翻。由于 A 公司可以举出相关证据证明其应纳税所得额不可能达到 2 000 万元，A 公司可以对税务机关的核定提出异议，税务机关认定后，调整核定的应纳税所得额。可以将 A 公司的应纳税所得额核定为 1 500 万元。

 **实务案例精解**

例 7–13 2016 年 11 月，广西来宾市国税局在对外支付备案资料复核以及特许权使用费、利息所得非居民税收专项检查中发现，某企业以支付技术劳务费名义支付特许权使用费，造成少缴非居民企业所得税。通过四次约谈纳税人，并进行税法宣传后，企业通过自查补报，补缴非居民企业所得税 304.69 万元、增值税 33.63 万元，合计 338.32 万元。

该局国际税务管理科工作人员在对全市 2014 年对外支付备案资料进行例行复核过程中发现，某中外合资经营企业（A 公司）技术服务费突增，对外支付频繁且金额较大。其中一份合同引起了工作人员的关注。该合同是 A 公司与其法国某关联集团企业（B 公司）在合营之初签订的技术协助协议，约定 B 公司向 A 公司提供技术协助、知识、系统、方法、工艺和经验，包括信息技术，以及境外关联公司建立和管理生产业务，尤其是在产品生产加工方面的具体专有技术等，并按营业额的 3% 提取技术服务费。合同中特别提到，技术的专利以及技术改进后的专利属于 B 公司所有，即使是在 A 公司的要求以及其他关联公司的配合下完成的技术改进。同时，合同还规定了大量的保密条款。

工作人员在深入研究合同后意识到该合同名义上是技术协作协议，实质上具有特许权的性质，属于特许权使用费。对外支付特许权使用费与支付技术服务费在税收上有什么区别？按税法规定，支付特许权使用费一般按 10% 的税率代扣代缴企业所得税，而支付技术服务费，一般采用核定应纳税所得额再乘以 25% 的税率的方式计算扣缴税额。在本例中，支付技术服务费应代扣代缴 7.5% 的企业所得税，与 10% 相差 2.5 个百分点。随后，该局以税法宣传和税源调查的名义与 A 公司相关人员进行约谈，并向 A 公司了解该合同的具体执行情况。约谈中了解到 A 公司没有相关研发机构，在技术上依赖于法国集团总部，但境外关联 B 公司很少派员到境内提供劳务。这让工作人员更加肯定该合同实质是专有技术许可使用，属于特许权使用费的范畴。于是，该局向 A 公司进行宣传解释，但境外关联公司却提出异议，并委托税务代理人进行协商谈判。

谈判前，该局国际税务管理科工作人员认真梳理了税法以及协定待遇中有关特许权使用费的相关规定。在协谈中，该局和企业税务顾问进行了交流，并提出有力的证据和依据，耐心向纳税人和税务代理人宣传和解释有关税收协定方面的规定。经过近两个小时的协商谈判，该税务顾问最终认同合同性质为特许权使用费，但又提出法方派人员常驻企业进行指导服务，并构成常设机构，申请享受中法税收协定的营业利润条款。为此，该局要求企业在规定时间内提供相关证明资料进行佐证，如构成常设机构的，要求企业对常设机构的营业利润进行划分，如企业不能准确划分的，将由税务机关进行核定。最终，企业无法提供相关证据资料证明构成常设机构，依我国税法规定补缴了税款。

五、受控外国公司税制

 基本税收政策

由居民企业，或者由居民企业和中国居民控制的设立在实际税负明显低于《企业所得税法》第四条第一款规定税率水平的国家（地区）的企业，并非由于合理的经营需要而对利润不作分配或者减少分配的，上述利润中应归属于该居民企业的部分，应当计入该居民企业的当期收入。

 **税收政策详解**

上述制度所称中国居民，是指根据《中华人民共和国个人所得税法》的

规定，就其从中国境内、境外取得的所得在中国缴纳个人所得税的个人。

上述制度所称控制，包括：

（1）居民企业或者中国居民直接或者间接单一持有外国企业 10% 以上有表决权股份，且由其共同持有该外国企业 50% 以上股份。

（2）居民企业，或者居民企业和中国居民持股比例没有达到第（1）项规定的标准，但在股份、资金、经营、购销等方面对该外国企业构成实质控制。

上述制度所称实际税负明显低于《企业所得税法》第四条第一款规定税率水平，是指低于《企业所得税法》第四条第一款规定税率的 50%。

 实务应用指南

受控外国公司制度是 1962 年美国率先制定的，《美国税法典》规定，凡是受控外国公司利润，不论是否以股息分配形式汇回美国母公司，都应计入美国母公司的应纳税所得中征税，不准延期纳税。接着，德国于 1972 年、新西兰于 1976 年、日本于 1978 年、加拿大和法国于 1980 年、英国于 1984 年、澳大利亚于 1990 年、西班牙于 1994 年相继建立起针对避税港的受控外国公司制度。

关于避税港的认定，西方各国大多采用限定税率的方法，即凡是受控外国公司被课征低于一定百分比税收的国家、地区便被视为避税港。如日本规定为 25%、英国规定为 24.5%、法国规定为 22%、西班牙规定为 26.5%、德国规定为 25%。我国制定的实施条例应当考虑规定一个标准，如 15%，以此作为判断避税港的标准之一。

关于中国居民个人的认定，根据《个人所得税法》第一条的规定，在中国境内有住所，或者无住所而在境内居住满一年的个人，从中国境内和境外取得的所得，依照本法规定缴纳个人所得税。根据《个人所得税法实施条例》（1994 年 1 月 28 日中华人民共和国国务院令第 142 号发布，2005 年 12 月 19 日修订）第二条、第三条的规定，在中国境内有住所的个人，是指因户籍、家庭、经济利益关系而在中国境内习惯性居住的个人。在境内居住满一年，是指在一个纳税年度中在中国境内居住 365 日。临时离境的，不扣减日数。临时离境，是指在一个纳税年度中一次不超过 30 日或者多次累计不超过 90 日的离境。

明显低于《企业所得税法》所规定的 25% 税率水平的税率是低于该税率水平 50% 的税率，也就是低于 12.5% 的税率。这里所谓的税率指的是实际税率，而非名义税率。名义税率就是税法所规定的税率，实际税率是企业实际承担的税率。一般情况下，名义税率和实际税率基本上是一致的。但如果企业所享受的税收优惠政策比较多，实际税率往往低于名义税率，如果企业很多支出项目不能扣除或者不能完全扣除，实际税率往往高于名义税率。

《企业所得税法实施条例》在起草中曾规定，《企业所得税法》第四十五条所称并非由于合理的经营需要是指，构成《企业所得税法实施条例》所规定的控制关系的外国（地区）企业，不从事实质性经营活动，而以减少或规避中国税收为主要目的。企业满足以下条件之一的，不属于《企业所得税法》第四十五条规定的范围：

（1）构成《企业所得税法实施条例》所规定的控制关系的外国（地区）企业，在纳税年度终了后 18 个月内向中国居民企业分配了应归属于其利润的 80% 或以上的部分。

（2）构成《企业所得税法实施条例》所规定的控制关系的外国（地区）企业为上市公司，其股票在证券交易所公开交易且不少于一定比例的股票为公众持有。

（3）构成《企业所得税法实施条例》所规定的控制关系的外国（地区）企业，应归属于中国居民企业和中国居民股东的年度利润不高于 100 万元人民币。

上述规定虽然没有进入《企业所得税法实施条例》的定稿，但在财政部和国家税务总局出台的更具体的规定中将会参考上述规定。

关于《企业所得税法》第四十五条的立法背景还需要强调一点，就是受控外国公司制度与鼓励民族企业发展的关系。受控外国公司制度显然有利于防止本国企业在国外进行规避本国税收的行为，但是这种规避行为却是促进企业海外投资以及扩大企业全球竞争力的重要手段，我国也一直在鼓励企业"走出去"，因此，在我国企业在国际上的声音还比较小的情况下，制定受控外国公司制度防止本国企业在国际上进行规避本国税收的行为无异于对本国企业的海外投资进行打击和制约。特别是在其他国家的企业都在大量利用受控外国公司来规避本国税收的情况下，如果严格执行这一制度将对本国企业的海外投资造成一定程度的影响。但是我们也应该看到：首先，企业的发展壮大最根本的是靠企业自身的创新能力和经营战略，试图通过规避本国税收来扩大经营规模毕竟不是长远之计，因此，从长远来看，受控外国公司制度不会对我国企业的国际发展造成较大影响。其次，很多国家，当然主要是发达国家，已经采取了受控外国公司制度，因为当一个国家变成资本净输出国时，其本国资本的海外收益是非常巨大的，如果这些收益都不汇回本国，而本国也不能对其征税的话，就严重影响了本国税收利益。我国虽然不是资本净输出国，但已经有大量资本输出，将来可能逐渐变成资本输出的大国甚至净资本输出国，为了"防患于未然"，我国在《企业所得税法》中增加受控外国公司制度也是有道理的。另外，从我国目前的税收征管手段来看，我国还没有能力真正贯彻实施受控外国公司制度，因此，在较长一段时间内，该制度只能是一把不会轻易使用的"尚方宝剑"，也就是说，不会影响企业的海外投资。

《特别纳税调整实施办法（试行）》（国税发〔2009〕2号）规定：

受控外国企业管理是指税务机关按照所得税法第四十五条的规定，对受控外国企业不作利润分配或减少分配进行审核评估和调查，并对归属于中国居民企业所得进行调整等工作的总称。

受控外国企业是指根据所得税法第四十五条的规定，由居民企业，或者由居民企业和居民个人（以下统称中国居民股东，包括中国居民企业股东和中国居民个人股东）控制的设立在实际税负低于所得税法第四条第一款规定税率水平50%的国家（地区），并非出于合理经营需要对利润不作分配或减少分配的外国企业。

上述控制，是指在股份、资金、经营、购销等方面构成实质控制。其中，股份控制是指由中国居民股东在纳税年度任何一天单层直接或多层间接单一持有外国企业10%以上有表决权股份，且共同持有该外国企业50%以上股份。中国居民股东多层间接持有股份按各层持股比例相乘计算，中间层持有股份超过50%的，按100%计算。

中国居民企业股东应在年度企业所得税纳税申报时提供对外投资信息，附送《对外投资情况表》。

税务机关应汇总、审核中国居民企业股东申报的对外投资信息，向受控外国企业的中国居民企业股东送达《受控外国企业中国居民股东确认通知书》。中国居民企业股东符合所得税法第四十五条征税条件的，按照有关规定征税。

计入中国居民企业股东当期的视同受控外国企业股息分配的所得，应按以下公式计算：

$$\text{中国居民企业股东当期所得} = \text{视同股息分配额} \times \text{实际持股天数} \div \text{受控外国企业纳税年度天数} \times \text{股东持股比例}$$

中国居民股东多层间接持有股份的，股东持股比例按各层持股比例相乘计算。

受控外国企业与中国居民企业股东纳税年度存在差异的，应将视同股息分配所得计入受控外国企业纳税年度终止日所属的中国居民企业股东的纳税年度。

计入中国居民企业股东当期所得已在境外缴纳的企业所得税税款，可按照所得税法或税收协定的有关规定抵免。

受控外国企业实际分配的利润已根据所得税法第四十五条规定征税的，不再计入中国居民企业股东的当期所得。

中国居民企业股东能够提供资料证明其控制的外国企业满足以下条件之一的，可免于将外国企业不作分配或减少分配的利润视同股息分配额，计入中国居民企业股东的当期所得：

（1）设立在国家税务总局指定的非低税率国家（地区）。

（2）主要取得积极经营活动所得。

（3）年度利润总额低于 500 万元人民币。

《国家税务总局关于简化判定中国居民股东控制外国企业所在国实际税负的通知》（国税函〔2009〕37 号）规定：中国居民企业或居民个人能够提供资料证明其控制的外国企业设立在美国、英国、法国、德国、日本、意大利、加拿大、澳大利亚、印度、南非、新西兰和挪威的，可免于将该外国企业不作分配或者减少分配的利润视同股息分配额，计入中国居民企业的当期所得。

《国家税务总局关于居民企业报告境外投资和所得信息有关问题的公告》（国家税务总局公告 2014 年第 38 号）规定：

第一，居民企业成立或参股外国企业，或者处置已持有的外国企业股份或有表决权股份，符合以下情形之一，且按照中国会计制度可确认的，应当在办理企业所得税预缴申报时向主管税务机关填报《居民企业参股外国企业信息报告表》：

（1）在本公告施行之日，居民企业直接或间接持有外国企业股份或有表决权股份达到 10%（含）以上。

（2）在本公告施行之日后，居民企业在被投资外国企业中直接或间接持有的股份或有表决权股份自不足 10% 的状态改变为达到或超过 10% 的状态。

（3）在本公告施行之日后，居民企业在被投资外国企业中直接或间接持有的股份或有表决权股份自达到或超过 10% 的状态改变为不足 10% 的状态。

第二，居民企业在办理企业所得税年度申报时，还应附报以下与境外所得相关的资料信息：

（1）有适用《企业所得税法》四十五条情形或者需要适用《特别纳税调整实施办法（试行）》（国税发〔2009〕2 号文件印发）第八十四条规定的居民企业填报《受控外国企业信息报告表》。

（2）纳入《企业所得税法》第二十四条规定抵免范围的外国企业或符合《企业所得税法》第四十五条规定的受控外国企业按照中国会计制度编报的年

度独立财务报表。

第三,在税务检查(包括纳税评估、税务审计及特别纳税调整调查等)时,主管税务机关可以要求居民企业限期报告与其境外所得相关的必要信息。

第四,居民企业能够提供合理理由,证明确实不能按照本办法规定期限报告境外投资和所得信息的,可以依法向主管税务机关提出延期要求。限制提供相关信息的境外法律规定、商业合同或协议,不构成合理理由。

第五,主管税务机关应当为纳税人报告境外投资和所得信息提供便利,及时受理纳税人报告的各类信息,并依法保密。

第六,居民企业未按照本办法规定报告境外投资和所得信息,经主管税务机关责令限期改正,逾期仍不改正的,主管税务机关可根据《税收征收管理法》及其实施细则以及其他有关法律、法规的规定,按已有信息合理认定相关事实,并据以计算或调整应纳税款。

第七,非居民企业在境内设立机构、场所,取得发生在境外但与其所设机构、场所有实际联系的所得的,参照本公告规定报告相关信息。

第八,本公告自 2014 年 9 月 1 日起施行。在施行之日以前发生,但与施行之日以后应报告信息相关或者属于施行之日以后纳税年度的应报告信息,仍适用本公告规定。《国家税务总局关于印发〈中华人民共和国企业年度关联业务往来报告表〉的通知》(国税发〔2008〕114 号)所附《对外投资情况表》同时废止。

 **实务案例精解**

例7-14 史密斯是美国公民,在中国境内没有住所,2015 年 3 月 15 日来中国设立一家外商投资企业 A 公司。2016 年 3 月 15 日,史密斯、A 公司和 B 公司联合在避税港设立 C 公司,史密斯持有 C 公司 40% 的股份,A 公司持有 C 公司 12% 的股份,B 公司是依照美国法律在美国注册成立的企业,其实际管理机构在美国,B 公司持有 C 公司 48% 的股份。史密斯 2016 年 11 月 15 日离开中国回美国,2017 年 2 月 1 日再次来中国。税务机关准备依照《企业所得税法》第四十五条的规定对史密斯和 A 公司进行调查,请判断斯密斯是否构成满足《企业所得税法》第四十五条所规定的主体标准?

解答: 根据《企业所得税法》第四十五条的规定,该条所涉及的主体是居民企业和中国居民。A 公司是居民企业,没有问题,关键问题是判断史密斯是否属于中国居民。判断一个自然人是否是中国居民的标准是《个人所得税法》的相关规定。根据《个人所得税法》以及《个人所得税法实施条例》的规定,一个自然人成为中国税法居民的条件有两个,一是在中国境内有住所，二是在中国境内居住满一年。史密斯在中国境内没有住所。在 2016 年度，斯密斯于 11 月 15 日离开中国回美国，并没有在中国居住满一年，因此，不构成中国税法居民。因此，史密斯并不满足《企业所得税法》第四十五条所规定的主体标准。不能对其进行《企业所得税法》第四十五条所规定的调查。

 实务案例精解

例 7-15　A 公司和 B 公司都是依照中国法律在中国注册成立的企业，C 公司是依照美国法律注册成立的企业，该公司的实际管理机构在美国，A 公司、B 公司与 C 公司联合在避税港设立了 D 公司，其中，A 公司持有 D 公司 9% 的股份，B 公司持有 D 公司 42% 的股份，C 公司持有 D 公司 49% 的股份。请判断 A 公司和 B 公司是否控制了 D 公司？

解答：由于 A 公司和 B 公司都是依照中国法律在中国注册成立的企业，因此，A 公司和 B 公司都是中国居民企业，由于 C 公司是依照美国法律注册成立的企业，该公司的实际管理机构在美国，因此，C 公司是中国的非居民企业。A 公司和 B 公司联合持股达到了 50% 以上，A 公司直接持股达到了 10% 以上，但 B 公司直接持股并没有达到 10% 以上。因此，不能根据《企业所得税法实施条例》第一百一十七条第（一）项的规定判定 A 公司和 B 公司控制了 D 公司。但是如果 A 公司和 B 公司联合行动，完全可以控制 D 公司，因此，如果有证据表明 A 公司和 B 公司采取了联合行动，就可以根据《企业所得税法实施条例》第一百一十七条第（二）项的规定判定 A 公司和 B 公司控制了 D 公司。

 实务案例精解

例 7-16　A 公司和 B 公司都是中国居民企业，该两个公司在某国家设立了 C 公司。该国家税法所规定的企业所得税税率为 20%。2016 年度，C 公司在该国享受了减半征收企业所得税的优惠政策。请判断该国家是否属于《企业所得税法》第四十五条所称实际税负明显低于《企业所得税法》第四条第一款规定税率水平的国家？

解答：实际税负明显低于《企业所得税法》第四条第一款规定税率水平的国家是实际税率低于 12.5% 的国家。虽然本案中的该国家的名义税率为 20%，但由于 C 公司在该国享受了减半征收企业所得税的优惠政策，因此，C 公司的实际税率为 10%，低于 12.5%。因此，该国家属于实际税负明显低于《企业所得税法》第四条第一款规定税率水平的国家。

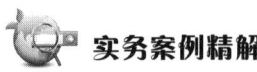 **实务案例精解**

例 7-17　2015 年 5 月 5 日，北京市国税局公布了有关山东省税务机关对一家香港公司（下称 B 公司）应归属于其中国内地母公司（下称 A 公司）的利润进行特别纳税调整的案例。

A 公司是一家于 1999 年在山东省某工业园注册成立的中国居民企业，主营业务为化工产品（不含危险品）销售。B 公司为 A 公司在香港设立的全资子公司，主要从事国际贸易、信息咨询、投资业务；B 公司的董事会成员均为 A 公司委派。B 公司在香港设立了全资子公司 C 公司，主要从事股权投资。C 公司拥有中国境内三家外商投资企业 D 公司、E 公司、F 公司各 90% 的股份。2011 年，B 公司与荷兰某公司签订了股权转让协议，将其持有的 C 公司 100% 的股权转让给该荷兰公司。扣除相关股权成本，B 公司取得约 3 亿元的转让。

为享受《企业所得税法》第二十六条有关"符合条件的居民企业之间的股息、红利等权益性投资收益"免征所得税的待遇，B 公司于 2012 年向主管税务机关提出非境内注册居民企业身份申请，但上报国家税务总局后未被批准。同时，B 公司一直未对 A 公司做任何利润分配。B 公司的居民身份申请使得税务机关对 A 集团公司的股权结构等涉税信息有了初步的掌握。在此基础上，税务机关对 B 公司是否及时向母公司 A 分配利润问题进行了深入的调查。最终，税务机关认定 B 公司完全符合受控外国企业特别纳税调整事项管理的条件，对归属 A 公司的 3 亿元利润进行了特别纳税调整。这也是我国公开披露的首个对"走出去"企业实施的受控外国公司。

六、资本弱化税制

 基本税收政策

企业从其关联方接受的债权性投资与权益性投资的比例超过规定标准而发生的利息支出，不得在计算应纳税所得额时扣除。

 **税收政策详解**

上述制度所称债权性投资，是指企业直接或者间接从关联方获得的，需要偿还本金和支付利息或者需要以其他具有支付利息性质的方式予以补偿的

融资。

企业间接从关联方获得的债权性投资，包括：

（1）关联方通过无关联第三方提供的债权性投资。

（2）无关联第三方提供的、由关联方担保且负有连带责任的债权性投资。

（3）其他间接从关联方获得的具有负债实质的债权性投资。

上述制度所称权益性投资，是指企业接受的不需要偿还本金和支付利息，投资人对企业净资产拥有所有权的投资。

上述制度所称标准，由国务院财政、税务主管部门另行规定。

 实务应用指南

资本弱化，是指关联公司为了达到少纳税或者不纳税的目的，采用贷款方式替代募股方式进行的投资或者融资。发达国家一般采用固定比率法或正常交易法对付资本弱化。

企业对外投资的方式主要有两种，一是进行权益性投资，二是进行债权性投资。前者就是以股东的身份进行投资，获得的回报是股息，后者以债权人的身份进行投资，获得的回报是利息。对于被投资企业而言，企业支付股息必须在缴纳企业所得税以后才能进行，也就是说，股息是不能税前扣除的。但是企业支付利息可以进行税前扣除，也就是说可以在计算应纳税所得额时作为成本或者费用予以扣除。对于被投资企业而言,其所获得的资金是相同的，对于投资者而言，相同的资金如果要获得股息回报，由于经过了纳税的环节，其数额相对而言要少一些。因此，很多企业的股东在增加对该企业的投资时，往往选择采取贷款的方式，即进行债权性投资，这样，无论对于投资企业还是被投资企业都是有好处的，因为在整个资金的运作过程中没有承担税款。股东大量采取贷款的方式向被投资企业投资，股东在被投资企业中的债权与股权比例就会越来越高，相对而言，股权的比例越来越小，由于股权代表的是企业的资本，因此，这种现象被称为资本弱化。资本弱化是股东在投资时减轻税收负担的常用手段之一。

上述制度所称标准，由国务院财政、税务主管部门另行规定。《企业所得税法实施条例》在起草中曾经规定，《企业所得税法》第四十六条所称规定标准是指：

（1）银行、保险等金融企业，包括关联方债权性投资在内的全部负息债务不得超过权益性投资的 20 倍。

（2）其他行业，包括关联方债权性投资在内的全部负息债务不得超过权益性投资的 3 倍。

企业全部负息债务超过上述规定标准的，其关联方的债权性投资，在全部负息债务超过规定标准数额内的部分所发生的利息，不得在计算应纳税所得额时扣除，且不得向以后年度结转。超过上述规定标准但企业能够提供相关资料，并证明其关联方债权性投资的融资条件符合独立交易原则的，不受此限。上述标准可供纳税人在实务操作中参考。

《财政部 国家税务总局关于企业关联方利息支出税前扣除标准有关税收政策问题的通知》（财税〔2008〕121号）规定：

第一，在计算应纳税所得额时，企业实际支付给关联方的利息支出，不超过以下规定比例和税法及其实施条例有关规定计算的部分，准予扣除，超过的部分不得在发生当期和以后年度扣除。

企业实际支付给关联方的利息支出，除符合本通知第二条规定外，其接受关联方债权性投资与其权益性投资比例为：

（1）金融企业，为5：1。

（2）其他企业，为2：1。

第二，企业如果能够按照税法及其实施条例的有关规定提供相关资料，并证明相关交易活动符合独立交易原则的；或者该企业的实际税负不高于境内关联方的，其实际支付给境内关联方的利息支出，在计算应纳税所得额时准予扣除。

第三，企业同时从事金融业务和非金融业务，其实际支付给关联方的利息支出，应按照合理方法分开计算；没有按照合理方法分开计算的，一律按本通知第一条有关其他企业的比例计算准予税前扣除的利息支出。

第四，企业自关联方取得的不符合规定的利息收入应按照有关规定缴纳企业所得税。

《特别纳税调整实施办法（试行）》（国税发〔2009〕2号）规定：

资本弱化管理是指税务机关按照所得税法第四十六条的规定，对企业接受关联方债权性投资与企业接受的权益性投资的比例是否符合规定比例或独立交易原则进行审核评估和调查调整等工作的总称。

所得税法第四十六条所称不得在计算应纳税所得额时扣除的利息支出应按以下公式计算：

$$\text{不得扣除利息支出} = \text{年度实际支付的全部关联方利息} \times \left(1 - \frac{\text{标准比例}}{\text{关联债资比例}}\right)$$

其中：

标准比例是指《财政部 国家税务总局关于企业关联方利息支出税前扣除标准有关税收政策问题的通知》（财税〔2008〕121号）规定的比例。

关联债资比例是指根据所得税法第四十六条及《企业所得税法实施条例》

第一百一十九的规定，企业从其全部关联方接受的债权性投资（以下简称关联债权投资）占企业接受的权益性投资（以下简称权益投资）的比例，关联债权投资包括关联方以各种形式提供担保的债权性投资。

关联债资比例的具体计算方法如下：

$$关联债资比例 = \frac{年度各月平均关联债权投资之和}{年度各月平均权益投资之和}$$

其中：

各月平均关联债权投资 ＝（关联债权投资月初账面余额＋月末账面余额）/2

各月平均权益投资 ＝（权益投资月初账面余额＋月末账面余额）/2

权益投资为企业资产负债表所列示的所有者权益金额。如果所有者权益小于实收资本（股本）与资本公积之和，则权益投资为实收资本（股本）与资本公积之和；如果实收资本（股本）与资本公积之和小于实收资本（股本）金额，则权益投资为实收资本（股本）金额。

所得税法第四十六条所称的利息支出包括直接或间接关联债权投资实际支付的利息、担保费、抵押费和其他具有利息性质的费用。

所得税法第四十六条规定不得在计算应纳税所得额时扣除的利息支出，不得结转到以后纳税年度；应按照实际支付给各关联方利息占关联方利息总额的比例，在各关联方之间进行分配，其中，分配给实际税负高于企业的境内关联方的利息准予扣除；直接或间接实际支付给境外关联方的利息应视同分配的股息，按照股息和利息分别适用的所得税税率差补征企业所得税，如已扣缴的所得税税款多于按股息计算应征所得税税款，多出的部分不予退税。

企业关联债资比例超过标准比例的利息支出，如要在计算应纳税所得额时扣除，除遵照本办法第三章规定外，还应准备、保存、并按税务机关要求提供以下同期资料，证明关联债权投资金额、利率、期限、融资条件以及债资比例等均符合独立交易原则：

（1）企业偿债能力和举债能力分析。

（2）企业集团举债能力及融资结构情况分析。

（3）企业注册资本等权益投资的变动情况说明。

（4）关联债权投资的性质、目的及取得时的市场状况。

（5）关联债权投资的货币种类、金额、利率、期限及融资条件。

（6）企业提供的抵押品情况及条件。

（7）担保人状况及担保条件。

（8）同类同期贷款的利率情况及融资条件。

（9）可转换公司债券的转换条件。

（10）其他能够证明符合独立交易原则的资料。

企业未按规定准备、保存和提供同期资料证明关联债权投资金额、利率、期限、融资条件以及债资比例等符合独立交易原则的，其超过标准比例的关联方利息支出，不得在计算应纳税所得额时扣除。

本章所称"实际支付利息"是指企业按照权责发生制原则计入相关成本、费用的利息。

企业实际支付关联方利息存在转让定价问题的，税务机关应首先按照本办法第五章的有关规定实施转让定价调查调整。

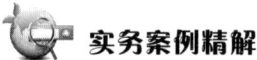 **实务案例精解**

例 7-18 A 公司和 B 公司是关联方，C 公司与 A 公司、B 公司没有关联关系。2017 年 1 月，A 公司向 C 公司借款 100 万元，由 B 公司提供担保，担保方式为一般担保。请判断该笔贷款是否可以认定为 A 公司从关联方获得的债权性投资？

解答： 由于 A 公司和 C 公司之间没有关联关系，因此，A 公司没有从关联方直接获得债权性投资。由于 B 公司提供了担保，但这种担保是一般担保，B 公司并不需要承担连带责任。该笔贷款不能认定为 A 公司从关联方获得的债权性投资。

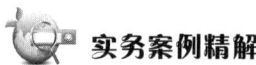 **实务案例精解**

例 7-19 历时 5 个多月，陕西省国税局顺利完成一例反避税协商谈判，谈判结果得到包括企业及其授权代表的充分认可。据悉，这也是国内首例资本弱化避税案件的调查协商谈判工作取得成功。

陕西省国税局副局长薛建英介绍，我国资本弱化现象普遍存在，但是国内对资本弱化的反避税调查还处于空白。2011 年初，陕西省国税局国际税收管理处在对关联企业台账进行综合分析时，发现一家日本在陕投资公司属于负债企业，却存在大量来自关联方的借款费用。初步案头分析之后可以确认，该公司可能存在通过人为操作，将企业利润以借款费用等形式转移至境外母公司的行为。陕西省国税局对此案进行进一步分析，最终确定了该公司及其境外关联公司存在购销转让定价、预收账款、资本弱化和股权转让等多个避税行为。陕西省国税局随即展开了调查取证和协商谈判工作。

税务协商谈判是反避税工作的一个非常重要的环节。在协商谈判过程中，陕西省国税局保持与税务总局的密切联系，实时汇报谈判进展，在总局的支持和指导下开展工作。2011 年 6 月 ~10 月，在多轮会谈中，该局周密准备，始终坚持管理与服务并重，在坚决维护国家税收权益同时，充分维护企业合法权益，全面落实国内税收优惠政策，先后就转让定价方法、可比企业选择、关联关系判定、关联交易认定、债务性投资认定等多个问题与企业进行了商谈。经过十几轮艰苦细致的谈判，陕西省国税局最终与企业及其授权代表普华永道会计师事务所就相关税收问题处理达成共识，圆满完成了该案的协商谈判工作。

 实务案例精解

例 7-20　A 公司的资产总额为 5 000 万元，负债总额为 2 000 万元。请计算该公司的权益性投资数额。

解答：权益性投资，是指企业接受的不需要偿还本金和支付利息，投资人对企业净资产拥有所有权的投资。因此，该公司的权益性投资数额为：5 000–2 000=3 000（万元）。

七、一般反避税条款

 基本税收政策

企业实施其他不具有合理商业目的的安排而减少其应纳税收入或者所得额的，税务机关有权按照合理方法调整。

 **税收政策详解**

上述制度所称不具有合理商业目的，是指以减少、免除或者推迟缴纳税款为主要目的。

 实务应用指南

税法实行税收法定原则，纳税人是否具有纳税义务，承担多少纳税义务都应当由法律明确规定。没有法律依据，纳税人可以拒绝承担纳税义务。税法所规定的纳税义务往往是针对通常的、一般的经济行为而设定的，但是现实生活中，各种经济行为种类繁多，而且同一种经济行为在表现方式上也是多种多样。税法的语言无法完全涵盖这些交易行为，某些交易行为从表面看来是没有被税法的语言所涵盖的，但其实质与那些被税法语言涵盖的经济行为是一样的。对于这些行为是否应当征税是一个存在争论的问题。按照严格税收法定原则的要求，对于这些没有被税法的语言明确涵盖的经济行为不应当征税。因此，纳税人往往变着花样改变交易行为的形式，致使其难以被税法的语言所涵盖，从而避免承担纳税义务，这种行为在税法上被界定为避税。

针对避税行为，各国一般采取两种方式，一是个别反避税条款（Special Anti-Avoidance Rule，简称 SAAR），二是一般反避税条款（General Anti-Avoidance Rules，简称 GAAR）。各国税法中均有个别反避税条款。如《企业所得税法》中第四十一条规定的转让定价规则，第四十五条规定的受控外国公司规则，第四十六条规定的反资本弱化规则等。但并非所有国家都有一般反避税条款。第四十七条就是《企业所得税法》中的一般反避税条款。

理解上述制度应当注意三个方面的内容。第一，企业实施了不具有合理商业目的的安排，至于什么是不具有合理商业目的的安排，则要根据企业所处的环境及其所要达到的目的等具体情况来判断，国务院的实施条例以及财政部和国家税务总局的部门规章和其他规范性文件可以规定一些具有指导性的原则和操作方法。第二，企业的这种不合理安排导致了减少其应纳税收入或者所得额的结果，这一结果的判断应当结合如果企业不采取这种不合理的安排，而采取一般情况下的合理的安排所应当承担的纳税义务来判断，如果这种不合理的安排所承担的纳税义务与合理安排下所承担的纳税义务是相等的，就不能适用该条规定。第三，税务机关可以按照合理方法调整，这里所谓的合理方法就是指，如果企业采取合理的、正常的安排来达到相同的经济效果本来应当承担的纳税义务。

 友情提示

> 是否具有合理商业目的应当以企业从事某种行为的主要目的来判断，如果该行为是以获得减少、免除和推迟缴纳税款等税收利益为主要目的，就应当认定为不具有合理商业目的。如果获得减少、免除和推迟缴纳税款等税收利益仅仅为次要目的，则不能认定为不具有合理商业目的。

《特别纳税调整实施办法（试行）》（国税发〔2009〕2 号）规定：一般反

避税管理是指税务机关按照所得税法第四十七条的规定，对企业实施其他不具有合理商业目的的安排而减少其应纳税收入或所得额进行审核评估和调查调整等工作的总称。

税务机关可依据所得税法第四十七条及《企业所得税法实施条例》第一百二十条的规定对存在以下避税安排的企业，启动一般反避税调查：

（1）滥用税收优惠。

（2）滥用税收协定。

（3）滥用公司组织形式。

（4）利用避税港避税。

（5）其他不具有合理商业目的的安排。

税务机关应按照实质重于形式的原则审核企业是否存在避税安排，并综合考虑安排的以下内容：

（1）安排的形式和实质。

（2）安排订立的时间和执行期间。

（3）安排实现的方式。

（4）安排各个步骤或组成部分之间的联系。

（5）安排涉及各方财务状况的变化。

（6）安排的税收结果。

税务机关应按照经济实质对企业的避税安排重新定性，取消企业从避税安排获得的税收利益。对于没有经济实质的企业，特别是设在避税港并导致其关联方或非关联方避税的企业，可在税收上否定该企业的存在。

税务机关启动一般反避税调查时，应按照征管法及其实施细则的有关规定向企业送达《税务检查通知书》。企业应自收到通知书之日起 60 日内提供资料证明其安排具有合理的商业目的。企业未在规定期限内提供资料，或提供资料不能证明安排具有合理商业目的的，税务机关可根据已掌握的信息实施纳税调整，并向企业送达《特别纳税调查调整通知书》。

税务机关实施一般反避税调查，可按照征管法第五十七条的规定要求避税安排的筹划方如实提供有关资料及证明材料。

一般反避税调查及调整须层报国家税务总局批准。

《一般反避税管理办法（试行）》（国家税务总局令第 32 号）规定：

第一，为规范一般反避税管理，根据《企业所得税法》（以下简称企业所得税法）及其实施条例、《税收征收管理法》（以下简称税收征管法）及其实施细则，制定本办法。

第二，本办法适用于税务机关按照企业所得税法第四十七条、《企业所得税法实施条例》第一百二十条的规定，对企业实施的不具有合理商业目的而获取税收利益的避税安排，实施的特别纳税调整。

下列情况不适用本办法：

（1）与跨境交易或者支付无关的安排。

（2）涉嫌逃避缴纳税款、逃避追缴欠税、骗税、抗税以及虚开发票等税收违法行为。

第三，税收利益是指减少、免除或者推迟缴纳企业所得税应纳税额。

第四，避税安排具有以下特征：

（1）以获取税收利益为唯一目的或者主要目的。

（2）以形式符合税法规定、但与其经济实质不符的方式获取税收利益。

第五，税务机关应当以具有合理商业目的和经济实质的类似安排为基准，按照实质重于形式的原则实施特别纳税调整。调整方法包括：

（1）对安排的全部或者部分交易重新定性。

（2）在税收上否定交易方的存在，或者将该交易方与其他交易方视为同一实体。

（3）对相关所得、扣除、税收优惠、境外税收抵免等重新定性或者在交易各方间重新分配。

（4）其他合理方法。

第六，企业的安排属于转让定价、成本分摊、受控外国企业、资本弱化等其他特别纳税调整范围的，应当首先适用其他特别纳税调整相关规定。

企业的安排属于受益所有人、利益限制等税收协定执行范围的，应当首先适用税收协定执行的相关规定。

第七，各级税务机关应当结合工作实际，应用各种数据资源，如企业所得税汇算清缴、纳税评估、同期资料管理、对外支付税务管理、股权转让交易管理、税收协定执行等，及时发现一般反避税案源。

第八，主管税务机关发现企业存在避税嫌疑的，层报省、自治区、直辖市和计划单列市（以下简称省）税务机关复核同意后，报税务总局申请立案。

第九，省税务机关应当将税务总局形成的立案申请审核意见转发主管税务机关。税务总局同意立案的，主管税务机关实施一般反避税调查。

第十，主管税务机关实施一般反避税调查时，应当向被调查企业送达《税务检查通知书》。

第十一，被调查企业认为其安排不属于本办法所称避税安排的，应当自收到《税务检查通知书》之日起 60 日内提供下列资料：

（1）安排的背景资料。

（2）安排的商业目的等说明文件。

（3）安排的内部决策和管理资料，如董事会决议、备忘录、电子邮件等。

（4）安排涉及的详细交易资料，如合同、补充协议、收付款凭证等。

（5）与其他交易方的沟通信息。

（6）可以证明其安排不属于避税安排的其他资料。

（7）税务机关认为有必要提供的其他资料。

企业因特殊情况不能按期提供的，可以向主管税务机关提交书面延期申请，经批准可以延期提供，但是最长不得超过30日。主管税务机关应当自收到企业延期申请之日起15日内书面回复。逾期未回复的，视同税务机关同意企业的延期申请。

第十二，企业拒绝提供资料的，主管税务机关可以按照税收征管法第三十五条的规定进行核定。

第十三，主管税务机关实施一般反避税调查时，可以要求为企业筹划安排的单位或者个人（以下简称筹划方）提供有关资料及证明材料。

第十四，一般反避税调查涉及向筹划方、关联方以及与关联业务调查有关的其他企业调查取证的，主管税务机关应当送达《税务事项通知书》。

第十五，主管税务机关审核企业、筹划方、关联方以及与关联业务调查有关的其他企业提供的资料，可以采用现场调查、发函协查和查阅公开信息等方式核实。需取得境外有关资料的，可以按有关规定启动税收情报交换程序，或者通过我驻外机构调查收集有关信息。涉及境外关联方相关资料的，主管税务机关也可以要求企业提供公证机构的证明。

第十六，主管税务机关根据调查过程中获得的相关资料，自税务总局同意立案之日起9个月内进行审核，综合判断企业是否存在避税安排，形成案件不予调整或者初步调整方案的意见和理由，层报省税务机关复核同意后，报税务总局申请结案。

第十七，主管税务机关应当根据税务总局形成的结案申请审核意见，分别以下情况进行处理：

（1）同意不予调整的，向被调查企业下发《特别纳税调查结论通知书》。

（2）同意初步调整方案的，向被调查企业下发《特别纳税调查初步调整通知书》。

（3）税务总局有不同意见的，按照税务总局的意见修改后再次层报审核。

被调查企业在收到《特别纳税调查初步调整通知书》之日起7日内未提出异议的，主管税务机关应当下发《特别纳税调查调整通知书》。

被调查企业在收到《特别纳税调查初步调整通知书》之日起7日内提出异议，但是主管税务机关经审核后认为不应采纳的，应将被调查企业的异议及不应采纳的意见和理由层报省税务机关复核同意后，报税务总局再次申请结案。

被调查企业在收到《特别纳税调查初步调整通知书》之日起7日内提出异议，主管税务机关经审核后认为确需对调整方案进行修改的，应当将被调查企业的异议及修改后的调整方案层报省税务机关复核同意后，报税务总局再次申请结案。

第十八，主管税务机关应当根据税务总局考虑企业异议形成的结案申请审核意见，分别以下情况进行处理：

（1）同意不应采纳企业所提异议的，向被调查企业下发《特别纳税调查调整通知书》。

（2）同意修改后调整方案的，向被调查企业下发《特别纳税调查调整通知书》。

（3）税务总局有不同意见的，按照税务总局的意见修改后再次层报审核。

第十九，被调查企业对主管税务机关作出的一般反避税调整决定不服的，可以按照有关法律法规的规定申请法律救济。

第二十，主管税务机关作出的一般反避税调整方案导致国内双重征税的，由税务总局统一组织协调解决。

第二十一，被调查企业认为我国税务机关作出的一般反避税调整，导致国际双重征税或者不符合税收协定规定征税的，可以按照税收协定及其相关规定申请启动相互协商程序。

第二十二，本办法自2015年2月1日起施行。2015年2月1日前税务机关尚未结案处理的避税安排适用本办法。

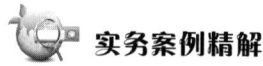 **实务案例精解**

例7-21 某企业2016年的总收入为1000万元，企业按照税法规定计算的成本为400万元，费用为200万元，损失为50万元，税金为100万元。经税务机关调查，该企业在2016年5月从事了一项交易行为，该行为以获得减少、免除和推迟缴纳税款等税收利益为主要目的，导致企业总收入减少100万元。请计算该企业2016年度应当缴纳的企业所得税税额是多少？

解答： 企业实施其他不具有合理商业目的的安排而减少其应纳税收入或者所得额的，税务机关有权按照合理方法调整。该企业的该交易行为以获得减少、免除和推迟缴纳税款等税收利益为主要目的，可以认定为不具有合理商业目的。因此，税务机关可以按照合理方法将该企业减少的100万元收入调整为企业的收入。该企业 2016 年度应当缴纳的企业所得税税额为：(1 000–400–200–50–100 +100) × 25%=87.5（万元）。

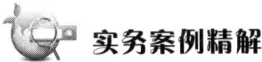 **实务案例精解**

例 7-22 2003 年 3 月，新疆维吾尔自治区某公司（简称 B 公司）与乌鲁木齐市某公司（简称 C 公司）共同出资成立液化天然气生产和销售的公司（简称 A 公司）。注册资金 8 亿元人民币，其中 B 公司为主要投资方，出资 7.8 亿元，占注册资金的 97.5%，C 公司出资 2 000 万元，占注册资金的 2.5%。

2006 年 7 月，A 公司出资方 B 公司和 C 公司与某巴巴多斯的公司（简称 D 公司）签署了合资协议，D 公司通过向 B 公司购买其在 A 公司所占股份方式参股 A 公司。D 公司支付给 B 公司 3 380 万美元，占有了 A 公司 33.32% 的股份。此次股权转让后，A 公司的投资比例变更为：B 公司占 64.18%，C 公司占 2.5%，D 公司占 33.32%。

合资协议签署 27 天后，投资三方签署增资协议，B 公司增加投资 2.66 亿元人民币（B 公司出售其股权所得 3 380 万美元）。增资后，A 公司的注册资本变更为 10.66 亿元人民币，各公司相应持股比例再次发生变化。其中，B 公司占 73.13%，D 公司占 24.99%，C 公司占 1.88%。

2007 年 6 月，D 公司决定将其所持有的 A 公司 24.99% 的股权以 4 596.8 万美元的价格转让给 B 公司，并与 B 公司签署了股权转让协议，由 B 公司支付 D 公司股权转让款 4 596.8 万美元。至此，D 公司从 2006 年 6 月与中方签订 3 380 万美元的投资协议到 2007 年 6 月转让股权撤出投资（均向中方同一家公司买卖股份），仅一年的时间取得收益 1 217 万美元。

在为转让股权所得款项汇出境外开具售付汇证明时，付款单位代收款方 D 公司向主管税务机关提出要求开具不征税证明。理由是：根据中国和巴巴多斯税收协定"第十三条 财产收益"的规定，该笔股权转让款 4 596.8 万美元应仅在巴巴多斯征税。（2010 年 3 月，中国同巴巴多斯已经重新修订了协定。即使根据新修订的税收协定，如果不进行反避税调整的话，由于巴巴多斯公司持有境内股权比例不超过 25%，在中国也无须纳税。）

乌鲁木齐市国税局及时对此项不征税申请进行了研究，并将情况反映到新疆维吾尔自治区国税局，引起了上级机关的高度重视，围绕居民身份的确定及税收协定条款的适用问题开展了调查，发现了种种疑点。

疑点一：D 公司是美国 NB 投资集团于 2006 年 5 月在巴巴多斯注册成立的企业。在其注册一个月后即与中方签订投资合资协议，而投入的资金又是从开曼开户的银行汇入中国的。该公司投资仅一年就将股份转让，并转让收益高达 1 217 万美元，折合人民币 9 272 万元，收益率 36%，且不是企业实际经营成果，而是按事前的合同约定的。（收益率达到 36%，说明利率为 36%，可以想象该交易是这样的：美国 NB 投资集团要借款给 A 公司，借款利率为 36%。美国 NB 投资集团要缴纳 3.6% 的预提所得税，为此采取了"假股权真债权"的方式，同时利用中巴协定股权转让所得不征税条款，避免缴纳中国的股权转让所得预提所得税。）

疑点二：关于 D 公司的居民身份问题，税务机关提出了疑问。为此，D 公司提供了由我驻巴巴多斯大使馆为其提供的相关证明，称其为巴巴多斯居民。但该证明文件只提到 D 公司是按巴巴多斯法律注册的，证明该法律的签署人是真实的；同时该公司还出具了巴巴多斯某律师证明文件，证明 D 公司是依照"巴巴多斯法律"注册成立的企业，成立日期为 2006 年 5 月 10 日（同年 7 月即与我国公司签署合资协议），公司地址为巴巴多斯 × 大街 × 花园。但公司登记的三位董事都是美国国籍，家庭住址均为美国 × 州 × 镇 × 街 × 号。

疑点三：D 公司作为合资企业的外方，并未按共同投资、共同经营、风险共担、利益共享的原则进行投资，而是只完成了组建我国中外合资企业的有关法律程序，便获取了一笔巨额收益。从形式上看是投资，而实际上却很难判断是投资、借款或融资，还是仅仅帮助国内企业完成变更手续，或者还有更深层次的其他经济问题。

根据中巴税收协定，此项发生在我国的股权转让收益我国没有征税权，征税权在巴方。在 D 公司是否构成巴巴多斯居民的身份尚未明确的情况下，付款方——股权回购公司——多次催促税务部门尽快答复是否征税并希望税务部门配合办理付汇手续。根据付款协议，如果付款方不按时汇款，将额外支付高额的利息。为了避免中方企业遭受不必要的经济损失，新疆维吾尔自治区国税局同意乌鲁木齐市国税局及付款方提议，对股权转让款先行汇出，但扣留相当于应纳税款部分的款项，余额部分待 D 公司能否享受税收协定待遇确定后再做决定。

对此，乌鲁木齐市国税局一方面进行深入的调查了解，开展对 D 公司居民身份的取证工作，判定是否可以执行中巴税收协定；另一方面将案情进展情况及具体做法及时向新疆维吾尔自治区国税局汇报并通过新疆维吾尔自治区国税局向税务总局报告。税务总局启动了税收情报交换机制，最终确认 D 公司不属于巴巴多斯的税收居民，不能享受中巴税收协定的有关规定，对其在华投资活动中的所得应按国内法规定处理。2008 年 7 月完成了该项 916.4 万元税款的入库工作。至此，此项工作顺利结束。

本案反避税调查的核心是D公司是否属于巴巴多斯的税收居民，是否可以享受中巴税收协定的有关规定。由于D公司在巴巴多斯没有经济实质,因此,无法被认定为巴巴多斯的税收居民。因此，该类避税方案的核心在于将避税地公司变成具有经济实质的公司，其方法主要包括具有真实经营业务，具有真实注册资本，具有一定的员工和相对复杂的资产负债。此类反避税不需要考虑D公司的设立是否具有合理商业目的，因此，使用合理商业目的来应对反避税是没有用的，必须从经济实质角度入手。

八、纳税调整加收利息

 基本税收政策

税务机关依照《企业所得税法》第六章规定作出纳税调整，需要补征税款的，应当补征税款，并按照国务院规定加收利息。

 **税收政策详解**

税务机关根据税收法律、行政法规的规定，对企业作出特别纳税调整的，应当对补征的税款，自税款所属纳税年度的次年6月1日起至补缴税款之日止的期间，按日加收利息。上述规定加收的利息，不得在计算应纳税所得额时扣除。

上述制度所称利息，应当按照税款所属纳税年度中国人民银行公布的与补税期间同期的人民币贷款基准利率加5个百分点计算。企业依照《企业所得税法》第四十三条和《企业所得税法实施条例》的规定提供有关资料的，可以只按前款规定的人民币贷款基准利率计算利息。

企业与其关联方之间的业务往来，不符合独立交易原则，或者企业实施其他不具有合理商业目的的安排的，税务机关有权在该业务发生的纳税年度起10年内，进行纳税调整。

 实务应用指南

纳税人具有特定避税行为或者一般避税行为，税务机关可以根据合理的方法进行调整，重新确定其应纳税额。一般来讲，这种重新调整都是增加纳税人的应纳税额。因此，对于这部分调整后增加的应纳税额是否需要加收利息就是一个需要回答的问题。

 友情提示

> 与利息比较容易混淆的是滞纳金。滞纳金，是指因没有按照规定的时间向国家缴纳各种费用而需额外缴纳的金钱。在税法上，是指纳税人未按照规定期限缴纳税款，以及扣缴义务人未按照规定期限解缴税款时，税务机关从其滞纳税款之日起，向其按日加收的滞纳税款万分之五的金额。

关于对避税行为能否加收利息和进行处罚，世界各国立法不同，大部分国家没有关于利息和罚款的规定，因此，应当认为不能加收利息，也不能处罚。也有一些国家明确规定可以加收利息或者滞纳金，但不能处罚。另外，还有少数国家明确规定，对于避税行为，不仅要加收利息或者滞纳金，还要进行罚款，严重的还要追究刑事责任，如美国。

鉴于我国的现实国情，特别是避税行为比较普遍，如果不对避税行为加收利息，避税反而成了纳税人延缓纳税时间的一种手段，纳税人将毫无顾忌地进行避税行为。因此，有必要加收利息。同时考虑到避税行为除了税收目的以外，往往也有其他合理的目的，对该避税行为进行处罚难以为企业所接受。因此，《企业所得税法》仅规定可以加收利息，没有规定可以处罚，也就是说，不能进行处罚。

由于《企业所得税法》第五十四条规定企业应当自年度终了之日起5个月内，向税务机关报送年度企业所得税纳税申报表，并汇算清缴，结清应缴应退税款。因此，计算加收利息的期间应当是税款所属年度的次年6月1日起至补缴税款之日止。加收利息的计算方法是按日计算。对于这里加收的利息，不得在计算应纳税所得额时扣除。

企业与其关联方之间的业务往来，包括转让财产、提供财产使用权、提供劳务、融通资金及其他类型。根据《税收征收管理法实施细则》第五十四条的规定，纳税人与其关联企业之间的业务往来有下列情形之一的，税务机关可以调整其应纳税额：

（1）购销业务未按照独立企业之间的业务往来作价。

（2）融通资金所支付或者收取的利息超过或者低于没有关联关系的企业之间所能同意的数额，或者利率超过或者低于同类业务的正常利率。

（3）提供劳务，未按照独立企业之间业务往来收取或者支付劳务费用。

（4）转让财产、提供财产使用权等业务往来，未按照独立企业之间业务往来作价或者收取、支付费用。

（5）未按照独立企业之间业务往来作价的其他情形。

上述规定实际上规定了关联方交易的五种类型。

《特别纳税调整实施办法（试行）》（国税发〔2009〕2号）规定：

企业未按照本办法的规定向税务机关报送企业年度关联业务往来报告表，或者未保存同期资料或其他相关资料的，依照征管法第六十条和第六十二条的规定处理。

企业拒绝提供同期资料等关联交易的相关资料，或者提供虚假、不完整资料，未能真实反映其关联业务往来情况的，依照征管法第七十条、征管法实施细则第九十六条、所得税法第四十四条及《企业所得税法实施条例》第一百一十五条的规定处理。

税务机关根据所得税法及其实施条例的规定，对企业做出特别纳税调整的，应对2008年1月1日以后发生交易补征的企业所得税税款，按日加收利息。

（1）计息期间自税款所属纳税年度的次年6月1日起至补缴（预缴）税款入库之日止。

（2）利息率按照税款所属纳税年度12月31日实行的与补税期间同期的中国人民银行人民币贷款基准利率（以下简称基准利率）加5个百分点计算，并按一年365天折算日利息率。

（3）企业按照本办法规定提供同期资料和其他相关资料的，或者企业符合本办法第十五条的规定免于准备同期资料但根据税务机关要求提供其他相关资料的，可以只按基准利率计算加收利息。

企业按照本办法第十五条第（1）项的规定免于准备同期资料，但经税务机关调查，其实际关联交易额达到必须准备同期资料的标准的，税务机关对补征税款加收利息，适用本条第（2）项规定。

（4）按照本条规定加收的利息，不得在计算应纳税所得额时扣除。

企业在税务机关做出特别纳税调整决定前预缴税款的，收到调整补税通知书后补缴税款时，按照应补缴税款所属年度的先后顺序确定已预缴税款的所属年度，以预缴入库日为截止日，分别计算应加收的利息额。

企业对特别纳税调整应补征的税款及利息，应在税务机关调整通知书规定的期限内缴纳入库。企业有特殊困难，不能按期缴纳税款的，应依照征管法第三十一条及征管法实施细则第四十一条和第四十二条的有关规定办理延期缴纳税款。逾期不申请延期又不缴纳税款的，税务机关应按照征管法第三十二条及其他有关规定处理。

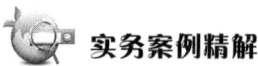 **实务案例精解**

例 7-23 2016 年 11 月，税务机关在对某公司进行关联业务调查中发现，该公司 2015 年度进行了转移定价，决定调增应纳税所得额 100 万元。2016 年 12 月 20 日，该公司依法补缴了税款。请计算对该公司加收利息的计算期间。

解答： 计算加收利息的期间应当是税款所属年度的次年 6 月 1 日起至补缴税款之日止。因此，计算加收利息的期间应当是 2016 年 6 月 1 日至 2016 年 12 月 20 日。

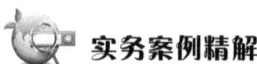 **实务案例精解**

例 7-24 2017 年 5 月，税务机关在对某公司进行关联业务调查中发现该公司 2010 年度进行了转移定价，决定调增应纳税所得额 1 000 万元。2010 年度中国人民银行公布的与补税期间同期的人民币贷款基准利率为年息 7%。该企业并未有效地按照《企业所得税法》第四十三条及条例的相关规定提供有关资料。2017 年 6 月 1 日，该公司依法补缴了税款。请计算税务机关应该对该公司加收多少利息？

解答： 计算加收利息的期间应当是税款所属年度的次年 6 月 1 日起至补缴税款之日止。因此，计算加收利息的期间应当是 2011 年 6 月 1 日至 2017 年 6 月 1 日。计算加收利息的利率为年息 12%。因此，税务机关应该对该公司加收利息数额为：$1\ 000 \times 25\% \times 12\% \times 6 = 18$（万元）。

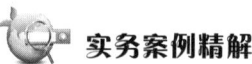 **实务案例精解**

例 7-25 2019 年 5 月，税务机关在对某公司进行关联业务调查中发现该公司 2008 年度和 2009 年度进行了转移定价，决定分别调增应纳税所得额 100 万元、150 万元。请判断税务机关的决定是否正确？

解答： 企业与其关联方之间的业务往来，不符合独立交易原则，或者企业实施其他不具有合理商业目的的安排的，税务机关有权在该业务发生的纳税年度起 10 年内，进行纳税调整。因此，2019 年 5 月，税务机关最多只能对该公司 2009 年度的转移定价行为进行特别纳税调整。不能对该公司 2008 年度的转移定价行为进行特别纳税调整。

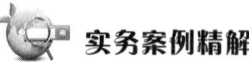 **实务案例精解**

例 7-26 2016 年 1 月，抚顺市国税局及开发区局日前完成了抚顺某有限公司反避税加息案件，补缴 2002—2011 年企业所得税 247 827.75 元，加收利

息 6 762.12 元。

该案件为抚顺市首例加收利息转让定价特别纳税调整案件，从立案至结案共计历时 1 050 天。期间，国税相关部门针对企业税收情况、关联方和关联交易情况及企业自身特点，采用了交易净利润法为特别纳税调整方法。为充分体现税收公平公正，还特选定与该企业行业相同、经营方式相同或相近的 13 家亚太地区企业作为可比企业，通过对企业之间利润水平等有关数据相互分析对比、深入细致地全方位检查核查和与企业法人及相关人员数次约谈，形成按照可比公司中位值完全成本加成率进行纳税调整。此案例为今后开展转让定价特别纳税调整提供了借鉴，为反避税工作积累了宝贵经验。

　实务案例精解

例 7-27　2016 年 11 月，兰州高新区国税局第一税务分局成功办结一起针对某生物科技股份有限公司特别纳税调整案件，补征企业所得税 525 万元，加收利息 95 万元，合计入库 620 万元。该案成为兰州高新区国税局迄今为止单户补税金额最大的一起反避税案件。该局还与高新区地税局共享反避税案件信息，协同地税追缴营业税、城建税及教育附加等税种，预计追缴税款将达 320 余万元，进一步扩大了反避税案件成果，本次特别纳税调整最终入库税款将近千万，为高新区反避税管理工作再创佳绩。

兰州高新区国税局对辖区内关联企业进行全面摸底调查，通过采集企业基本情况、投资构成、关联交易等数据，审核企业所得税纳税申报表、关联申报表，发现某生物科技股份有限公司提供大额借款给其四家关联企业，未收取任何利息费用，不符合独立交易原则，存在未按照独立企业之间的业务往来收取利息转移利润的涉税风险疑点。该局随即向企业提示此风险疑点，要求纳税人审核分析与关联方之间融通资金的合理性，按照有关规定提供同期资料或者其他有关资料，并对企业所得税申报情况进行调整。

该企业所涉及特别纳税调整期自 2006 年至 2015 年，跨度长达 10 年，大幅增加了此案的办结难度。该案历时一月之久，该局认真辅导企业自行开展特别纳税调整，企业多次与主管税务机关就相关业务进行政策咨询、交流沟通，最终取得实质性进展。企业认可主管税务机关所作的风险提示，为规避风险自行调整申报补缴企业所得税 524.77 万元，同时计算缴纳了利息 95.07 万元，税息合计 619.84 万元已按期缴纳入库。

本起反避税案件的顺利办结，一方面打击了企业利用与关联企业间税负差转移利润、降低企业总体税负的避税行为，挽回了国家税收损失；另一方面丰富了反避税管理经验，进一步提升了税务干部的应对能力与监管能力。

关于企业所得税的其他特别纳税调整制度，参见图 7–2。

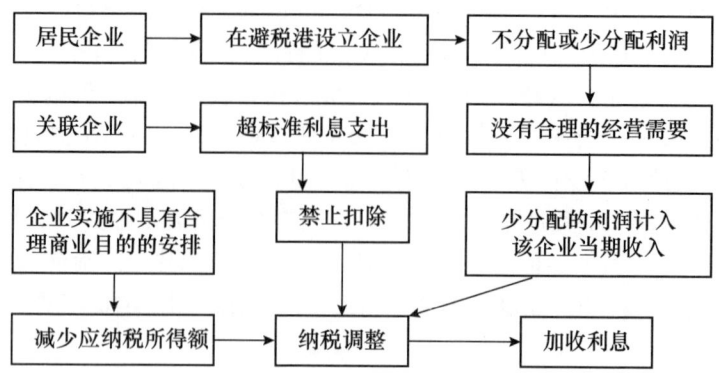

图 7–2　企业所得税其他特别纳税调整制度

第八部分　最新企业所得税源泉扣缴政策

您知道在哪些情况下，支付款项的企业和个人具有代扣代缴税款的义务吗？您知道在哪些情况下企业会被税务机关指定作为代扣代缴义务人吗？您知道国家可以采取哪些手段来追缴那些没有在中国纳税的非居民纳税人吗？本部分将为您回答上述问题。

一、非居民纳税人的一般扣缴义务人

 基本税收政策

对非居民企业取得《企业所得税法》第三条第三款规定的所得应缴纳的所得税，实行源泉扣缴，以支付人为扣缴义务人。税款由扣缴义务人在每次支付或者到期应支付时，从支付或者到期应支付的款项中扣缴。

 **税收政策详解**

依照《企业所得税法》对非居民企业应当缴纳的企业所得税实行源泉扣缴的，应当依照《企业所得税法》第十九条的规定计算应纳税所得额。《企业所得税法》第十九条所称收入全额，是指非居民企业向支付人收取的全部价款和价外费用。

上述制度所称支付人，是指依照有关法律规定或者合同约定对非居民企业直接负有支付相关款项义务的单位或者个人。所称支付，包括现金支付、汇拨支付、转账支付和权益兑价支付等货币支付和非货币支付。所称到期应支付的款项，是指支付人按照权责发生制原则应当计入相关成本、费用的应付款项。

 实务应用指南

源泉扣缴，是指在相关主体向纳税人支付款项时从该款项中预先扣除该款项所应当承担的税款的制度。它是在税源发生地或发生环节进行征税的税收征管的一种方法。它是为了从源头上管理税收，防止税款的流失。源泉扣缴是一种税款征收制度，一般也被称为预提税。

非居民纳税人包括在中国设立机构、场所的和没有在中国设立机构、场所的。当非居民企业在中国境内未设立机构、场所但取得了来自中国境内的所得，或者虽设立机构、场所但取得的来源于中国境内的所得与其所设机构、场所没有实际联系时，非居民企业的该笔所得应当在中国纳税。由于非居民企业或者没有在中国设立机构、场所，或者设立了机构、场所，但与该所得没有实际联系，该非居民企业一旦获得该所得以后，中国税务机关就难以向其征收税款，为了便于向其征收税款，税法设计了源泉扣缴制度。向上述非居民企业支付款项的个人、企业或者其他组织有义务代扣代缴该非居民企业就其所支付的该笔所得所应当缴纳的税款。扣缴义务人就是支付人。

扣缴的时间是扣缴义务人每次支付款项之时或者到期应支付相应款项之时，扣缴的方式是直接从应当支付的款额中扣除。支付的款额，是指现金支付、汇拨支付、转账支付的金额，以及用非货币资产或者权益折价支付的金额。

《国家税务总局关于中国居民企业向全国社会保障基金所持 H 股派发股息不予代扣代缴企业所得税的通知》（国税函〔2009〕173 号）规定：

根据《财政部 国家税务总局关于全国社会保障基金有关企业所得税问题的通知》（财税〔2008〕136 号）规定，全国社会保障基金（以下简称社保基金）从证券市场取得的收入为企业所得税不征税收入。在香港上市的境内居民企业派发股息时，可凭香港中央结算（代理人）有限公司确定的社保基金所持 H 股证明，不予代扣代缴企业所得税。

在香港以外上市的境内居民企业向境外派发股息时，可凭有关证券结算公司确定的社保基金所持股证明，不予代扣代缴企业所得税。

在境外上市的境内居民企业向其他经批准对股息不征企业所得税的机构派发股息时，可参照本通知执行。

《国家税务总局关于加强非居民企业来源于我国利息所得扣缴企业所得税工作的通知》（国税函〔2008〕955 号）规定：

第一，自 2008 年 1 月 1 日起，我国金融机构向境外外国银行支付贷款利息、我国境内外资金融机构向境外支付贷款利息，应按照《企业所得税法》及其实施条例规定代扣代缴企业所得税。

第二，我国境内机构向我国银行的境外分行支付的贷款利息，应按照《企业所得税法》及其实施条例规定代扣代缴企业所得税。

第三，各地应建立健全非居民企业利息所得源泉扣缴企业所得税监控机制，确保及时足额扣缴税款。

《国家税务总局关于境内机构向我国银行的境外分行支付利息扣缴企业所得税有关问题的公告》（国家税务总局公告 2015 年第 47 号）规定：

第一，本公告所称境外分行是指我国银行在境外设立的不具备所在国家（地区）法人资格的分行。境外分行作为中国居民企业在境外设立的分支机构，与其总机构属于同一法人。境外分行开展境内业务，并从境内机构取得的利息，为该分行的收入，计入分行的营业利润，按《财政部 国家税务总局关于企业境外所得税收抵免有关问题的通知》（财税〔2009〕125 号）的相关规定，与总机构汇总缴纳企业所得税。境内机构向境外分行支付利息时，不代扣代缴企业所得税。

第二，境外分行从境内取得的利息，如果据以产生利息的债权属于境内总行或总行其他境内分行的，该项利息应为总行或其他境内分行的收入。总行或其他境内分行和境外分行之间应严格区分此类收入，不得将本应属于总行或其他境内分行的境内业务及收入转移到境外分行。

第三，境外分行从境内取得的利息如果属于代收性质，据以产生利息的债权属于境外非居民企业，境内机构向境外分行支付利息时，应代扣代缴企业所得税。

第四，主管税务机关应加强监管，严格审核相关资料，并利用第三方信息进行比对分析，对违反本公告相关规定的，应按照有关法律法规处理。

第五，本公告自 2015 年 7 月 19 日起施行。《国家税务总局关于加强非居民企业来源于我国利息所得扣缴企业所得税工作的通知》（国税函〔2008〕955 号）第二条同时废止。

实务案例精解

例 8—1　A 公司是依照韩国法律在韩国注册成立的企业，该公司的实际管理机构在韩国，在中国境内并未设立机构、场所。2016 年度，A 公司将其专利权授权中国境内的 B 公司使用，B 公司支付专利权使用费 800 万元，相关的图纸资料费和技术服务费 100 万元，人员培训费 100 万元。请计算 A 公司转让该项专利权应当向中国缴纳的企业所得税。

解答：由于 A 公司是依照韩国法律在韩国注册成立的企业，该公司的实际管理机构在韩国，A 公司属于非居民企业，由于 A 公司在中国境内并未设立机构、场所，2016 年度，A 公司取得的特许权使用费所得属于《企业所得税法》第三条第三款规定的所得。A 公司的应纳税所得额为其收入全额，包括全部价款和价外费用。非居民企业取得《企业所得税法》第三条第三款规定的所得，适用税率为 20%。因此，A 公司转让该项专利权的应纳税额为：（800+100+100）×20%=200（万元）。

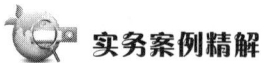 **实务案例精解**

例8-2 A公司是依照韩国法律在韩国注册成立的企业，该公司的实际管理机构在韩国，在中国境内并未设立机构、场所。2016年度，A公司将其专利权授权中国境内的B公司使用，根据双方合同约定，B公司支付专利权使用费1 000万元，B公司实际应当向A公司支付多少数额的货币？

解答： 由于A公司是依照韩国法律在韩国注册成立的企业，该公司的实际管理机构在韩国，A公司属于非居民企业，由于A公司在中国境内并未设立机构、场所，2016年度，A公司取得的特许权使用费所得属于《企业所得税法》第三条第三款规定的所得。A公司应当缴纳的所得税应当由B公司代扣代缴。A公司该笔特许权使用费所得的应纳税额为：1 000×20%=200（万元）。因此，B公司实际上应当向A公司支付的数额为：1 000-200=800（万元）。

 **实务案例精解**

例8-3 税务机关在对A公司的检查中发现两个问题：第一，非居民企业B公司在中国境内未设机构、场所，B公司将一项专利权授予A公司使用，合同约定A公司应当支付特许权使用费100万元。A公司已将该费用入账，但没有代扣代缴所得税。A公司的解释是，由于种种原因，现在A公司尚未实际支付该笔费用。第二，该合同同时约定A公司还要给予B公司一套价值100万的机器设备，A公司在将机器设备交付B公司时，没有代扣代缴所得税。A公司的理由是无法对该机器设备代扣代缴所得税。请判断A公司的上述做法是否正确？

解答： A公司的上述做法是错误的。首先，税款由扣缴义务人在每次支付或者到期应支付时，从支付或者到期应支付的款项中扣缴。A公司虽然没有实际支付该款项，但由于其已经将该笔费用入账，该笔款项属于到期应支付的款项，因此，同样应当代扣代缴所得税。实际没有支付不是不代扣代缴所得税的合法理由。其次，支付包括现金支付、汇拨支付、转账支付和权益兑价支付等货币支付和非货币支付。因此，以机器设备来支付价款同样应当代扣代缴所得税，支付的数额应当以该机器设备的公允价值来判断，由于在支付之时，该机器设备价值100万元，因此，A公司应当代扣代缴所得税20万元。具体代扣代缴方式是：B公司以现金的方式向A公司支付20万元税款，或者由A公司垫付20万元税款，但B公司通过其他途径补偿A公司。

 **实务案例精解**

例8-4 2016年1月，北京市延庆区国税局与区商务委在开展第三方信

息交换时，发现辖区某外资企业 ZW 公司的投资方 KX（香港）有限公司存在股权转让事项。该局高度重视，立即约谈 ZW 公司的法定代表人和财务人员，了解到 ZW 公司注册地为延庆，KX（香港）有限公司拥有其 25% 的股份，已于 2014 年 9 月将所持 25% 的股份转让给注册地同在香港的 DF 有限公司。

延庆区国税局初步分析认定：KX（香港）有限公司转让股权事项，属于非居民企业股东转让境内企业股权的应税行为。

ZW 公司按照规定，向延庆区国税局报送了股权转让合同、协议、章程等资料。该局根据《国家税务总局关于印发〈非居民企业所得税源泉扣缴管理暂行办法〉的通知》等文件规定，对股权转让情况进行审核，确认 KX（香港）有限公司属于非居民企业，KX（香港）有限公司将持有的 ZW 公司 25% 的股权转让给 DF 有限公司，股权转让价格 13 750 万元，转让成本 3 435.76 万元，初步计算应扣缴非居民企业所得税 1 031.42 万元。

在该非居民股权转让事项处理中，ZW 公司声称为 KX（香港）有限公司的代理人，但不能提供授权书等资料，且在商谈过程中，称对方交易款项未到账，无法完税，并对税务机关加收滞纳金提出异议。

鉴于对股权转让政策理解存在差异，延庆区国税局多次召开案情分析研讨会，逐条深入解读政策适用依据，加快案件进度。

同时，该局根据已经掌握的证据资料，通过网络查找 KX（香港）有限公司法定代表人信息，发现该公司执行董事是 ZW 公司的法定代表人，且 KX（香港）有限公司法定代表人与该执行董事存在直系亲属关系，据此，锁定了案件突破口。随后，该局约谈了该执行董事，并多次进行面对面的沟通，告知其股权转让涉及的税收法规、应履行的纳税义务等。

鉴于无法见到该非居民企业股东的客观实际，该局采取国际快递的方式，向股东发出重大涉税事项提示函，告知 KX（香港）有限公司涉税风险。最终，KX（香港）有限公司接受了税务机关的决定，按期缴纳了税款和滞纳金。

二、工程作业和劳务所得的扣缴义务人

 基本税收政策

对非居民企业在中国境内取得工程作业和劳务所得应缴纳的所得税，税务机关可以指定工程价款或者劳务费的支付人为扣缴义务人。

 **税收政策详解**

上述制度规定的可以指定扣缴义务人的情形，包括：

（1）预计工程作业或者提供劳务期限不足一个纳税年度，且有证据表明不履行纳税义务的；

（2）没有办理税务登记或者临时税务登记，且未委托中国境内的代理人履行纳税义务的；

（3）未按照规定期限办理企业所得税纳税申报或者预缴申报的。

上述规定的扣缴义务人，由县级以上税务机关指定，并同时告知扣缴义务人所扣税款的计算依据、计算方法、扣缴期限和扣缴方式。

 实务应用指南

之所以对这种工程承包情形进行单独规定，是因为在双边税收协定中，工程作业的时间一般要超过一定时间才能构成常设机构，才需要在本国纳税，如果没有达到一定时间，就不构成常设机构，非居民企业在本国进行工程作业所取得的所得就不需要在本国纳税，当然也就不需要扣缴义务人。例如，《中华人民共和国政府和日本国政府关于对所得避免双重征税和防止偷漏税的协定》第五条规定："建筑工地，建筑、装配或安装工程，或者与其有关的监督管理活动，仅以连续超过六个月的为常设机构。"6个月就是该工程作业的所得是否需要在中国纳税的界限，超过6个月，就应当在中国纳税，税务机关就应当指定扣缴义务人，不超过6个月，就不应当在中国纳税，税务机关也就没有必要指定扣缴义务人。不同的协定所规定的时间不尽相同，例如，《中华人民共和国政府和美利坚合众国政府关于对所得避免双重征税和防止偷漏税的协定》第五条规定："常设机构一语还包括：（一）建筑工地，建筑、装配或安装工程，或者与其有关的监督管理活动，仅以连续超过六个月的为限；（二）为勘探或开采自然资源所使用的装置、钻井机或船只，仅以使用期三个月以上的为限；（三）企业通过雇员或者其他人员，在该国内为同一个项目或有关项目提供的劳务，包括咨询劳务，仅以在任何十二个月中连续或累计超过六个月的为限。"不同的工作形式所要求的时间界限是不同的。

 友情提示

税收协定是两个或者两个以上的国家就税收管辖权的划分、避免国际双重征税、避免国际逃避税以及国际税务合作等问题所达成的条约。税收协定基本上都是两个国家之间签订的双边协定，两个以上国家签订的多边税收协定数量非常少。目前，全世界有3 000多个双边税收协定，我国对外已经签订89个双边税收协定和2个安排（与香港和澳门），其中有82个双边税收协定和2个安排已经生效。

在《企业所得税法》第三十七条规定的情况下，没有时间的界限，只要取得了来自中国境内的所得就应当在中国纳税，因此，法律可以直接规定支付款项的支付人就是扣缴义务人，但是在该条规定的情况下，由于要具体判断非居民企业在中国的工程作业是否需要在中国纳税，税法不能一概规定支付款项的支付人就是扣缴义务人，只能设计一个税务机关指定的程序。

在中国境内从事工程作业和提供劳务的非居民企业发生下列情形之一的，县级以上税务机关可以指定工程价款或者劳务费的支付人为扣缴义务人：①预计工程作业或者提供劳务期限不足一个纳税年度，且有证据表明不履行纳税义务的；②没有办理税务登记或者临时税务登记，且未委托中国境内的代理人履行纳税义务的；③未按照规定期限办理企业所得税纳税申报或者预缴申报的。除以上情形以外，税务机关不能指定工程价款或者劳务费的支付人为扣缴义务人，即使税务机关指定，工程价款或者劳务费的支付人也没有代扣代缴税款的义务。县级以上税务机关在指定扣缴义务人时，应同时告知扣缴义务人所扣税款的计算依据、计算方法、扣缴期限和扣缴方式。

 **实务案例精解**

例 8-5 A 公司是非居民企业，2016 年度，A 公司在中国境内从事工程作业，预计工程作业的期限为 10 个月，当地县级税务机关通知工程价款的支付人 B 公司应当代扣代缴所得税，但没有告知如何代扣代缴。后 A 公司在工程作业结束以后，没有缴纳所得税，B 公司也没有代扣代缴所得税。县级税务机关要求 B 公司代替 A 公司履行纳税义务并准备对 B 公司进行处罚，税务机关的做法是否正确？

解答： 对非居民企业在中国境内取得工程作业和劳务所得应缴纳的所得税，税务机关可以指定工程价款或者劳务费的支付人为扣缴义务人。但是必须在满足《企业所得税法实施条例》第一百零六条所规定的三种情形之一时税务机关才享有指定权。虽然，A 公司在中国境内从事的工程作业预计期限不足一个纳税年度，但税务机关并没有证据表明其不履行纳税义务，因此，并不符合《企业所得税法实施条例》第一百零六条所规定的指定条件，税务机关无权指定。即使税务机关有证据表明 A 公司不履行纳税义务，税务机关在指定代扣代缴义务人时也应当同时告知扣缴义务人所扣税款的计算依据、计算方法、扣缴期限和扣缴方式，本案中税务机关也没有告知上述内容，其指定是无效的。因此，税务机关不能要求 B 公司代替 A 公司履行纳税义务，更不能对 B 公司进行处罚。

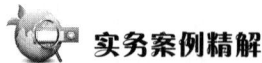 **实务案例精解**

例8-6 2017年1月，福建平潭综合实验区国税局办结该区首起非居民企业跨境劳务涉税案件，追缴入库企业所得税35.51万元，追征滞纳金7.9万元。虽然税额不大，但案件的特殊性，以及历时一年多的调查谈判历程，却很有启发意义。

2015年8月的一天，平潭国税局工作人员发现一篇题为《海关给力，Y企业提前享受政策红利》的报道，报道中提及区内Y企业与境外企业A公司存在大量设备交易，而A公司并未向国税局缴纳相关企业所得税。

税务人员立即查阅企业合同，确认平潭Y企业在2013年项目筹建阶段，与日本A公司签订了《设备买卖及安装服务合同》。该合同约定A公司向Y企业销售一台SCS-5501涂布机，设备总金额14.56亿日元。根据有关规定，A公司应该根据合理标准划分劳务收费金额，并就该项劳务的利润额在我国缴纳企业所得税。

《非居民企业所得税核定征收管理办法》规定，税务机关可以根据实际情况，参照相同或相近业务的计价标准核定劳务收入。无参照标准的，以不低于销售货物合同总价款的10%为原则，确定非居民企业的劳务收入。所以，这家企业应该在中国缴纳劳务收入税款。

经查实，A公司并未缴纳相关税款。税务机关初步判断该企业存在避税嫌疑，有必要进行深入调查。

经初步调查发现，该项目已经全部完工，区内企业又难以承担扣缴税款义务，这使得调查工作一度陷入僵局。为此，平潭国税局立即成立追缴欠税工作小组，拉开了跨境税源追缴的序幕。

鉴于本案涉及境外企业，由于非居民企业的特殊性，一旦确定避税行为，追缴税款的时机稍纵即逝。该局第一时间通过区内Y企业与A公司取得联系，并向其宣讲了我国有关非居民税收的法律、法规，特别是《非居民企业所得税核定征收管理办法》（国税发〔2010〕19号）中关于承包工程作业和提供劳务税收管理的规定。

此后，调查人员多次与A企业取得联系，但该企业总是以资金困难等为由拒不缴纳税款。直至2016年8月，该企业仍未缴清税款。

调查人员在展开税法宣讲攻势的同时，就该企业"是否享受税收协定待遇"问题与A公司代表进行谈判。

企业方提出，企业所派出的员工在该项目的工作时间未达到常设机构标准，要求补充享受税收协定待遇，并提交了《非居民纳税人享受税收协定待遇情况报告表》《税收居民身份证明》和《外籍人员来华工作相关说明》等材料，要求国税局对相关材料先行预审。

调查人员本着便利纳税人的原则，认真审核企业提供的证明材料，发现企业自行拟定的《外籍人员来华工作相关说明》无法证明其员工真实的工作时长，企业也无法提供护照复印件、出入境记录等第三方资料。为维护我国税收主权，平潭国税局于 2016 年 9 月 19 日向企业寄送《税务事项告知书》，要求企业尽快就该事项进行纳税申报或作出必要说明。

对此，A 公司提供了人员出入境证明，以及众多的数据和证明。分析证据资料后，调查人员发现其员工常驻中国时间超过半年。这就是说，该企业依法不得享受税收协定待遇，企业所得税税款和滞纳金需全额追缴。

经过与 A 公司多轮谈判博弈，不断与其电函邮件交流，最终说服其接受了税务机关的观点，并承诺如数补缴税款。

历时一年，税款追缴工作接近尾声，但没想到税款入库又遇到新问题。A 公司在境内无存款账户，如何保证境外汇入税款顺利入库？为此，平潭国税局在获得这笔国外汇款缴税的承诺后，积极与中国人民银行、财政、专业行等沟通联系，依托财税库行平台，及时协调处理。

平潭国税局多方沟通协调，由中国人民银行在辖区内对具备结售汇业务资格的商业银行进行代理国库业务、内控制度管理等综合考评基础上，指定兴业银行负责这笔国外汇款缴税业务。经过国税、人行研究确定后，开设了税款专户，再由国税局征管科办理临时税务登记，以便税款开票及入库。一切准备就绪，日前，该笔跨境税款终于顺利入库。

三、补缴税款与追缴税款

 基本税收政策

依照《企业所得税法》第三十七条、第三十八条规定应当扣缴的所得税，扣缴义务人未依法扣缴或者无法履行扣缴义务的，由纳税人在所得发生地缴纳。纳税人未依法缴纳的，税务机关可以从该纳税人在中国境内其他收入项目的支付人应付的款项中，追缴该纳税人的应纳税款。

 **税收政策详解**

上述制度所称所得发生地，是指依照《企业所得税法实施条例》第七条规定的原则确定的所得发生地。在中国境内存在多处所得发生地的，由纳税

人选择其中之一申报缴纳企业所得税。

上述制度所称该纳税人在中国境内其他收入，是指该纳税人在中国境内取得的其他各种来源的收入。税务机关在追缴该纳税人应纳税款时，应当将追缴理由、追缴数额、缴纳期限和缴纳方式等告知该纳税人。

 实务应用指南

税法虽然规定扣缴义务人有扣缴义务，但扣缴义务人有可能不履行该义务，或者由于支付人的拒绝或者其他原因导致扣缴义务人无法履行扣缴义务，此时，纳税人应当承担缴纳税款的义务。因为纳税义务本来就是应当由纳税人自己履行的，源泉扣缴只是一种出于效率考虑的征收制度，在该制度没有发挥作用或者无法发挥作用时，纳税人本身所承担的纳税义务仍不能消灭，纳税人应当在所得发生地缴纳。

 友情提示

如果纳税人拒绝缴纳，税务机关可以从该企业在中国境内其他收入项目的支付人应付的款项中，追缴该企业的应纳税款。支付人应当配合税务机关的追缴行为。

当然，如果未纳税的纳税人只从中国境内获得了该笔所得，以后就不再从中国境内获得所得了，我国税务机关也没有办法征收该笔税款。如果我国与该纳税人所在国或者该纳税人财产所在国签订的双边税收协定中有"征收协助"的条款，我国税务机关可以请求对方国家的税务机关协助征收该笔税款。

征收协助是为了防止纳税人逃避税款，一国税务主管机关请求另一国税务主管机关协助征收本国的税收债权的行为。能够进行征收协助的税收债权必须是已经最终确定的没有争议的税收债权。被请求国家的税务机关可以将请求国的税收债权视为本国的税收债权予以征收，但该税收债权在本国不能享有优先权。被请求国的税务机关征收到税款以后应当移交给请求国的税务机关。执行中的通常费用由被请求国承担，额外费用由请求国承担。

《非居民企业所得税源泉扣缴管理暂行办法》（国税发〔2009〕3号）规定：

第一，为规范和加强非居民企业所得税源泉扣缴管理，根据《企业所得税法》（以下简称企业所得税法）及其实施条例、《税收征收管理法》（以下简称税收征管法）及其实施细则、《税务登记管理办法》、中国政府对外签署的避免双重征税协定（含与香港、澳门特别行政区签署的税收安排，以下统称税收协定）等相关法律、法规，制定本办法。

第二，本办法所称非居民企业，是指依照外国（地区）法律成立且实际管理机构不在中国境内，但在中国境内未设立机构、场所且有来源于中国境内所得的企业，以及虽设立机构、场所但取得的所得与其所设机构、场所没有实际联系的企业。

第三，对非居民企业取得来源于中国境内的股息、红利等权益性投资收益和利息、租金、特许权使用费所得、转让财产所得以及其他所得应当缴纳的企业所得税，实行源泉扣缴，以依照有关法律规定或者合同约定对非居民企业直接负有支付相关款项义务的单位或者个人为扣缴义务人。

第四，扣缴义务人与非居民企业首次签订与本办法第三条规定的所得有关的业务合同或协议（以下简称合同）的，扣缴义务人应当自合同签订之日起30日内，向其主管税务机关申报办理扣缴税款登记。

第五，扣缴义务人每次与非居民企业签订与本办法第三条规定的所得有关的业务合同时，应当自签订合同（包括修改、补充、延期合同）之日起30日内，向其主管税务机关报送《扣缴企业所得税合同备案登记表》、合同复印件及相关资料。文本为外文的应同时附送中文译本。

股权转让交易双方均为非居民企业且在境外交易的，被转让股权的境内企业在依法变更税务登记时，应将股权转让合同复印件报送主管税务机关。

第六，扣缴义务人应当设立代扣代缴税款账簿和合同资料档案，准确记录企业所得税的扣缴情况，并接受税务机关的检查。

第七，扣缴义务人在每次向非居民企业支付或者到期应支付本办法第三条规定的所得时，应从支付或者到期应支付的款项中扣缴企业所得税。

本条所称到期应支付的款项，是指支付人按照权责发生制原则应当计入相关成本、费用的应付款项。

扣缴义务人每次代扣代缴税款时，应当向其主管税务机关报送《中华人民共和国扣缴企业所得税报告表》（以下简称扣缴表）及相关资料，并自代扣之日起7日内缴入国库。

第八，扣缴企业所得税应纳税额计算。

扣缴企业所得税应纳税额 = 应纳税所得额 × 实际征收率

应纳税所得额是指依照企业所得税法第十九条规定计算的下列应纳税所得额：

（1）股息、红利等权益性投资收益和利息、租金、特许权使用费所得，以收入全额为应纳税所得额，不得扣除税法规定之外的税费支出。

（2）转让财产所得，以收入全额减除财产净值后的余额为应纳税所得额。

（3）其他所得，参照前两项规定的方法计算应纳税所得额。

实际征收率是指企业所得税法及其实施条例等相关法律法规规定的税率，

或者税收协定规定的更低的税率。

第九，扣缴义务人对外支付或者到期应支付的款项为人民币以外货币的，在申报扣缴企业所得税时，应当按照扣缴当日国家公布的人民币汇率中间价，折合成人民币计算应纳税所得额。

第十，扣缴义务人与非居民企业签订与本办法第三条规定的所得有关的业务合同时，凡合同中约定由扣缴义务人负担应纳税款的，应将非居民企业取得的不含税所得换算为含税所得后计算征税。

第十一，按照企业所得税法及其实施条例和相关税收法规规定，给予非居民企业减免税优惠的，应按相关税收减免管理办法和行政审批程序的规定办理。对未经审批或者减免税申请未得到批准之前，扣缴义务人发生支付款项的，应按规定代扣代缴企业所得税。

第十二，非居民企业可以适用的税收协定与本办法有不同规定的，可申请执行税收协定规定；非居民企业未提出执行税收协定规定申请的，按国内税收法律法规的有关规定执行。

第十三，非居民企业已按国内税收法律法规的有关规定征税后，提出享受减免税或税收协定待遇申请的，主管税务机关经审核确认应享受减免税或税收协定待遇的，对多缴纳的税款应依据税收征管法及其实施细则的有关规定予以退税。

第十四，因非居民企业拒绝代扣税款的，扣缴义务人应当暂停支付相当于非居民企业应纳税款的款项，并在1日之内向其主管税务机关报告，并报送书面情况说明。

第十五，扣缴义务人未依法扣缴或者无法履行扣缴义务的，非居民企业应于扣缴义务人支付或者到期应支付之日起7日内，到所得发生地主管税务机关申报缴纳企业所得税。

股权转让交易双方为非居民企业且在境外交易的，由取得所得的非居民企业自行或委托代理人向被转让股权的境内企业所在地主管税务机关申报纳税。被转让股权的境内企业应协助税务机关向非居民企业征缴税款。

扣缴义务人所在地与所得发生地不在一地的，扣缴义务人所在地主管税务机关应自确定扣缴义务人未依法扣缴或者无法履行扣缴义务之日起5个工作日内，向所得发生地主管税务机关发送《非居民企业税务事项联络函》，告知非居民企业的申报纳税事项。

第十六，非居民企业依照本办法第十五条规定申报缴纳企业所得税，但在中国境内存在多处所得发生地，并选定其中之一申报缴纳企业所得税的，应向申报纳税所在地主管税务机关如实报告有关情况。申报纳税所在地主管税务机关在受理申报纳税后，应将非居民企业申报缴纳所得税情况书面通知扣缴义务人所在地和其他所得发生地主管税务机关。

第十七，非居民企业未依照本办法第十五条的规定申报缴纳企业所得税，由申报纳税所在地主管税务机关责令限期缴纳，逾期仍未缴纳的，申报纳税所在地主管税务机关可以收集、查实该非居民企业在中国境内其他收入项目及其支付人（以下简称其他支付人）的相关信息，并向其他支付人发出《税务事项通知书》，从其他支付人应付的款项中，追缴该非居民企业的应纳税款和滞纳金。

其他支付人所在地与申报纳税所在地不在一地的，其他支付人所在地主管税务机关应给予配合和协助。

第十八，对多次付款的合同项目，扣缴义务人应当在履行合同最后一次付款前 15 日内，向主管税务机关报送合同全部付款明细、前期扣缴表和完税凭证等资料，办理扣缴税款清算手续。

第十九，主管税务机关应当建立《扣缴企业所得税管理台账》，加强合同履行情况的跟踪监管，及时了解合同签约内容与实际履行中的动态变化，监控合同款项支付、代扣代缴税款等情况。必要时应查核企业相关账簿，掌握股息、利息、租金、特许权使用费、转让财产收益等支付和列支情况，特别是未实际支付但已计入成本费用的利息、租金、特许权使用费等情况，有否漏扣企业所得税问题。

主管税务机关应根据备案合同资料、扣缴企业所得税管理台账记录、对外售付汇开具税务证明等监管资料和已申报扣缴税款情况，核对办理税款清算手续。

第二十，主管税务机关可根据需要对代扣代缴企业所得税的情况实施专项检查，实施检查的主管税务机关应将检查结果及时传递给同级国家税务局或地方税务局。专项检查可以采取国、地税联合检查的方式。

第二十一，税务机关在企业所得税源泉扣缴管理中，遇有需要向税收协定缔约对方获取涉税信息或告知非居民企业在中国境内的税收违法行为时，可按照《国家税务总局关于印发〈国际税收情报交换工作规程〉的通知》（国税发〔2006〕70 号）规定办理。

第二十二，扣缴义务人未按照规定办理扣缴税款登记的，主管税务机关应当按照《税务登记管理办法》第四十五条、四十六条的规定处理。

本办法第五条第二款所述被转让股权的境内企业未依法变更税务登记的，主管税务机关应当按照《税务登记管理办法》第四十二条的规定处理。

第二十三，扣缴义务人未按本办法第五条规定的期限向主管税务机关报送《扣缴企业所得税合同备案登记表》、合同复印件及相关资料的，未按规定期限向主管税务机关报送扣缴表的，未履行扣缴义务不缴或者少缴已扣税款的、或者应扣未扣税款的、非居民企业未按规定期限申报纳税的、不缴或者少缴应纳税款的，主管税务机关应当按照税收征管法及其实施细则的有关规定处理。

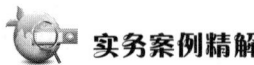

实务案例精解

例8-7 A公司是依照韩国法律在韩国注册成立的企业，该公司的实际管理机构在韩国，因此在中国境内并未设立机构、场所，2016年度，A公司将其专利权授权中国境内的B公司使用，根据双方合同约定，B公司支付专利权使用费1 000万元，B公司因特殊原因无法履行代扣代缴义务，A公司是否应当履行纳税义务？在哪里履行？

解答： 由于A公司是依照韩国法律在韩国注册成立的企业，该公司的实际管理机构在韩国，因此A公司属于非居民企业。A公司在中国境内并未设立机构、场所，但取得了来自中国境内的所得，B公司应当代扣代缴A公司应当缴纳的所得税。现B公司因特殊原因无法履行代扣代缴义务，由纳税人在所得发生地缴纳。特许权使用费所得，按照负担、支付所得的企业或者机构、场所所在地确定，或者按照负担、支付所得的个人的住所所在地确定。因此，A公司应当在B公司所在地缴纳所得税。

实务案例精解

例8-8 A公司是依照韩国法律在韩国注册成立的企业，该公司的实际管理机构在韩国，在中国境内并未设立机构、场所，2016年度，A公司将其专利权授权中国境内的B公司使用，根据双方合同约定，B公司支付专利权使用费1 000万元，B公司因特殊原因无法履行代扣代缴义务，A公司也没有按时履行纳税义务。税务机关查明，A公司和C公司有业务往来，并且C公司即将有一笔款项要支付给A公司，此时，税务机关应当如何追缴A公司所欠税款？

解答： 由于A公司是依照韩国法律在韩国注册成立的企业，该公司的实际管理机构在韩国，因此A公司属于非居民企业。A公司在中国境内并未设立机构、场所，但取得了来自中国境内的所得，B公司应当代扣代缴A公司应当缴纳的所得税。现B公司因特殊原因无法履行代扣代缴义务，根据《企业所得税法》第三十九条的规定，由纳税人在所得发生地缴纳。本案中的A公司也没有按时履行纳税义务。根据《企业所得税法》第三十九条的规定，税务机关可以从该纳税人在中国境内其他收入项目的支付人应付的款项中，追缴该纳税人的应纳税款。由于A公司和C公司有业务往来，并且C公司即将有一笔款项要支付给 A 公司，该笔款项属于 A 公司在中国境内其他收入项目的收入，税务机关应当要求 C 公司从其即将支付给 A 公司的款项中扣除 A 公司所欠税款并将其缴纳给税务机关。税务机关同时应当将追缴税款理由、追缴数额、扣缴期限、扣缴方式通知 C 公司和 A 公司。

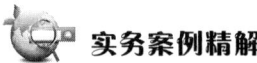 **实务案例精解**

例 8-9 2016 年 10 月，江苏省靖江市申报入库非居民企业所得税 1 413.5 万元。据了解，此笔税款由该市居民企业源泉扣缴，为非居民企业的财产转让所得。这是截至目前该市入库金额最大的一笔非居民企业所得税。

该市甲公司为居民企业，股东 A 为新加坡某贸易公司，A 公司将其持有的甲公司 26.29% 的股权转让给该市居民企业乙公司，该项交易产生的所得税由地税管辖。靖江地税局获悉后，在帮助辅导股权受让业务知识的同时，多措并举，确保足额扣缴企业所得税。

部门联动，税收前置。A 公司在向市商务局、市场监督管理局申请办理股权转让事宜时，靖江地税局第一时间了解详细情况，即刻与各部门取得联系，要求实行税收前置管理，避免了税款流失。

多次沟通，解决问题。A 公司对从中国境内取得股权转让所得应在中国境内缴纳税款并无异议，但对应纳税所得额的具体计算确定与税务机关存在分歧。经多次沟通，企业与税务机关在政策理解上终于达成一致。

仔细研究，明确政策。对于应纳税所得额的确定，该局依据相关政策，经过多次宣传辅导，对接沟通，乙公司终于同意按照规定汇率计算并代扣代缴企业所得税，确保税款及时足额入库。

关于企业所得税源泉扣缴制度，参见图 8-1。

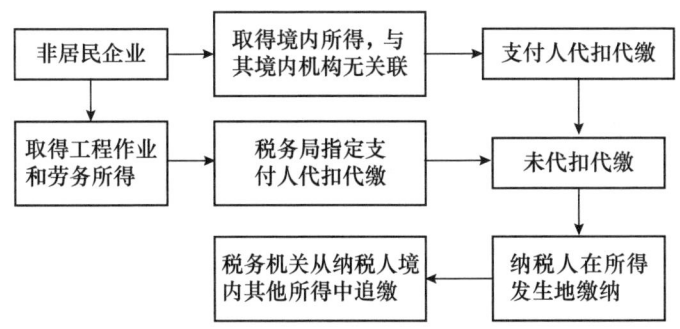

图 8-1　企业所得税源泉扣缴制度

第九部分　最新企业所得税征收管理政策

　　　　您知道企业应当在哪里缴纳企业所得税吗？您知道企业之间是否可以合并缴纳企业所得税吗？您知道企业纳税年度的起止时间吗？您知道企业缴纳企业所得税的具体方法吗？您知道新旧企业所得税法过渡期有哪些特殊的规定吗？本部分将为您回答上述问题。

一、居民企业的纳税地点

 基本税收政策

除税收法律、行政法规另有规定外，居民企业以企业登记注册地为纳税地点；但登记注册地在境外的，以实际管理机构所在地为纳税地点。

居民企业在中国境内设立不具有法人资格的营业机构的，应当汇总计算并缴纳企业所得税。

 **税收政策详解**

上述制度所称企业登记注册地，是指企业依照国家有关规定登记注册的住所地。

企业汇总计算并缴纳企业所得税时，应当统一核算应纳税所得额，具体办法由国务院财政、税务主管部门另行制定。

 实务应用指南

企业登记注册地，是指企业依照国家有关规定登记注册的住所所在地。根据《公司登记管理条例》（1994 年 6 月 24 日国务院令第 156 号发布，2005 年 12 月 18 日修订）第十二条的规定，公司的住所是公司主要办事机构所在地。经公司登记机关登记的公司的住所只能有一个。公司的住所应当在其公司登记机关辖区内。根据《公司登记管理条例》的规定，国家工商行政管理总局负责下列公司的登记：

（1）国务院国有资产监督管理机构履行出资人职责的公司以及该公司投资设立并持有50%以上股份的公司。

（2）外商投资的公司。

（3）依照法律、行政法规或者国务院决定的规定，应当由国家工商行政管理总局登记的公司。

（4）国家工商行政管理总局规定应当由其登记的其他公司。

省、自治区、直辖市工商行政管理局负责本辖区内下列公司的登记：

（1）省、自治区、直辖市人民政府国有资产监督管理机构履行出资人职责的公司以及该公司投资设立并持有50%以上股份的公司。

（2）省、自治区、直辖市工商行政管理局规定由其登记的自然人投资设立的公司。

（3）依照法律、行政法规或者国务院决定的规定，应当由省、自治区、直辖市工商行政管理局登记的公司。

（4）国家工商行政管理总局授权登记的其他公司。

设区的市（地区）工商行政管理局、县工商行政管理局，以及直辖市的工商行政管理分局、设区的市工商行政管理局的区分局，负责本辖区内下列公司的登记：

（1）上述所列公司以外的其他公司。

（2）国家工商行政管理总局和省、自治区、直辖市工商行政管理局授权登记的公司。

上述规定的具体登记管辖由省、自治区、直辖市工商行政管理局规定。但是，其中的股份有限公司由设区的市（地区）工商行政管理局负责登记。

《国家税务总局关于调整新增企业所得税征管范围问题的通知》（国税发〔2008〕120号）规定：

第一，基本规定：

以2008年为基年，2008年底之前国家税务局、地方税务局各自管理的企业所得税纳税人不作调整。2009年起新增企业所得税纳税人中，应缴纳增值税的企业，其企业所得税由国家税务局管理；应缴纳营业税的企业，其企业所得税由地方税务局管理。

同时，2009年起下列新增企业的所得税征管范围实行以下规定：

（1）企业所得税全额为中央收入的企业和在国家税务局缴纳营业税的企业，其企业所得税由国家税务局管理。

（2）银行（信用社）、保险公司的企业所得税由国家税务局管理，除上述规定外的其他各类金融企业的企业所得税由地方税务局管理。

（3）外商投资企业和外国企业常驻代表机构的企业所得税仍由国家税务局管理。

第二，对若干具体问题的规定。

（1）境内单位和个人向非居民企业支付《企业所得税法》第三条第三款规定的所得的，该项所得应扣缴的企业所得税的征管，分别由支付该项所得的境内单位和个人的所得税主管国家税务局或地方税务局负责。

（2）2008年底之前已成立跨区经营汇总纳税企业，2009年起新设立的分支机构，其企业所得税的征管部门应与总机构企业所得税征管部门相一致；2009年起新增跨区经营汇总纳税企业，总机构按基本规定确定的原则划分征管归属，其分支机构企业所得税的管理部门也应与总机构企业所得税管理部门相一致。

（3）按税法规定免缴流转税的企业，按其免缴的流转税税种确定企业所得税征管归属；既不缴纳增值税也不缴纳营业税的企业，其企业所得税暂由地方税务局管理。

（4）既缴纳增值税又缴纳营业税的企业，原则上按照其税务登记时自行申报的主营业务应缴纳的流转税税种确定征管归属；企业税务登记时无法确定主营业务的，一般以工商登记注明的第一项业务为准；一经确定，原则上不再调整。

（5）2009年起新增企业，是指按照《财政部 国家税务总局关于享受企业所得税优惠政策的新办企业认定标准的通知》（财税〔2006〕1号）及有关规定的新办企业认定标准成立的企业。

第三，各地国家税务局、地方税务局要加强沟通协调，及时研究和解决实施过程中出现的新问题，本着保证税收收入不流失和不给纳税人增加额外负担的原则，确保征管范围调整方案落实到位。

《国家税务总局关于明确非居民企业所得税征管范围的补充通知》（国税函〔2009〕50号）规定：

为贯彻落实《国家税务总局关于调整新增企业所得税征管范围问题的通知》（国税发〔2008〕120号），就非居民企业所得税征管范围补充明确如下：

第一，对"一、基本规定（三）"规定的情形，除外国企业常驻代表机构外，还应包括在中国境内设立机构、场所的其他非居民企业。

第二，除"二、对若干具体问题的规定（一）"规定的情形外，不缴纳企业所得税的境内单位，其发生的企业所得税源泉扣缴管理工作仍由国家税务局负责。

《国家税务总局关于跨地区经营建筑企业所得税征收管理问题的通知》（国

税函〔2010〕156 号）规定，为加强对跨地区（指跨省、自治区、直辖市和计划单列市，下同）经营建筑企业所得税的征收管理，根据《中华人民共和国企业所得税法》及其实施条例、《中华人民共和国税收征收管理法》及其实施细则、《国家税务总局关于印发〈跨地区经营汇总纳税企业所得税征收管理暂行办法〉的通知》（国税发〔2008〕28 号）的规定，跨地区经营建筑企业所得税征收管理执行以下制度：

第一，实行总分机构体制的跨地区经营建筑企业应严格执行国税发〔2008〕28 号文件规定，按照"统一计算，分级管理，就地预缴，汇总清算，财政调库"的办法计算缴纳企业所得税。

第二，建筑企业所属二级或二级以下分支机构直接管理的项目部（包括与项目部性质相同的工程指挥部、合同段等，下同）不就地预缴企业所得税，其经营收入、职工工资和资产总额应汇总到二级分支机构统一核算，由二级分支机构按照国税发〔2008〕28 号文件规定的办法预缴企业所得税。

第三，建筑企业总机构直接管理的跨地区设立的项目部，应按项目实际经营收入的 0.2% 按月或按季由总机构向项目所在地预分企业所得税，并由项目部向所在地主管税务机关预缴。

第四，建筑企业总机构应汇总计算企业应纳所得税，按照以下方法进行预缴：

（1）总机构只设跨地区项目部的，扣除已由项目部预缴的企业所得税后，按照其余额就地缴纳。

（2）总机构只设二级分支机构的，按照国税发〔2008〕28 号文件规定计算总、分支机构应缴纳的税款。

（3）总机构既有直接管理的跨地区项目部，又有跨地区二级分支机构的，先扣除已由项目部预缴的企业所得税后，再按照国税发〔2008〕28 号文件规定计算总、分支机构应缴纳的税款。

第五，建筑企业总机构应按照有关规定办理企业所得税年度汇算清缴，各分支机构和项目部不进行汇算清缴。总机构年终汇算清缴后应纳所得税额小于已预缴的税款时，由总机构主管税务机关办理退税或抵扣以后年度的应缴企业所得税。

第六，跨地区经营的项目部（包括二级以下分支机构管理的项目部）应向项目所在地主管税务机关出具总机构所在地主管税务机关开具的《外出经营活动税收管理证明》，未提供上述证明的，项目部所在地主管税务机关应督促其限期补办；不能提供上述证明的，应作为独立纳税人就地缴纳企业所得税。同时，项目部应向所在地主管税务机关提供总机构出具的证明该项目部属于总机构或二级分支机构管理的证明文件。

第七，建筑企业总机构在办理企业所得税预缴和汇算清缴时，应附送其所直接管理的跨地区经营项目部就地预缴税款的完税证明。

第八，建筑企业在同一省、自治区、直辖市和计划单列市设立的跨地（市、县）项目部，其企业所得税的征收管理办法，由各省、自治区、直辖市和计划单列市国家税务局、地方税务局共同制定，并报国家税务总局备案。

《国家税务总局关于中国工商银行股份有限公司等企业企业所得税有关征管问题的通知》（国税函〔2010〕184号）规定，为加强企业所得税收入全额归属中央的企业所得税征管，铁路运输企业（包括广铁集团和大秦铁路公司）、国有邮政企业、中国工商银行股份有限公司、中国农业银行、中国银行股份有限公司、国家开发银行、中国农业发展银行、中国进出口银行、中央汇金投资有限责任公司、中国建设银行股份有限公司、中国建银投资有限责任公司以及海洋石油天然气企业（包括港澳台和外商投资、外国海上石油天然气企业）等企业的所得税征管执行以下制度：

第一，上述企业下属二级分支机构均应按照企业所得税的有关规定向当地主管税务机关报送企业所得税预缴申报表或其他相关资料，但其税款由总机构统一汇总计算后向总机构所在地主管税务机关缴纳。

第二，上述企业下属二级（含二级以下）分支机构发生的需要税务机关审批的财产损失，由其二级分支机构将财产损失的有关资料上报其所在地主管税务机关，由二级分支机构所在省、自治区、直辖市和计划单列市税务机关按照国税发〔2009〕88号文件印发的《企业资产损失税前扣除管理办法》规定的权限审批。

第三，上述企业下属二级分支机构名单总局将另行发文明确。企业二级以下（不含二级）分支机构名单，由二级分支机构向所在地主管税务机关提供，经省级税务机关审核后发文明确并报总局备案。对不在总局及省级税务机关文件中明确的名单内的分支机构，不得作为所属企业的分支机构管理。

《财政部 国家税务总局 人民银行关于印发〈跨省市总分机构企业所得税分配及预算管理办法〉的通知》（财预〔2012〕40号）规定：

第一，主要内容。

（1）基本方法。属于中央与地方共享范围的跨省市总分机构企业缴纳的企业所得税，按照统一规范、兼顾总机构和分支机构所在地利益的原则，实行"统一计算、分级管理、就地预缴、汇总清算、财政调库"的处理办法，总分机构统一计算的当期应纳税额的地方分享部分中，25%由总机构所在地分享，50%由各分支机构所在地分享，25%按一定比例在各地间进行分配。

统一计算，是指居民企业应统一计算包括各个不具有法人资格营业机构在内的企业全部应纳税所得额、应纳税额。总机构和分支机构适用税率不一致的，应分别按适用税率计算应纳所得税额。

分级管理，是指居民企业总机构、分支机构，分别由所在地主管税务机关属地进行监督和管理。

就地预缴，是指居民企业总机构、分支机构，应按本办法规定的比例分别就地按月或者按季向所在地主管税务机关申报、预缴企业所得税。

汇总清算，是指在年度终了后，总分机构企业根据统一计算的年度应纳税所得额、应纳所得税额，抵减总机构、分支机构当年已就地分期预缴的企业所得税款后，多退少补。

财政调库，是指财政部定期将缴入中央总金库的跨省市总分机构企业所得税待分配收入，按照核定的系数调整至地方国库。

（2）适用范围。跨省市总分机构企业是指跨省（自治区、直辖市和计划单列市，下同）设立不具有法人资格分支机构的居民企业。

总机构和具有主体生产经营职能的二级分支机构就地预缴企业所得税。三级及三级以下分支机构，其营业收入、职工薪酬和资产总额等统一并入二级分支机构计算。

按照现行财政体制的规定，国有邮政企业（包括中国邮政集团公司及其控股公司和直属单位）、中国工商银行股份有限公司、中国农业银行股份有限公司、中国银行股份有限公司、国家开发银行股份有限公司、中国农业发展银行、中国进出口银行、中国投资有限责任公司、中国建设银行股份有限公司、中国建银投资有限责任公司、中国信达资产管理股份有限公司、中国石油天然气股份有限公司、中国石油化工股份有限公司、海洋石油天然气企业（包括中国海洋石油总公司、中海石油（中国）有限公司、中海油田服务股份有限公司、海洋石油工程股份有限公司）、中国长江电力股份有限公司等企业总分机构缴纳的企业所得税（包括滞纳金、罚款收入）为中央收入，全额上缴中央国库，不实行本办法。

不具有主体生产经营职能且在当地不缴纳营业税、增值税的产品售后服务、内部研发、仓储等企业内部辅助性的二级分支机构以及上年度符合条件的小型微利企业及其分支机构，不实行本办法。

居民企业在中国境外设立不具有法人资格分支机构的，按本办法计算有关分期预缴企业所得税时，其应纳税所得额、应纳所得税额及分摊因素数额，均不包括其境外分支机构。

第二，预算科目。

从 2013 年起，在《政府收支分类科目》中增设 1010449 项"分支机构汇算清缴所得税"科目，其下设 01 目"国有企业分支机构汇算清缴所得税"、

02 目"股份制企业分支机构汇算清缴所得税"、03 目"港澳台和外商投资企业分支机构汇算清缴所得税"、99 目"其他企业分支机构汇算清缴所得税",有关科目说明及其他修订情况见《2013 年政府收支分类科目》。

第三,税款预缴。

由总机构统一计算企业应纳税所得额和应纳所得税额,并分别由总机构、分支机构按月或按季就地预缴。

(1)分支机构分摊预缴税款。总机构在每月或每季终了之日起十日内,按照上年度各省市分支机构的营业收入、职工薪酬和资产总额三个因素,将统一计算的企业当期应纳税额的 50% 在各分支机构之间进行分摊(总机构所在省市同时设有分支机构的,同样按三个因素分摊),各分支机构根据分摊税款就地办理缴库,所缴纳税款收入由中央与分支机构所在地按 60:40 分享。分摊时三个因素权重依次为 0.35、0.35 和 0.3。当年新设立的分支机构第二年起参与分摊;当年撤销的分支机构自办理注销税务登记之日起不参与分摊。

本办法所称的分支机构营业收入,是指分支机构销售商品、提供劳务、让渡资产使用权等日常经营活动实现的全部收入。其中,生产经营企业分支机构营业收入是指生产经营企业分支机构销售商品、提供劳务、让渡资产使用权等取得的全部收入;金融企业分支机构营业收入是指金融企业分支机构取得的利息、手续费、佣金等全部收入;保险企业分支机构营业收入是指保险企业分支机构取得的保费等全部收入。

本办法所称的分支机构职工薪酬,是指分支机构为获得职工提供的服务而给予职工的各种形式的报酬。

本办法所称的分支机构资产总额,是指分支机构在 12 月 31 日拥有或者控制的资产合计额。

各分支机构分摊预缴额按下列公式计算:

各分支机构分摊预缴额 = 所有分支机构应分摊的预缴总额 × 该分支机构分摊比例

其中:

所有分支机构应分摊的预缴总额 = 统一计算的企业当期应纳所得税额 ×50%

该分支机构分摊比例 =(该分支机构营业收入 / 各分支机构营业收入之和)

×0.35+(该分支机构职工薪酬 / 各分支机构职工薪酬之和)

×0.35+(该分支机构资产总额 / 各分支机构资产总额之和)

×0.30

以上公式中,分支机构仅指需要参与就地预缴的分支机构。

(2)总机构就地预缴税款。总机构应将统一计算的企业当期应纳税额的

25%，就地办理缴库，所缴纳税款收入由中央与总机构所在地按 60∶40 分享。

（3）总机构预缴中央国库税款。总机构应将统一计算的企业当期应纳税额的剩余 25%，就地全额缴入中央国库，所缴纳税款收入 60% 为中央收入，40% 由财政部按照 2004 年至 2006 年各省市三年实际分享企业所得税占地方分享总额的比例定期向各省市分配。

第四，汇总清算。

企业总机构汇总计算企业年度应纳所得税额，扣除总机构和各境内分支机构已预缴的税款，计算出应补应退税款，分别由总机构和各分支机构（不包括当年已办理注销税务登记的分支机构）就地办理税款缴库或退库。

（1）补缴的税款按照预缴的分配比例，50% 由各分支机构就地办理缴库，所缴纳税款收入由中央与分支机构所在地按 60∶40 分享；25% 由总机构就地办理缴库，所缴纳税款收入由中央与总机构所在地按 60∶40 分享；其余 25% 部分就地全额缴入中央国库，所缴纳税款收入中 60% 为中央收入，40% 由财政部按照 2004 年至 2006 年各省市三年实际分享企业所得税占地方分享总额的比例定期向各省市分配。

（2）多缴的税款按照预缴的分配比例，50% 由各分支机构就地办理退库，所退税款由中央与分支机构所在地按 60∶40 分担；25% 由总机构就地办理退库，所退税款由中央与总机构所在地按 60∶40 分担；其余 25% 部分就地从中央国库退库，其中 60% 从中央级 1010442 项"总机构汇算清缴所得税"下有关科目退付，40% 从中央级 1010443 项"企业所得税待分配收入"下有关科目退付。

第五，税款缴库程序。

（1）分支机构分摊的预缴税款、汇算补缴税款、查补税款（包括滞纳金和罚款）由分支机构办理就地缴库。分支机构所在地税务机关开具税收缴款书，预算科目栏按企业所有制性质对应填写 1010440 项"分支机构预缴所得税"、1010449 项"分支机构汇算清缴所得税"和 1010450 项"企业所得税查补税款、滞纳金、罚款收入"下的有关目级科目名称及代码，"级次"栏填写"中央 60%、地方 40%"。

（2）总机构就地预缴、汇算补缴、查补税款（包括滞纳金和罚款）由总机构合并办理就地缴库。中央与地方分配方式为中央 60%，企业所得税待分配收入（暂列中央收入）20%，总机构所在地 20%。总机构所在地税务机关开具税收缴款书，预算科目栏按企业所有制性质对应填写 1010441 项"总机构预缴所得税"、1010442 项"总机构汇算清缴所得税"和 1010450 项"企业所得税查补税款、滞纳金、罚款收入"下的有关目级科目名称及代码，"级次"栏按上述分配比例填写"中央 60%、中央 20%（待分配）、地方 20%"。

国库部门收到税款（包括滞纳金和罚款）后，将其中 60% 列入中央级 1010441 项"总机构预缴所得税"、1010442 项"总机构汇算清缴所得税"和 1010450 项"企业所得税查补税款、滞纳金、罚款收入"下有关目级科目，20% 列入中央级 1010443 项"企业所得税待分配收入"下有关目级科目，20% 列入地方级 1010441 项"总机构预缴所得税"、1010442 项"总机构汇算清缴所得税"和 1010450 项"企业所得税查补税款、滞纳金、罚款收入"下有关目级科目。

（3）多缴的税款由分支机构和总机构所在地税务机关开具收入退还书并按规定办理退库。收入退还书预算科目按企业所有制性质对应填写，预算级次按原缴款时的级次填写。

第六，财政调库。

财政部根据 2004 年至 2006 年各省市三年实际分享企业所得税占地方分享总额的比例，定期向中央总金库按目级科目开具分地区调库划款指令，将"企业所得税待分配收入"全额划转至地方国库。地方国库收款后，全额列入地方级 1010441 项"总机构预缴所得税"下的目级科目办理入库，并通知同级财政部门。

第七，其他。

（1）跨省市总分机构企业缴纳的所得税查补税款、滞纳金、罚款收入，按中央与地方 60：40 分成比例就地缴库。需要退还的所得税查补税款、滞纳金和罚款收入仍按现行管理办法办理审批退库手续。

（2）财政部于每年 1 月初按中央总金库截至上年 12 月 31 日的跨省市总分机构企业所得税待分配收入进行分配，并在库款报解整理期（1 月 1 日至 1 月 10 日）内划转至地方国库；地方国库收到下划资金后，金额纳入上年度地方预算收入。地方财政列入上年度收入决算。各省市分库在 12 月 31 日向中央总金库报解最后一份中央预算收入日报表后，整理期内再收纳的跨省市分机构企业缴纳的所得税，统一作为新年度的缴库收入处理。

（3）税务机关与国库部门在办理总机构缴纳的所得税对账时，需要将 1010441 项"总机构预缴所得税"、42 项"总机构汇算清缴所得税"、43 项"企业所得税待分配收入"下设的目级科目按级次核对一致。

（4）本办法自 2013 年 1 月 1 日起执行。《财政部 国家税务总局 中国人民银行关于印发〈跨省市总分机构企业所得税分配及预算管理暂行办法〉的通知》（财预〔2008〕10 号）同时废止。

（5）分配给地方的跨省市总分机构企业所得税收入，以及省区域内跨市县经营企业缴纳的企业所得税收入，可参照本办法制定省以下分配与预算管理办法。

《跨地区经营汇总纳税企业所得税征收管理办法》（国家税务总局公告2012年第57号）规定：

第一，为加强跨地区经营汇总纳税企业所得税的征收管理，根据《中华人民共和国企业所得税法》及其实施条例（以下简称《企业所得税法》）、《中华人民共和国税收征收管理法》及其实施细则（以下简称《征收管理法》）和《财政部 国家税务总局 中国人民银行关于印发〈跨省市总分机构企业所得税分配及预算管理办法〉的通知》（财预〔2012〕40号）等的有关规定，制定本办法。

第二，居民企业在中国境内跨地区（指跨省、自治区、直辖市和计划单列市，下同）设立不具有法人资格分支机构的，该居民企业为跨地区经营汇总纳税企业（以下简称汇总纳税企业），除另有规定外，其企业所得税征收管理适用本办法。

国有邮政企业（包括中国邮政集团公司及其控股公司和直属单位）、中国工商银行股份有限公司、中国农业银行股份有限公司、中国银行股份有限公司、国家开发银行股份有限公司、中国农业发展银行、中国进出口银行、中国投资有限责任公司、中国建设银行股份有限公司、中国建银投资有限责任公司、中国信达资产管理股份有限公司、中国石油天然气股份有限公司、中国石油化工股份有限公司、海洋石油天然气企业（包括中国海洋石油总公司、中海石油（中国）有限公司、中海油田服务股份有限公司、海洋石油工程股份有限公司）、中国长江电力股份有限公司等企业缴纳的企业所得税（包括滞纳金、罚款）为中央收入，全额上缴中央国库，其企业所得税征收管理不适用本办法。

铁路运输企业所得税征收管理不适用本办法。

第三，汇总纳税企业实行"统一计算、分级管理、就地预缴、汇总清算、财政调库"的企业所得税征收管理办法：

（1）统一计算，是指总机构统一计算包括汇总纳税企业所属各个不具有法人资格分支机构在内的全部应纳税所得额、应纳税额。

（2）分级管理，是指总机构、分支机构所在地的主管税务机关都有对当地机构进行企业所得税管理的责任，总机构和分支机构应分别接受机构所在地主管税务机关的管理。

（3）就地预缴，是指总机构、分支机构应按本办法的规定，分月或分季分别向所在地主管税务机关申报预缴企业所得税。

（4）汇总清算，是指在年度终了后，总机构统一计算汇总纳税企业的年度应纳税所得额、应纳所得税额，抵减总机构、分支机构当年已就地分期预缴的企业所得税款后，多退少补。

（5）财政调库，是指财政部定期将缴入中央国库的汇总纳税企业所得税待分配收入，按照核定的系数调整至地方国库。

第四，总机构和具有主体生产经营职能的二级分支机构，就地分摊缴纳企业所得税。

二级分支机构，是指汇总纳税企业依法设立并领取非法人营业执照（登记证书），且总机构对其财务、业务、人员等直接进行统一核算和管理的分支机构。

第五，以下二级分支机构不就地分摊缴纳企业所得税：

（1）不具有主体生产经营职能，且在当地不缴纳增值税、营业税的产品售后服务、内部研发、仓储等汇总纳税企业内部辅助性的二级分支机构，不就地分摊缴纳企业所得税。

（2）上年度认定为小型微利企业的，其二级分支机构不就地分摊缴纳企业所得税。

（3）新设立的二级分支机构，设立当年不就地分摊缴纳企业所得税。

（4）当年撤销的二级分支机构，自办理注销税务登记之日所属企业所得税预缴期间起，不就地分摊缴纳企业所得税。

（5）汇总纳税企业在中国境外设立的不具有法人资格的二级分支机构，不就地分摊缴纳企业所得税。

第六，汇总纳税企业按照《企业所得税法》规定汇总计算的企业所得税，包括预缴税款和汇算清缴应缴应退税款，50% 在各分支机构间分摊，各分支机构根据分摊税款就地办理缴库或退库；50% 由总机构分摊缴纳，其中 25% 就地办理缴库或退库，25% 就地全额缴入中央国库或退库。具体的税款缴库或退库程序按照财预〔2012〕40 号文件第五条等相关规定执行。

第七，企业所得税分月或者分季预缴，由总机构所在地主管税务机关具体核定。

汇总纳税企业应根据当期实际利润额，按照本办法规定的预缴分摊方法计算总机构和分支机构的企业所得税预缴额，分别由总机构和分支机构就地预缴；在规定期限内按实际利润额预缴有困难的，也可以按照上一年度应纳税所得额的 1/12 或 1/4，按照本办法规定的预缴分摊方法计算总机构和分支机构的企业所得税预缴额，分别由总机构和分支机构就地预缴。预缴方法一经确定，当年度不得变更。

第八，总机构应将本期企业应纳所得税额的 50% 部分，在每月或季度终了后 15 日内就地申报预缴。总机构应将本期企业应纳所得税额的另外 50% 部分，按照各分支机构应分摊的比例，在各分支机构之间进行分摊，并及时通知到各分支机构；各分支机构应在每月或季度终了之日起 15 日内，就其分摊的所得税额就地申报预缴。

分支机构未按税款分配数额预缴所得税造成少缴税款的，主管税务机关应按照《征收管理法》的有关规定对其处罚，并将处罚结果通知总机构所在地主管税务机关。

第九，汇总纳税企业预缴申报时，总机构除报送企业所得税预缴申报表和企业当期财务报表外，还应报送汇总纳税企业分支机构所得税分配表和各分支机构上一年度的年度财务报表（或年度财务状况和营业收支情况）；分支机构除报送企业所得税预缴申报表（只填列部分项目）外，还应报送经总机构所在地主管税务机关受理的汇总纳税企业分支机构所得税分配表。

在一个纳税年度内，各分支机构上一年度的年度财务报表（或年度财务状况和营业收支情况）原则上只需要报送一次。

第十，汇总纳税企业应当自年度终了之日起5个月内，由总机构汇总计算企业年度应纳所得税额，扣除总机构和各分支机构已预缴的税款，计算出应缴应退税款，按照本办法规定的税款分摊方法计算总机构和分支机构的企业所得税应缴应退税款，分别由总机构和分支机构就地办理税款缴库或退库。

汇总纳税企业在纳税年度内预缴企业所得税税款少于全年应缴企业所得税税款的，应在汇算清缴期内由总、分机构分别结清应缴的企业所得税税款；预缴税款超过应缴税款的，主管税务机关应及时按有关规定分别办理退税，或者经总、分机构同意后分别抵缴其下一年度应缴企业所得税税款。

第十一，汇总纳税企业汇算清缴时，总机构除报送企业所得税年度纳税申报表和年度财务报表外，还应报送汇总纳税企业分支机构所得税分配表、各分支机构的年度财务报表和各分支机构参与企业年度纳税调整情况的说明；分支机构除报送企业所得税年度纳税申报表（只填列部分项目）外，还应报送经总机构所在地主管税务机关受理的汇总纳税企业分支机构所得税分配表、分支机构的年度财务报表（或年度财务状况和营业收支情况）和分支机构参与企业年度纳税调整情况的说明。

分支机构参与企业年度纳税调整情况的说明，可参照企业所得税年度纳税申报表附表"纳税调整项目明细表"中列明的项目进行说明，涉及需由总机构统一计算调整的项目不进行说明。

第十二，分支机构未按规定报送经总机构所在地主管税务机关受理的汇总纳税企业分支机构所得税分配表，分支机构所在地主管税务机关应责成该分支机构在申报期内报送，同时提请总机构所在地主管税务机关督促总机构按照规定提供上述分配表；分支机构在申报期内不提供的，由分支机构所在地主管税务机关对分支机构按照《征收管理法》的有关规定予以处罚；属于总机构未向分支机构提供分配表的，分支机构所在地主管税务机关还应提请总机构所在地主管税务机关对总机构按照《征收管理法》的有关规定予以处罚。

第十三，总机构按以下公式计算分摊税款：

总机构分摊税款 = 汇总纳税企业当期应纳所得税额 × 50%

第十四，分支机构按以下公式计算分摊税款：

所有分支机构分摊税款总额 = 汇总纳税企业当期应纳所得税额 × 50%

某分支机构分摊税款 = 所有分支机构分摊税款总额 × 该分支机构分摊比例

第十五，总机构应按照上年度分支机构的营业收入、职工薪酬和资产总额三个因素计算各分支机构分摊所得税款的比例；三级及以下分支机构，其营业收入、职工薪酬和资产总额统一计入二级分支机构；三因素的权重依次为 0.35、0.35、0.30。

计算公式如下：

某分支机构分摊比例 = （该分支机构营业收入 / 各分支机构营业收入之和）× 0.35 + （该分支机构职工薪酬 / 各分支机构职工薪酬之和）× 0.35 + （该分支机构资产总额 / 各分支机构资产总额之和）× 0.30

分支机构分摊比例按上述方法一经确定后，除出现本办法第五条第（四）项和第十六条第二、第三款情形外，当年不作调整。

第十六，总机构设立具有主体生产经营职能的部门（非本办法第四条规定的二级分支机构），且该部门的营业收入、职工薪酬和资产总额与管理职能部门分开核算的，可将该部门视同一个二级分支机构，按本办法规定计算分摊并就地缴纳企业所得税；该部门与管理职能部门的营业收入、职工薪酬和资产总额不能分开核算的，该部门不得视同一个二级分支机构，不得按本办法规定计算分摊并就地缴纳企业所得税。

汇总纳税企业当年由于重组等原因从其他企业取得重组当年之前已存在的二级分支机构，并作为本企业二级分支机构管理的，该二级分支机构不视同当年新设立的二级分支机构，按本办法规定计算分摊并就地缴纳企业所得税。

汇总纳税企业内就地分摊缴纳企业所得税的总机构、二级分支机构之间，发生合并、分立、管理层级变更等形成的新设或存续的二级分支机构，不视同当年新设立的二级分支机构，按本办法规定计算分摊并就地缴纳企业所得税。

第十七，本办法所称分支机构营业收入，是指分支机构销售商品、提供劳务、让渡资产使用权等日常经营活动实现的全部收入。其中，生产经营企业分支机构营业收入是指生产经营企业分支机构销售商品、提供劳务、让渡资产使用权等取得的全部收入。金融企业分支机构营业收入是指金融企业分支机构取得的利息、手续费、佣金等全部收入。保险企业分支机构营业收入是指保险企业分支机构取得的保费等全部收入。

本办法所称分支机构职工薪酬，是指分支机构为获得职工提供的服务而给予各种形式的报酬以及其他相关支出。

本办法所称分支机构资产总额，是指分支机构在经营活动中实际使用的应归属于该分支机构的资产合计额。

本办法所称上年度分支机构的营业收入、职工薪酬和资产总额，是指分支机构上年度全年的营业收入、职工薪酬数据和上年度12月31日的资产总额数据，是依照国家统一会计制度的规定核算的数据。

一个纳税年度内，总机构首次计算分摊税款时采用的分支机构营业收入、职工薪酬和资产总额数据，与此后经过中国注册会计师审计确认的数据不一致的，不作调整。

第十八，对于按照税收法律、法规和其他规定，总机构和分支机构处于不同税率地区的，先由总机构统一计算全部应纳税所得额，然后按本办法第六条规定的比例和按第十五条计算的分摊比例，计算划分不同税率地区机构的应纳税所得额，再分别按各自的适用税率计算应纳税额后加总计算出汇总纳税企业的应纳所得税总额，最后按本办法第六条规定的比例和按第十五条计算的分摊比例，向总机构和分支机构分摊就地缴纳的企业所得税款。

第十九，分支机构所在地主管税务机关应根据经总机构所在地主管税务机关受理的汇总纳税企业分支机构所得税分配表、分支机构的年度财务报表（或年度财务状况和营业收支情况）等，对其主管分支机构计算分摊税款比例的三个因素、计算的分摊税款比例和应分摊缴纳的所得税税款进行查验核对；对查验项目有异议的，应于收到汇总纳税企业分支机构所得税分配表后30日内向企业总机构所在地主管税务机关提出书面复核建议，并附送相关数据资料。

总机构所在地主管税务机关必须于收到复核建议后30日内，对分摊税款的比例进行复核，作出调整或维持原比例的决定，并将复核结果函复分支机构所在地主管税务机关。分支机构所在地主管税务机关应执行总机构所在地主管税务机关的复核决定。

总机构所在地主管税务机关未在规定时间内复核并函复复核结果的，上级税务机关应对总机构所在地主管税务机关按照有关规定进行处理。

复核期间，分支机构应先按总机构确定的分摊比例申报缴纳税款。

第二十，汇总纳税企业未按照规定准确计算分摊税款，造成总机构与分支机构之间同时存在一方（或几方）多缴另一方（或几方）少缴税款的，其总机构或分支机构分摊缴纳的企业所得税低于按本办法规定计算分摊的数额的，应在下一税款缴纳期内，由总机构将按本办法规定计算分摊的税款差额分摊到总机构或分支机构补缴；其总机构或分支机构就地缴纳的企业所得税高于按本办法规定计算分摊的数额的，应在下一税款缴纳期内，由总机构将按本办法规定计算分摊的税款差额从总机构或分支机构的分摊税款中扣减。

第二十一，汇总纳税企业总机构和分支机构应依法办理税务登记，接受所在地主管税务机关的监督和管理。

第二十二，总机构应将其所有二级及以下分支机构（包括本办法第五条规定的分支机构）信息报其所在地主管税务机关备案，内容包括分支机构名称、层级、地址、邮编、纳税人识别号及企业所得税主管税务机关名称、地址和邮编。

分支机构（包括本办法第五条规定的分支机构）应将其总机构、上级分支机构和下属分支机构信息报其所在地主管税务机关备案，内容包括总机构、上级机构和下属分支机构名称、层级、地址、邮编、纳税人识别号及企业所得税主管税务机关名称、地址和邮编。

上述备案信息发生变化的，除另有规定外，应在内容变化后 30 日内报总机构和分支机构所在地主管税务机关备案，并办理变更税务登记。

分支机构注销税务登记后 15 日内，总机构应将分支机构注销情况报所在地主管税务机关备案，并办理变更税务登记。

第二十三，以总机构名义进行生产经营的非法人分支机构，无法提供汇总纳税企业分支机构所得税分配表，应在预缴申报期内向其所在地主管税务机关报送非法人营业执照（或登记证书）的复印件、由总机构出具的二级及以下分支机构的有效证明和支持有效证明的相关材料（包括总机构拨款证明、总分机构协议或合同、公司章程、管理制度等），证明其二级及以下分支机构身份。

二级及以下分支机构所在地主管税务机关应对二级及以下分支机构进行审核鉴定，对应按本办法规定就地分摊缴纳企业所得税的二级分支机构，应督促其及时就地缴纳企业所得税。

第二十四，以总机构名义进行生产经营的非法人分支机构，无法提供汇总纳税企业分支机构所得税分配表，也无法提供本办法第二十三条规定相关证据证明其二级及以下分支机构身份的，应视同独立纳税人计算并就地缴纳企业所得税，不执行本办法的相关规定。

按上款规定视同独立纳税人的分支机构，其独立纳税人身份一个年度内不得变更。

汇总纳税企业以后年度改变组织结构的，该分支机构应按本办法第二十三条规定报送相关证据，分支机构所在地主管税务机关重新进行审核鉴定。（本款规定自 2015 年 1 月 1 日起废止）

第二十五，汇总纳税企业发生的资产损失，应按以下规定申报扣除：

（1）总机构及二级分支机构发生的资产损失，除应按专项申报和清单申报的有关规定各自向所在地主管税务机关申报外，二级分支机构还应同时上报总机构；三级及以下分支机构发生的资产损失不需向所在地主管税务机关申报，应并入二级分支机构，由二级分支机构统一申报。

（2）总机构对各分支机构上报的资产损失，除税务机关另有规定外，应以清单申报的形式向所在地主管税务机关申报。

（3）总机构将分支机构所属资产捆绑打包转让所发生的资产损失，由总机构向所在地主管税务机关专项申报。

二级分支机构所在地主管税务机关应对二级分支机构申报扣除的资产损失强化后续管理。

第二十六，对于按照税收法律、法规和其他规定，由分支机构所在地主管税务机关管理的企业所得税优惠事项，分支机构所在地主管税务机关应加强审批（核）、备案管理，并通过评估、检查和台账管理等手段，加强后续管理。

第二十七，总机构所在地主管税务机关应加强对汇总纳税企业申报缴纳企业所得税的管理，可以对企业自行实施税务检查，也可以与二级分支机构所在地主管税务机关联合实施税务检查。

总机构所在地主管税务机关应对查实项目按照《企业所得税法》的规定统一计算查增的应纳税所得额和应纳税额。

总机构应将查补所得税款（包括滞纳金、罚款，下同）的50%按照本办法第十五条规定计算的分摊比例，分摊给各分支机构（不包括本办法第五条规定的分支机构）缴纳，各分支机构根据分摊查补税款就地办理缴库；50%分摊给总机构缴纳，其中25%就地办理缴库，25%就地全额缴入中央国库。具体的税款缴库程序按照财预〔2012〕40号文件第五条等相关规定执行。

汇总纳税企业缴纳查补所得税款时，总机构应向其所在地主管税务机关报送汇总纳税企业分支机构所得税分配表和总机构所在地主管税务机关出具的税务检查结论，各分支机构也应向其所在地主管税务机关报送经总机构所在地主管税务机关受理的汇总纳税企业分支机构所得税分配表和税务检查结论。

第二十八，二级分支机构所在地主管税务机关应配合总机构所在地主管税务机关对其主管二级分支机构实施税务检查，也可以自行对该二级分支机构实施税务检查。

二级分支机构所在地主管税务机关自行对其主管二级分支机构实施税务检查，可对查实项目按照《企业所得税法》的规定自行计算查增的应纳税所得额和应纳税额。

计算查增的应纳税所得额时，应减除允许弥补的汇总纳税企业以前年度亏损；对于需由总机构统一计算的税前扣除项目，不得由分支机构自行计算调整。

二级分支机构应将查补所得税款的 50% 分摊给总机构缴纳，其中 25% 就地办理缴库，25% 就地全额缴入中央国库；50% 分摊给该二级分支机构就地办理缴库。具体的税款缴库程序按照财预〔2012〕40 号文件第五条等相关规定执行。

汇总纳税企业缴纳查补所得税款时，总机构应向其所在地主管税务机关报送经二级分支机构所在地主管税务机关受理的汇总纳税企业分支机构所得税分配表和二级分支机构所在地主管税务机关出具的税务检查结论，二级分支机构也应向其所在地主管税务机关报送汇总纳税企业分支机构所得税分配表和税务检查结论。

第二十九，税务机关应将汇总纳税企业总机构、分支机构的税务登记信息、备案信息、总机构出具的分支机构有效证明情况及分支机构审核鉴定情况、企业所得税月（季）度预缴纳税申报表和年度纳税申报表、汇总纳税企业分支机构所得税分配表、财务报表（或年度财务状况和营业收支情况）、企业所得税款入库情况、资产损失情况、税收优惠情况、各分支机构参与企业年度纳税调整情况的说明、税务检查及查补税款分摊和入库情况等信息，定期分省汇总上传至国家税务总局跨地区经营汇总纳税企业管理信息交换平台。

第三十，2008 年底之前已成立的汇总纳税企业，2009 年起新设立的分支机构，其企业所得税的征管部门应与总机构企业所得税征管部门一致；2009 年起新增汇总纳税企业，其分支机构企业所得税的管理部门也应与总机构企业所得税管理部门一致。

第三十一，汇总纳税企业不得核定征收企业所得税。

第三十二，居民企业在中国境内没有跨地区设立不具有法人资格分支机构，仅在同一省、自治区、直辖市和计划单列市（以下称同一地区）内设立不具有法人资格分支机构的，其企业所得税征收管理办法，由各省、自治区、直辖市和计划单列市国家税务局、地方税务局参照本办法联合制定。

居民企业在中国境内既跨地区设立不具有法人资格分支机构，又在同一地区内设立不具有法人资格分支机构的，其企业所得税征收管理实行本办法。

第三十三，本办法自 2013 年 1 月 1 日起施行。

《国家税务总局关于印发〈跨地区经营汇总纳税企业所得税征收管理暂行办法〉的通知》（国税发〔2008〕28 号）、《国家税务总局关于跨地区经营汇总纳税企业所得税征收管理有关问题的通知》（国税函〔2008〕747 号）、《国家税务总局关于跨地区经营外商独资银行汇总纳税问题的通知》（国税函〔2008〕958 号）、《国家税务总局关于华能国际电力股份有限公司汇总计算缴纳企业所得税问题的通知》(国税函〔2009〕33 号)、《国家税务总局关于跨地区经营汇总纳税企业所得税征收管理若干问题的通知》(国税函〔2009〕221 号)和《国家税务总局关于华能国际电力股份有限公司所属分支机构 2008 年度预缴企业所得税款问题的通知》(国税函〔2009〕674 号)同时废止。

《国家税务总局关于发布〈中华人民共和国企业所得税月(季)度预缴纳税申报表〉等报表的公告》(税务总局公告 2011 年第 64 号)和《国家税务总局关于发布〈中华人民共和国企业所得税月(季)度预缴纳税申报表〉等报表的补充公告》(税务总局公告 2011 年第 76 号)规定与本办法不一致的,按本办法执行。

《财政部 国家税务总局 中国人民银行关于〈跨省市总分机构企业所得税分配及预算管理办法〉的补充通知》(财预〔2012〕453 号)规定:

第一,关于分支机构查补收入的归属。二级分支机构所在地主管税务机关自行对二级分支机构实施税务检查,二级分支机构应将查补所得税款、滞纳金、罚款地方分享部分的 50% 归属该二级分支机构所在地,就地办理缴库;其余 50% 分摊给总机构办理缴库,其中,25% 归属总机构所在地,25% 就地全额缴入中央国库,由中央财政按照一定比例在各地区间分配。

第二,关于税款滞纳金、罚款收入的归属。除查补税款滞纳金、罚款收入实行跨地区分享外,跨省市总分机构企业缴纳的其他企业所得税滞纳金、罚款收入不实行跨地区分享,按照规定的缴库程序就地缴库。

第三,关于预算科目的调整。将财预〔2012〕40 号文件和 2013 年《政府收支分类科目》中 1010450 项名称修改为"企业所得税税款滞纳金、罚款、加收利息收入"。1010450 项下 01 目名称修改为"内资企业所得税税款滞纳金、罚款、加收利息收入";02 目名称修改为"港澳台和外商投资企业所得税税款滞纳金、罚款、加收利息收入";03 目名称修改为"中央企业所得税税款滞纳金、罚款、加收利息收入"。

第四,关于缴库程序。分支机构分摊的查补税款入库的预算科目为 1010449 项"分支机构汇算清缴所得税"下的有关目级科目,级次为"中央 60%、地方 40%";滞纳金、罚款入库的预算科目为 1010450 项"企业所得税税款滞纳金、罚款、加收利息收入"下的有关目级科目,级次为"中央 60%、地方 40%"。

总机构分摊的查补税款入库的预算科目为 1010442 项"总机构汇算清缴所得税"下的有关目级科目,级次为"中央 60%、中央 20%(待分配)、地方 20%";滞纳金、罚款入库的预算科目为 1010450 项"企业所得税税款滞纳金、罚款、加收利息收入"下的有关目级科目,级次为"中央 60%、中央 20%(待分配)、地方 20%"。国库部门收到总机构企业查补税款和滞纳金、罚款后,将其中 60% 列入中央级 1010442 项"总机构汇算清缴所得税"下的有关目级科目和 1010450 项"企业所得税税款滞纳金、罚款、加收利息收入"下的有关目级科目，20% 列入中央级 1010443"企业所得税待分配收入"下的有关目级科目，20% 列入地方级 1010442 项"总机构汇算清缴所得税"下的有关目级科目和 1010450 项"企业所得税税款滞纳金、罚款、加收利息收入"下的有关目级科目。

第五,其他。本办法实施后,缴纳和退还 2012 年及以前年度的企业所得税,仍按原办法执行。

财预〔2012〕40 号文件规定与本文规定不一致的，按本文规定执行。

《国家税务总局关于明确跨地区经营企业所得税汇总纳税分支机构年度纳税申报有关事项的公告》（国家税务总局公告 2013 年第 44 号）规定：

跨地区经营汇总纳税企业的分支机构，在进行 2013 年度及以后年度纳税申报时，暂用《国家税务总局关于发布〈中华人民共和国企业所得税月（季）度预缴纳税申报表〉等报表的公告》（国家税务总局公告 2011 年第 64 号）中的《中华人民共和国企业所得税月（季）度预缴纳税申报表（A 类）》格式进行年度纳税申报。分支机构在办理年度所得税应补（退）税时,应同时附报《中华人民共和国企业所得税汇总纳税分支机构分配表》。

《国家税务总局关于 3 项企业所得税事项取消审批后加强后续管理的公告》（国家税务总局公告 2015 年第 6 号）规定，根据《国务院关于取消和调整一批行政审批项目等事项的决定》（国发〔2014〕27 号、国发〔2014〕50 号）规定，取消"享受小型微利企业所得税优惠的核准""收入全额归属中央的企业下属二级及二级以下分支机构名单的备案审核"和"汇总纳税企业组织结构变更审核"等项目审批，现就有关企业所得税后续管理问题公告如下：

第一，取消"收入全额归属中央的企业下属二级及二级以下分支机构名单的备案审核"的后续管理。

收入全额归属中央的企业（本条简称中央企业）所属二级及二级以下分支机构名单发生变化的，按照以下规定分别向其主管税务机关报送相关资料：

（1）中央企业所属二级分支机构名单发生变化的，中央企业总机构应将调整后情况及分支机构变化情况报送主管税务机关。

（2）中央企业新增二级及以下分支机构的，二级分支机构应将营业执照和总机构出具的其为二级或二级以下分支机构证明文件，在报送企业所得税预缴申报表时，附送其主管税务机关。

新增的三级及以下分支机构，应将营业执照和总机构出具的其为三级或三级以下分支机构证明文件，报送其主管税务机关。

（3）中央企业撤销（注销）二级及以下分支机构的，被撤销分支机构应当按照《中华人民共和国税收征收管理法》规定办理注销手续。二级分支机构应将撤销（注销）二级及以下分支机构情况报送其主管税务机关。

主管税务机关应根据中央企业二级及以下分支机构变更备案情况，及时调整完善税收管理信息。

第二，取消"汇总纳税企业组织结构变更审核"的后续管理。

汇总纳税企业改变组织结构的，总机构和相关二级分支机构应于组织结构改变后 30 日内，将组织结构变更情况报告主管税务机关。总机构所在省税务局按照《国家税务总局关于印发〈跨地区经营汇总纳税企业所得税征收管理办法〉的公告》（国家税务总局公告 2012 年第 57 号）第二十九条规定，将汇总纳税企业组织结构变更情况上传至企业所得税汇总纳税信息管理系统。

废止国家税务总局公告 2012 年第 57 号第二十四条第三款"汇总纳税企业以后年度改变组织结构的，该分支机构应按本办法第二十三条规定报送相关证据，分支机构所在地主管税务机关重新进行审核鉴定"的规定。

 实务案例精解

例 9-1　某企业属于中国居民企业，在上海登记注册，其总部设在上海。该企业在北京、天津和成都各设立了一家分公司，还在广州设立了一家全资子公司。该企业及其分公司、子公司的纳税地点分别在哪里？

解答：居民企业以企业登记注册地为纳税地点，居民企业在中国境内设立不具有法人资格的营业机构的，应当汇总计算并缴纳企业所得税。因此，该企业及其分公司应当在登记注册地上海纳税。该企业的子公司应当在其登记注册地广州纳税。

 实务案例精解

例 9-2　某企业属于中国居民企业，其总部设在上海。该企业在北京设立的一家分公司，在 2016 年度，按照税法规定计算出的应纳税所得额为 100 万元。该企业在天津设立的另外一家分公司，在 2016 年度，按照税法规定计算出的应纳税所得额为 50 万元。该企业在成都设立的一家分公司，在 2016 年度，按照税法规定计算出的应纳税所得额为 -30 万元。同时，该企业在广州设立的一家全资子公司，在 2016 年度，按照税法规定计算出的应纳税所得额为 80 万元。请计算该企业及其分公司、子公司 2016 纳税年度应当缴纳的企业所得税税额是多少？

解答： 居民企业在中国境内设立不具有法人资格的营业机构的，应当汇总计算并缴纳企业所得税。该企业在北京、天津和成都设立的分公司都是不具有法人资格的营业机构，因此，应当汇总计算并缴纳企业所得税。该企业在广州设立的全资子公司具有法人资格，属于独立的纳税人，应当分别计算并缴纳企业所得税。该企业应当缴纳的企业所得税税款为：（100 +50–30）× 25%=30（万元）。该企业在广州的子公司应当缴纳的企业所得税税款为：80×25%=20（万元）。

 **实务案例精解**

例 9-3 香港 H 公司将其全资子公司内地 B 市 D 公司的部分股权转让给内地 A 市 C 公司，C 公司依法扣缴香港 H 公司股权转让所得企业所得税 187 万元。

B 市 D 公司成立于 2007 年 1 月 23 日，注册资本 2900 万美元，以生产高科技精细化工产品为主、以高新技术产品的开发和研究为辅，集科工贸于一体，是国内最大的偏苯三酸酐、对二乙基苯生产商之一，企业发展前景良好，具有在境内中小板或创业板上市的意向。香港 H 公司持有 B 市 D 公司 100% 的股权。

2011 年 5 月 28 日，香港 H 公司与 A 市 C 公司签订股权转让协议。协议约定：C 公司支付 3 000 万元人民币作为受让 B 市 D 公司 6% 的股权的对价。同时约定股权转让价款应按前一日人民银行公布的人民币汇率中间价换算支付美元，首期股权转让价款全部支付完毕日为"完成日"。

2011 年 6 月 10 日，D 公司取得外管针对股权变动的批准文书。

2011 年 6 月 13 日，人民银行人民币与美元汇率中间价为：1 美元兑人民币 6.4892 元。C 公司据此进行换算，同日支付受让股权的相关价款，C 公司支付给香港 H 公司 462 万美元（折合人民币 3 000 万元）。同日，D 公司办理工商变更登记，C 公司获得 D 公司 6% 的股权。香港 H 公司获得股权转让收入 462 万美元，股权转让成本 174 万美元。

由于 C 公司与 D 公司不在一个城市，C 公司内部对于扣缴非居民企业所得税的申报地和主管税务机关的确定产生了不同的意见。有的认为所得来源地是 B 市，应在 B 市申报；有的认为支付者在 A 市，应在 A 市申报。为此，C 公司的财务经理向企业所得税的主管税务机关进行政策咨询。税务机关的经办人员为其查阅相关政策文件，并向企业解释了如下税收法律条款，《企业所得税法》第三十七条规定："对非居民企业取得本法第三条第三款规定的所得应缴纳的所得税，实行源泉扣缴，以支付人为扣缴义务人。"

《非居民企业所得税源泉扣缴管理暂行办法》（国税发〔2009〕3号）第三条规定："对非居民企业取得来源于中国境内的股息、红利等权益性投资收益和利息、租金、特许权使用费所得、转让财产所得以及其他所得应当缴纳的企业所得税，实行源泉扣缴，以依照有关法律规定或者合同约定对非居民企业直接负有支付相关款项义务的单位或者个人为扣缴义务人。"

《国家税务总局关于调整新增企业所得税征管范围问题的通知》（国税发〔2008〕120号）规定："境内单位和个人向非居民企业支付《中华人民共和国企业所得税法》第三条第三款规定的所得的，该项所得应扣缴的企业所得税的征管，分别由支付该项所得的境内单位和个人的所得税主管国家税务局或地方税务局负责。"

因此，由于C公司直接支付非居民企业股权转让相关款项，扣缴义务人为C公司，扣缴申报地点为C公司的主管税务机关。在确定由C公司向主管税务机关扣缴申报此项税款后，税务机关经办人员就具体处理细节、应填报的相关文书等进行了详细指导，并在C公司完成股权收购后，专程去该公司进行了申报辅导。2011年6月20日，C公司就收购香港H公司持有D公司的股权事项，申报扣缴非居民企业所得税，入库税款187万元。

 **实务案例精解**

例9-4　某公司成立于2016年，总部位于北京朝阳区，在北京东城、西城、河北省设有分公司。总机构和分支机构分别依法办理了税务登记，并接受所在地主管税务机关的监督和管理。

2017年第一季度总机构应纳税所得额600万元，应纳税额150万元；分公司三项权重如表9-1所示。

表9-1　分公司三项指标权重

公司名称	营业收入	职工薪酬	资产总额
东城分公司	400	65	950
西城分公司	450	80	1 300
河北分公司	200	25	300
合计	1 050	170	2 550

步骤一：根据分支机构三项指标权重计算税款分配比例。

东城分公司
分配比例 $= (400 \div 1\,050 \times 0.35) + (65 \div 170 \times 0.35) + (950 \div 2\,550 \times 0.3)$

$\approx 0.13333 + 0.13382 + 0.11176 = 0.37892$

$$\begin{aligned}
\text{西城分公司} \atop \text{分配比例} &= (450 \div 1\,050 \times 0.35) + (80 \div 170 \times 0.35) + (1\,300 \div 2550 \times 0.3) \\
&\approx 0.15000 + 0.16471 + 0.15294 = 0.46765
\end{aligned}$$

$$\begin{aligned}
\text{河北分公司} \atop \text{分配比例} &= (200 \div 1\,050 \times 0.35) + (25 \div 170 \times 0.35) + (300 \div 2\,550 \times 0.3) \\
&\approx 0.06667 + 0.05147 + 0.03529 = 0.15343
\end{aligned}$$

步骤二：总机构应缴纳的税款 =150×50%=75（万元），其中的 37.5 万元为财政集中分配所得税，另 37.5 万元为总机构应分摊所得税。分支机构应缴纳的税款 =150×50%=75（万元）。

步骤三：根据分配比例计算分配税款额。

东城分公司分配税款额 =75×0.37892=28.41912（万元）

西城分公司分配税款额 =75×0.46765=35.07353（万元）

河北分公司分配税款额 =75×0.15343=11.50735（万元）

季度终了后 15 日内，朝阳总机构到主管税务机关就地申报预缴 75 万元，另外 75 万元及时分摊并通知各分支机构。总机构除报送企业所得税预缴申报表和企业当期财务报表外，还应报送汇总纳税企业分支机构所得税分配表和各分支机构上一年度的年度财务报表（或年度财务状况和营业收支情况）（原则上只申报一次）。各分支机构应在季度终了之日起 15 日内，就其分摊的所得税额就地申报预缴。分支机构除报送企业所得税预缴申报表（只填列部分项目）外，还应报送经总机构所在地主管税务机关受理的汇总纳税企业分支机构所得税分配表。

2017 年 4 月，河北分公司注销。当年撤销的二级分支机构，自办理注销税务登记之日所属企业所得税预缴期间起，不就地分摊缴纳企业所得税，即 2017 年第二季度企业所得税纳税申报将不包含河北分公司。河北分公司注销税务登记后 15 日内，朝阳总部应将河北分公司注销情况报其主管税务机关备案，并办理变更税务登记。注销的分支机构无论是否参与分配税款，总机构均需要到主管税务机关变更备案信息。

二、非居民企业的纳税地点

 基本税收政策

非居民企业取得《企业所得税法》第三条第二款规定的所得，以机构、场所所在地为纳税地点。非居民企业在中国境内设立两个或者两个以上机构、场所的，经税务机关审核批准，可以选择由其主要机构、场所汇总缴纳企业所得税。

非居民企业取得《企业所得税法》第三条第三款规定的所得，以扣缴义务人所在地为纳税地点。

 **税收政策详解**

上述制度中所称主要机构、场所，应当同时符合下列条件：

（1）对其他各机构、场所的生产经营活动负有监督管理责任。

（2）设有完整的账簿、凭证，能够准确反映各机构、场所的收入、成本、费用和盈亏情况。

上述制度所称经税务机关审核批准，是指经各机构、场所所在地税务机关的共同上级税务机关审核批准。

非居民企业经批准汇总缴纳企业所得税后，需要增设、合并、迁移、关闭机构、场所或者停止机构、场所业务的，应当事先由负责汇总申报缴纳企业所得税的主要机构、场所向其所在地税务机关报告；需要变更汇总缴纳企业所得税的主要机构、场所的，依照前款规定办理。

 实务应用指南

该制度是《企业所得税法》在概括和完善原企业所得税相关制度的基础上发展而来的。《外商投资企业和外国企业所得税法实施细则》第八十九条至九十一条对外国企业的多个机构、场所之间的汇总纳税有所规定。外国企业在中国境内设立两个或者两个以上营业机构的，可以由其选定其中的一个营业机构合并申报缴纳所得税。但该营业机构应当具备以下条件：

（1）对其他各营业机构的经营业务负有监督管理责任。

（2）设有完整的账簿、凭证，能够正确反映各营业机构的收入、成本、费用和盈亏情况。

外国企业依照上述规定，合并申报缴纳所得税的，应当由其选定的营业机构提出申请，经当地税务机关审核后，依照下列规定报批：

（1）合并申报纳税所涉及的各营业机构设在同一省、自治区、直辖市的，由省、自治区、直辖市税务机关批准。

（2）合并申报纳税所涉及的各营业机构设在两个或者两个以上省、自治区、直辖市的，由国家税务局批准。

外国企业经批准合并申报纳税后，遇有营业机构增设、合并、迁移、停业、关闭等情况时，应当在事前由负责合并申报纳税的营业机构向当地税务机关报告。需要变更合并申报纳税营业机构的，依照上述规定办理。外国企业合并申报缴纳所得税，所涉及的营业机构适用不同税率纳税的，应当合理地分别计算各营业机构的应纳税所得额，按照不同的税率缴纳所得税。上面所说的各营业机构，有盈有亏，盈亏相抵后仍有利润的，应当按有盈利的营业机构所适用的税率纳税。发生亏损的营业机构，应当以该营业机构以后年度的盈利弥补其亏损，弥补亏损后仍有利润的，再按该营业机构所适用的税率纳税；其弥补额应当按为该亏损营业机构抵亏的营业机构所适用的税率纳税。虽有上述规定，当负责合并申报缴纳所得税的营业机构不能合理地分别计算各营业机构的应纳税所得额时，当地税务机关可以对其应纳税的所得总额，按照营业收入比例、成本和费用比例、资产比例、职工人数或者工资数额的比例，在各营业机构之间合理分配。《企业所得税法》基本上概括了上述规定，同时也增加了对于存在扣缴义务人的情况下的纳税地点的规定，丰富和完善了我国的纳税地点制度。

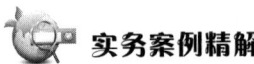 **实务案例精解**

例 9-5　A 公司是非居民企业，该公司在北京、上海和广州分别设立了机构、场所，其中，设立在北京的机构、场所对其他两个机构场所负有监督管理责任，且设有完整的账簿、凭证，能够准确反映各机构、场所的收入、成本、费用和盈亏情况。请问 A 公司应当在哪里缴纳企业所得税？

解答： 由于 A 公司是非居民企业，并且在中国设立了一个以上的机构、场所，经税务机关审核批准，可以选择由其主要机构、场所汇总缴纳企业所得税。由于设立在北京的机构、场所对其他两个机构场所负有监督管理责任，且设有完整的账簿、凭证，能够准确反映各机构、场所的收入、成本、费用和盈亏情况。在北京的机构、场所属于 A 公司在中国的主要机构、场所。因此，应当由在北京的机构、场所汇总缴纳企业所得税。

 **实务案例精解**

例 9-6　A 公司是非居民企业，该公司在北京、上海和广州分别设立了机构、场所，其中，设立在北京的机构、场所对其他两个机构、场所负有监督管理责任，且设有完整的账簿、凭证，能够准确反映各机构、场所的收入、成本、费用和盈亏情况。请问哪一级税务机关有权批准 A 公司汇总缴纳企业所得税？

解答： 由于 A 公司是非居民企业，并且在中国设立了一个以上的机构、场所，经税务机关审核批准，可以选择由其主要机构、场所汇总缴纳企业所得得税。但应当经过各机构、场所所在地税务机关的共同上级税务机关审核批准。由于三个分支机构不在同一个省，只能由国家税务总局审核批准。

三、企业之间合并纳税

 基本税收政策

除国务院另有规定外，企业之间不得合并缴纳企业所得税。

 **税收政策详解**

《企业所得税法》第五十二条所规定的"企业"是指具备法人资格，应当独立缴纳企业所得税的企业。对于这样的企业，原则上分别缴纳企业所得税，而不能合并缴纳企业所得税。即使是母公司和子公司也不行。但是这一原则有一个例外，就是，国务院可以决定某些具有法人资格的企业可以合并缴纳企业所得税。一般来讲，这种情况主要出现在企业集团中。企业集团中的每一个企业都是独立的法人，但是为了集团的效益最大化，企业集团中的某些企业可能亏损经营，目的是让集团内的其他企业获得更多利润，在这种情况下，国务院有可能批准企业集团中的所有企业合并缴纳企业所得税。

 友情提示

企业集团是通过股权或者其他方式联合起来的众多企业的联合体。企业集团中的每个企业都是独立的法人，企业集团往往由一个核心企业控制，该企业往往拥有其他企业100%的控股权。

 实务应用指南

上述制度是《企业所得税法》在概括和完善原企业所得税相关制度的基础上发展而来的。我国原企业所得税制度中有很多关于企业合并缴纳企业所得税的规定，主要针对的是企业集团。根据《国家税务总局关于大型企业集团征收所得税问题的通知》（国税发〔1994〕027号）企业集团分别以核心企业，独立经济核算的其他成员企业为企业所得税的纳税义务人。经国务院批准成立的企业集团，其核心企业对紧密层企业资产控股为100%的，可由控股成员企业选择由核心企业统一合并纳税，并报国家税务总局批准。纳税环节确定后，企业不得自行改变。企业集团在办理合并纳税申请时，须向国家税务总局提供下述资料或文件，并抄送核心企业所在地税务部门：

（1）企业集团原缴库办法、缴库地点。

（2）国家有关部门核定的核心企业名单与所在地点。

（3）紧密层企业名单与所在地点，紧密层企业与核心企业的资产控股关系。

经批准合并申报纳税的紧密层企业，应向当地税务机关办理汇缴认定手续，年终提供纳税申报表及有关财务报表。当地税务机关按照《企业所得税暂行条例》及其实施细则的有关规定，在核实其全年应纳税所得额或亏损额并签字盖章后，再由核心企业据以办理汇总纳税事项。未经当地税务机关核准并签字盖章的，一律无效。合并纳税的紧密层企业年度发生亏损，不得自行用本企业以后年度的利润弥补。核心企业盈亏相抵后，可以按照《企业所得税暂行条例》第十一条规定执行。

根据《国家税务总局关于武汉钢铁（集团）公司缴纳企业所得税问题的通知》（国税函〔2001〕519号）的规定，武汉钢铁（集团）公司所属的50家全资控股企业，2001年由武汉钢铁（集团）公司在武汉市缴纳企业所得税，暂不实行就地预交所得税办法。武汉钢铁（集团）公司所属合并纳税的成员企业，在企业改组、改造或资产重组过程中，因股权发生变化而变成非全资控股的企业，经所在地省级国家税务局确认后，从股权发生变化的年度起，就地缴纳企业所得税，并报国家税务总局备案。根据《财政部 国家税务总局关于中国华粮物流集团公司有关税收政策的通知》（财税〔2006〕157号）的规定，对中国华粮物流集团公司及其全资企业实行汇总（合并）缴纳企业所得税。

目前，我国针对企业集团合并缴纳企业所得税采取"统一计算、分级管理、就地预交、集中清算"的管理制度。根据《国家税务总局关于汇总（合并）纳税企业实行统一计算、分级管理、就地预交、集中清算所得税问题的通知》（国税发〔2001〕13号）的规定，总局决定对汇总纳税企业实行"统一计算、分级管理、就地预交、集中清算"的征收管理办法。经批准实行汇总、合并缴纳企业所得税（以下称汇总纳税）的企业总机构或集团母公司（以下称汇缴企业）及其汇总纳税的成员企业（以下称成员企业），除该通知第十三条的规定外，一律执行"统一计算、分级管理、就地预交、集中清算"的汇总纳税办法。统一计算是指汇缴企业，按照《企业所得税暂行条例》及其实施细则和有关规定，在汇总成员企业的年度企业所得税纳税申报表的基础上，统一计算年度应纳税所得额、应纳所得税额。分级管理是指汇缴企业及成员企业，其企业所得税的征收管理，由所在地主管税务机关分别属地进行监督和管理。就地预交是指成员企业根据《企业所得税暂行条例》及其实施细则和有关政策规定，计算本企业每一纳税年度的应纳税所得额和应缴纳的企业所得税，并按照规定比例就地预交部分税款，年终办理年度清算。集中清算是指在年度终了后，汇缴企业在汇总成员企业年度企业所得税纳税申报表的基础上，合并计算年度应纳税所得额、应纳所得税额，抵减成员企业就地预交的当年企业所得税款后，进行企业所得税的年度清算和汇算清缴。

母子公司体制的企业集团和总机构以母公司本部和各级子公司为就地预交所得税的成员企业；总分公司体制的企业以总公司和符合独立核算条件的各级分公司为就地预交所得税的成员企业；汇总纳税的银行保险企业，以分行（分公司）、支行及相当于支行一级的办事处（分理处），为就地预交所得税的成员企业；其他经国家税务总局审核批准实行汇总纳税的企业，以审核确定的成员企业，就地预交所得税。

成员企业就地预交企业所得税的比例，除另有规定者外，一般为年度应纳所得税额的 60%。在经济特区、上海浦东新区、以及本部地区属于国家鼓励的汇总纳税成员企业，可按年度应纳税所得额的 15% 就地预交。总机构各成员企业盈亏相差悬殊，就地预交税款与集中清算结果差额较大的，可由总机构报国家税务总局批准后，对个别影响较大的成员企业就地预交的比例予以适当调整。

成员企业技术改造国产设备投资可抵免的企业所得税额，以成员企业就地预交的企业所得税按规定抵免。就地应预交的企业所得税不足抵免的部分，经当地税务机关出具证明，由汇缴企业在集中清算企业所得税时抵免。成员企业就地预交的税款，应根据税收法规的有关规定分期预缴，年终进行汇算清缴。其全年实际缴纳的所得税税款,应等于按规定比例就地预交的全部税款。成员企业在总机构集中清算年度发生的亏损，由总机构在年度汇总清算时统一盈亏相抵，并可按税法规定递延抵补，各成员企业均不得再用本企业以后年度的应纳税所得额进行弥补亏损。汇缴企业所属成员企业为多层次的，即有二级、三级或四级成员企业，并且在同一省、自治区、直辖市和计划单列市区域内的，本通知第三条规定的成员企业就地预交企业所得税的比例，是指二级成员企业将所属成员企业就地预交的企业所得税合并之后应达到的比例。如果二级成员企业的所属企业根据本通知第三条规定的比例就地预交的企业所得税汇总后超过本通知第三条规定比例的，省级税务机关可适当调整二级成员企业所属企业就地预交的比例。

汇缴企业应在年度终了后 4 个月内，向所在地主管税务机关报送汇总后的《企业所得税年度纳税申报表》及有关财务、会计报表，并附送各二级成员企业汇总的《企业所得税年度纳税申报表》，集中清算，统一办理汇缴企业所得税的年度汇算清缴。汇缴企业根据汇总的企业所得税年度纳税申报表，统一计算的应纳所得税额，大于成员企业按规定比例在当地预交的企业所得税额的部分，由汇缴企业在规定时间内补缴；小于成员企业在当地预交的企业所得税额的部分，由汇缴企业抵缴下一年度统一计算的应缴企业所得税额。成员企业所在地税务机关对成员企业检查出的以前年度违反税收规定应补缴的所得税，应按规定税率就地全额补征入库，不得作为当年或以前年度就地预交的税款，不参与总机构的汇缴清算。实行"统一计算、分级管理、就地预交、集中清算"的办法后，汇总纳税企业仍执行原规定的纳税申报表签字盖章和信息反馈制度。

下列行业和企业暂不实行"统一计算、分级管理、就地预交、集中清算"的征收管理办法：

（1）由铁道部汇总纳税的铁路运输企业。

（2）由国家邮政总局汇总纳税的邮政企业。

（3）由中国工商银行、中国农业银行、中国建设银行、中国银行汇总纳税的各级分行、支行。

（4）由中国人民财产保险公司、中国人寿保险公司汇总纳税的各级分公司。

（5）国家税务总局规定的其他企业。汇缴企业和成员企业在同一省、自治区、直辖市和计划单列市区域内的，是否实行"统一计算、分级管理、就地预交、集中清算"的征收管理办法，由各省、自治区、直辖市和计划单列市税务机关决定。

关于汇总合并缴纳企业所得税的范围，目前也有一些具体规定。根据《国家税务总局关于规范汇总合并缴纳企业所得税范围的通知》（国税函〔2006〕48号）的规定，按照现行规定，汇总缴纳企业所得税必须经国家税务总局审批。下列企业可按规定申请汇总纳税：

（1）国务院确定的120家大型试点企业集团。

（2）国务院批准执行试点企业集团政策和汇总纳税政策的企业集团。

（3）《企业所得税暂行条例》及其实施细则规定的铁路运营、民航运输、邮政、电信企业和金融保险企业（含证券等非银行金融机构）。

（4）文化体制改革的试点企业集团。

（5）汇总纳税企业重组改制后具集团性质的存续企业。

《企业所得税法》一方面原则上否定了企业合并缴纳企业所得税的做法，另一方面，又授权国务院可以对某些企业集团作出允许汇总缴纳企业所得税的具体规定。目前具体的操作性制度尚未制定，原企业所得税制度中的汇总纳税制度可供参考。

四、企业所得税的纳税年度

 基本税收政策

企业所得税按纳税年度计算。纳税年度自公历 1 月 1 日起至 12 月 31 日止。

企业在一个纳税年度中间开业，或者终止经营活动，使该纳税年度的实际经营期不足 12 个月的，应当以其实际经营期为一个纳税年度。

企业依法清算时，应当以清算期间作为一个纳税年度。

 **税收政策详解**

企业的所得税是以纳税年度为基础进行计算的。企业的纳税年度分为三种情况。

第一，在正常情况下，企业的纳税年度就是公历年度，即自公历 1 月 1 日起至 12 月 31 日止。

第二，如果企业在一个纳税年度中间开业，或者终止经营活动，使该纳税年度的实际经营期不足 12 个月的，应当以其实际经营期为一个纳税年度。

第三，企业依法清算时，应当以清算期间作为一个纳税年度。清算期间就是从开始清算时到清算结束、企业消灭之时。

纳税年度，是指纳税人据以计算应纳税所得额以及应纳税额的期间。一般以一个年度为计算单位，因此被称为纳税年度。纳税年度一般自公历 1 月 1 日起至 12 月 31 日止。特殊情况下，纳税年度可以少于 12 个月，以特定的期间作为纳税年度，如清算期间。

 实务应用指南

企业所得税的一些定期优惠政策是从企业取得生产经营所得的年度开始计算的，如果企业从年度中间甚至年底开始生产经营，该年度将作为企业享受税收优惠政策的第一年。由于该年度的生产经营所得非常少，因此，企业是否享受减免税政策意义并不是很大，此时，企业就应当恰当选择享受税收优惠的第一个年度，适当提前或者推迟进行生产经营活动的日期。

《国家税务总局关于外国企业所得税纳税年度有关问题的通知》（国税函〔2008〕301 号）规定：根据《外商投资企业和外国企业所得税法实施细则》第八条规定，经当地主管税务机关批准以满十二个月的会计年度为纳税年度的外国企业，其2007—2008年度企业所得税的纳税年度截止到2007年12月31日，并按照《外商投资企业和外国企业所得税法》规定的税率计算缴纳企业所得税。自2008年1月1日起，外国企业一律以公历年度为纳税年度，按照《中华人民共和国企业所得税法》规定的税率计算缴纳企业所得税。

 **实务案例精解**

例9-7 某公司根据《企业所得税法实施条例》第八十七条的规定，可以享受自项目取得第一笔生产经营收入的纳税年度起，第一年至第三年免征企业所得税，第四年至第六年减半征收企业所得税的优惠政策。该公司原计划于2011年11月份开始生产经营，当年预计会有亏损，从2012年度至2017年度，每年预计应纳税所得额分别为100万元、500万元、800万元、1 000万元、1 500万元和2 000万元。请计算从2011年至2017年度，该公司应当缴纳多少企业所得税并提出纳税筹划方案。

解答：该企业从2011年度开始生产经营，应当计算享受税收优惠的期限。该公司2011年度至2013年度可以享受免税待遇，不需要缴纳企业所得税。从2014年度至2016年度可以享受减免征税的待遇，因此，需要缴纳企业所得税：（800+1 000+1 500）×25%×50%=412.5（万元）。2017年度不享受税收优惠，需要缴纳企业所得税：2 000×25%=500（万元）。因此，该企业从2011年度到2017年度合计需要缴纳企业所得税：412.5+500=912.5（万元）。如果该企业将生产经营日期推迟到2012年1月1日，这样，2012年度就是该企业享受税收优惠的第一年，从2012年度到2014年度，该企业可以享受免税待遇，不需要缴纳企业所得税。从2015年度到2017年度，该企业可以享受减半征税企业所得税的优惠待遇，需要缴纳企业所得税：（1 000+1 500+2 000）×25%×50%=562.5（万元）。经过纳税筹划，减轻税收负担：912.5-562.5=350（万元）。

五、企业所得税的缴纳方法

 基本税收政策

企业所得税分月或者分季预缴。

企业应当自月份或者季度终了之日起十五日内，向税务机关报送预缴企业所得税纳税申报表，预缴税款。

企业应当自年度终了之日起五个月内，向税务机关报送年度企业所得税纳税申报表，并汇算清缴，结清应缴应退税款。

企业在报送企业所得税纳税申报表时，应当按照规定附送财务会计报告和其他有关资料。

 **税收政策详解**

企业所得税分月或者分季预缴，由税务机关具体核定。企业分月或者分季预缴企业所得税时，应当按照月度或者季度的实际利润额预缴；按照月度或者季度的实际利润额预缴有困难的，可以按照上一纳税年度应纳税所得额的月度或者季度平均额预缴，或者按照经税务机关认可的其他方法预缴。预缴方法一经确定，该纳税年度内不得随意变更。

企业在纳税年度内无论盈利或者亏损，都应当依照《企业所得税法》第五十四条规定的期限，向税务机关报送预缴企业所得税纳税申报表、年度企业所得税纳税申报表、财务会计报告和税务机关规定应当报送的其他有关资料。

 实务应用指南

企业所得税虽然是以纳税年度为单位进行计算的，但是，在缴纳税款时却不能以年度为单位进行缴纳。主要原因是税收是财政收入的主要形式，国家每天都需要进行财政支出，也就是说，需要经常有财政收入，如果企业所得税都以纳税年度为单位进行缴纳，国家在纳税年度中间就无法获得足够的财政收入，为此，《企业所得税法》第五十四条规定企业所得税采取分月或者分季预缴的方式，所谓预缴，就是预先缴纳企业所得税税款，年终再清算。

《国家税务总局关于企业所得税预缴问题的通知》（国税发〔2008〕17号）规定：

2008年1月1日之前已经被认定为高新技术企业的，在按照新税法有关规定重新认定之前，暂按25%的税率预缴企业所得税。上述企业如果享受新税法中其他优惠政策和国务院规定的过渡优惠政策，按有关规定执行。

深圳市、厦门市经济特区以外的企业以及上海浦东新区内非生产性外商投资企业和内资企业，原采取按月预缴方式的，2008年一季度改为按季度预缴。

原经批准实行合并纳税的企业，采取按月预缴方式的，2008年一季度改为按季度预缴。

《国家税务总局关于企业所得税若干问题的公告》（国家税务总局公告

2011 年第 34 号）规定：企业当年度实际发生的相关成本、费用，由于各种原因未能及时取得该成本、费用的有效凭证，企业在预缴季度所得税时，可暂按账面发生金额进行核算；但在汇算清缴时，应补充提供该成本、费用的有效凭证。

《非居民企业所得税汇算清缴管理办法》（国税发〔2009〕6 号）规定：

为规范非居民企业所得税汇算清缴工作，根据《中华人民共和国企业所得税法》（以下简称企业所得税法）及其实施条例和《中华人民共和国税收征收管理法》（以下简称税收征管法）及其实施细则的有关规定，制定本办法。

第一，汇算清缴对象。

（1）依照外国（地区）法律成立且实际管理机构不在中国境内，但在中国境内设立机构、场所的非居民企业（以下称为企业），无论盈利或者亏损，均应按照企业所得税法及本办法规定参加所得税汇算清缴。

（2）企业具有下列情形之一的，可不参加当年度的所得税汇算清缴：①临时来华承包工程和提供劳务不足 1 年，在年度中间终止经营活动，且已经结清税款；②汇算清缴期内已办理注销；③其他经主管税务机关批准可不参加当年度所得税汇算清缴。

第二，汇算清缴时限。

（1）企业应当自年度终了之日起 5 个月内，向税务机关报送年度企业所得税纳税申报表，并汇算清缴，结清应缴应退税款。

（2）企业在年度中间终止经营活动的，应当自实际经营终止之日起 60 日内，向税务机关办理当期企业所得税汇算清缴。

第三，申报纳税。

（1）企业办理所得税年度申报时，应当如实填写和报送下列报表、资料：①年度企业所得税纳税申报表及其附表；②年度财务会计报告；③税务机关规定应当报送的其他有关资料。

（2）企业因特殊原因，不能在规定期限内办理年度所得税申报，应当在年度终了之日起 5 个月内，向主管税务机关提出延期申报申请。主管税务机关批准后，可以适当延长申报期限。

（3）企业采用电子方式办理纳税申报的，应附报纸质纳税申报资料。

（4）企业委托中介机构代理年度企业所得税纳税申报的，应附送委托人签章的委托书原件。

（5）企业申报年度所得税后，经主管税务机关审核，需补缴或退还所得税的，应在收到主管税务机关送达的《非居民企业所得税汇算清缴涉税事宜通知书》后，按规定时限将税款补缴入库，或按照主管税务机关的要求办理退税手续。

（6）经批准采取汇总申报缴纳所得税的企业，其履行汇总纳税的机构、场所（以下简称汇缴机构），应当于每年 5 月 31 日前，向汇缴机构所在地主管税务机关索取《非居民企业汇总申报企业所得税证明》（以下称为《汇总申报纳税证明》）；企业其他机构、场所（以下简称其他机构）应当于每年 6 月 30 前将《汇总申报纳税证明》及其财务会计报告送交其所在地主管税务机关。

在上述规定期限内，其他机构未向其所在地主管税务机关提供《汇总申报纳税证明》，且又无汇缴机构延期申报批准文件的，其他机构所在地主管税务机关应负责检查核实或核定该其他机构应纳税所得额，计算征收应补缴税款并实施处罚。

（7）企业补缴税款确因特殊困难需延期缴纳的，按税收征管法及其实施细则的有关规定办理。

（8）企业在所得税汇算清缴期限内，发现当年度所得税申报有误的，应当在年度终了之日起 5 个月内向主管税务机关重新办理年度所得税申报。

（9）企业报送报表期限的最后一日是法定休假日的，以休假日期满的次日为期限的最后一日；在期限内有连续三日以上法定休假日的，按休假日天数顺延。

第四，法律责任。

（1）企业未按规定期限办理年度所得税申报，且未经主管税务机关批准延期申报，或报送资料不全、不符合要求的，应在收到主管税务机关送达的《责令限期改正通知书》后按规定时限补报。

企业未按规定期限办理年度所得税申报，且未经主管税务机关批准延期申报的，主管税务机关除责令其限期申报外，可按照税收征管法的规定处以 2 000 元以下的罚款，逾期仍不申报的，可处以 2 000 元以上 10 000 元以下的罚款，同时核定其年度应纳税额，责令其限期缴纳。企业在收到主管税务机关送达的《非居民企业所得税应纳税款核定通知书》后，应在规定时限内缴纳税款。

（2）企业未按规定期限办理所得税汇算清缴，主管税务机关除责令其限期办理外，对发生税款滞纳的，按照税收征管法的规定，加收滞纳金。

（3）企业同税务机关在纳税上发生争议时，依照税收征管法相关规定执行。

《非居民企业所得税汇算清缴工作规程》（国税发〔2009〕11 号）规定：

汇算清缴工作内容：非居民企业所得税汇算清缴包括两方面内容：一是非居民企业（以下简称企业）应首先按照《办法》的规定，自行调整、计算本纳税年度的实际应纳税所得额、实际应纳所得税额,自核本纳税年度应补(退)所得税税款并缴纳应补税款;二是主管税务机关对企业报送的申报表及其他有关资料进行审核,下发汇缴事项通知书,办理年度所得税多退少补工作,并进行资料汇总、情况分析和工作总结。

汇算清缴工作程序:企业所得税汇算清缴工作分为准备、实施、总结三个阶段,各阶段工作的主要内容及时间要求安排如下:

第一,准备阶段。主管税务机关应在年度终了之日起三个月内做好以下准备工作:

(1)宣传辅导。以公告或其他方式向企业明确汇算清缴范围、时间要求、应报送的资料及其他应注意事项。必要时,应组织企业办税人员进行培训、辅导相关的税收政策和办税程序及手续。

(2)明确职责。汇算清缴工作应有领导负责,由具体负责非居民企业所得税日常管理的部门组织实施,由各相关职能部门协同配合共同完成。必要时,应组织对相关工作人员的业务培训。

(3)建立台账。建立日常管理台账,主要记载企业预缴税款、享受税收优惠、弥补亏损等事项,以便在汇算清激工作中进行核对。

(4)备办文书。向上级税务机关领取或按照规定的式样印制汇算清缴有关的表、证、单、书。

第二,实施阶段。主管税务机关应在年度终了之日起五个月内完成企业年度所得税纳税申报表及有关资料的受理、审核以及办理处罚、税款的补(退)手续。

(1)资料受理。主管税务机关接到企业的年度所得税纳税申报表和有关资料后,应检查企业报送的资料是否齐全,如发现企业未按规定报齐有关附表、文件等资料,应责令限期补齐;对填报项目不完整的,应退回企业并责令限期补正。

(2)资料审核。对企业报送的有关资料,主管税务机关应就以下几个方面内容进行审核:①企业年度所得税纳税申报表及其附表与年度财务会计报告的数字是否一致,各项目之间的逻辑关系是否对应,计算是否正确。②企业是否按规定结转或弥补以前年度亏损额。③企业是否符合税收减免条件。④企业在中国境内设立两个或者两个以上机构、场所,选择由其主要机构、场所汇总缴纳企业所得税的,是否经税务机关审核批准,以及各机构、场所账表所记载涉及计算应纳税所得额的各项数据是否准确。⑤企业有来源于中国境外的应纳税所得额的,境外所得应补企业所得税额是否正确。⑥企业已预缴税款填写是否正确。

(3)结清税款。主管税务机关应结合季度所得税申报表及日常征管情况,对企业报送的年度申报表及其附表和其他有关资料进行初步审核，在 5 月 31 日前，对应补缴所得税、应办理退税的企业发送《非居民企业所得税汇算清缴涉税事宜通知书》，并办理税款多退少补事宜。

（4）实施处罚。主管税务机关对企业未按《办法》规定办理年度所得税申报，应按照规定实施处罚；必要时发送《非居民企业所得税应纳税款核定通知书》，核定企业年度应纳税额，责令其缴纳。

（5）汇总申报协调。①汇缴机构所在地主管税务机关在接受企业年度所得税汇总申报后，应于 5 月 31 日前为企业出具《非居民企业汇总申报所得税证明》。②汇缴机构所在地主管税务机关对企业的汇总申报资料进行审核时，对其他机构的情况有疑问需要进一步审核的，可以向其他机构所在地主管税务机关发送《非居民企业汇总申报纳税事项协查函》，其他机构所在地主管税务机关应负责就协查事项进行调查核实，并将结果函复汇缴机构所在地主管税务机关。③其他机构所在地主管税务机关在日常管理或税务检查中，发现其他机构有少计收入或多列成本费用等所得税的问题，应将有关情况及时向汇缴机构所在地主管税务机关发送《非居民企业汇总申报纳税事项处理联络函》。④其他机构所在地主管税务机关按照《办法》规定对其他机构就地征收税款或调整亏损额的，应及时将征收税款及应纳税所得额调整额以《非居民企业汇总申报纳税事项处理联络函》通知汇缴机构所在地主管税务机关，汇缴机构所在地主管税务机关应对企业应纳税所得额及应纳税总额作相应调整，并在应补（退）税额中减除已在其他机构所在地缴纳的税款。

第三，总结阶段。各地税务机关应在 7 月 15 日前完成汇算清缴工作的资料归档、数据统计、汇总以及总结等工作，并于 7 月 31 日前向税务总局报送企业所得税汇算清缴工作总结及有关报表。工作总结的主要内容应包括：

（1）基本情况及相关分析。①基本情况。主要包括企业税务登记户数、应参加汇算清缴企业户数、实际参加汇算清缴企业户数、未参加汇算清缴企业户数及其原因、据实申报企业户数、核定征收企业户数；据实申报企业的盈利户数、营业收入、利润总额、弥补以前年度亏损、应纳税所得额、应纳所得税额、减免所得税额、实际缴纳所得税额、亏损户数、亏损企业营业收入、亏损金额等内容；核定征收企业中换算的收入总额、应纳税所得额、应纳所得税额、减免所得税额、实际缴纳所得税额。②主要指标分析和说明。主要分析汇算清缴面、所得税预缴率、税收负担率、企业亏损面等指标。③据实申报企业盈亏情况分析。根据盈利企业户数、实际参加汇缴户数分析盈利面变化情况；分析盈利和亏损企业的营业收入、成本、费用、未弥补亏损前利润总额、亏损总额等指标的变化情况及原因等。④纳税情况分析。包括预缴率变化，所得税预缴、补税和退税等情况。

（2）企业自行申报情况。主要包括申报表及其附表的填写和报送，自行调整的企业户数、主要项目和金额等情况。

（3）税务机关依法调整情况。主要包括税务机关依法调整的户数、主要项目、金额，同时应分别说明调增（减）应纳税所得额及应纳所得税额、亏损总额的户数、金额等情况。

（4）主要做法。包括汇算清缴工作的组织安排和落实情况，对税务人员的业务培训及对企业的前期宣传、培训、辅导情况，对申报表的审核情况以及汇算清缴工作的检查考核评比等情况。

（5）发现的问题及意见或建议。分企业和税务机关两个方面，企业方面主要包括申报表的填报、申报软件的操作使用情况和《办法》的执行情况等；税务机关方面主要包括所得税汇算清缴工作规程在实际操作中的应用情况及效果，说明存在的问题及改进的意见和建议。

《企业所得税汇算清缴管理办法》（国税发〔2009〕79号）规定：

第一，为加强企业所得税征收管理，进一步规范企业所得税汇算清缴管理工作，根据《中华人民共和国企业所得税法》及其实施条例（以下简称企业所得税法及其实施条例）和《中华人民共和国税收征收管理法》及其实施细则（以下简称税收征管法及其实施细则）的有关规定，制定本办法。

第二，企业所得税汇算清缴，是指纳税人自纳税年度终了之日起5个月内或实际经营终止之日起60日内，依照税收法律、法规、规章及其他有关企业所得的规定，自行计算本纳税年度应纳税所得额和应纳所得税额，根据月度或季度预缴企业所得税的数额，确定该纳税年度应补或者应退税额，并填写企业所得税年度纳税申报表，向主管税务机关办理企业所得税年度纳税申报、提供税务机关要求提供的有关资料、结清全年企业所得税税款的行为。

第三，凡在纳税年度内从事生产、经营（包括试生产、试经营），或在纳税年度中间终止经营活动的纳税人，无论是否在减税、免税期间，也无论盈利或亏损，均应按照企业所得税法及其实施条例和本办法的有关规定进行企业所得税汇算清缴。

实行核定定额征收企业所得税的纳税人，不进行汇算清缴。

第四，纳税人应当自纳税年度终了之日起5个月内，进行汇算清缴，结清应缴应退企业所得税税款。

纳税人在年度中间发生解散、破产、撤销等终止生产经营情形，需进行企业所得税清算的，应在清算前报告主管税务机关，并自实际经营终止之日起60日内进行汇算清缴，结清应缴应退企业所得税税款；纳税人有其他情形依法终止纳税义务的，应当自停止生产、经营之日起60日内，向主管税务机关办理当期企业所得税汇算清缴。

第五，纳税人12月份或者第四季度的企业所得税预缴纳税申报，应在纳税年度终了后15日内完成，预缴申报后进行当年企业所得税汇算清缴。

第六，纳税人需要报经税务机关审批、审核或备案的事项，应按有关程序、时限和要求报送材料等有关规定，在办理企业所得税年度纳税申报前及时办理。

第七，纳税人应当按照企业所得税法及其实施条例和企业所得税的有关规定，正确计算应纳税所得额和应纳所得税额，如实、正确填写企业所得税年度纳税申报表及其附表，完整、及时报送相关资料，并对纳税申报的真实性、准确性和完整性负法律责任。

第八，纳税人办理企业所得税年度纳税申报时，应如实填写和报送下列有关资料：

（1）企业所得税年度纳税申报表及其附表。

（2）财务报表。

（3）备案事项相关资料。

（4）总机构及分支机构基本情况、分支机构征税方式、分支机构的预缴税情况。

（5）委托中介机构代理纳税申报的，应出具双方签订的代理合同，并附送中介机构出具的包括纳税调整的项目、原因、依据、计算过程、调整金额等内容的报告。

（6）涉及关联方业务往来的，同时报送《中华人民共和国企业年度关联业务往来报告表》。

（7）主管税务机关要求报送的其他有关资料。

纳税人采用电子方式办理企业所得税年度纳税申报的，应按照有关规定保存有关资料或附报纸质纳税申报资料。

第九，纳税人因不可抗力，不能在汇算清缴期内办理企业所得税年度纳税申报或备齐企业所得税年度纳税申报资料的，应按照税收征管法及其实施细则的规定，申请办理延期纳税申报。

第十，纳税人在汇算清缴期内发现当年企业所得税申报有误的，可在汇算清缴期内重新办理企业所得税年度纳税申报。

第十一，纳税人在纳税年度内预缴企业所得税税款少于应缴企业所得税税款的，应在汇算清缴期内结清应补缴的企业所得税税款；预缴税款超过应纳税款的，主管税务机关应及时按有关规定办理退税，或者经纳税人同意后抵缴其下一年度应缴企业所得税税款。

第十二，纳税人因有特殊困难，不能在汇算清缴期内补缴企业所得税款的，应按照税收征管法及其实施细则的有关规定，办理申请延期缴纳税款手续。

第十三，实行跨地区经营汇总缴纳企业所得税的纳税人，由统一计算应纳税所得额和应纳所得税额的总机构，按照上述规定，在汇算清缴期内向所在地主管税务机关办理企业所得税年度纳税申报，进行汇算清缴。分支机构不进行汇算清缴，但应将分支机构的营业收支等情况在报总机构统一汇算清缴前报送分支机构所在地主管税务机关。总机构应将分支机构及其所属机构的营业收支纳入总机构汇算清缴等情况报送各分支机构所在地主管税务机关。

第十四，经批准实行合并缴纳企业所得税的企业集团，由集团母公司（以下简称汇缴企业）在汇算清缴期内，向汇缴企业所在地主管税务机关报送汇缴企业及各个成员企业合并计算填写的企业所得税年度纳税申报表，以及本办法第八条规定的有关资料及各个成员企业的企业所得税年度纳税申报表，统一办理汇缴企业及其成员企业的企业所得税汇算清缴。

汇缴企业应根据汇算清缴的期限要求，自行确定其成员企业向汇缴企业报送本办法第八条规定的有关资料的期限。成员企业向汇缴企业报送的上述资料，应经成员企业所在地的主管税务机关审核。

第十五，纳税人未按规定期限进行汇算清缴，或者未报送本办法第八条所列资料的，按照税收征管法及其实施细则的有关规定处理。

第十六，各级税务机关要结合当地实际，对每一纳税年度的汇算清缴工作进行统一安排和组织部署。汇算清缴管理工作由具体负责企业所得税日常管理的部门组织实施。税务机关内部各职能部门应充分协调和配合，共同做好汇算清缴的管理工作。

第十七，各级税务机关应在汇算清缴开始之前和汇算清缴期间，主动为纳税人提供税收服务。

（1）采用多种形式进行宣传，帮助纳税人了解企业所得税政策、征管制度和办税程序。

（2）积极开展纳税辅导，帮助纳税人知晓汇算清缴范围、时间要求、报送资料及其他应注意的事项。

（3）必要时组织纳税培训，帮助纳税人进行企业所得税自核自缴。

第十八，主管税务机关应及时向纳税人发放汇算清缴的表、证、单、书。

第十九，主管税务机关受理纳税人企业所得税年度纳税申报表及有关资料时，如发现企业未按规定报齐有关资料或填报项目不完整的，应及时告知企业在汇算清缴期内补齐补正。

第二十，主管税务机关受理纳税人年度纳税申报后，应对纳税人年度纳税申报表的逻辑性和有关资料的完整性、准确性进行审核。审核重点主要包括：

（1）纳税人企业所得税年度纳税申报表及其附表与企业财务报表有关项目的数字是否相符，各项目之间的逻辑关系是否对应，计算是否正确。

（2）纳税人是否按规定弥补以前年度亏损额和结转以后年度待弥补的亏损额。

（3）纳税人是否符合税收优惠条件、税收优惠的确认和申请是否符合规定程序。

（4）纳税人税前扣除的财产损失是否真实、是否符合有关规定程序。跨地区经营汇总缴纳企业所得税的纳税人，其分支机构税前扣除的财产损失是否由分支机构所在地主管税务机关出具证明。

（5）纳税人有无预缴企业所得税的完税凭证，完税凭证上填列的预缴数额是否真实。跨地区经营汇总缴纳企业所得税的纳税人及其所属分支机构预缴的税款是否与《中华人民共和国企业所得税汇总纳税分支机构分配表》中分配的数额一致。

（6）纳税人企业所得税和其他各税种之间的数据是否相符、逻辑关系是否吻合。

第二十一，主管税务机关应结合纳税人企业所得税预缴情况及日常征管情况，对纳税人报送的企业所得税年度纳税申报表及其附表和其他有关资料进行初步审核后，按规定程序及时办理企业所得税补、退税或抵缴其下一年度应纳所得税款等事项。

第二十二，税务机关应做好跨地区经营汇总纳税企业和合并纳税企业汇算清缴的协同管理。

（1）总机构和汇缴企业所在地主管税务机关在对企业的汇总或合并纳税申报资料审核时，发现其分支机构或成员企业申报内容有疑点需进一步核实的，应向其分支机构或成员企业所在地主管税务机关发出有关税务事项协查函；该分支机构或成员企业所在地主管税务机关应在要求的时限内就协查事项进行调查核实，并将核查结果函复总机构或汇缴企业所在地主管税务机关。

（2）总机构和汇缴企业所在地主管税务机关收到分支机构或成员企业所在地主管税务机关反馈的核查结果后，应对总机构和汇缴企业申报的应纳税所得额及应纳所得税额作相应调整。

第二十三，汇算清缴工作结束后，税务机关应组织开展汇算清缴数据分析、纳税评估和检查。纳税评估和检查的对象、内容、方法、程序等按照国家税务总局的有关规定执行。

第二十四，汇算清缴工作结束后，各级税务机关应认真总结，写出书面总结报告逐级上报。各省、自治区、直辖市和计划单列市国家税务局、地方税务局应在每年 7 月底前将汇算清缴工作总结报告、年度企业所得税汇总报表报送国家税务总局（所得税司）。总结报告的内容应包括：

（1）汇算清缴工作的基本情况。

（2）企业所得税税源结构的分布情况。

（3）企业所得税收入增减变化及原因。

（4）企业所得税政策和征管制度贯彻落实中存在的问题和改进建议。

第二十五，本办法适用于企业所得税居民企业纳税人。

第二十六，各省、自治区、直辖市和计划单列市国家税务局、地方税务局可根据本办法制定具体实施办法。

《企业所得税核定征收办法（试行）》（国税发〔2008〕30 号）规定：

第一，为了加强企业所得税征收管理，规范核定征收企业所得税工作，保障国家税款及时足额入库，维护纳税人合法权益，根据《中华人民共和国企业所得税法》及其实施条例、《中华人民共和国税收征收管理法》及其实施细则的有关规定，制定本办法。

第二，本办法适用于居民企业纳税人。

第三，纳税人具有下列情形之一的，核定征收企业所得税：

（1）依照法律、行政法规的规定可以不设置账簿的。

（2）依照法律、行政法规的规定应当设置但未设置账簿的。

（3）擅自销毁账簿或者拒不提供纳税资料的。

（4）虽设置账簿，但账目混乱或者成本资料、收入凭证、费用凭证残缺不全，难以查账的。

（5）发生纳税义务，未按照规定的期限办理纳税申报，经税务机关责令限期申报，逾期仍不申报的。

（6）申报的计税依据明显偏低，又无正当理由的。

特殊行业、特殊类型的纳税人和一定规模以上的纳税人不适用本办法。上述特定纳税人由国家税务总局另行明确。

第四，税务机关应根据纳税人具体情况，对核定征收企业所得税的纳税人，核定应税所得率或者核定应纳所得税额。

具有下列情形之一的，核定其应税所得率：

（1）能正确核算（查实）收入总额，但不能正确核算（查实）成本费用总额的。

（2）能正确核算（查实）成本费用总额，但不能正确核算（查实）收入总额的。

（3）通过合理方法，能计算和推定纳税人收入总额或成本费用总额的。

纳税人不属于以上情形的，核定其应纳所得税额。

第五，税务机关采用下列方法核定征收企业所得税：

（1）参照当地同类行业或者类似行业中经营规模和收入水平相近的纳税人的税负水平核定。

（2）按照应税收入额或成本费用支出额定率核定。

（3）按照耗用的原材料、燃料、动力等推算或测算核定。

（4）按照其他合理方法核定。

采用前款所列一种方法不足以正确核定应纳税所得额或应纳税额的，可以同时采用两种以上的方法核定。采用两种以上方法测算的应纳税额不一致时，可按测算的应纳税额从高核定。

第六，采用应税所得率方式核定征收企业所得税的，应纳所得税额计算公式如下：

$$应纳所得税额 = 应纳税所得额 \times 适用税率$$
$$应纳税所得额 = 应税收入额 \times 应税所得率$$

或：$应纳税所得额 = 成本（费用）支出额 / (1 - 应税所得率) \times 应税所得率$

第七，实行应税所得率方式核定征收企业所得税的纳税人，经营多业的，无论其经营项目是否单独核算，均由税务机关根据其主营项目确定适用的应税所得率。

主营项目应为纳税人所有经营项目中，收入总额或者成本（费用）支出额或者耗用原材料、燃料、动力数量所占比重最大的项目。

第八，应税所得率如表9-2所示的幅度标准确定：

表9-2 应税所得率表

行业	应税所得率（%）
农、林、牧、渔业	3～10
制造业	5～15
批发和零售贸易业	4～15
交通运输业	7～15
建筑业	8～20
饮食业	8～25
娱乐业	15～30
其他行业	10～30

第九，纳税人的生产经营范围、主营业务发生重大变化，或者应纳税所得额或应纳税额增减变化达到20%的，应及时向税务机关申报调整已确定的应纳税额或应税所得率。

第十，主管税务机关应及时向纳税人送达《企业所得税核定征收鉴定表》，及时完成对其核定征收企业所得税的鉴定工作。具体程序如下：

（1）纳税人应在收到《企业所得税核定征收鉴定表》后10个工作日内，填好该表并报送主管税务机关。《企业所得税核定征收鉴定表》一式三联，主管税务机关和县税务机关各执一联，另一联送达纳税人执行。主管税务机关还可根据实际工作需要，适当增加联次备用。

（2）主管税务机关应在受理《企业所得税核定征收鉴定表》后20个工作日内，分类逐户审查核实，提出鉴定意见，并报县税务机关复核、认定。

（3）县税务机关应在收到《企业所得税核定征收鉴定表》后30个工作日内，完成复核、认定工作。

纳税人收到《企业所得税核定征收鉴定表》后，未在规定期限内填列、报送的，税务机关视同纳税人已经报送，按上述程序进行复核认定。

第十一，税务机关应在每年6月底前对上年度实行核定征收企业所得税的纳税人进行重新鉴定。重新鉴定工作完成前，纳税人可暂按上年度的核定征收方式预缴企业所得税；重新鉴定工作完成后，按重新鉴定的结果进行调整。

第十二，主管税务机关应当分类逐户公示核定的应纳所得税额或应税所得率。主管税务机关应当按照便于纳税人及社会各界了解、监督的原则确定公示地点、方式。

纳税人对税务机关确定的企业所得税征收方式、核定的应纳所得税额或应税所得率有异议的，应当提供合法、有效的相关证据，税务机关经核实认定后调整有异议的事项。

第十三，纳税人实行核定应税所得率方式的，按下列规定申报纳税：

（1）主管税务机关根据纳税人应纳税额的大小确定纳税人按月或者按季预缴，年终汇算清缴。预缴方法一经确定，一个纳税年度内不得改变。

（2）纳税人应依照确定的应税所得率计算纳税期间实际应缴纳的税额，进行预缴。按实际数额预缴有困难的，经主管税务机关同意，可按上一年度应纳税额的1/12或1/4预缴，或者按经主管税务机关认可的其他方法预缴。

（3）纳税人预缴税款或年终进行汇算清缴时，应按规定填写《中华人民共和国企业所得税月（季）度预缴纳税申报表（B类）》，在规定的纳税申报时限内报送主管税务机关。

第十四，纳税人实行核定应纳所得税额方式的，按下列规定申报纳税：

（1）纳税人在应纳所得税额尚未确定之前，可暂按上年度应纳所得税额的1/12或1/4预缴，或者按经主管税务机关认可的其他方法，按月或按季分期预缴。

（2）在应纳所得税额确定以后，减除当年已预缴的所得税额，余额按剩余月份或季度均分，以此确定以后各月或各季的应纳税额，由纳税人按月或按季填写《中华人民共和国企业所得税月（季）度预缴纳税申报表（B类）》，在规定的纳税申报期限内进行纳税申报。

（3）纳税人年度终了后，在规定的时限内按照实际经营额或实际应纳税额向税务机关申报纳税。申报额超过核定经营额或应纳税额的，按申报额缴纳税款；申报额低于核定经营额或应纳税额的，按核定经营额或应纳税额缴纳税款。

第十五，对违反本办法规定的行为，按照《中华人民共和国税收征收管理法》及其实施细则的有关规定处理。

第十六，各省、自治区、直辖市和计划单列市国家税务局、地方税务局，根据本办法的规定联合制定具体实施办法，并报国家税务总局备案。

《国家税务总局关于企业所得税核定征收若干问题的通知》（国税函〔2009〕377号）规定：

国税发〔2008〕30号文件第三条第二款所称"特定纳税人"包括以下类型的企业：

（1）享受《企业所得税法》及其实施条例和国务院规定的一项或几项企业所得税优惠政策的企业（不包括仅享受《企业所得税法》第二十六条规定免税收入优惠政策的企业）。

（2）汇总纳税企业。

（3）上市公司。

（4）银行、信用社、小额贷款公司、保险公司、证券公司、期货公司、信托投资公司、金融资产管理公司、融资租赁公司、担保公司、财务公司、典当公司等金融企业。

（5）会计、审计、资产评估、税务、房地产估价、土地估价、工程造价、律师、价格鉴证、公证机构、基层法律服务机构、专利代理、商标代理以及其他经济鉴证类社会中介机构。

（6）国家税务总局规定的其他企业。

对上述规定之外的企业，主管税务机关要严格按照规定的范围和标准确定企业所得税的征收方式，不得违规扩大核定征收企业所得税范围；对其中达不到查账征收条件的企业核定征收企业所得税，并促使其完善会计核算和财务管理，达到查账征收条件后要及时转为查账征收。

国税发〔2008〕30号文件第六条中的"应税收入额"等于收入总额减去不征税收入和免税收入后的余额。用公式表示为：

$$应税收入额 = 收入总额 - 不征税收入 - 免税收入$$

其中，收入总额为企业以货币形式和非货币形式从各种来源取得的收入。

《国家税务总局关于修订企业所得税 2 个规范性文件的公告》（国家税务总局公告 2016 年第 88 号）将《国家税务总局关于企业所得税核定征收若干问题的通知》（国税函〔2009〕377 号）第一条第（一）项修订为：享受《中华人民共和国企业所得税法》及其实施条例和国务院规定的一项或几项企业所得税优惠政策的企业（不包括仅享受《中华人民共和国企业所得税法》第二十六条规定免税收入优惠政策的企业、第二十八条规定的符合条件的小型微利企业）。

《国家税务总局关于企业所得税核定征收有关问题的公告》（国家税务总局公告 2012 年第 27 号）规定：

专门从事股权（股票）投资业务的企业，不得核定征收企业所得税。

依法按核定应税所得率方式核定征收企业所得税的企业，取得的转让股权（股票）收入等转让财产收入，应全额计入应税收入额，按照主营项目（业务）确定适用的应税所得率计算征税；若主营项目（业务）发生变化，应在当年汇算清缴时，按照变化后的主营项目（业务）重新确定适用的应税所得率计算征税。

《财政部 国家税务总局关于企业清算业务企业所得税处理若干问题的通知》（财税〔2009〕60 号）规定：

第一，企业清算的所得税处理，是指企业在不再持续经营，发生结束自身业务、处置资产、偿还债务以及向所有者分配剩余财产等经济行为时，对清算所得、清算所得税、股息分配等事项的处理。

第二，下列企业应进行清算的所得税处理：

（1）按《公司法》、《企业破产法》等规定需要进行清算的企业。

（2）企业重组中需要按清算处理的企业。

第三，企业清算的所得税处理包括以下内容：

（1）全部资产均应按可变现价值或交易价格，确认资产转让所得或损失。

（2）确认债权清理、债务清偿的所得或损失。

（3）改变持续经营核算原则，对预提或待摊性质的费用进行处理。

（4）依法弥补亏损，确定清算所得。

（5）计算并缴纳清算所得税。

（6）确定可向股东分配的剩余财产、应付股息等。

第四，企业的全部资产可变现价值或交易价格，减除资产的计税基础、清算费用、相关税费，加上债务清偿损益等后的余额，为清算所得。

企业应将整个清算期作为一个独立的纳税年度计算清算所得。

第五，企业全部资产的可变现价值或交易价格减除清算费用，职工的工资、社会保险费用和法定补偿金，结清清算所得税、以前年度欠税等税款，清偿企业债务，按规定计算可以向所有者分配的剩余资产。

被清算企业的股东分得的剩余资产的金额，其中相当于被清算企业累计未分配利润和累计盈余公积中按该股东所占股份比例计算的部分，应确认为股息所得；剩余资产减除股息所得后的余额，超过或低于股东投资成本的部分，应确认为股东的投资转让所得或损失。

被清算企业的股东从被清算企业分得的资产应按可变现价值或实际交易价格确定计税基础。

《国家税务总局关于1元以下应纳税额和滞纳金处理问题的公告》（国家税务总局公告2012年第25号）规定：主管税务机关开具的缴税凭证上的应纳税额和滞纳金为1元以下的，应纳税额和滞纳金为零。

 实务案例精解

例 9-8　A 公司是居民企业，2016 年度的应纳税额为 2 400 万元，2017年度，经税务机关核定，该公司分月预缴企业所得税。该公司每月应当预缴多少企业所得税？

解答： 该公司可以按照 2017 年度每月的实际利润额预缴企业所得税，如果按月度的实际利润额预缴有困难的，可以按上一年度应纳税所得额的 1/12预缴。由于该企业 2016 年度的应纳税额为 2 400 万元，因此，2017 年度，每月应当预缴企业所得税款为：2 400÷12=200（万元）。

 实务案例精解

例 9-9　A 公司是居民企业，2016 年度根据税法和条例规定计算的应纳税所得额为 0，因此，该公司认为自己不需要进行预缴企业所得税纳税申报，也不需要进行年度企业所得税的纳税申报，这种理解是否正确？

解答： 企业的这种理解是错误的。A 公司在 2016 纳税年度内无论盈利或者亏损，都应当依照《企业所得税法》第五十四条规定的期限，向税务机关报送预缴企业所得税纳税申报表、年度企业所得税纳税申报表、财务会计报告和税务机关规定应当报送的其他有关资料。

 实务案例精解

例 9-10　2007 年振东制药公司采用按率核定征收企业所得税，但是根据《企业所得税核定征收办法（试行）》（国税发〔2008〕30 号），公司在此期间已不符合核定征收的法定条件；当地政府为了促进本地产业结构转型，提升本地产业的科技含量，同意公司延续原核定征收方式缴纳企业所得税，实质上减轻了企业税收负担。

为了进一步规范企业管理水平，2010 年 6 月 8 日振东制药向管辖税务机关申请 2007 年度按查账征收方式缴纳企业所得税；并已按照查账征收 33% 所得税税率与核定征收所得税税率之间的差额，补缴了 2007 年度的所得税款 8 565 270.25 元。

2009 年 7 月 22 日，山西省长治县地方税务局出具《关于山西振东制药股份有限公司企业所得税按率核定征收方式的确认函》，内容如下："为促进本地产业结构转型，提升本地企业的科技含量，根据《企业所得税法》及《细则》征收方式之规定，对我辖区内高新技术企业山西振东制药股份有限公司 2006 年、2007 年企业所得税实行过核定征收方式，现就此事项予以确认。"

2010 年 6 月 8 日，管辖税务机关出具《关于山西振东制药股份有限公司企业所得税征收方式的确认文件》对该事项再次确认。全文具体内容如下：我辖区内山西振东制药股份有限公司（以下简称振东制药）的前身山西金晶药业有限公司（以下简称金晶药业）于 1995 年成立，由于当时经营规模较小，经主管税务机关核定，按照核定征收方式缴纳企业所得税。

山西振东实业有限公司（后更名为山西振东实业集团有限公司）于 2001 年收购重组振东制药前身金晶药业，振东制药 2003 年初完成 GMP 认证，2005 年后随着振东制药经营规模的不断扩大，企业所得税缴纳方式按相关规定应改为查账征收方式；鉴于振东制药 2005 年获得高新技术企业证书，但是按当时法律规定注册地不在国家高新技术产业区内不能享受 15% 的所得税税率优惠，为了促进当地产业结构调整，鼓励高新技术产业发展，当地税收征管部门允许振东制药延续按率核定征收缴纳企业所得税，延续原程序按年申报。

根据《企业所得税法》（自 2008 年 1 月 1 日起实施）的有关规定，振东制药可以享受 15% 的高新技术企业所得税优惠税率；该企业经税务机关批准同意从 2008 年开始改按查账征收方式缴纳企业所得税。

为了进一步规范企业经营，振东制药向管辖税务机关申请 2007 年度按查账征收方式缴纳企业所得税；目前已按照查账征收 33% 所得税税率与核定征收所得税税率之间的差额，补缴了 2007 年度的所得税款 8 565 270.25 元，并已将企业所得税征收方式自 2007 年度起变更为查账征收。

根据税务机关历年税务年检及检查情况，振东制药均依法纳税，该企业编制财务报表以实际发生的交易或者事项为依据，2006 年至今会计基础工作规范，财务报表的编制符合企业会计准则和相关会计制度的规定。

税务局认为，上述情况属实，振东制药上述补缴税款的行为系税收征收方式的调整，税务局予以确认；该企业以前年度实行的核定征收方式纳税不属于违法行为；2006 年以前给予该企业核定征收方式缴纳企业所得税在审批权限和审批程序方面符合《税收征收管理法》及其他法律、法规的规定；该企业所得税征收方式适用问题不会受到税务机关的行政处罚或被追究相关责任。

六、年度中间结业的纳税方法

 基本税收政策

企业在年度中间终止经营活动的，应当自实际经营终止之日起 60 日内，向税务机关办理当期企业所得税汇算清缴。

企业应当在办理注销登记前，就其清算所得向税务机关申报并依法缴纳企业所得税。

 **税收政策详解**

上述制度所称清算所得，是指企业的全部资产可变现价值或者交易价格减除资产净值、清算费用以及相关税费等后的余额。

投资方企业从被清算企业分得的剩余资产，其中相当于从被清算企业累计未分配利润和累计盈余公积中应当分得的部分，应当确认为股息所得；剩余资产减除上述股息所得后的余额，超过或者低于投资成本的部分，应当确认为投资资产转让所得或者损失。

 实务应用指南

企业在年度中间终止经营活动的，其当前年度的实际经营期就是一个纳税年度，因此，应当自实际经营终止之日起 60 日内，向税务机关办理当期企业所得税汇算清缴。企业应当在办理注销登记之前，向税务机关申报并缴纳税款。

清算所得，是指企业的全部资产可变现价值或者交易价格减除资产净值、清算费用以及相关税费等后的余额。投资方从清算方获得的剩余资产可以分为两个部分：一部分为股息红利所得，一部分为投资转让所得或损失。投资方企业从被清算企业分得的剩余资产，其中相当于从被清算企业累计未分配利润和累计盈余公积中应当分得的部分，应当确认为股息所得；剩余资产减除上述股息所得后的余额，超过或者低于投资成本的部分，应当确认为投资资产转让所得或者损失。股息所得在满足一定条件的情况下可以免税，而投资转让所得不能享受免税待遇。

税务登记，是指从事生产经营的纳税人按照税法要求，在规定的时间内向税务机关就与纳税有关的事项办理的一种书面登记。税务登记根据登记事项的不同，可以分为开业税务登记、变更税务登记、注销税务登记、外出经营税务登记、停业税务登记和复业税务登记等。

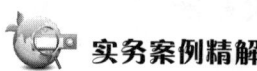 **实务案例精解**

例 9-11 A 公司依法终止经营，并依法进行了清算。A 公司全部资产的可变现价值减除清算费用，职工的工资、社会保险费用和法定补偿金，结清税款，清偿公司债务后的剩余资产为 300 万元，其中，剩余资产中累计未分配利润和累计盈余公积为 100 万元，B 公司拥有 A 公司 40% 的股份。B 公司应当分得多少剩余资产？分别是什么类型的所得？

解答： 投资方企业从被清算企业分得的剩余资产，其中相当于从被清算企业累计未分配利润和累计盈余公积中应当分得的部分，应当确认为股息所得；剩余资产减除上述股息所得后的余额，超过或者低于投资成本的部分，应当确认为投资资产转让所得或者损失。企业全部资产的可变现价值减除清算费用，职工的工资、社会保险费用和法定补偿金，结清税款，清偿公司债务后是企业可以向所有者分配的剩余资产。因此，B 公司可以分得股息所得：$100 \times 40\% = 40$（万元）。B 公司可以分得投资转让所得：$(300-100) \times 40\% = 80$（万元）。

七、缴纳企业所得税的货币单位

 基本税收政策

依照《企业所得税法》缴纳的企业所得税，以人民币计算。所得以人民币以外的货币计算的，应当折合成人民币计算并缴纳税款。

 **税收政策详解**

企业所得以人民币以外的货币计算的，预缴企业所得税时，应当按照月度或者季度最后一日的人民币汇率中间价，折合成人民币计算应纳税所得额。年度终了汇算清缴时，对已经按照月度或者季度预缴税款的，不再重新折合计算，只就该纳税年度内未缴纳企业所得税的部分，按照纳税年度最后一日

的人民币汇率中间价，折合成人民币计算应纳税所得额。

经税务机关检查确认，企业少计或者多计前款规定的所得的，应当按照检查确认补税或者退税时的上一个月最后一日的人民币汇率中间价，将少计或者多计的所得折合成人民币计算应纳税所得额，再计算应补缴或者应退的税款。

 实务应用指南

根据《中国人民银行法》第十六条的规定："中华人民共和国的法定货币是人民币。以人民币支付中华人民共和国境内的一切公共的和私人的债务，任何单位和个人不得拒收。"人民币是我国的法定货币，计算应纳税款和缴纳税款都应当使用人民币。

外汇牌价，又称汇率，是指用一国货币兑换成另一国货币时的比价或比率，或以一国货币所表示的另一国货币的价格。外汇牌价中经常出现的术语包括：

（1）买入价和卖出价。两者均是从银行的角度出发，是针对报价中的前一个币种而言的，即银行买入前一个币种的价格和卖出前一个币种的价格。

（2）现钞买入价是指银行买入外币现钞、客户卖出外币现钞的价格。

（3）现汇买入价是指银行买入外币现汇、客户卖出外币现汇的价格。

（4）现汇是指由国外汇入或从国外携入的外币票据，通过转账的形式，转入个人在银行的账户中。

（5）现钞是指外币现金或以外币现金存入银行的款项。

（6）中间价，不对个人，是指银行通过外管局的基准价制订本行牌价的标准，一般是本行现汇买入价与卖出价的平均数。例如，银行报欧元兑美元现汇买入价 1.297 3，现汇卖出价 1.300 5，即银行按 1 欧元 =1.300 5 美元的价格买入美元卖给客户欧元，按 1 欧元 =1.297 3 美元的价格买入欧元卖给客户美元。

 **实务案例精解**

例 9-12 A 公司经营外贸业务，每月都有部分收入以美元计算，经过税务机关核定，A 公司按照季度预缴企业所得税。2016 年，A 公司每季度以美元计算的收入分别为 100 万美元、80 万美元、120 万美元和 140 万美元。每季度末最后一日美元兑人民币汇率中间价分别为 1:8、1:7.9、1:7.8 和 1:7.9。请计算 A 公司 2016 年度以美元表示的收入总额为多少？

解答：预缴企业所得税时，应当按照季度最后一日的人民币汇率中间价，折合成人民币计算应纳税所得额。A 公司 2016 年度以美元表示的收入总额为：

100×8+80×7.9+120×7.8+140×7.9=3 474（万元）。

关于企业所得税的征收和管理制度，参见图 9-1。

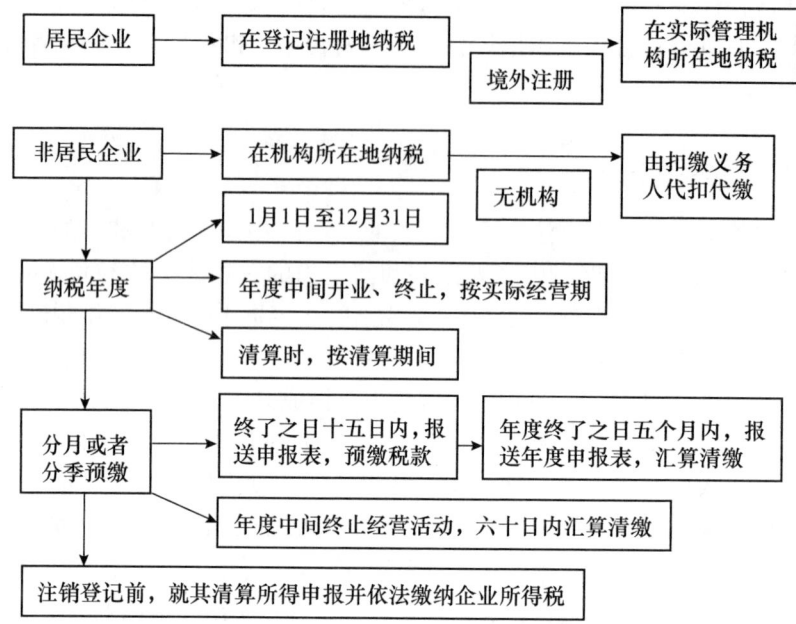

图 9-1　企业所得税的征收和管理制度